SON OF
THE LUAN RIVER

王舜的
励志人生

滦河之子

孙建军　著

团结出版社
UNITY PRESS

© 团结出版社，2024 年

图书在版编目（ＣＩＰ）数据

滦河之子：王舜的励志人生 / 孙建军著 . —北京：
团结出版社 , 2024. 9. —ISBN 978-7-5234-1395-1

Ⅰ . K827=7

中国国家版本馆 CIP 数据核字第 2024SX6887 号

责任编辑：杨　亮
封面设计：谭　浩

出　　版：团结出版社
　　　　　（北京市东城区东皇城根南街 84 号　邮编：100006）
电　　话：（010）65228880　65244790（出版社）
　　　　　（010）65238766　85113874　65133603（发行部）
　　　　　（010）65133603（邮购）
网　　址：http://www.tjpress.com
电子邮箱：zb65244790@vip.163.com
经　　销：全国新华书店
印　　装：天津盛辉印刷有限公司

开　　本：170mm×240mm　16 开
印　　张：25.75　　　　　　　　　字　　数：392 千字
版　　次：2024 年 9 月　第 1 版　　印　　次：2024 年 9 月　第 1 次印刷

书　　号：978-7-5234-1395-1
定　　价：68.00 元

退休后的王舜　2018.10.20摄

高中毕业时的王舜　1974.1摄　　在组织部工作时的王舜　1995.5.18摄

在人大工作时的王舜　2010.10.26摄

人有根，这个根关乎土地、河流、文化。

设若，根深蒂固，枝繁叶茂，势必一次又一次负重远行。

一个人若想成就一番事业，需要一次次远行，
需要磨砺，需要精进，需要内观，方能由此岸抵达彼岸。

目　录

第一章

滦河人家

河流——生命之地。大凡有河流的地方,就有人类的足迹,人类依河而居,相融与共。

据历史考证,中华民族的先祖炎帝和黄帝都生存于陕西、甘肃之间的河畔。炎帝,居姜水之滨,故称之为姜姓;黄帝,居姬水之滨,故称之为姬姓。由此,中华民族生生不息,繁衍至今。

千万年流淌的滦河,宛如空中一道闪电,闪耀在高原、山川、草原,一路行走,形成气势恢宏的之字形身躯。

当滦河从源头翻山越岭,走到一个叫两间房的村落,似乎脚步不再那么匆忙,变得舒缓,仿佛依依不舍,陪伴着村庄,陪伴空中的袅袅炊烟,聆听鸡鸣狗吠……

两间房村,是河北省隆化县太平庄乡的一个普通村落,这个村庄位于三县交界处。

《隆化文物志》这样记载:庙沟梁遗址,位于太平庄乡两间房村西 100

米的山顶台地上,居高临下,视野开阔,面积约 2 万平方米,地表暴露遗物有磨制石斧、石铲和刮削器等。……该遗址为夏家店下层文化时期居住址。

由此观之,我中华民族早期足迹不仅局限于炎黄的诞生之地,也不仅局限于中原腹地。大凡,有河流流经的地方,便有人类的活动场所。

时空穿越,沧海桑田,远古的人类智慧如夜晚熠熠生辉的星空,浩瀚深邃。

择河而居,黄土为伴。

滦河,穿过一座座房舍,蜿蜒于村东山脚下,流淌中,但见一座山峰横空出世,地势陡然狭窄,仿佛要斩断滦河的脚步。然而,滦河依旧翻山越岭,向大海奔去。懵懂后的王舜,终于有一天读懂了陪伴自己从童年走向青年时期的这条河流,读懂了河流昼夜奔流的深刻内涵。孔圣人曾面对河流发出"逝者如斯夫,不舍昼夜"的千古名言。长久以来,人们把孔圣人这句名言理解为,时间像流水一样不停流逝,一去不复返,为其伤感与无奈。然而,不妨从另一个角度去理解,人应像河流那样,以坚忍不拔的精神,奋勇向前。

滦河岸长大的王舜, 对这条河流的情感难以用语言表达。无论是痛苦,还是快乐,滦河一如既往陪伴他,孕育他。他像滦河那样,一路奔腾,流向大海。

"命毒"

农耕民族,人们历经刀耕火种后,生活中总结了许多宝贵经验。

依河而居,水给予人以灵性,人们也对水充满无限期望。雨节,是人们对水的一种敬畏,对自然的敬畏,对生命的敬畏。

1954 年,农历六月二十四,恰逢大暑。大暑,意味着雨量开始增多,时序进入雨季。人们把这天赋予特殊意义——雨节,人们期待风调雨顺,五谷丰登。

早起，勤劳的王永安只身来到靠近河岸的稻田，一番劳作后，光顶山上太阳才露头，一会儿，河面上便笼罩一层蒸腾的雾气，从茅屋下出来的鸭子扭动身躯，成群结队来到河岸，迫不及待一头扎向河里，或顺流而下，或逆流而上，尽情嬉戏。嘎——嘎——嘎，鸭子此起彼伏欢唱，河水便热闹起来。

王永安走出稻田，额头布满汗水，全身潮湿，他抬手把额头抹了抹，可汗水像是粘在额头上。他索性来到河岸，两脚插在水里，弯腰，掬水，冲洗额头、臂膀，恨不得赤条条下水。

临近中午，空中太阳毒辣辣，雾蒙蒙的河面上没有一丝风，西山坡的玉米被晒得无精打采，院子里的几只鸡躲在几棵杨树下，不时抖动翅膀。

突然，茅屋下传来婴儿奋力的啼哭声，一个新的生命向尘世发出了呼喊。

王永安看看又是个男孩，心里感到几分惬意，他对李桂芳挤挤笑脸，四肢无力的妻子得到些许安慰。

"爸，又是个小子。"王永安兴冲冲告诉院中踱步的父亲。

王俊会心笑了，笑得很开心。他深深懂得，山村里摸爬滚打的生活没有男孩万万不能。事实上，父子俩斗大的字不识一个，但他们都明白，男孩肩负传宗接代的任务，一旦有了男孩，在村里走路时都感觉腰杆能挺直。

虽说二儿子一双眼睛不大，但那双有神的眼睛却追着父亲的身影，让父亲喜不自禁。有时，在地里劳作一天的王永安吃晚饭，把二儿子抱在怀里，边吃饭，边逗引儿子，儿子银铃般的笑声听起来，惬意！

晚饭后，妻子打理家务，王永安把儿子放在炕上，用一双粗而有力的手抚摸，又把儿子托举起来，不停摇晃。妻子走进屋，嗔怪道，别吓着孩子。

"孩他妈，我这个儿子也许将来能干成点事。"王永安洋洋自得。

"等你们王家坟地长白蒿，冒白烟时候吧，"妻子李桂芳微微一笑，"咱们山沟里的孩子有一副好身板比啥都强。"

王永安摇摇头说，我要让孩子念书，不能像我斗大的字不识一个，或许将来有一天，儿子沿着滦河走出大山。李桂芳用食指戳着丈夫脑门，说，你啊，别做美梦了，只求我们娘几个能吃饱，不受冻。丈夫看看炕上已然睡着的孩子们，安慰妻子，你只管在家照看孩子，外面的事不用你操心，一定让你们吃饱饭。

孩子们都睡了，山村的夜静悄悄，远处的几声狗吠打破了村庄的宁静，滦河在院外不远处流淌着……

乡野茅屋下，没有文化的家庭，给孩子起名不图文雅，只求好养活，爷爷为二孙子起小名为"狗剩"。

渐渐地，小狗剩牙牙学语，蹒跚走路了。隔年初秋的一天，王永安肩扛镐头走进院，小狗剩趔趄着在院子里撵一只公鸡，或许是公鸡满身红毛吸引了小狗剩目光，他手舞足蹈追撵，一不小心摔倒在地，爬起来要哭。王永安抱起儿子，把嘴贴在儿子脸蛋上，对儿子说，爸爸让你骑大马。他跪在地上，身子宛如一张弓，让大女儿把弟弟放在背上，驮着儿子在院中转圈，儿子银铃般笑声洒满院落。

哥哥坐在茅屋下门口，看着弟弟骑在父亲背上有几分嫉妒，噘起小嘴，一脸失落。

花开花落，滦河水冻了，又融化了，母亲又有了身孕。随着母亲身子加重，小狗剩由大姐来看管。春暖花开，草长莺飞，大姐背着弟弟来到滦河边，让弟弟坐在沙滩上。鸭子在河面上嬉戏追逐，看得弟弟深情无限，他手里攥着沙子用力扔出去，沙子不但未抛远，反而落在头上。

大姐抱着弟弟，用河水洗掉弟弟脸上的污迹，一条鱼儿从水中游过来，弟弟欢欣鼓舞，竟不知天高地厚，要挣脱姐姐怀抱，去河里抓鱼。

一晃，李桂芳分娩了，生下了三女儿。两个儿子，三个女儿，挤满一铺火炕。

两间房村，王家人丁兴旺。王俊，两个儿子，三个女儿。尽管他不识字，但给儿子、侄儿及孙儿起名的事当仁不让，非他莫属。或许，不识字的王俊有胸怀天下的志向，为儿子、侄儿起名最后一个字竟然组成"治国安邦"，为孙儿起名排列顺序为"义、舜、平、和、吉、士、福"。

王俊为二孙子起个大名，王舜，小名，狗剩。在王俊心里，狗剩的含义是院子里即使狗剩下的食物都可以吃，这样的孩子分明是好养活。

虽说人的姓名只是个符号，可一旦有了姓名，便有了身份。有了身份，才方便在世上生存与行走。

孙儿绕膝，人丁兴旺，王俊觉得日子过得有滋有味。况且，儿子王永安在村里颇有威望，尽管他不识字，但上天赋予他智慧。智慧，与知识多寡关系不大，具有先天性。常常，一个不识字的女人却能把日子过得红红火火，一个不识字的男人能把生意做得如日中天。

王永安不仅聪明，而且勤劳。他曾在金矿淘金，做过买卖，家里的柴米油盐从未捉襟见肘，日子过得还算殷实。因此，妻子李桂芳一心打理家，相夫教子，一家人其乐融融。

20世纪50年代初期，为实现社会主义公有制改造，一个新的组织诞生——合作社。农民把自由的生产资料(土地、较大型农具、耕畜)投入集体，农民进行集体劳动，各尽所能，按劳分配。

因家境殷实，加入合作社时，王永安比其他农户投入了较多的生产物资。他像是有了先见之明，当灾难降临后，恰恰是多投入的物资解了孤苦伶仃五个儿女的燃眉之急。

入社后，王永安凭借聪明才智挑起了生产队长的担子，带领农民走上一条新的道路。他聪明有实据可查，每每测量土地数字刚刚出来，他很快就把具体亩数说出来。于是，有人奇怪地问，王队长，你一天学没念过，难道你肚子里装着神算盘？

"我会心算，"王永安笑得很得意，"秘密，不能告诉你们。"

尽管两间房村群山环抱，但土地却很宽敞，滦河从一间间茅屋脚下缓缓流淌，河水灌溉着一片片稻田，河里的鱼儿欢唱，岸边稻禾飘香。可以说，两间房村是塞上的江南。

王永安肩上挑着生产队长的担子，不论春夏秋冬，清早的滦河岸，人们总能听到他嘹亮的喊声——出工了、出工了，喊声沿河岸飘散开去。于是，男女们纷纷从一间间茅屋下走出来，或肩挑粪筐，或肩扛镐头，或手执镰刀。

山村，有山村的人间烟火。寻常日子，鸡鸣狗吠，盆碗相磕，邻里之间难免发生矛盾，但只要王永安出面调解，往往化干戈为玉帛。

天长日久，王永安在村民心中确立了威信。

孔圣人讲："三十而立，四十而不惑。"不惑之年的王永安读懂了缠绕村庄的这条河流，这条母亲河滋润着土地，陪伴着他成长。闲暇之余，他不时沿着滦河岸行走，河面上徐徐微风撩拨着那张古铜色的脸。水中的鱼儿、飘香的稻浪、远处的山峦、一间间茅草屋上空的袅袅炊烟，令整个村庄充满了活力。更让王永安欣慰的是，家里吃喝不愁，贤惠的妻子把家里打理得井井有条，三个女儿，两个儿子，渐渐长大。大女儿能帮助妈妈抱柴烧火，大儿子、二女儿也能喂鸡、喂狗，小儿子狗剩在院中蹒跚走路，只有三女儿还在母亲怀抱中。

平常百姓家，过日子，过的是人气，有了人气，日子也就有了希望。深秋的滦河，河面上漂浮着柳树落叶，落叶随着水向远处流去，秋风乍起，河水泛起层层微波，岸边王永安的头发被吹乱了。

冬天很快到来，一场雪，又是一场雪，纷纷扬扬，山村银装素裹，滦河像一条白色哈达把一座座茅屋串联在一起。但这个冬天，滦河岸的汉子们再也未听到王永安那声"出工了"的粗犷喊声。

父亲王永安（1912~1956）　　　　母亲李桂芳（1914~1958）

王舜2岁时父亲病故,4岁时母亲病故。留给王舜的记忆,只有面对选民证上的手指盖大小的照片而搜肠刮肚。

转眼,已是 1956 年 4 月,王永安,44 岁,正值壮年。

滦河冰面融化殆尽,清凌凌的河水,鱼翔浅底,河岸边垂柳泛着浅浅绿意。按说,王永安清晨一声哨响,生产队男劳力肩膀上的扁担随着朝阳有节奏地颤动,然而,河岸边那声清脆的劳动哨音连同那声粗狂有力喊声,戛然而止。

世事无常,王永安因病与这条河流挥手告别,河岸边再也见不到他强壮的身影。他身后留下了五个孩子,分别是王荣珍、王义、王荣霞、王舜、王荣芝。大女儿王荣珍仅有 12 岁,王舜一周多,小女儿还在母亲怀抱中。

王永安撒手人寰,原本衣食无虞的一个家庭,瞬间变得天塌地陷。

白发人送黑发人,令七十多岁的王俊哭天抢地,他用头撞墙,想用自己的生命换回儿子强壮的生命。

李桂芳呆若木鸡,哭不出泪水,万念俱灰。不谙世事的小狗剩,用稚嫩的小手抓紧母亲衣角,他无论如何也不懂得这人世间悲伤。从此,父亲的音容笑貌,仅停留于他目光里。

"你就这么狠心走了?"李桂芳用力拍打着棺材,"我们孤儿寡母怎么活啊?"

李桂芳撕心裂肺地哭喊,简直要斩断院外的滦河水,她的哭喊声像一把刀割在邻里们的心中,以至于邻里婶子、大娘不敢目睹这一惨状。

父亲出殡时刻,小狗剩用蹒跚的步伐追着送葬队伍,他耳边只听到一片哭声,一不留神,摔倒了,刚要哭,被胡同里郭姓嫂子抱起。几年后,王舜刚刚懂事,郭姓嫂子给他还原父亲的音容笑貌,告诉他说,你父亲疼爱你就像疼爱眼珠子。

王舜仰起脸,听着嫂子娓娓道来,但对父亲的记忆就像被滦河岸凛冽的风,吹到光顶山外了。不知多少个星空下,王舜独自坐在河岸边,听着流水声,去追忆父亲,但一切枉然。

花开了，柳绿了，鸟儿欢唱，李桂芳听不到，看不到。茅草房下，王俊拧紧眉头，一双呆滞的目光紧盯着院里的孙儿，坐在地上的孙儿被院里两只公鸡吸引，张开手臂去追逐，嘴里欢笑着，但孙儿欢笑声依旧未能剪断茅屋下的沉默。

东屋，王俊夜夜难眠，不停长吁短叹！他不停追问，以后的日子怎么过下去？

西屋，李桂芳把小女儿搂在怀里，泪水像断了线似的，小狗剩爬过来，用小手抹着母亲脸上的泪水。夏日的夜晚虽短，但李桂芳却觉得那么漫长，仿佛感受不到黎明来临，不知不觉，她一头青发悄然夹杂几根白发。待孩子们都睡了，她坐起，掀起窗帘，痴痴看着有月光的院子，渴望一个熟悉的身影出现，但等来等去，只有青蛙叫声从河岸传来。

一个又一个踯躅的夜晚，熟睡的孩子们怎么能懂得母亲那颗备受煎熬的心呢？

日子无尽头，邻里婶子、大娘、姐妹们无不好心相劝，桂芳，有合适的男人找一个吧，一家老的老，小的小，你扛不起这个家。公爹王俊闻听此言，像有一把刀扎在心里，不愿一个陌生男人冷不丁出现在眼前，他无法忍受。

"爸，我想……"儿媳低头，嘴里的话难以出口，沉闷一会儿，她鼓足勇气说，"我能招一个进家吗？"

王俊紧靠被垛，蹙着眉头，紧闭双眼，老泪纵横于沧桑的面孔上……

一年后，经人介绍，李桂芳见了一个憨厚男人，她只提出一个条件，必须对孩子们好，若能答应，可以进家。少言寡语的男人，憨厚地点头。这个憨厚的男人是李凤青，他怀着无限希望把脚步迈进家门的一刻，坐在屋里的王俊心一颤，他没有出门，透过巴掌大的窗户向院子偷看了几眼。那一夜，王俊把两个孙子喊到自己屋里，两个孙子躺在身边，他端详着两个孙儿，泪如泉涌，心如刀绞，一夜未眠。许多天，他吃不好，也睡不好，心里一个大疙瘩,虽说这个初来乍到的男人低眉顺眼,恭敬有加,但毕竟是个没有血缘关系的男人。

一天,王俊背着儿媳偷偷把新入门的"儿子"领到河边,他要给这个特殊的"儿子"立规矩。

于是,两个男人进行了一场十分沉重的谈话。

王俊用揶揄的目光打量有些木讷的李凤青,李凤青居然不敢对视,他低头,把目光落在流淌的河水上,心中忐忑不已。王俊认为,眼前这个"儿子"看上去憨厚老实,可憨厚的人有时也倔强,一旦发起脾气会如一头疯狂的牛。再说,天长日久,夫妻之间哪有盆碗不磕的,闹矛盾是否涉及孩子?

王俊单刀直入,直击要害,养活这个家庭担子不轻啊!你做好心理准备了吗?沉默着的李凤青没有抬头,一味沉默,最后只是点头示意。王俊狐疑,这是个一脚踹不出屁的男人,能支撑一个家吗?

"你能对我的孙子、孙女好吗?"王俊抬高声音追问,并用犀利目光逼视着,"你能养得起这家老小?"

李凤青依旧没有抬头,也没有及时回复,令王俊火冒三丈,但他控制住了,眉头紧蹙,一道道皱纹显得那么沧桑。

"你若是担不起这个家就趁早离开。"王俊毫不留情下了逐客令。

李凤青终于抬起头,目光直视着语言变本加厉的老人,他只说了一句简短的话,我满身的力气。一句话,胜似千言万语,抵挡了王俊心中的汹涌波涛。最后,王俊提出个苛刻条件,他说,孙子、孙女我打骂可以,你不能动一手指,尤其是我的两个孙子。不,哪一个也不许动。

"你放心,我会好好照顾。"李凤青话很简短。

时间是最好的检验,沉默寡言的李凤清没有食言。李桂芳像个指挥者,让他上东,他不敢去西。他憨厚,谨慎,勤奋,像一头牛,早出晚归,用一双有力臂膀,为孩子们遮风挡雨。他把一身力气和汗水洒在土地上,毕竟,只有在生产队挣来工分,才能分得粮食,有了粮食孩子们就不会挨饿。

冬去春来,王俊紧锁的眉头渐渐舒展开来,他逐渐打开了心结,接受了这个少言寡语、勤奋憨厚的男人。

日子没有想象的那么困难。小狗剩长到 5 岁,大姐 15 岁,兄弟姐妹欢笑声装满了三间茅屋。然而一个个孩子逐渐长大,粮食显得越发紧张,即便李凤清再努力,可好汉能捻几个钉。迫不得已,李桂芳去生产队参加劳动,尽管她管理家是个能手,投身地里劳作,却一时难以适应。绰号为小辣椒的女队长,冷言冷语,令李桂芳纠结不已。

李桂芳娘家在周家营,与两间房村唇齿相依。她未出嫁时,也算是个大家闺秀,因父母疼爱,很少有脸朝黄土背朝天的时光,庄稼地劳作变得些许陌生。她被迫参加秋翻地,哪里抢得动那大铁锹呀!她泪眼婆娑,泪水中想起了丈夫王永安。若他在,何至于受这份罪,她直起腰抹抹额头的汗水,用目光眺望西山,那里有沉睡不醒的丈夫。

李桂芳孑然一身,彷徨苦闷,思夫之心与日俱增。一天,带着苦楚来到丈夫坟前,她扑在荒草萋萋的坟前,泪如泉涌,把一肚子委屈倾诉给一抔黄土下沉睡的丈夫。

"永安,我好累啊!"她哭得肝肠寸断。

四野茫茫,只有远处几只鸟儿在叽叽喳喳,她把满肚子苦水伴着泪水洒在丈夫坟前,释放了积压在心底的苦闷,权作一种自我疗伤。

"你偷懒,还是丢魂了?"小辣椒恶语相加,"笨得像一头猪,蠢货。"

李桂芳没有反驳,她懂得站在屋檐下怎敢不低头的道理,孩子多,工分少,秋后分粮自然就少。中午下工,她头顶毒辣辣的太阳,迈着踉跄脚步,昏昏沉沉回到家,一头扎在炕上。午饭没吃,晚饭也没吃,不论孩子们怎么喊,她都紧闭双眼,昏沉沉睡着。或许,一股急火,她脖颈上起了个大疙瘩,渐渐地,变得如拔火罐大。

如果，当初打几针消炎药，也许那个疙瘩会药到病除。但李桂芳舍不得花钱，孩子多，日子过得紧巴。那天，郭姓村医背着药箱走来，为她简单做手术，当村医把肉疙瘩割开，没有发现里面有异物，只好把手术口用药用胶布粘上。

祸不单行，过一段时间，李桂芳脖颈上的疙瘩从手术口处开始流脓。左右邻居姐妹们劝她，别在家支撑了，去大医院看看吧。可去大医院看病谈何容易？她透过窗户，目光落在院子里的三头牛身上，一头大牛，两头小牛犊，万不得已不能卖，几头牛是过日子的念想。

却不料，李桂芳脖子被村医割开刀口处发生溃烂，越发严重。为治病，不得不把院中的三头牛卖掉。牛卖了，李桂芳怀揣买牛的钱走出滦河，走出大山，来到承德一所大医院看病，诊断医生连连摇头，质问，为何不早点来？

凄惨的李桂芳回到家，病不见好转，冥冥中感知来日不多。她躺在炕上，用怜爱目光打量儿女，不祥之感顿生，若两眼一闭，几个年幼的孩子谁来照顾？

李桂芳骨瘦如柴，变得弱不禁风，每每想到几个年幼无知的孩子，乱箭穿心。那天，孩子的二姑回来看她，她拉住妹妹的手说，等我不在了，你可要经常回来，柜子里的东西够几个孩子生活两三年，你给孩子们缝缝补补，粮食也不用担心。有你照顾孩子，我走了，也能放心。话音未落，李桂芳闭上眼，泪水从眼角滴落到枕头上。

小姑子安慰道，嫂子，别胡思乱想，也许过一段就会好起来，老天不会这么狠心。有气无力的李桂芳，双目紧闭，僵硬的面孔凄然一笑，微微摇摇头，一副作别的神情。

1958 年，农历六月，西山的玉米已经齐腰高，河畔稻田里的水稻绿油油，夜晚蛙声一片。那个略显闷热的夜晚，大女儿守候在母亲身边，一盏煤油灯不停闪烁，照着母亲那张蜡黄的面孔，母亲紧闭双眼，气息越发紧促。

突然，母亲表情痛苦，女儿惶恐不已。

"妈、妈，"大女儿趴在母亲耳旁呼唤，"妈，想喝水吗？"

听到女儿呼唤，李桂芳从昏迷中醒来，睁开沉重的眼皮，看了一眼朦胧中的女儿。突然，她呼吸变得急促，胸部起伏，如狂涛奔袭，她猛然坐起，浓绿色水从口中喷溅。尔后，她躺下，蜷缩着颤抖的身体，不一会儿，气若游丝，身体停止了颤抖，额头皱纹渐渐散开，宛如河面上退去的波浪，再也涌不起一丝涟漪。

李桂芳撒手人寰。

大女儿惊恐万状，哭声惊醒了梦中的弟妹，弟妹从爷爷睡的东屋睡眼惺忪过来，围在母亲身旁哭得肝肠寸断。

木讷的李凤青站在地上，呆若木鸡，像根木桩，不知所措。王俊脑袋轰然作响，眼前金花乱窜，一双年迈的腿再也无法支撑身体，他趴在炕上，陷入绝望。

"妈，你怎么了，醒醒啊，"14岁大女儿歇斯底里推着躺在炕上的母亲，哭得撕心裂肺，"妈，没有你，我们怎么活啊！"

李桂芳咽气后，睁着双眼，只因她有无尽的牵挂，她怎能放下几个不懂事的儿女。邻居一位婶子嘴里不停祈祷，只好用手把那一双牵挂的眼睛合上。

李桂芳病逝，村里人惊讶不已，纷纷议论，这个家的日子还怎么过啊？

天太热，不能耽搁。第二天出殡，五个孩子跪在一副冰冷的棺材前，不停哭喊，每一声哭喊都震颤人们的心，村里人简直不敢目视这人世间惨绝一幕。抬向西山的棺材走得很慢，时而打横，时而顺畅，迫使抬棺材的村民大汗淋漓。

是啊，李桂芳怎能甘心离开这个家呢？她怎么能舍得抛下自己不谙世事的五个孩子？

　　孩子们在后面追逐着,以为母亲睡着了,但应该在炕上陪他们睡,怎么要睡到山上? 追着、追着,四周多的小狗剩摔倒了,妹妹也摔倒了,只有哥哥肩上扛着一个白色的东西走……

　　山无语,水无声,只有一股闷热的风从河面上飘来。

　　一个又一个不眠之夜,年迈的王俊怅然若失,他坐在炕上想得脑仁痛,自己这把年纪了,一旦有个闪失,决不能把孩子们交给一个没有血缘关系的男人。于是,他毅然决然下了逐客令,在茅屋下生活了两年的李凤青只好被迫离开。走那天,他张开有力臂膀分别抱抱孩子,但嘴里没挤出一句安慰话。他沿着滦河岸行走,走出一段距离回眸,几个孩子的身影出现在视线尽头,他心中五味杂陈。

　　一时间,生存,成为兄弟姐妹的严峻考验。

　　街巷里,有人窃窃私语,父母相继英年早逝,说不定是王俊的二孙子"命毒",把父母克走。街谈巷议,令小狗剩从童年就背上了一个沉重的十字架,但他又不晓得"命毒"的真正含义,他只觉得对不起父母。直到他沿着滦河走出大山的一天,自己刻意仔细查查农历六月二十四这个日子,意欲何为?

　　懵懂时光,隐约听到村里人讲,农历六月二十四是老爷节,至于是哪位老爷一概不知。

　　他仔细鉴别这个令自己纠结的日子,中国民间传说里众多神,只有关公是有血有肉的"人神",其他的诸神皆为形而上。农历六月二十四,很可能是关公向龙王爷借雨磨刀的日子,关公把青龙偃月刀磨得寒光闪烁,削铁如泥,所向披靡,铲除人间不平。

　　这天,在民间还称为"雨节"。雨节,不荒诞,有据可查。

　　当几十年后王舜孜孜不倦研究承德历史文化时,他编纂了《承德名胜大观》一书,在般若相(法林寺,乾隆帝三十六景第 16 景)篇章中这样记载:

"般若相"建于康熙四十二年(1703年)。主殿三间,康熙题额"般若相",殿内供奉释迦牟尼像一尊。左右配殿各3间,内供奉各种天神。后殿7间,内供奉龙王。清代,每当六月二十四雨节之日,山庄的管理人员便汇集于此庙,祭神拜佛,祈求佛神保佑山庄的平安,然后饱餐一顿而去。

关公节也好,雨节也罢,其实是人们敬畏天地,敬畏自然的一颗心。

在江南,农历六月二十四,吴侬软语的人们称为"观莲节"。每逢这天,江南水乡的男女老少纷至沓来,在荷塘边欣赏"接天莲叶无穷碧,映日荷花别样红"的美景。进而,湖中画舫,箫声悠扬,人们载歌载舞,一串串笑声在荷叶中流淌。

渐渐地,王舜"命毒"心结彻底打开了,他也摘掉身上那个沉重的十字架,这个十字架他背了好久好久,一度压得他喘不过气来。在承德平泉师范的一天,他手捧北宋周敦颐的《爱莲说》,把一段清新优美,寓意深远的文字刻在心底,"予独爱莲之出淤泥而不染,濯清涟而不妖,中通外直,不蔓不枝,香远益清,亭亭净植"。走向社会,成为一名摄影家,有一天,他带着理性走进避暑山庄,用镜头表达湖中莲花的精神。

晨光微曦,湖水微波荡漾,一朵莲花倒映水中,王舜凝视着,他要成为湖中亭亭净植的莲花。

出嫁

母亲走了,茅屋下冷清,只有爷爷叹气声。

稚嫩的荣珍难以挑起家庭的重担,有时她天不亮起来,坐在灶膛烧火做饭,灶膛里燃烧的火苗映衬着脸上一道道泪痕。突然,小妹妹从睡梦醒来,哭喊着要找妈妈。瞬间,兄弟姐妹哭声此起彼伏,撕扯爷爷的心。

王荣珍终生记恨一件事:父母给兄弟姐妹留下的救命东西,一夜之间不翼而飞。那是个夜晚,如豆的煤油灯火苗摇晃着,不时发出噼啪响声。昏黄的灯光中有一个身影。她睡着了,弟妹也睡着了,79 岁的爷爷打着震天响的呼噜。一觉醒来,大姐发现屋地上三节红柜没盖好。毕竟,她还是个孩子,不可能多想,后来才朦朦胧胧得知,父母留下一些珍贵的东西被父母最信得过的至亲顺手牵羊,令原本苦难的日子雪上加霜。

王永安在世时曾开过小金矿,家里的日子很殷实,他曾自豪地说,碌碡挂房檐,三年不用动。碌碡是碾压粮食用的石磙子,即便三年不动用它,家里粮食也够吃。不难想象,王永安家的生活多么殷实,瓜菜代年月,加之运动兴起,王永安把屋地挖开,缸里装满一缸缸小米、玉米、高粱,再用木板遮盖,把挖出的土复原。

想不到,柜子里的东西不翼而飞,埋在屋地里的粮食也被亲戚盗走,于情于理说不过去。

二姑回来,得知三节柜子里金银财物,成卷的布匹,甚至纳好的鞋底,无不被洗劫一空。二姑用手拍着空空作响的柜子,双脚跺地,她诅咒,谁偷走了这些东西,断子绝孙,不得好死。

"嫂子,你托付的事,我无法完成啊!"二姑流着泪走出茅屋,沿着滦河走,失魂落魄,"没有东西,如何照顾五个年幼的孩子?"

王荣珍觉得日子过得很漫长,眼见粮食越来越少,她鼓足勇气独自找到生产队长,一把鼻涕,两行眼泪,生产队长眼含泪水,用手抚摸着她,安慰道,孩子,不用怕,叔叔不能让你们饿肚子。生产队开会,队长向社员们解释,王永安生前入社时赶来一头牛,一群羊,作价 260 元,直至今天他家一分未动。我们总不能看着无爹娘的孩子饿着吧,我决定动用储备粮。生产队长讲完,没有一个社员反对。善良的大爷、大娘、叔叔、婶子们纷纷表示,即使他家入社时没有东西,也得让孩子们活下去,哪怕我们少吃一口。

想必,那个年月鲜有富裕之家,无不把粮食视如生命。此刻,村民的善良如清清河水,比金子还贵。

此时,滦河边的王舜生长处于散养状态,他无忧无虑,不懂得大姐眼泪的酸涩,裤子磨破,大姐拿起针线缝补,夜晚一盏煤油灯下,大姐泪水涟涟。

"姐,你哭啥?"二妹趴在姐姐肩头,用热乎乎的脸蹭着姐姐耳朵。

小妹依靠着姐姐,仰起头,读不懂姐姐脸颊上的泪水,抬起手,胡乱在姐姐脸上涂抹。突然,外屋蛐蛐叫声响起,王舜像一只猫从炕上蹦下地,可蛐蛐不叫了,他在漆黑中蹲守。

王舜无忧无愁,大姐生火做饭,缝缝补补,感觉日子没有奔头。

一个雨夜,窗外电闪雷鸣,二妹胆怯地说:"姐,想妈妈。"二妹话音未落,眼泪如屋檐下的雨珠,哥哥哭了,弟弟哭了,小妹哭了,大姐和弟妹抱作一团,哭声淹没屋外的雨声。母亲走后的日子,姐弟们抱在一起,不知哭过多少次,他们想用泪水冲刷对母亲的思念,却适得其反。

或许是夏秋季节交换,2岁的妹妹病了,妹妹躺在炕上,额头发烫,嘴唇干裂,小脸烧得像个火炭。

"大姐、大姐,"二妹惊恐万状地喊,"妹妹闭眼喊妈,她要找妈妈。"

大姐把骨瘦如柴的小妹衣服撩起,用手抚摸着,感到小妹身体冰凉。大姐吓得魂飞魄散,拼命喊,小妹、小妹,醒醒、醒醒啊,但小妹紧闭双眼,没有应答。情急之下,大姐背上小妹,向太平庄公社医院飞奔……

按下葫芦浮起瓢,二弟又高烧,平日里淘气的他躺在炕上,面孔发红,嘴唇干裂,喘气粗重。弟弟烧得迷迷糊糊,大姐手足无措,无奈之下,她只好抱着弟弟去后院张家。张家老太太用最古老的办法为弟弟治疗,她用一枚顶针在王舜后背上刮,每刮一下,王舜抖动身体,发出惨叫声。直至王舜窄窄的后背呈现一道道紫黑,治疗才告一段落。姐姐把弟弟背回,王舜不敢躺着,只能趴在炕上,隔一天,发烧退去。

大姐一脸焦苦,有几许走投无路的感觉,一双稚嫩的肩膀实在扛不动这个家了,思念妈妈与日俱增,昼夜难耐。那天,大姐带上弟弟和妹妹来到父母坟旁。

一抔黄土,阴阳两隔。

但见父母坟上已长出稀疏的荒草,秋风吹来,荒草摇曳,落叶萧萧。姐弟五人围坐在父母坟前,痛哭流涕,渴望父母听到他们哭声,渴望父母从一抔黄土中走出来,哪怕是能再看一眼母亲。

"爸、妈,日子实在苦啊!我要支撑不下去了。"大姐向父母倾诉着,哭得肝肠寸断,她向一抔黄土祈求,"妈,你能给我托个梦吗?"

一阵阵秋风吹过,吹干了孩子们脸上道道泪痕。大姐一脸无奈,擦干眼泪,领着弟弟妹妹,沿着山路走向那座冷清的茅屋院落。

庄稼收割了,山上的草已然枯黄。虽说家里没有工分,可生产队依旧把粮食分给无父无母的几个孩子。这是个吃食堂的年月,家里分了粮食,不用去生产队吃食堂,大姐可以在家做饭,让房顶的炊烟升起来,缕缕炊烟里,飘着人世间的温暖。

山村的日月,不仅仅是缝缝补补,也不仅仅是粮食,几个尚不懂事的孩子需要父母一双翅膀呵护。有人提出善意,与其让几个孩子生活在痛苦中,倒不如让有能力的家庭领养。

那天,二妹被一个远方亲戚抱走,那个亲戚抱着二妹已经走过滦河。大姐回家发现妹妹不见了,问邻居一个婶子,婶子说,你家实在困难,你妹妹送给别人了。闻听此言,王荣珍变得歇斯底里,立刻沿着滦河追赶,初冬的风把她的头发吹得凌乱不堪。她追啊、追啊,直至喘不上气,一不小心摔倒,她奋力爬起来。最后,她终于追上,双眼喷火,愤怒地夺过二妹,斩钉截铁地说,讨饭,我们也要在一起。

远房亲戚僵立着,看着走远的一对背影,深感一个仅有 14 岁孩子的那份坚强。

秋末冬初,北风沿着蜿蜒的滦河吹来,不时旋起两岸的落叶。一群群鸭子从冰冷的河水上岸,在夕阳陪伴下,扭动着身躯走向袅袅炊烟的院落。

王荣珍把妹妹背到家,瘫软在炕上,腮边挂满泪水。她想,如果母亲活着,妹妹怎么能送人呢?

爷爷大声咳嗽,坐在灶膛向灶里添柴草,火光映照布满皱纹的额头,那一道道皱纹间夹杂了太多的苦涩。爷爷知晓二孙女送人,但他无能为力阻拦,他觉得送给人会更好点。

满屋烟雾笼罩,爷爷不停咳嗽,锅里散发着热气,热气沿着茅屋房檐散发,房顶的烟囱里冒出一缕缕白烟。屋里,精疲力竭的大姐把二妹紧紧抱在怀里,唯恐有一天妹妹再送人。

……

滦河上空飞过人字形大雁,王舜欢呼雀跃,视线里,人字形大雁越飞越远,一直飞过山的那边。他捡起河边一块鹅卵石,向水中扔去,一道道波纹随着深秋的风徐徐展开。

大雁飞过,天气越发冷了。

一缕初冬太阳光落在炕上,几缕凌乱头发遮住额头,14岁的大姐聚精会神坐在炕上,比葫芦画瓢,给弟妹做棉衣。

她把布料铺展在炕上,左瞧瞧,右看看,不知如何下手,情急下,把柜里母亲留下的一件棉衣掏出来,比啊比,想啊想,可还是无法下手。

"妈、妈。"她下意识地喊,泪水夺眶而出,环顾四周,屋里空荡荡,仅有落在炕上的一缕太阳光。

最终,14岁的王荣珍凭着坚强的意志,给弟弟妹妹做好了棉衣,尽管针脚粗糙,可弟妹站在寒风里不再浑身打哆嗦。大姐看着弟弟妹妹穿着自己亲手做的棉衣,脸上露出久违的笑容。

乡下的孩子最盼望的日子,过年。过年,孩子们有肉吃,有新衣穿,女孩子打扮得花枝招展,男孩子把鞭炮放得震天响。

盼望着、盼望着,年的脚步走来,山里的人家开始淘米碾面,摊烙糕、蒸年糕、蒸豆包。女人们忙碌着,一座座茅屋上炊烟袅袅,空气中弥漫着特有的年的味道。

然而,李桂芳走后的那个年,五个孩子过得无滋无味,凄苦不堪。

寒风从冰封的滦河上刮来,如刀子割着王舜的脸。小王舜裹紧姐姐做的棉袄。胡同里,郭嫂子家茅屋下雾气腾腾,摊烙糕吱啦啦声音清新悦耳,一股股酸甜味从胡同里飘来,逗引了王舜肚子里的馋虫,他情不自禁地用舌头舔舔嘴唇,垂涎三尺。

"王舜、王舜!"大姐高声喊。

听到喊声,王舜蹑手蹑脚,像猫一样钻进了屋。大姐询问,该睡觉了,你一个人站在外面干啥? 钻入被窝的王舜只好如实交代,大姐没怪罪他,背过身,一个人偷偷流泪。泪水中的大姐责怪自己,不会给弟妹们做过年的食物,即使会做那些食物,可家里的粮食也不允许。

"你们都给我记住,不许站在胡同里闻味,更不要去别人家张望,"大姐拧紧眉头,绷紧脸,叮嘱声音很严肃,"要活出志气,别给爹妈丢脸。"

从这时起,大姐变得刚强起来,也培养了弟妹刚强的性格。想不到,大姐竟然刚强了一辈子,她从来不低头,不向人张手。直至 80 岁,她一个人在滦河畔的家中守着岁月,二弟王舜每每回来看望姐姐,给钱,每次都被姐姐婉拒。

那个夜晚,大姐千叮咛万嘱咐,钻入被窝里的王舜把大姐的话牢牢记在心中,而且铭记一辈子。

眨眼,除夕来临。清脆的鞭炮声从滦河上空响起,锅里煮肉的香味随着炊烟在空气中四散开来,家家户户门口贴上了红红春联,大门横梁上五颜六色的挂旗儿迎风招展。街面上，不时有孩子在跑动，一个个身上变得光鲜起来。

姐弟身上穿的棉衣，却是补丁摞补丁，尤其是王舜身上的补丁最多，甚至棉袄袖子飞出了棉絮。他站在胡同一个角落，仰起脸欣赏五颜六色的挂旗儿，红红的春联上七扭八拐的字跳跃着，像是滦河里一条条小鱼，他奇怪地想，自己家大门口为何没有红红的春联呢？突然，一个二踢脚在空中炸响，纸屑纷纷飘落，一股奇特味道钻入鼻孔里。

不知愁滋味的王舜钻出胡同，东瞧瞧，西逛逛，发现家家大门上都红了起来，滦河上空鞭炮声不时响起，年的味道扑面而来。

然而，14岁的王荣珍愁眉苦脸，茅屋下的门框上依旧挂满灰尘，屋里冷清清，灶台上没有一块肉，弟妹身上没添一件新衣，二弟脚上的棉鞋像河里张嘴的鱼。只有爷爷一身棉衣还略显新鲜，是姑姑给做的。79岁的爷爷抱紧火盆坐在炕上，双目紧闭，额头一道道皱纹宛如西梁榆树上皱皱的树皮。

夕阳西下，鞭炮声让整个村庄热闹起来，王荣珍只做了两道菜，一道是炒白菜片，一道是炒酸菜。虽然菜里没有肉，可弟妹们吃得开怀，王舜端着碗，坐在窗台上，边吃边听着窗外的鞭炮声。鞭炮声勾魂，噼噼剥剥的响声，像一首山村交响曲，令王舜心旌荡漾。

煤油灯火苗跳跃着，王荣珍挥舞着菜刀，菜刀落在菜板上，发出叮叮当当响声。胳膊酸了，几棵酸菜终于剁碎，把剁碎的冻豆腐加入，再添加麻籽油，搅拌均匀，虽说饺子馅没肉，可也香喷喷。一个袋子里装着生产队分来的几斤白面，另一个袋子是荞麦面。白面显得那么金贵，舍不得一顿年夜饺子就把白面消耗殆尽，故此，只好把白面、荞麦面掺在一起。不会擀饺子皮，便用手捏，直至捏得手指发酸。她抬眼看看包饺子的爷爷，老眼昏花的爷爷颤抖着手，缓慢地捏着饺子，脸上镶嵌着一丝笑容，不时告诉孙儿们如何把饺子包好。

"爷爷，我也包饺子。"大孙子、二孙女异口同声，缠着爷爷学包饺子。

爷爷把大孙女捏好的饺子皮放在大孙子手上，把馅放在饺子皮中间，又把饺子皮合上，让大孙子用拇指和食指捏饺子皮，可大孙子手指似乎不分瓣，一脸苦笑。毕竟，他还不足 10 岁。

"你们都要学会包饺子，"爷爷说出一句意味深长的话，"过年初一，不能没饺子吃。"

王舜看哥哥学包饺子，在一旁吵闹，也要包饺子。于是，一个饺子皮放在手心，未等馅放至面皮上，馅瞬间洒落在棉袄上。他不服输，抢着干，被姐姐阻止。

两盖帘饺子包好，放在屋里柜上，盖帘上的饺子成为祖孙过年佳肴。

馅是素馅，面是两种面，一顿年夜饺子包下来，包出了爷爷的辛酸，包出了一个少年的痛苦。煤油灯下，王荣珍情不自禁地想起了母亲，泪水模糊了双眼，她只能站在外屋偷偷哭。母亲在时总有过年味道，纵使再困难，饺子馅里一定有肉，也会有母亲蒸出来热腾腾的馒头，以及烙糕、年糕、豆包。眼下，所有的一切成为弟妹们的追忆……

王荣珍擦去眼泪，转身回屋，坐在炕上佯装笑脸，和弟弟妹妹守岁。午夜，外面鞭炮声骤然响起，二踢脚蹿上夜空，仿佛要震醒沉睡的山河。

确切地说，年，对于这个家庭充满了痛苦。

老辈子人流传下一句话，年好过，节好过，平常日子不好过。寻常日子，柴米油盐，一旦缺钱，柴米油盐变为虚妄，日子总不能画饼充饥。又是春暖花开，又是稻子吐穗，又是玉米金黄，茅屋下一张张饥饿的面孔，令 14 岁的王荣珍如芒在背，她感觉自己难以扛起家庭的重担，仿佛呼吸都变得困难。

滦河畔稻浪飘香的一天，王荣珍耳边滚起一声惊雷，三姨夫说："荣珍，嫁人吧。"15 岁，如花的季节，天真烂漫，应该奔跑在校园里。纵使，不坐在教室里读书，也不至于谈婚论嫁。事实上，王荣珍还不懂得婚姻的含义，而婚姻是人生一次不同凡响的抉择。

空中一轮明月,月光如水,王荣珍独自坐在院外的滦河边,河水哗啦啦流淌,草丛中蟋蟀叫声此起彼伏。她痴痴凝望着月光下的河水,耳畔回旋着扎心的话,嫁人吧、嫁人吧。她听到这句话,毛骨悚然,浑身颤抖,可想到弟妹,想到弟妹身上补丁摞补丁的衣服,尤其是二弟冬日里棉袄袖子,棉絮乱飞,小脚丫冻得红肿,爷爷迈着颤抖的双腿……

茅屋下的一切,令她犹犹豫豫,宛如面前这九曲十八弯的河水,她下意识喊一声,妈妈,你在哪啊?这凄凉声音,被月光下河岸的晚风卷走了,蟋蟀短暂停止了欢叫。

蟋蟀叫声又此起彼伏,王荣珍咬紧牙关,无奈中有了选择。只要弟妹能活下去,纵然上刀山下火海,也在所不惜。她离开河岸,踽踽独行,月光下的背影坚强如四周黑魆魆山峰。

王荣珍和三姨夫提出条件,也是唯一的条件,嫁人可以,但我必须照顾弟妹。答应,则嫁;拒绝,免谈。

农历十一月初七,王荣珍终生难忘的日子。无限委屈的王荣珍,身体单薄的王荣珍,肩膀如铁的王荣珍,出嫁。

出嫁前一晚,王荣珍坐在炕上,弟妹围坐在她身旁,她透过昏黄的煤油灯光,那双无限牵挂的目光落在弟妹们稚嫩的面孔上。她不停端详,内心翻江倒海。她把二弟、小妹紧紧抱在怀中,眼泪像断了线的珠子,落在怀里弟妹的脸上。二弟问,姐,你咋哭了?姐姐未作答。小妹抬起一双稚嫩的小手,不停擦去姐姐脸上的泪水。

炕上的爷爷依旧抱紧火盆,火盆里的炭火在黑暗中或明或暗,他口里不停默念,谁也不知爷爷究竟在说啥。

刺骨的风从窗户缝隙钻进来,摇动着窗台上一盏如豆的煤油灯火苗,一会儿,风声大作,拍打窗户纸,发出呼哒、呼哒声,火苗不停跳跃,最后熄灭。

弟弟睡了,妹妹睡了,王荣珍依旧在哭,直哭到三星横在空中。哽咽中她在想念妈妈,如果妈妈活着,自己无论如何也不会这么早嫁人,而且嫁给一个荒山野岭的,比自己大8岁的男人。出嫁了,两个弟弟谁来照顾,年迈的爷爷谁来照顾? 她乱箭穿心,头嗡嗡作响。

滦河畔的村庄,万籁俱静,沿着河岸从远处传来一两声狗吠,夜空中的寒星已然困倦,公鸡即将报晓。王荣珍手里攥着出嫁的嫁妆——一枚银元。

王荣珍手中的那枚银元,来自三姨夫"馈赠"。

她想起一幕,母亲临终前,才让三姨夫把家里钥匙交给自己。然而,一夜之间,满柜子的物品已经不翼而飞,当揭开柜盖一看,柜子里面空荡荡,只剩两条裤子,一个枕头。只因她还是个懵懂少女,只因躺在炕上的母亲奄奄一息,她无心思去追问柜子里物品的去向。

王永安是村里能人,做过买卖,开过小金矿,家里藏有金豆子、银元,乃至于鸦片。王永安为了万无一失,撬开炕面上一块土坯,把柜子里值钱的东西藏在炕洞里。可人心叵测,螳螂捕蝉黄雀在后,李桂芳奄奄一息时,藏在炕洞里的珍贵物品像是从人间蒸发了。

王舜懂事后的一天,他走进周家营,一位长辈或出于嫉妒,或出于同情,气愤地说,你那位至亲家无忧无虑的日子过谁呢? 过的是你父亲留下来的那些积蓄,别人家无粮青黄不接时,他家用现大洋换羊。一只羊宰了,一家人嘴上溜光铮亮,谁能攀比啊! 如果没有现大洋,他儿子讨不来媳妇,没有现大洋,只能打光棍。

这件事,王舜亲耳听过,哥哥王义也亲耳听过,兄弟听后唏嘘不已!

如若说,长辈的一席话尚需推敲,可大姐的清晰记忆印证了那位至亲的所作所为。当王舜沿着滦河走出大山,品尝尘世的人间烟火,方对人性有了深层次的认知。

王荣珍出嫁了，三姨夫假惺惺馈赠一枚银元作为嫁妆，既表达了慈悲，又在人前争得了面子。然而，质朴的王荣珍没有把那枚陪嫁的银元归为己有，她执着地认为，那枚银元是父亲留下的，属于王家财产。于是，保存多年后，王荣珍把出嫁时的一枚有着痛苦记忆的银元交给了弟弟。

至今，王舜依旧珍藏着不同凡响、埋藏着人性的一枚银元。

农历十一月，隆冬时节。天寒地冻，北风呼啸，滴水成冰，一辆木制的两轮牛车，吱吱呀呀从寂静的山里走出，老牛迈着缓慢步伐，在铺满鹅卵石的河套里，穿过周家营，向深山里走去。河岸上柳枝摇晃，在寒风威逼下发出嗖嗖响声，树上的几只喜鹊迎风而立，喳喳叫个不停。

15 岁的王荣珍穿上一身新衣，眼泡红肿，脸上没有镶嵌一丝笑容，她坐上了这辆牛车。牛车沿着滦河岸缓慢行走，两只木制的轮子吱吱呀呀，仿佛唱着一首古老歌谣。

王俊站在寒风中，拄着一根木棍，颤抖着双腿站在大门口，一双昏花眼睛目送着远去的牛车，沧桑的面孔上挂有几滴浑浊的泪水，牛车渐行渐远。

一路南行，牛车上用几根树条腾起一个棚，上面用一条毯子遮盖，前面挂一个布帘，后面用炕席遮挡。北风呼啸，沿河岸袭来，伴着牛车吱呦呦的响声。王荣珍坐在车上，刺骨的北风穿透了身上棉衣，河面上的冰咯吱吱脆响，伴随二弟哭喊声，姐、姐，你不能走，又听到了小妹哭喊声，姐、姐，你别走、你别走……

二弟在奋力追赶，他的棉袄袖子飞出了棉絮，鼻涕冻出来，他用棉袄袖子在嘴唇上胡乱抹着，二妹拽紧小妹手，脚步趔趄，头发凌乱。姐弟们一边追，一边哭喊，一边抬起手，恨不得把牛车拽住，把他们的姐姐从车上抢回来。

王荣珍出嫁，爷爷 80 岁，大弟弟 9 周岁，二妹 7 周岁，二弟 5 周岁，小妹 3 周岁。

弟妹千呼万唤,河岸北风呼啸,老牛车吱呦呦作响。一曲凄凉的悲歌,在古老的滦河岸边回荡着。王荣珍坐在牛车里,如坐针毡,乱箭穿心,眼泪扑簌簌滚落,老牛迈着舒缓的步伐,把她拉向七里远的深山。牛车钻进大山,山路七扭八拐,人坐在车上不停颠簸。两山对峙,咫尺之遥,两间没有围墙的茅草房,依偎在土坎上,显得形单影只。老牛车响声敲碎了山中寂静,牛、羊、鸡、狗等纷纷抬头,山坡杨树上一群麻雀叽叽喳喳,叫个不停。

一年 365 天,茅屋下的母子俩只能听山风、听雨雪、听山间溪流,以及金鸡报晓,鸟儿婉转。

按风俗,接亲牛车停在了另一处院落门前,新娘子下车,暂时停留,等待良辰时刻拜堂成亲。

没有迎亲鞭炮声,更没有鼓乐齐鸣,即使参加婚礼的人都稀稀落落,只有两间小草房两扇黑色门上贴着红红的喜字。新娘子王荣珍只能佯装笑脸,可她耳畔依旧环绕着弟妹们的呼唤,致使她闷闷不乐。午饭后,王荣珍提出一个令婆婆难以接受的条件,牛车把送亲的人送回时,顺便接来两个妹妹。

婆婆闻听儿媳此言,面沉似水。

"能不能过几天接来,"婆婆商量着,"今天是你们结婚大喜的日子啊。"

王荣珍迫切地说,一刻不能等,必须把两个妹妹今天接过来,妹妹不接来,我一定走回去。当初提亲时,你们答应这个条件。王荣珍言之凿凿,没有商量余地。

夕阳的余晖里,老牛车上坐着两个妹妹来到山里,见到了姐姐。小妹流着泪水紧紧拥抱着姐姐,姐姐用手擦去小妹脸上泪水,安慰说,姐姐不会离开你们。小妹,破涕为笑。

从此,姐妹三人在很长一段时间里,共同守着山中的岁月,直至两个妹妹长大出嫁。

太阳落山,鸟儿归巢,暮色四合,夜空繁星闪烁。午夜后,憨厚善良的小伙子李景山,终于把小他 8 岁的新娘从一座院落接到自己的家。举行结婚仪式,大山里万籁俱静,只有夜空中繁星眨着眼睛,目视一对新人拜堂成亲。天地作证,山风伴歌,一对新人置身星空下,虔诚地向供奉的"土地爷"鞠躬致敬,表达夙愿。没有海誓山盟,没有花团锦簇,没有"一拜天地,二拜高堂,夫妻对拜"的证人,一切都沉浸在静默中。

结婚仪式,简朴得不能再简朴,这种古朴的新婚庆典像一首古老的歌谣,在皎洁的星空下,响彻于山峰之间。

洞房花烛夜,既无洞房,也无花烛。两间茅草屋下,一盏昏黄的煤油灯,仅有的一个火炕上挤着一对新人,还有母亲以及两个妹妹。新娘子王荣珍看着两个熟睡的妹妹,心满意足。转瞬,又牵挂起风烛残年的爷爷,以及懵懂中的两个弟弟……

2010.4.4 摄

2016.8.17 摄

2016.8.17 摄

王舜大姐王荣珍 15 岁出嫁到小南沟(上);在这里生活了 40 年,55 岁时才搬到五里外的周家营村(中);大姐手里拿着她和姐夫的唯一一张合影照片(下)。

第二章

冻死迎风站

牵挂

王荣珍原以为,自己以身家性命能换来弟妹的无忧生活,但现实冲淡了她美好愿望。

事实上,婆家也很穷,依土坎而建的两间茅草房足以佐证。一间,睡觉休息,另一间,一个灶台,余下的是用土坯垒个粮囤。

眨眼间,来到腊月。快过年了,二姑回到娘家,未等屁股坐到炕沿,就把院子里的扫帚绑上一根木棍,头戴破草帽,举起扫帚打扫屋内灰尘,瞬间,屋内被灰尘笼罩。

"王舜,听话,不能惹爷爷生气。"二姑出屋门时叮嘱。

爷爷抱着火盆坐在炕上,哥哥王义和弟弟站在大门口,目送二姑,二姑走过滦河,身影若隐若现,直至消失。

空气里飘荡着年味,胡同里有人家杀猪,猪的哀嚎声传到王舜耳朵里。

他站到胡同口把手揣进棉袄袖里,张望着,深呼吸,闻着空气中飘来肉的香味,馋得流口水。然而,姐姐一句"冻死迎风站,饿死不出声"的话如警钟长鸣。

王舜懂事后,认为姐姐就像高山上一棵昂首挺立的青松。

二十八,把面发。姐姐带着妹妹回来了,姐姐胳膊上挎着一个用柳条编织的小篮子,篮子里装着烙糕、豆包,还有十分珍贵的一小块猪肉。

姐姐把家里进行一番打扫,晚饭,姐姐用肉炒了两道菜,一道是白菜,一道是酸菜,两个弟弟大快朵颐,吃得津津有味。饭后,王舜和妹妹在炕上说说笑笑,平日十分冷清的屋檐下立刻热闹起来。爷爷靠着被垛,看着孙儿们嬉戏,一颗焦苦的心爬上了几分暖色,皱纹纵横的面孔上有了笑容。

年,王荣珍一颗心分两半。

除夕,鞭炮声在深山里响起,显得特别清脆。丈夫憨厚勤快,丈夫没有食言,他特别疼爱两个妹妹。煤油灯火苗在茅屋下跳跃着,王荣珍擀面皮,婆婆和丈夫一起包饺子,两个妹妹坐在炕上感受年的味道。饺子包完,王荣珍坐在炕上,心里七上八下。这个年,是她和弟妹、爷爷分开的第一个年。虽说两个妹妹在身边,可她还是情不自禁想起了家,不知晓弟弟和爷爷是否包饺子了?

姐姐带回的一小块肉,是自从母亲去世后王舜眼里第一次见到肉。经年累月,家里大锅熬菜,用的是麻籽植物油。

灶台边,一盏煤油灯摇晃,爷爷拄着拐棍指挥大孙子王义把肉剁碎,又让剁碎一棵白菜。爷爷颤抖着双手把剁碎的肉、白菜放在盆里,加入葱花、盐、大酱,让大孙子用筷子搅拌均匀,又把荞麦面和好,只可惜两个孙子不会包饺子。

王舜趴在窗台上,不时听到夜空里鞭炮声响起,心里几分惆怅,只因他一个鞭炮也买不起。

外屋门有响动，邻居婶子带进来一股凉气，婶子看到祖孙三人，看到冷清清的屋子，长叹一声，摇摇头。王义眼里，婶子干活手脚麻利，又是擀面皮，又是包饺子。婶子说，王义，你该学会包饺子。婶子把一个面皮放在王义张开的手上，面皮上放入适量饺子馅，让王义用拇指和食指捏面皮。或许，穷人的孩子早当家，10 岁的王义很快学会包饺子，尽管包出的饺子千奇百怪。看着哥哥包饺子，王舜也要包，面皮放在小手上，饺子馅未等放好，便掉到怀里。婶子说，小狗剩，你还小，再过两年婶子教你包饺子。

邻居婶子包完饺子，临走时叮嘱王义，饺子不能煮时间过长，把饺子下锅，锅里水开两次就把饺子捞出来。

婶子从茅草屋出来，煤油灯不停摇曳，鞭炮声从滦河上空清脆响起……

爷爷躺下了，哥哥也躺下了，王舜依旧趴在窗台上，听夜幕中的鞭炮声。听着、听着，他想姐姐了，渴望见到两个姐姐和妹妹，他渴望躺在姐姐怀抱，让姐姐抱抱，哪怕是只抱一会儿。他脱去棉衣，赤条条像一条泥鳅钻进哥哥被窝，把嘴凑到哥哥耳畔，小声嘀咕，找姐姐、找姐姐。

昏黄的煤油灯熄灭，爷爷酣然入睡，茅屋下冷冷清清。年，留给王舜的仅有别人家院落里的鞭炮声。其次，便是柜子上摆放的饺子，他在期待中睡去。

王舜对饺子有着一幕幕难以忘怀的记忆！

平常日子，难以吃上饺子。一是家中见不到肉，二是包饺子是一件难事。一次，住在周家营的老姑把饺子在家包好，走上两里路给年迈的爷爷送来。王舜目视老姑送来的饺子很好奇，老姑送来的饺子很精美，像麦穗一样，放在锅里煮，一个个麦穗饺子上下翻飞，宛如一个个跳动的音符。饺子煮好，放在爷爷眼前，没有牙的爷爷闭上眼，布满皱纹的嘴深陷进去，缓慢蠕动，像是咀嚼山珍海味。爷爷吃了一多半，把筷子停在空中，用昏花的眼看着王舜，便把盘子推给孙子。

"小狗剩,吃吧。"爷爷吃饱了。

王舜看看爷爷,又看看姑姑,姑姑点点头,他狼吞虎咽,一口气把盘子里的饺子吃得一个不剩。一旁的爷爷,用昏花的眼睛看着孙儿的吃相,心中五味杂陈。

那年,正月初一,太阳从光顶山还未露头,祖孙三人穿戴好,爷爷坐在炕上,王舜蹲在灶膛烧火,灶膛里燃烧的火苗噼啪作响,锅里水开了,哥哥把饺子下锅。一会儿,饺子煮好,哥哥把煮好的饺子放在泥盆里,双手端起,想不到盆底竟然脱落,热腾腾的饺子掉在地上。兄弟俩只好把地上的饺子捡起来,用锅里的饺子汤冲洗干净,端到桌上,祖孙三人吃得不亦乐乎!

王舜童年吃的饺子,吃出亲情,吃出艰涩岁月,吃出后来的节俭之风,也验证了苦难是财富的道理。

大年初一,爷孙三人吃完饺子,王义带着弟弟迫不及待奔向姐姐家。给姐姐拜年去!兄弟二人沿河岸行走,寒风肆无忌惮地涌入棉裤腿里,一会儿,脸冻得发紫,手脚发麻。走出村,滦河曲曲弯弯向村东山脚下拐去。他们沿着土路缓慢行走,王舜走累了,坐在一块石头上,短暂歇息。走啊,走啊,兄弟俩终于走到了姐姐居住的小南沟。见到姐姐,作揖问好后,王舜立刻扑进姐姐怀里,两个妹妹紧紧抱住大哥。大姐问,你们在家吃饺子了吗?王义说,邻居婶子帮助包的饺子,早晨起来和爷爷一起煮饺子。王舜插话说,姐,有肉的饺子特别好吃。看着弟弟,姐姐笑了,笑得很开心,她唯恐爷爷和弟弟吃不上饺子,现在一颗悬着的心终于落了地。

吃饺子,成为姐弟们过年的最大奢望。虽然,他们渴望穿上一身新鲜衣服,渴望买来一挂鞭炮,但他们最大的心愿是吃上一顿肉馅饺子。

大山里很静,仅有两家,还相隔半里地,几乎听不到鞭炮声,但山坡上树林间的鸟叫声令王舜欣喜若狂,他缠着姐夫去山坡上看看。李景山丝毫不嫌弃弟妹纠缠，他领着王舜去欣赏山中景色，皑皑白雪，松涛阵阵，鸟儿婉转。几只鸟儿从树林间飞起来，又倏然不见了，沟底的冰面不像滦河冰面宽阔，宛如一根白线在逼仄空间里曲曲折折。冰面闪闪发光，王舜闹着要滑冰，他蹲在冰面上，让姐夫攥紧小手用力拉，稍一疏忽，摔倒，他躺在冰面上笑得很开心。

故此，大山里的溪水埋藏了王舜太多的欢乐。

这条山间溪水常年流动，即便遇到干旱，溪水也不会断流。王舜渐渐长大，自己能独来独往。夏天，他舍不得穿姐姐给做的鞋，担心姐姐劳动成果被雨水浸泡，便赤足走来。因他脚心深，踩在溪水边脚印独特，二姐一旦看到小溪边出现的脚丫印，立刻断定弟弟来了。二姐像一只欢快的燕子飞进屋，果然发现弟弟坐在炕上。

山中溪水，晶莹剔透，哗啦啦流淌。王舜和妹妹来到小溪边，找一处窄的地方，用泥沙叠加成一道岗，一会儿，清冽冽溪水荡漾开来，有"水马（水黾）"在水面上不停穿梭。小妹喊，哥，快抓啊！哥哥脚丫插在水中，弯腰，双手插入水里，像姜太公钓鱼，等待"水马"游过来。一只只"水马"很精明，游来游去，就是不上钩。

哥哥和妹妹在水里欢闹，像溪水中的"水马"那么快乐！是兄妹童年难得的快乐！

一次，王舜逆溪水而上，水边草丛中虫鸣欢唱，几只蝴蝶在山坡上翩翩飞舞。他赤足跑向山坡，追逐一只五彩斑斓的蝴蝶，刹那，感觉脚底下凉飕飕，软乎乎，低头看，脚丫踩着一条蛇，便落荒而逃。他跑出几米远，回头观望，那条木棍粗的蛇从从容容爬上一棵小树，把身体盘绕在树上，伸出头，口里不停吐着信子，像是在和他较量和抗争。

姐姐居住的小南沟，虽说闭塞，却给王舜以亲情，更让他充满童年快乐！

草青草黄,花开花落。山中雪花飞舞,一座孤零零的茅屋包裹在银色世界里。王舜时时想着姐姐,想着小南沟。

王舜走在冰雪中,他的手脚被冻裂口,脚上有一处已经流脓,刺骨寒风像一把刀割在脸上。他裹紧半截袖的棉袄向山中走来,脚上的棉鞋已经张开嘴,他来到冰面上,用力跑几步,可脚下趿拉着的棉鞋甩了出去。

大姐看到弟弟一身装束,泪水立刻夺眶而出。弟弟告诉姐姐,自己经常和小伙伴在滦河冰面上玩耍,磨破的棉袄袖子棉花乱飞。路经老姑家,老姑索性把开花的地方剪掉。

月光皎洁,山风呼啸,一盏煤油灯下大姐飞针走线,她把弟弟半截袖的棉袄用布缝接在一起,里面再填上棉花,棉袄才有了整袖。那双棉鞋实在不能缝补,姐姐只好重新做。姐姐眼睛酸了,稍不留神,锥子扎到手指上,殷红的血滴落,大姐把手指放在嘴里,用力吸吮,又接着做活。

那年秋季,10岁的王舜穿着大姐做的鞋,和姐夫去大洼山上砍柴。从小南沟走到大洼山,翻山越岭,路很远。王舜穿上了姐姐做的新鞋,脚下的鞋踩在山石上,发出格楞楞响声,姐姐用麻绳纳的鞋底不但厚,而且结实,走起路来脚底生风。山高坡陡,树木茂盛,把砍倒的榛柴捆好,利用陡坡,将榛柴滚至山下,再用车运回小南沟。

沟底,王舜聚精会神捆柴,一抬头,不经意发现羊群里有一条狗,身子细长,泛黄,细腿,黑色尾巴下垂,爪子略显大。"狗"在羊群里不停攻击,被攻击的羊东躲西藏。突然,一只小羊的脖颈被"狗"死死咬住,拼死抵抗。他被眼前一幕惊呆,立刻喊姐夫,姐夫抄起一根木柴向狼奔去,他手里握紧斧子跟在姐夫身后。然而,狼很淡定,依旧叼着小羊脖颈不肯松嘴,姐夫紧握木柴狠命抽打狼,狼终于松嘴,走向一处山坡,蹲在山坡上,目光里依旧透着狰狞。姐夫岂肯罢休,高举手中木柴奔向山坡,狼才纵身而逃,淹没在树林中。

狼逃走，生产队的羊群得以保护。如若不然，不知会有几只羊遭受狼的残害。

多年后，当王舜手捧《狼图腾》一本书，他才真正懂得狼性。其实，人面对困难与挫折，往往需要狼性。狼性，具有勇猛、凶悍、无畏的特性。

仲春，杏树花儿开了，蜜蜂嗡嗡唱起歌。

十余岁的王舜突发奇想，何不把姐姐家房前土坎上几棵年幼的山杏树实施嫁接？于是，他手拿一个刀片，劈开嫩嫩山杏树枝条，插入削好的杏树码，缠好嫁接处，等待奇迹。最后，山杏树仅有一棵树嫁接成功，杏熟了，黄黄的杏子缀满枝头，王舜兴高采烈！

几十年后，姐姐曾经的茅屋仅剩遗址，碾盘安卧于草丛中。土坎上，王舜亲手嫁接的那棵杏树依然枝繁叶茂，见证山中岁月，见证姐弟不同寻常的一段生活。

小南沟，虽说不是归处，却留下王舜难以忘怀的人生记忆。他短暂欢乐后，还要回到滦河岸边的茅屋下，和风烛残年的爷爷相依相偎。

那晚，王舜背着冰车回家，怕爷爷责怪，偷偷把冰车藏起来。他像一只猫，轻盈地蹿上炕，钻入哥哥被窝，很快进入梦乡。可一觉醒来，感觉自己身上发烫，头沉昏昏，眼皮像是被院中磨盘压着。

"王舜、王舜，起来吃饭。"哥哥把木桌放在炕上，摆好碗筷，等弟弟起来吃饭。

弟弟依旧睡着，哥哥以为弟弟睡懒觉，没在意。吃过早饭，哥哥上山捡柴，昏睡中的王舜感觉身体发冷，一阵紧似一阵，幽幽暗暗，飘飘荡荡。睁开眼，眼前金花乱窜，他竟然出现幻觉，但见窗户上一个鬼影，凶神恶煞，手执大刀，上蹿下跳；瞬间，又如过年木门上贴着的门神——钟馗，威武雄壮，震慑魑魅魍魉。

幻觉消失，窗户上巴掌大的玻璃透进来几缕春日暖阳，他又陷入昏睡中……

或许是苍天有眼，护佑无依无靠、孤苦伶仃的孩子。两天后，缺医少药的王舜奇迹般退烧，他身体如同一团棉花，有气无力从炕上爬起来，摇摇晃晃，嘴唇干裂，浑身颤抖。

一座茅屋，祖孙三人，凄风苦雨，度日如年。村里人看着他们过的日子，唏嘘不已。有人建议，与其三人守在一起煎熬，倒不如把小王舜送人。

时序腊月，有点糊涂的王俊坐在炕上，抱紧火盆，眯缝着眼睛，凹陷的双唇微微颤抖，发出的声音含混不清，两个孙子分辨不清爷爷究竟在说啥。

苦难，让王舜的人生充满了不确定性，他在滦河边生活的岁月就像河面上一叶孤帆。

王和，钻出山，走了二十余里路，沿着滦河走进院落，炕上的王俊浑然不知。

那天，王舜和小伙伴蹲在河岸，守株待兔，但支起的石板始终没有落下，麻雀已经不再就范，小伙伴只好悻悻而去。王舜进屋，远房叔叔王永帮手指陌生人说，这是你三大爷，他今天来接你，你去三大爷家吧。王舜顿时愣怔，用怀疑目光看陌生人，高个，头上一顶毡帽，长形脸，脸上带着浅浅笑意。

"去三大爷家能吃饱饭，还有新衣服穿。"叔叔王永帮抚摸王舜那粘连在一起的头发。

哥哥不在家，王舜看看炕上没有丝毫反应的爷爷，目光里有几分忧郁。叔叔安慰道，去吧，总比在家好。

王舜再次看看爷爷，爷爷依旧抱着火盆，懵懂的他和三大爷出了茅屋，沿着滦河向东走去。走一段，三大爷蹲下把他抱在怀里，他感觉一丝温暖。纵使河岸北风呼啸，可不觉得冷，他第一次感受到怀抱的温暖，这种类似父母怀抱的温暖，他没有记忆。毕竟，路远，三大爷不能负重前行，在滦河流经东山脚下的一处地方，三大爷牵着他长满皴的小手走进一条深沟。

王和所居住之地位于滦平县西沟公社东沟村。其实，东沟村是个自然小组，大山深处，人烟稀少。走着走着，小王舜感觉天越来越窄，山峰突兀，一座座山峰连绵起伏，像是他手中玩的木剑。

王舜和三大爷终于来到一座茅屋前，一个身材不高的女人站在石头垒砌的院门口，喜笑颜开。三大爷告诉王舜，喊，三娘。小王舜显得腼腆，低眉顺眼，小声喊，三娘。

"哎！"三娘眉开眼笑，她把小王舜揽在怀里，抱进屋放在炕上，左瞧瞧，右看看，笑得合不上嘴。

三娘满面笑容，烧火做饭，特意为王舜捞小米饭。山中袅袅炊烟，夕阳西下，一盆金黄的小米饭摆在炕上，三大爷给王舜盛了一碗，三娘也不停给他夹菜。王舜已经很久没吃到小米饭了，金黄的小米饭不啻过年的饺子，他吃得津津有味，额头上布满汗珠。两碗饭吃下，三娘还要给他盛，他摇摇头，把手中筷子放在桌上，肚子已然鼓起。

院子里几只鸡钻入鸡窝，山里黑了下来，黑魆魆的连绵山峰包裹着几座茅屋，除了山风，一切寂静杳然。屋里温暖，火炕热乎乎，三娘坐在炕上，用怜爱目光看着王舜，用温馨的话语说，孩子，以后这就是家，家里就我们三人。三娘口中讲的家，王舜听起来有点奇怪，他心中的家，一处在滦河边的两间房村，一处在姐姐居住的小南沟，这里怎会是家呢？

走累了，他躺在热乎乎的炕上，很快进入梦乡。

三娘小声问丈夫，这个孩子能长久待下去吗？王和说，他家那么苦，只有爷爷和哥哥，吃不上，穿不上，一个不懂事的孩子只求吃饱穿暖。听了丈夫的话，三娘一颗悬着的心落了地。三娘看看熟睡的小王舜，棉袄袖子油黑发亮，棉裤脚露出了棉花，她嘴里发出啧啧声音。三娘嫣然一笑说，总不能让孩子白叫一声三娘,快过年了,给孩子从头到脚换一身新衣服。王和随声附和,做一身新衣服吧,到咱家不能像个小要饭的。

三娘熄灭窗台上煤油灯,躺在炕上的她喜不自禁,心里豁然开朗,感觉身上背着的一块大石板卸掉了,很久以来这块大石板压得她喘不过气来。

"我有儿子了!"黑夜里的三娘在心底发出呼唤,她兴奋得难以入睡。

黑夜里的三娘之所以兴奋不已,关键在于她没能给王和生个儿子。"不孝有三,无后为大"像一道紧箍咒,牢牢扣在人们的观念中。生不出儿子,三娘没少遭村里人白眼,原本个子不高的她在人前显得卑微,总感觉比别人矮一头。一次,她和邻居发生口角,那个女人骂了一句最恶毒话,你个断子绝孙的老婆,生不出儿子,绝户。如此恶毒语言,如同一把寒光闪烁的刀扎在心口,她当时感觉天旋地转,回到屋,一头扎到炕上哭天抢地。

曾经的一幕,三娘终生挥之不去。

吃过早饭,把猪、鸡、狗都喂完。三娘兴致勃勃从柜子里掏出一块藏青色的布,用尺子在"儿子"身上量尺寸,一遍又一遍,唯恐有差错。而后,三娘坐在炕上,面带笑容,飞针走线……

王和的话得到了验证,小王舜吃饱穿暖,没有太在意滦河岸的家,虽说没有几个小伙伴和他玩耍,但毕竟肚子不会咕咕叫了,睡觉的屋暖和,无忧无虑,有几分惬意。

然而,年关迫近,三大爷和三娘却吵得不可开交,激烈争吵声简直要把房盖掀翻。一番吵闹后,便进入冷战状态,若不是有了"儿子",房上的烟囱两三天内难有炊烟。多年来,王和与妻子形成个习惯,每逢年根两口子一定会进行一场吵闹,甚至拳脚相加。冷战中,两张面孔冷若冰霜,屋里空气显得紧张,王舜一脸无奈,悚然无助,手足无措,甚至连大气都不敢喘。也因此,夜幕后想起了爷爷、哥哥,想起了小南沟的姐姐和妹妹。

毕竟,有了领养的"儿子",冷若冰霜的两张面孔很快由阴转晴。王和挑水、劈柴，三娘支起烙糕锅，夜色中的王舜第一次听到摊烙糕声音，烙糕锅里发出吱啦啦响声，响声此起彼伏，宛如一首欢快的曲子。三娘揭开锅盖，香气喷鼻，酸甜可口的金黄烙糕令他口舌生津，吃饭吃得分外香。

转眼，除夕。

上午，太阳高悬，王和带着"儿子"去山坡上祭祖。走在路上，王和刻意把脚步放缓，挺胸昂头，见人便搭讪，有人在门口贴对联，王和见状，提高声音叮嘱"儿子"到坟地好好给爷爷奶奶烧纸。

祖坟前，王和恭恭敬敬摆好供品，点燃一炷香，把壶中酒洒在地上，点燃冥纸，燃烧的冥纸纸灰旋转着升空。王和跪在坟前，心潮起伏，他默念道，爷爷奶奶、爸爸妈妈，我以后老了，你们不用担心，有人给你们送钱花。

王和，叩头，起身。他要王舜跪下给列祖列宗叩头，按照吩咐，懵懂的王舜双膝跪地，连连叩头。

王和从兜里掏出三个二踢脚，插在土里，点燃，二踢脚炸响后又蹿上天，空中清脆的响声震颤着山谷。

王舜，躲在远处，昂着头，凝视着空中一缕缕白烟，以及散落的纸屑，内心深处一种幸福感油然而生，再也不用弯腰躲在墙下听别人家鞭炮声了。

夕阳西斜，大山里的空气飘散着年味，仿佛炊烟让香气升空。饭前，三大爷拿出一挂鞭，要王舜亲手点燃，他胆怯地摇摇头，只上前谨小慎微用手触摸一挂鞭，这是他第一次切身感受到鞭炮的滋味。三大爷把一挂鞭徐徐展开，用火柴点燃，鞭炮噼噼剥剥炸响，令院中的几只鸡四散而逃，王舜捂着耳朵，眯缝起眼睛，陶醉在快乐、幸福之中。

除夕夜，三娘把一身新衣服给"儿子"穿上，让"儿子"站在炕上，转过来，又转过去，三娘目不斜视，春风满面。

煤油灯摇曳，三娘擀面皮，三大爷包饺子，有说有笑，饺子很快包完。三大爷拍拍手上的面，剥去一块糖纸，把一块螺丝转糖放在王舜嘴里。三娘坐在炕上,从兜里掏出一元钱,捏在手里,让"儿子"喊一声娘,王舜乖巧地喊一声——娘。三娘喜笑颜开,把一元钱塞进"儿子"兜里。

其实,王舜不懂"压岁钱"有何寓意,他兜里从未装过钱,只感觉三娘满脸的笑容很温馨,这个家很温暖。同样,三大爷和三娘觉得这个年不同寻常,有了"儿子",以后的日子有了念想,有了盼头。更主要的是,有了传宗接代的人。

除夕夜,王舜第一次感到如此幸福!然而,他对如此幸福,心中却有一种说不出的难过。

殊不知,滦河岸边的一座茅屋下,孤孤单单的王义陪伴着爷爷。凄风苦雨,家徒四壁,屋里十分冷清,爷爷抱着火盆,火盆里炭火星星点点,忽明忽暗。爷爷睁开慵懒的眼睛,在暗暗屋子里逡巡,突然喊一声,狗剩。爷爷又把眼睛闭上,屋里又归于静默。

茅屋外,鞭炮声响起,在河岸上空显得那么清脆。

王舜送人啦,石破天惊。七里外的小南沟,大姐乱箭穿心,她心底不停呼唤着二弟,但又不知二弟现在居于何方?二弟被人领走,她浑然不知,几个夜晚难以入眠。她感觉自己愧对父母,没有照顾好弟弟妹妹。

年,王荣珍感觉无滋无味,魂不守舍。

正月里的一天,王荣珍匆匆忙忙回到两间房,风风火火找到生产队长,又找大队干部,磕头作揖,一把鼻涕一把泪说,死,我们姐弟也要死在一起,饿死,也不能东一个、西一个,找不到弟弟,我怎么向父母交代。求求你们,帮我找回弟弟,我要见到弟弟。她满眼泪水,要给村干部下跪,生产队长上前一把抱住她。村书记安慰道,孩子,别哭了,你放心,我们一定把你弟弟找回来。

王荣珍,破涕为笑,恨不得弟弟从天而降,姐弟们骨肉团圆。

美梦黄粱。三娘得知王舜要走,如晴天霹雳,她瘫坐在炕上,眼泪扑簌簸掉下来。王舜临走,三娘用手抚摸他的头,又把王舜揽入怀中,让"儿子"再喊一声娘。

"娘。"懂事的王舜喊得很干脆,分明撕扯三娘一颗心。

王舜和三大爷走出一段路,回眸之际,寒风中的三娘依旧站在大门口,望眼欲穿。朝夕相处一些日子的"儿子"背影渐行渐远,三娘失魂落魄。

王舜,茫然一片,对于短暂停留的家有几许依依不舍。这个家,有温暖,有饭吃,有衣穿,过年还能亲手点燃鞭炮。

走出大山,地势豁然开阔,又见冰封的滦河,河岸边的树枝不停摇摆,发出嗖、嗖、嗖响声。远处的光顶子山出现了,河对岸熟悉的西梁出现了,西梁下那座熟悉的茅屋迎面而来。

王和把王舜送到茅草屋下,总算完璧归赵,他拧身而去,怅然若失!从当初的无限希望,到如今竹篮打水一场空,形单影只的王和显得那么凄凉。

命运,自己无法掌控。然而,改变命运往往在须臾之间。设若,王荣珍不以"死也要死在一起"的执念去寻找弟弟,毫无疑问,王舜的命运定将和深山紧紧连在一起,守着一座座大山,过着面朝黄土背朝天的生活。那么,王舜无论如何也不会成为作家、摄影家、研究编纂承德历史文化的学者。

多年后,王舜获悉,三大爷王和家位于大山深处,离学校距离遥远,三大爷领养的目的,仅是接续香火,养老送终,原本不打算让他上学读书。

王舜感激大姐,大姐朴实无华,恩情似海,而且大姐的意志品质对他产生深远影响。

孩子王

王舜童年和少年时光写满了苦难,他却无忧无虑,苦难似乎和他分道扬镳。

生长在滦河边的孩子绝不是温室的秧苗，每一个孩子身上都有野性。确切地说，王舜无人看管，过着散养的生活。虽是散养，可不容忽视的是，王舜凭借智慧在村南街的孩子中树立了威信，小伙伴们以他为轴心，听他指挥。有时，几个小伙伴风风火火钻进屋，王舜还端着碗喝粥，他立刻放下粥碗，跳下炕，扬长而去。长此以往，引起爷爷反感，爷爷唯恐淘气的孙子惹祸，便对前来找孙子的小伙伴板起面孔，冷言冷语训斥，我家狗剩屁股眼抹上蜂蜜了，你们整天缠着他。

爷爷严厉训斥，小伙伴们吓得溜出屋，躲到院外，只盼王舜出来。一旦王舜出院，他领着小伙伴像树上的麻雀，叽叽喳喳飞向河边。有时，孩子们挑选薄薄河卵石，用来打水漂，薄薄河卵石从孩子们手中奋力飞出，沿着河面跳跃着飞行，层层波纹荡漾开来，引起孩子们欢声笑语。当然，谁手中河卵石在河面上飞行的远，谁就是好汉。

两间房村沿河而居，一座座茅屋从南到北一字排开。村里的孩子们组成两个团伙，一伙在村北，一伙在村南，以村中间为界，画地为牢，各自盘踞地盘。

一天，村北一个孩子大声叫骂，狗剩仔、狗剩仔、狗剩仔。这叫骂声，如一把刀捅在王舜心上，他钢牙紧咬，怒火中烧。尽管骂声里只多了个"仔"，一字之差谬之千里，爷爷嘴里的狗剩，意味的是孩子好养活，而村北头孩子口中的狗剩仔，寓意的是狗都不吃的东西。为此，王舜怒不可遏，抡起拳头打去，打得那个孩子屁滚尿流。

隔天，他手拿自制的木枪和几个小伙伴玩耍，一个大人气势汹汹走来，二目圆睁，扯开嗓子训斥，你缺爹、少妈，没教养的兔崽子，再敢动我家孩子一手指，看我怎么收拾你。

"缺爹，少妈，没有教养"像寒光闪烁的匕首，扎在王舜心上，他目光喷火，钢牙紧咬，握紧双拳。这一幕，牢牢铸在他心里，心灵遭受重创，成为抹不掉的伤痛。

又一天，村北的一伙孩子来挑战，王舜忘记了遭训斥一幕，他手拿自制木枪，指挥若定，率领小伙伴准备迎战，双方虎视眈眈，一触即发。恰在此时，生产队队长走过来，毫不犹豫夺过王舜手里的自制木枪，双手发力，木枪瞬间尸首分身。

王舜独自坐在滦河岸，一幕幕令他痛苦至极，他凝视着远去的河水，暗下决心，成为一个有出息的孩子，不能给父母丢脸。

或许，是家境贫困，培养王舜心灵手巧，他自己制作冰车、冰尜、木质手枪等。

冬天来临，王舜背上自制的冰车在滦河冰面上尽情玩乐。他制造的冰车别出心裁，为了防止冰面上的水浸泡冰车，选用异形木头，让冰车两端翘起，形成弧形。即便如此，有时在月光下的冰面上滑冰车，和小伙伴们比赛，为了争胜，便不顾一切用尽浑身解数，冰水飞溅，打湿了棉裤，棉裤冻得僵硬，棉鞋也被打湿。比赛结束，王舜回家唯恐爷爷责怪，蹑手蹑脚推开木门，上炕，脱下冻硬的棉裤，泥鳅般钻入哥哥被窝里。

无忧无虑的日子渐渐过去，王舜从懵懂中逐渐走出来，才感知生活的苦涩。

邻居家院子里堆满了柴禾，他家院子里却空空荡荡。没有柴烧，饭吃不上，小王舜和哥哥走向野地，去捡玉米秸、高粱秸，兄弟俩一阵忙碌，哥哥把捡来的秸秆捆好，又把一捆捆秸秆组合在一起。

"哥，我也要背一捆。"王舜不停央求哥哥。

哥哥只好把几捆秸秆组合在一起，把一根木棍插入，木棍上套上绳子。王舜双臂伸进绳套，可用尽九牛二虎之力也站不起来。

"王舜，你背不动，"哥哥好言相劝，"你还小，不是你干的活。"

王舜不听哥哥劝阻，让哥哥帮他站起来，他背着几捆秸秆艰难行走，步伐踉跄。哥哥走在后面，看着弟弟趔趄的步伐，心里五味杂陈，若父母在，何至于年幼的弟弟在野地里如此行走。最让王义心酸的一幕是，二妹在家时，家里做饭没有柴烧，她和哥哥到庄稼地里捡棒秸，二妹背着一捆捆棒秸，额头上布满汗珠，背到家时二妹上衣湿透了。

两天后，二妹去了大姐家。哥哥坐在灶台烧火，把半湿不干的棒秸一根根塞入灶膛，灶膛里燃烧的火苗，令哥哥想起二妹，心如刀绞，泪流满面。

"哥，你哭啥？"一脸茫然的王舜站在烟雾朦胧的屋里。

哥哥告诉弟弟，眼泪是被烟熏的。王舜木然看着哥哥，心中有点狐疑，哥哥吩咐，王舜你坐下烧火，我往锅里贴玉米面。

柴，对于山中的人家本不是一件难事，而对于祖孙三人而言却成为一件难事。为了柴，王舜曾坐在星光下纠结不已，甚至痛哭流涕。

1969 年 11 月 25 日，哥哥当兵走后，一种责任感重重压在王舜肩上。此刻，少年的他才真正体会柴米油盐的重要性。没有柴烧，房顶的烟囱都显得寂寞，他找到个伙伴一起上山割柴，穿过西梁，越过一道道山梁，抵达山高林密草木茂盛的地方。虽说老秋，可太阳依旧毒辣，一捆捆柴禾捆好后，干渴难耐，嗓子眼简直要冒烟，伙伴们只好去沟沟岔岔找水喝。他找到水，水坑里有虫儿游动，拂去水坑里杂物，不顾一切跪在水坑边，扎下头，憋足一口气，喝得酣畅淋漓。

背着柴，翻山越岭，后背衣服湿透，额头布满汗珠，秋风吹来，野草摇曳，蝈蝈在树叶间，在杂草丛，在庄稼地里不停鸣唱，仿佛与晚秋道别。渐渐地，暮色降临，王舜和几个伙伴走得人困马乏。幸好，小伙伴的父亲前来接应，可唯独他没有亲人前来。他只好把柴藏在密林中，夜幕中独自走在山野，情不自禁想到了哥哥，放声痛哭。

第二天，光顶山上太阳还未露头，睡眼惺忪的王舜不顾寒凉的秋露，脚底生风，来到隐藏柴的密林，见到几捆柴禾脸上露出笑容。他背上柴，迎着冉冉升起的朝阳，走向滦河岸边的一座茅屋。

烧柴，令王舜殚精竭虑。

那年正月初二，邻里家的孩子还沉浸在年里，穿着新衣，放着鞭炮，吃着美食。然而，家烧柴要弹尽粮绝，他找到好伙伴王兆友，请求陪他去山上砍柴。

王舜双肩挎着背架，走过滦河冰面，向小尖子山出发，山上残雪覆盖，王舜感到脚底发凉，抬脚仔细看，发现鞋底磨透了，冷风啃噬脚后跟上的裂口，有的裂口布满脓血。

"王舜，初一吃饺子了吗？"王兆友不无牵挂，"砍柴回来去我家，让我爸给热饺子。"王兆友爸爸王喜丰，早年丧妻，为了一双儿女没有再娶。

"吃饺子了，放心吧。"王舜心里流淌一股暖流。

"你一定没放鞭炮，回去，我给你个二踢脚。"王兆友说个不停。

王舜摇摇头说，不用惦记我，陪我砍柴，我就知足了。王兆友叹气说，你家日子何时有盼望啊！

二人爬上了小尖子山，抡起手中斧子，用力砍伐野杏树、老鸹眼子树。王舜抡着手中斧子，因用力过猛，砍倒的树枝刮到脸上，刮出两道长长血痕，他全然不顾。直至下山路上，他才感觉脸伤隐隐作痛。

王兆友陪着王舜山上砍柴，另一个好伙伴张殿儒也陪伴过，有他们真心相伴，减少了王舜心头许多寂寞。

生长在滦河边的孩子，在不认识字的时候就认识了土地、河流，知晓粪肥和庄稼，纵然他们不懂民以食为天之道，但他们懂得饥饿。尤其是游走在河岸边的王舜，他之所以一生对土地念兹在兹，是和他童年的生活密不可分的。他深知，青黄不接之时饥肠辘辘的滋味。庆幸的是，爷爷侍弄的自留地里的玉米能提前充饥。爷爷对土地情有独钟，大凡爷爷侍弄的土地，无论是蔬菜,抑或庄稼,不但苗壮成长,而且长出了希望。

故此,爷爷对土地那份天然情怀影响着孙儿,爷爷在自留地里劳作,小王舜凝视着爷爷干活时的一招一式,把爷爷的每一个动作牢记于心。

基本上,有什么样的环境必然会造就什么样的人生。草长莺飞时节,河岸蛙声热闹非凡,几个小伙伴围着王舜,像几只吵闹不停的小麻雀,叽叽喳喳,异想天开,要学大人种地。一个小伙伴说,一定在河边开出一块土地,种水稻,捉青蛙,摸鱼。几个小伙伴拍手称快。然而,另一个小伙伴旗帜鲜明反对说,一场洪水,我们白干了,不如去西梁开垦一块荒地。

两种观点截然相反,几个小伙伴吵个不停,只有小王舜紧锁眉头,一言不发。最后,几个小伙伴把目光落在小王舜冷静的面孔上,等待他最终决定。他若有所思地说,河滩是沙土,西梁是黄土,我们种地是要有收获,不光是玩。

于是,他带领小伙伴,肩扛镐头、铁锹,走向西梁,找一处洼地,大家挥动镐头、铁锹,铲除荒草,挖地,一块荒地开垦出来。几天后,小伙伴们又叽叽喳喳聚在一起,商讨究竟是种玉米,还是种谷子、高粱?尽管小伙伴吵个不停,最终决定权归王舜。

王舜在小伙伴们中间,显得沉稳、冷静,他的所作所为阐释一个道理,穷人的孩子早当家。上天关上一扇门的同时,也一定会启开一扇窗,父母早逝,令小王舜善于动脑,过早养成独立性格。

王舜决定,种玉米。屋檐下,悬挂着爷爷秋天里挑选籽粒饱满的玉米穗。小王舜站在凳子上往下摘,却不料被爷爷发现。王舜实话实说,爷爷当场训斥,没三块豆腐高,就想种地?祸害种子。

爷爷的训斥,未能阻止孩子们的一意孤行,他们像父母那样播撒种子,用一只只小脚踩实潮乎乎的黄土,等着,盼着!一场雨后,嫩绿的幼苗从土地里钻出来,激荡着孩子们的心。施肥,耪地,王舜带领小伙伴精心看护一天天长高的秧苗。秋天，金黄的玉米令孩子们欣喜若狂，他们怀抱玉米像是凯旋的将士。王舜挎着筐走进院，把玉米穗呈现在爷爷眼前，爷爷豁然开朗，夸赞说，小狗剩将来一定能把地种好。

土地情怀，贯穿了王舜一生，他种地从滦河岸播种到了支流武烈河畔。退休后的他，难以割舍对土地那份情怀，在武烈河畔开垦出一块地，种上玉米、高粱。每每凝视地里的庄稼，他怡然自得，心情舒畅。

相守

爷爷已经糊涂了，沉默着，很少喊一声——狗剩。

茅屋下的日子凄苦，饭桌上的菜很难品尝到肉味。爷爷没有奢望，只要能吃饱，冬日别挨冻就足矣。

进了腊月，13 岁的王义和邻居郭富、葛义，身背大米前往 35 里外的丰宁凤山。凤山，自古是个商贾重地，腊月的集市上，人流涌动，叫卖声沸反盈天。

郭富、葛义二人肩上各扛着百来斤大米，王义背着 50 斤大米，他们走上西梁，翻山越岭，气喘吁吁，艰难跋涉。

"王义，快走几步，"山顶的郭富向沟下喊，"走慢了，赶回来就得摸黑。"

肩上 50 斤大米，压得王义眼冒金花，步伐踉跄，额头上挂着汗珠，登上山顶，刺骨寒风迎面吹来，脸上像是刀割一般。王义咬紧牙关，紧跟两个大人，翻过三道山梁，终于抵达凤山。

集市，令王义眼花缭乱，人们在叫卖声中采购年货。为了尽快卖掉 50 斤大米，他独自钻进一条胡同，用清脆的声音喊，卖大米，太平庄大米。王义之所以叫喊"太平庄大米"，只因滦河的缘故，滦河的水让大米晶莹剔透，营养丰富，味道独特。很快，王义不费吹灰之力，以每斤 0.49 元价格把 50 斤大米售罄。

逛集市,许多物品令王义目不暇接,他用手捏捏兜里 24 元钱,舍不得花一分。最后,他选中两只小水桶,咬咬牙,用 7 元钱买下。只因用家里两只大水桶担水感到吃力,冬天站在满是冰包的井口,用大桶从井里提水很危险,而挑着半桶水走路,往往水花四溅。

过年了,王义想买块猪肉,端详了一会,愣是没舍得。左挑右选,只给爷爷买了 10 个吊炉烧饼,爷爷虽说牙齿全部脱落,可爷爷喜欢吃酥脆的吊炉烧饼。

三人离开热闹的集市,又翻山越岭,王义走累了,也饿了,可他没舍得吃一口烧饼。葛义提议,去下坝韩沟门村亲戚家,精疲力竭的他们一同前往。

第二天回到家,王义兴致勃勃掏出 10 个烧饼,爷爷见到吊炉烧饼,浑浊的目光有了几分明亮。王义又把兜里卖大米剩余的钱如数交给爷爷。

王义读完四年级就被迫辍学。

开始,他给生产队放牛,日出日落,与牛为伍,河滩、野地、崇山峻岭无不留下他放牧的景象。放牛,让兄弟二人有了捡柴机会,解决家里烧柴窘境。王义放牛的第一个冬天,兄弟二人赶着牛,前往十里之外的十道沟。山上,菜木、榛柴、老鸹眼子等密布丛生,寒风吹来,榛柴叶子随风起舞,发出唰啦啦响声。一头头牛在山上大快朵颐,兄弟俩用斧子砍柴,小小的王舜恨不得把一坡的柴砍尽,运回家,装满空空的院子,好让爷爷抱着火盆,去除严寒。

未燃尽的木炭从灶膛里扒出来,装入火盆,红彤彤,宛如水墨染红了寒冷的屋,融化了爷爷面孔上冻僵了的道道皱纹。有时,爷爷喊,狗剩、狗剩,把玉米穗拿来,爷爷给你爆玉米花。王舜不但喜欢吃爷爷在火盆里爆的玉米花,而且喜欢听潮湿的玉米爆花时的响声。

王舜兴致勃勃地把爷爷爆好的玉米花扔进嘴里,酥脆,清香可口,像是咀嚼一种无尽的快乐,爷爷用浑浊的目光读着孙儿面孔上的笑容。

　　渐渐长大的王舜,或多或少读懂了爷爷浑浊目光里的渴望,他把爷爷的渴望寄托在茅屋外日夜流淌的河流里。

　　冬日,鹅毛大雪不期而至,一场雪,又是一场雪,纷纷扬扬,周天寒彻,山山岭岭银装素裹。寒风飞雪中,最焦急的莫过于麻雀,因饥饿,麻雀们叽叽喳喳闹个不停。

　　王舜,从白雪皑皑的世界里看到了机会。他爬上西山找到一处平地,清除积雪,支起石板,用谷穗做诱饵,饥寒交迫的麻雀见到食物便飞蛾扑火。于是,一只只麻雀葬身于石板下。见到石板下毙命的麻雀,王舜手舞足蹈,他把麻雀穿成串,兴冲冲走下山。

　　"爷爷、爷爷,"王舜手里举着一串麻雀,冻紫的脸上挂着甜蜜微笑,"爷爷,有肉吃了。"

　　王舜把麻雀剁碎,再把咸菜切成碎丁,下锅翻炒,一股清香飘荡在屋里。爷爷睁开昏花的眼睛,盯着这道美食,乐开了怀。爷爷牙齿全部脱落,只好蠕动着嘴,吃得不亦乐乎!

　　雪天里,王舜战果辉煌,他在山上或河滩处,清扫厚厚积雪,打造一块场地,藏器于石板下,静候来客。用石板捉麻雀,既增添了生活乐趣,又为爷爷改善生活。

　　盼望着、盼望着,春天来了,草长莺飞,清冽的滦河水日夜欢唱。春末,月光皎洁,绿油油的稻田里蛙声一片,唱着古老歌谣。蛙声,缠绵悱恻,吸引了躺在炕上的王舜,他难以入眠,想入非非,一颗不安的心躁动起来。

　　太阳从光顶山冉冉升起,王舜赤脚、弯腰,站在稻田里,一双小眼像两束激光,四处搜寻。然而,精灵的青蛙听到响声,叫声戛然而止。

　　稻田里的青蛙有个习性,它们喜欢隐藏在洞穴里,防患于未然。殊不知,洞穴不是铜墙铁壁,王舜一只手悄然而入,一只只青蛙在劫难逃。他身手敏捷,束缚住青蛙两条乱蹁的腿,宛如庖丁解牛,淡绿色的皮从两条腿退至腰部,双手用力,青蛙尸首分身。扔进水里的青蛙头部,两眼凸起,急促呼吸,垂死挣扎,痛苦万状。

几十年后,王舜回想那惨绝人寰一幕,深感不安与愧疚。一草一木,皆有生命,生命之间本应休戚与共。然而,人世间最可怕的莫过于饥饿,饥饿,能让人丧失本性。行将入土的爷爷惨淡的生活,又何尝不是一种饥饿呢?

王舜脚丫沾满稻田里的泥水,手里攥着战利品,健步如飞冲向茅屋,燃起灶膛里的火,火苗噼噼剥剥,细嫩的青蛙肉在火苗上发出嗞嗞啦啦响声。

爷爷双手青筋毕现,一只手攥着清香四溢的青蛙腿,放在鼻子下闻了闻,立刻口舌生津。爷爷闭着眼睛,尽情咀嚼,享受来自稻田馈赠的美味佳肴。

王舜久久目视爷爷吃相,心中五味杂陈,如果家里炒菜里有肉,爷爷绝不会如此这般。

稻浪飘香后,秋风萧瑟,落叶凋零,不久滦河水面上笼罩了一层冰。不知为何,冰层下的鱼儿不停向岸边游动,于是,岸边常常有大人砸开冰层,手握鱼叉,猛然刺向冰洞,但见鱼叉上一条条大鱼奋力挣扎,乱蹦乱跳。

鱼叉上的大鱼,令王舜艳羡不已,若是能捕捉一条大鱼给爷爷吃该多好啊!

可惜的是,王舜兜里没有一分钱,自然也就买不起鱼叉,他在岸边徘徊,望洋兴叹!那天,他突发奇想,何不用人丢弃的铁勺把儿做个鱼叉?灵机一动,千思偶得,他竟然用一个废弃的铁勺把儿做成个五齿鱼叉,手握鱼叉,乐得合不拢嘴。

"爷爷,你在家等,我去给你叉鱼。"王舜对抱着火盆的爷爷说,炕上的爷爷没有反应。他拧身,兴冲冲地向河岸走去。

王舜不费吹灰之力用石块砸开冰层,冰窟窿里的水微微涌动,他凝神静气寻找着猎物。突然,发现一条足有六寸长的川丁在冷水里安然不动,仿佛刻意等待着王舜。天赐良机,他手握自制鱼叉,凝神静气,双目圆睁,鱼叉猛然刺向水中，水花四溅，川丁束手就擒。

"爷爷、爷爷，我叉了一条大鱼。"王舜的喊声透过窗户挤进茅屋。

爷爷双目紧闭，躺在炕上，似乎没有听到孙儿的叫声。其实，风烛残年的爷爷行将走到生命尽头。

刮去鱼鳞，开膛破肚，用水清洗，往鱼身上撒盐，一气呵成。兴奋的王舜在火盆上烤鱼，一会儿，焦黄细嫩的鱼肉香味四溢。他把烤熟的鱼肉放在碗里，端给爷爷，爷爷张开核桃般的嘴，把细嫩的鱼肉放在嘴里，眯缝着眼睛，如同吃饕餮盛宴，把一条鱼吃得精光。

王舜凝视着爷爷，有些许疑惑，他清晰记得姑姑送回几个咸鸡蛋，煮熟后放在爷爷碗里，爷爷把咸鸡蛋用筷子头破个洞，筷子头伸进去挖出点，放在嘴里不停咂摸。爷爷又把咸鸡蛋递给两个孙子，兄弟二人如法炮制，一个咸鸡蛋，祖孙三人竟然吃几天。

爷爷贪吃一条鱼，实属反常，但没有引起孙子的防范，他们尚不真正懂得"生者寄也，死者归也"的道之所在。

几天后一个早晨，哥哥起来烧火做饭，王舜依旧躺在和哥哥共睡的被窝里，家里穷，他和哥哥同盖一条被子，身下的白羊毛毡子直接贴身，没品尝过褥子的滋味。

王舜把头从被窝里钻出来，揉揉惺忪睡眼，看看爷爷，发现爷爷睡得那么安静。平日爷爷睡觉姿势，平躺，双目紧闭，张嘴，呼吸粗重。此刻，爷爷只是静静地躺着，宛如春日融化后的滦河水，泛不起涟漪。王舜爬到爷爷身边喊，爷爷、爷爷，可爷爷一动不动。

"哥、哥，快来看看爷爷咋了？"王舜惊恐万状。

王义急忙进屋，看到爷爷气息皆无，吓得心里发毛。他见势不妙，慌忙跑到邻居郭富家，声泪俱下说，大哥，快去看看我爷爷，他为何不睁眼了？郭富进屋，掀开老人身上的被子，用手触摸老人骨瘦如柴的胸口，冰冷似水，早已咽气。

屋里冷若冰霜，两个可怜的孩子，郭富不忍目视。他低声说，爷爷走了。闻听此言，兄弟二人放声痛哭，不停喊，爷爷、爷爷，你醒醒啊，睁眼看看我们。两个孙儿撕心裂肺哭喊，郭富不忍听下去，他转身出屋去找街坊四邻，把老人入殓，送可怜的老人最后一程。

至此，一个生命回归了。

当初王俊84岁那年，病入膏肓，奄奄一息，儿女们，孙女、孙子给他穿好寿衣，守在身边。想不到他从昏睡中醒来，气息逐渐平稳。一会儿，他竟然坐起来，从炕上下来，颤抖着双腿去看院子中早已备好的松木棺材。他认为，棺材是人永远的房子，松木能遮风挡雨，房子里的摆设不能随随便便。他令人把棺材盖打开，看到了棺材底铺着自己备用的84根直挺挺的谷草，上面铺着褥子，褥子四角摆着铜钱，又打开里面放着的一个特殊包包，用昏花的双眼数一颗颗自己掉落的牙齿。数到最后，掉落的牙齿一颗不少，又把包包小心翼翼包裹好，放进棺材里。他坦然自若地说，该有的都在，可以了，我可以安心走了。他执着地认为，牙齿有深刻含义，是爹的骨头，娘的肉。死了，必须给父亲带回去，是最大的孝，若带不回去，无颜见父母。

回光返照，是人临终前一种特殊现象，这种现象属于形而上范畴，难以解释。

儿女们都以为父亲是回光返照，挽扶着，重新躺在床上，父亲又昏睡过去。气息起伏不定，如滦河里的波浪，儿女、孙女、孙子守候在老人身边。几个小时，老人从昏睡中醒来说，做了好长一个梦，他去阴曹地府和阎王爷请假，回去看看自己是否带牙齿，阎王爷听后被感动，说，你真是个孝子，不用请假了，再给你几年寿吧。

爷爷稀奇古怪的话，听得儿孙们毛骨悚然。

转眼一年，王舜又多懂了点人间烟火。其间，他可以在滦河里打捞一种

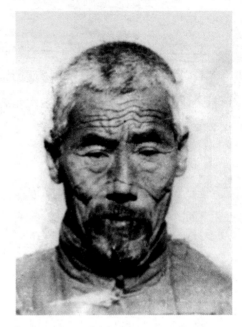

爷爷王俊（1879~1964）

2017.7.22 摄

2017.7.22 摄

相依为命的爷爷在王舜 10 岁时离开了人世，享年 85 岁（上）；爷爷盖的草房，王舜 22 岁时将其改造为瓦房（下左）；门楼是王舜自己设计、施工建造的（下右）。

希望,用自己劳动果实温暖着爷爷。

85岁的爷爷撒手而去,顿时,两个孙儿不知所措,他们手牵着手,为爷爷扛幡,寒风从河岸刮来,摇曳着肩上的幡,发出哗啦啦响声。装着爷爷的棺材缓慢跟在后面,恰似爷爷迟缓的脚步。是啊,爷爷怎么舍得扔下无依无靠的两个孙儿呢?即便85岁,可爷爷心有不甘啊!

一抔黄土前,两个孙儿长跪不起,泪如雨下,他们恐慌不已。爷爷虽说年纪大,可有爷爷在,家里有一种温暖,有一种精神寄托。

爷爷去世时,王义15岁,王舜10岁。

有爷爷的日子,淘气的王舜从外面归来,往往会下意识喊声"爷爷",尽管坐在屋里的爷爷不应答,可心里踏实。爷爷走后,他走进院无意识喊声"爷爷",却没有应答,走进空荡荡的屋里,声影皆无。王舜怅然若失!

寂寞的王舜坐在岸边,痴痴看着流逝的河水,显得孤苦伶仃,他想和陪伴自己的河流倾诉。早逝的父母影子像是随着河水流走了,无声无息,可爷爷的一呼一吸就在身边。爷爷虽不识字,却能打一手好珠算,爷爷种地是个行家里手,夏日青黄不接时,园子里的玉米能阻止肚子咕咕叫。家徒四壁,一贫如洗,爷爷常年吃不到肉,他只好陪伴两个不谙世事的孙儿。然而,爷爷一肚子苦水能和谁倾诉呢?只有眼前这条河流或多或少带给爷爷快乐,自己在河里摸到小鱼,晒成干,磨成面,撒在爷爷粥碗里,爷爷吃得有滋有味。

王舜不停地与滦河倾诉,一条鱼在水里自由自在游动,他想起那条在冰水里安然不动的川丁。他疑惑不解,难道那条川丁是上天赐给爷爷最后的美味佳肴?

河岸边的王舜,想啊、想啊,从早想到晚,一弯月牙挂在光顶山上空,星星眨着明亮眼睛,河水哗哗流淌,岸边的他不停追问,思念悠悠,绵绵无期。

星光下的王舜,犹如河面上一叶孤舟,在滦河水面上飘摇不定……

第三章
背着书包

上学

曾经的庙宇，成为两间房村小学孩子们的学习场所。校园，离滦河咫尺之遥，孩子们读书声，伴随滦河流水声，相互交融，成为岸边一首美丽的旋律。这首旋律能让孩子们摆脱愚昧，能让孩子们插上理想的翅膀。

有一首歌，像是为王舜而写，"小二郎呀么小二郎，背起书包上学堂，不怕太阳晒，也不怕那风雨狂，只怕先生骂我懒呀，没有学问喽，无颜见爹娘"。

因家境贫寒，本该上学的王舜依旧处于散养状态，衣衫不整，头发粘连在一起，手脚上厚厚一层皴。有时走进村小学，卢国庆老师见状说，看你脚底下鞋，鞋帮和鞋底要分开了，前露脚趾，后露脚跟，多大年纪了还不来学校读书？王舜的心中泛起波澜，趿拉着鞋跑出学校，像一缕烟。

1964 年春天，王舜彻底结束散养状态，他肩挎一个补丁书包，一身补丁摞补丁的衣服,光着两只脚丫,悠然走进教室。

王舜肩上书包,哥哥曾经用过。因家徒四壁,原本学习成绩优秀的哥哥被迫辍学。一个夜晚,伤心的哥哥把书包扔在茅屋一个角落里,一眼都不想看装满心酸的书包。时间不久,书包上面覆盖了一层灰尘。王舜上学,哥哥想起了伤心的书包,他掸去灰尘,挎在弟弟肩上。

哥哥目视弟弟去上学,既兴奋,又有几分酸涩。

想当初,12 岁的王义虽说走进校门,但身在曹营心在汉,他惦记着家里的粮食、烧柴。有时,学校老师发现王义两天没来学校,便找到家里,一进院就扯开嗓子,王义,家里活还没干完? 再不去上学,你就跟不上了。王义一脸无奈,他何尝不想去学校读书,可他坐在教室里,也许爷爷和弟弟就得挨饿。

有时,王义在教室听老师讲课,王舜偷偷站在教室外,透过窗户看着哥哥究竟在干啥? 听着教室里老师讲课的声音,他肚子就会咕咕叫起来,他盼望哥哥快放学,回家,烧火做饭。

为了养活一个家,15 岁的王义被迫辍学,不得不和生产队的大人们下地干活。挑粪、耪地吃尽了苦头,尤其是耪地,令他叫苦不迭,他像一只丑小鸭被远远甩在后头。无疑,常常遭受生产队长严厉训斥,王义,这地怎么耪的,草还长着,不长眼睛啊? 再这么干活,别想要工分了。王义不敢争辩,只能谨小慎微返工,他懂得工分意味着什么,没有工分,家里的粮囤就会空空如也。

干活歇息,别人能坐在地头卷起一支旱烟,吞云吐雾,可王义却不能,他咬紧牙关,耪着落下的半根垄,额头汗水滴落在地上,倏然不见,上衣后背一层汗碱,散发出刺鼻的味道。

夕阳西下,王义拖着酸痛的双腿走向锅灶冷清的家,回去给爷爷和弟弟做饭。

学习很优秀的王义，为了家没有别的选择，彻底告别学校。他叮嘱弟弟，我下地去干活，你去学校读书，但必须把书念好，不许胡思乱想，只要你把书念好，哥哥受苦受累都值得。

于是，王舜带着哥哥殷殷嘱托，背起哥哥用过的书包，赤脚走进学校。

教室，低矮的茅草房，课桌用土坯搭建。柴桂芝老师用粉笔在黑板上写字，发出嘎嘎吱吱的声音，野惯的王舜耳旁似乎听到的是滦河流水声，黑板上横七竖八的字，看得他眼花缭乱，他认为坐在教室里受拘束，不如去滦河里摸鱼痛快。

放学后，孩子们从教室蜂拥而出，憋出犄角的王舜背起书包，光着脚一路飞奔，他把书包扔在炕上，立刻奔向河岸，在水里寻找饭桌上的佐餐。

姜太公钓鱼，是一种形而上的境界。王舜钓鱼是为了抵御苦难，没有鱼钩，心灵手巧的他动手做。深秋的鱼，往往喜欢夜晚吃钩。为了获取战果，王舜简直像个幽灵被夜色淹没，夜风瑟瑟，星光闪烁，他赤脚下水。水，冰冷刺骨，顿时周身寒彻，他龇牙咧嘴，小心翼翼把细绳一端系上鱼钩，再系上一块石头，抛进水里。然后，绳子另一端固定在岸边，只待一夜后的收获。

王舜悄然钻进被窝里，劳累了一天的哥哥早已酣然入睡，远处传来几声狗吠，接着，此起彼伏，搅动了宁静的村庄。黎明，金鸡报晓，唤醒王舜，他蹑手蹑脚离开茅屋。河面上飘动着薄雾，岸边凋零的落叶上铺满一层白霜，深秋的风吹在身上，不寒而栗。他把一根根绳从河里拽出来，一条条鱼活蹦乱跳。兴高采烈的他回到家，身手敏捷，把鱼打理好，撒上盐、花椒面、抹上黄酱，锅里放好木制锅叉，鱼放在上面，锅四周贴满了玉米面饼子。

灶膛里火苗熊熊，锅盖热气蒸腾，房顶袅袅炊烟。玉米饼子熟了，鱼也蒸好，揭开锅盖，香味扑鼻。蒸熟的鱼肉，白色泛光，油汪汪，吃到嘴里，柔软润滑，又嫩又香。

鲜美的鱼肉，不输盛宴，兄弟大快朵颐。

如此光景,爷爷在世时也曾享受过,没有牙齿的爷爷渴望小王舜在河里一番操作后,为冷清的饭桌上增添一道亮丽色彩。

滦河的鱼能让王舜满足味觉的需要,可读书用的作业本却令他时时纠结。他在作业本上一笔一画把字写得有板有眼,笔画之间显得细致而紧凑,有些字宛如河里的小蝌蚪。饶是如此,可读书用的本、铅笔、橡皮擦等基本用品却没有钱买。

王舜自己想出了办法,何不去捡废品?

爷爷在世时,王舜曾到村里高墙下捡拾废品。碎铜烂铁、鞋帮、鞋底,乃至猪骨棒,无不捡起来,积攒到一起。捡拾废品的最佳时期莫过于春节来临。此时家家户户打扫卫生,把垃圾倾倒出来,便成为他挖宝的高光时刻,以至于那双冻裂口的手沾满污垢,散发着怪味。然而,他不在乎,只要能捡到废品,纵然刀山火海也赶上。

贫困,往往让不懂事的孩子迷失方向,或偷、或抢;贫困,也促使人穷且益坚,奋发有为。

他把积攒的废品装好,走上二里路来到太平庄供销社收购站。因小小的王舜是收购站的常客,天长日久两位收购员知晓他的身世,怜悯之心油然而生,每次他来卖废品,都给予照顾。这次卖废品只有几毛钱,他把几毛钱紧紧攥在手里,从废品收购站转身奔向供销社屋里,左瞧瞧,右看看,连连摇头。最后,他把脚步停留在卖鞭炮的栏柜前,跷脚向里张望。

"叔叔,挂鞭能单个卖吗?"王舜胆怯地问。

售货员看看灰头土脸的王舜说,可以单个卖,你想买几个?他看看手里紧紧攥着的几毛钱,又看看柜台里鞭炮,犹犹豫豫,怅然而去。

滦河岸,王舜趿拉着一双破旧棉鞋,寒风凛冽,他裹紧棉袄,心中七上八下,不知是给爷爷买点吃的好,还是为自己买几个小鞭?回到家,他把身子靠在屋檐下的土墙上,眯缝着眼,晒着太阳,眼前鞭炮影子乱窜,一颗心备受煎熬。他又跑回供销社，站在柜台前痴痴看着鞭炮，下意识捏捏手里的几毛钱，还是没舍得买，黯然离开。从家到供销社，从供销社返回家，他被手里几毛钱折磨着，三番五次挣扎后，他终于梦想成真，买了 10 个小挂鞭，咬牙跺脚，又买了个麻雷子。

王舜一路小跑，气喘吁吁回到家，对屋里爷爷喊，爷爷、爷爷，我有鞭炮了，有鞭炮了。有生以来，这是王舜第一次拥有鞭炮，也是他通过自己辛勤劳动获取的果实。

那个除夕夜，寂寞的院落里终于响起了鞭炮声，王舜乐得手舞足蹈。

快乐是短暂的，有独立思考能力的王舜思考一个沉重问题，如何读书，如何活下去？读书，每张 5 分钱的白纸都无钱买，只能靠捡来别人家扔下的旧画或废弃的窗户纸，装订成作业本。为了读书，游走在街边、墙根下，一旦发现能换钱的东西，眼里便放光，但又四处张望，唯恐远处有讥笑的目光。一番逡巡，没有人走动，把能换钱的废物立刻用脚掩埋起来。为了顾及面子，他等待着夜幕降临。

穷，读书变得艰难。

为了节约钱，只买廉价的纸装订成本，本子的正反面都写下密密麻麻的字。

王舜读书走过了一段十分艰难坎坷、崎岖不平的路。

读完一年级，两间房村小学与周家营村小学合并，孩子们只能去邻村的周家营读书。

寒假里，王舜像一只野鸟，在滦河岸飞翔。鹅毛大雪飞来，他又在河岸支起石板，等待饥饿麻雀飞蛾扑火，当一串串麻雀挂在院里，站在院里的他像个常胜将军，忘记了茅屋下困苦的生活。

又是一年春暖花开，王舜来到邻村周家营小学读书。他像野鸟入笼，坐不住，眼睛看着黑板，思绪像是被滦河水卷走了。一天，他背着一个补丁书包摇摇晃晃，赤脚走进教室，几个同学把乜斜的目光落在他身上，他们窃窃私语，说他好像个要饭花子。王舜闻听此言，义愤填膺，恨不得挥拳相向，可转念一想，不是自己地盘，只好忍气吞声。

迟到、旷课，成为常态，最后辍学。

辍学的王舜没有游手好闲，家里没柴烧，他和哥哥走进深山去砍柴，虽说辛苦，可姹紫嫣红的映山红开满了崇山峻岭，令他心旷神怡。在山上，哥哥教会他认识中草药，为他日后采集草药奠定了基础，也为自己读书找到一条出路。

少年不知愁滋味的王舜把生活的苦楚转变为快乐。稻田需要晾晒，稻田放水后，他赤着上身，双脚插在泥水中，在稻田里抓鱼，捉青蛙，一阵忙碌后像个泥人跑回家，紧锣密鼓，鱼、青蛙成为饭桌上的佳肴。盛夏，烈日炎炎，他中午不睡觉，赤身裸体泡在河水里，像鱼儿一样游来游去。从水里出来，躺在河岸的泥沙上，把身体晒得黝黑光亮。

无人看管的王舜在滦河岸玩耍，像一只野鸟，飞来飞去。

破四旧运动来临，人们振臂一呼，庙里供奉的佛像被砸毁，一时间，砸碎了滦河岸庄稼人的些许念想。所幸的是，孩子们有了读书地方，两间房又恢复了小学。

卢国庆老师站在讲坛上，没看到王舜的身影，便牵挂不已。卢老师思忖，不能再让王舜疯跑下去，不然，一个聪明的孩子就废了。那天，卢老师来到王舜冷冷清清的家，屋里凌乱不堪，他唏嘘不已。他规劝道，不能整天摸鱼抓鸟，将来连媳妇都讨不到，一定去学校读书，读书才会有出路。

王舜抬起头，吐吐舌头，做个鬼脸，承诺去上学。一个阳光明媚的日子，王舜背着书包向校园走去，读三年级。

王舜收敛一颗野心，安心坐在教室里，眼睛紧紧盯着黑板，卢老师手中的粉笔在黑板上一字一画写下："鹅，鹅，鹅，曲项向天歌。白毛浮绿水，红掌拨清波。"这首诗不用过多解释,滦河边的孩子们有切身体会,春天的河面上,鹅、鸭时而沉入水中,时而像芭蕾舞演员在水面上翩跹起舞。

在卢老师关心和爱护下,重新回到课堂上的王舜脱胎换骨,上身那股野性渐渐消失,他也不再迟到早退,学习成绩逐渐攀升,竟然成为一名学习优异的学生。

那天,学校墙上突然张贴一张大字报,上面写着,卢国庆是个大坏蛋,要批倒批臭,让他永世不得翻身。目睹大字报,王舜惊讶不已,他默默地想,卢老师怎能是个坏蛋呢?

"文革"高峰过去,校园又响起朗朗读书声。清晨,王舜来到操场,他背起语文课本第十三课里的一段文字,"铁牛来到咱村庄,马达响,尘土扬,汽车来到咱村庄……明年多打粮"。

王舜勤奋刻苦,学习成绩名列前茅。

五年级,是复式班,三个年级学生同坐在一个教室里。张德元老师忙得不亦乐乎,他像一个陀螺,在黑板的一半写下四年级课本知识,另一半写下五年级一道道数学题。

五年级有珠算课,老师没讲,他就开始自学。茅屋下的夜晚,滦河里的青蛙声,秋夜的蟋蟀声,再也吸引不住他。他端然坐在一盏煤油灯下,聚精会神学习珠算的加减乘除法。或许,他有着爷爷遗传的基因,爷爷会打一手好算盘,他自学珠算,学得得心应手,手指在算盘上挥洒自如,如行云流水。

珠算课上,王舜胸有成竹,张老师出一道题,别的同学按照老师教法,手指笨拙地拨动算盘珠,而他早已在算盘上得出准确数字。张老师看到王舜算得又准又快,问他如何做到的?他站起来回答,在家自学。张老师夸赞后说,同学们,你们要向王舜学习。

一天,张老师把王舜找到办公室,交给个任务,让他教几名同学珠算,他欣然领命。王舜给同学做示范,灵活的手指在算盘上拨动算盘珠,耐心细致讲解，一遍又一遍，直至把同学教会。

国际风云瞬息万变，毛泽东高瞻远瞩提出"深挖洞，广积粮，不称霸"的战略方针。瞬间，全国掀起挖防空洞的高潮，两间房村小学师生参与其中，所挖防空洞就在学校后面。不甘落后的王舜突发奇想，把家中的大抽屉安上四个木轮子，做成一辆拉车，用它运土，大小孩子都能干。恰逢公社教育系统领导路过热闹的劳动场面，汗流浃背的王舜引起有关领导关注。公社召开现场会，让他登台讲话。

王舜第一次登台讲话，多少有点胆怯，心跳加速，他鼓足勇气说，我们小学生听从伟大领袖毛主席号召，有一分热，发一分光，一定挖好防空洞。

王舜的简短发言，赢来领导和同学们热烈掌声。掌声中，同学们都很羡慕他，他不仅学习优秀，而且还能登台发言。

"小升初"考试有一道算术题，恰好与挖防空洞有关。一个防空洞，上面呈三角形，底部是正方形，计算一下这个防空洞挖出多少方土？

王舜把题想复杂了。他亲手挖的防空洞上面是半圆形，哪有三角形的防空洞呀！他用半圆形的横截面乘以洞深计算了上半部的土方。他把试卷递交后才如梦方醒，题说得很清楚，"上面呈三角形"。回到家，他闷闷不乐躺在炕上，唉声叹气，不知自己能否考上中学？如果考不上学，对不起地里劳作的哥哥，对不起关心、关爱自己的老师。

其实，王舜数学考试获得很好成绩，已被太平庄中学录取。然而，开学小半年，中学校园里却不见王舜的身影。难道说，学校的大门拒绝了王舜？

挑 战

几十年后，王舜终于知晓哥哥为何去当兵，释怀了沉积在心底的怨。

人生紧要关头，每走一步都很重要，走对了，人生一片光明，一朝走错也许满盘皆输。

曾经，王舜面对滦河的湍流不敢下水，只能在平稳水中游玩。烈日炎炎的中午，放学后他和村里几个同伴来到河边，脱下衣服，把衣服在水里揉搓后晾晒在青蒿上，便一头扎入水里，嬉戏打闹。玩耍累了，上岸躺在沙滩上，或躺在泥窝里，晒得身体黝黑。

"我何时才能冲过浪头，游到对岸呢？"仰躺在泥沙里，赤身裸体的王舜冥思苦想。

河中湍急的浪头，对王舜而言与其说是一种危险，倒不如说是一种挑战。

一次，几个年轻人劈波斩浪，从容穿过高高跃起的浪头，轻松游到对岸，赤身蹲在泥沙中的王舜十分羡慕。他发誓，一定游到对岸，不战胜汹涌澎湃的浪头誓不罢休。他鼓足勇气，深呼一口气，飞身跃入水中，挥动双臂，一鼓作气游到对岸。他振臂高呼，我游过河了，我战胜大浪了。

王舜能战胜滦河的湍流，却很难战胜生活中的激流险滩。哥哥参军后，他感觉脚下无路可走，唯一能走的就是回到土地上，脸朝黄土背朝天。经过多个日夜思考，痛定思痛，他选择放弃读书，被迫与中学校园挥手而别。

关键是，王舜要勇敢挑起一个家的重担。

王舜14岁时，嫂子走进这个一贫如洗的家，随同嫂子走进这个家的还有身体筛糠的父亲。

确切地说，哥哥王义能娶上媳妇实属不易，只因一个字，穷。新婚燕尔，快乐短暂，家里粮食捉襟见肘。多挣工分，秋天就能多分些粮食，他决定外出去当民工，既解决一张嘴吃饭，给家里留下一份粮食，还能多挣3分工，何乐而不为呢？他把自己的想法说给媳妇，媳妇挺个大肚子把头摇得像个拨浪鼓。他忍无可忍，毅然决然选择了当兵，本着一走了之的心态，让妻子和岳父回到原处。

1969年11月，滦河两岸冰天雪地，20岁的王义光荣入伍。

王舜和哥哥坐着解放牌敞篷汽车第一次来到隆化县城,住在县委招待所,夜幕下的哥哥脱去一身笨拙棉衣,穿上绿色军装,立刻判若两人。第二天吃过早饭,王舜怀抱哥哥一身旧棉衣与哥哥分手,哥哥没有叮嘱一句话。临别时,弟弟深情地凝望哥哥,无言以对,泪水夺眶而出。他从小和哥哥相依为命,哥哥突然远行,弟弟茫然不知所措,家里眨眼之间没有了靠山,接下来该怎么生活啊?

敞篷汽车在山村土路上不停颠簸,王舜抱着哥哥棉衣摇摇晃晃,心如刀绞。或许是心情十分压抑的缘故,再加之汽车不停摇晃,他感觉胸口如狂涛猛烈撞击,脸色蜡黄,恨不得叫停汽车,躺在地上。

心情压抑的王舜迷迷糊糊回到家,把哥哥一身棉衣交给嫂子,一头扎进东屋炕上,长吁短叹!

寒夜,王舜第一次产生对人生的真正思考。哥哥硬生生去了数千里外的国境线上戍边,未给自己留下只言片语,嫂子再有一个多月就要分娩,今后的生活何去何从?更为重要的是,寒假过后是否还能走进校园?若继续读初中,家里有可能断炊,总不能让嫂子去生产队劳动,而满身颤抖的父亲,别说劳动,不给添麻烦就烧高香了。

漫漫长夜,王舜想啊、想啊,想得头痛欲裂,直至金鸡报晓。历经日夜沉重思考,走在人生十字路口的王舜有了痛苦抉择,扛起一个家,去土地上求生存。

春天滦河河面上的冰悄悄融化,远远看去河两岸的柳树泛起浅浅绿意,太平庄中学钟声响起,余音袅袅飞翔到河岸边,飞到王舜的耳旁,他愁容满面。

清晨,河岸上吹起劳动哨子,几声清脆的哨响后,一个 14 岁少年消瘦的身影出现在西梁上。远远看去,挑粪的队伍在朝霞映衬下恰如一队空中鸿雁。队伍中,王舜迈开坚实脚步,肩膀磨肿,手磨出茧子,他不喊一声苦,只为每天仅有的 8 分工,来换取秋收的粮食。家庭的担子压得他喘不过气,肩膀上的扁担颤巍巍,比肩高的挑筐摇摇晃晃,里面装满酸涩。他在想,若父母在世怎能过早扛起一个家的重担,又何必遭受这份罪呢?泪眼婆娑,感觉脚下无路可走,渴望到父母坟地去哭诉,可哭诉又有何用?他硬生生把泪水吞咽下去。

土地上的劳作,把少年的快乐一扫而光。

茅屋下,侄女呱呱坠地,王舜端详粉嘟嘟稚嫩的面孔,脸上露出了微笑。然而,快乐转瞬即逝,接下来面对的是生活困境。

劳作中休息时,大人们可以坐在田间地头休息,有人吸着旱烟吞云吐雾,有人讲着荤段子,引起短暂休憩的人哄堂大笑。欢乐不属于王舜,他没有多余时间坐在地头歇息,要去四处去寻柴,灶膛等着柴草,有了柴草一家人才能吃上饭。

冬天,为了不让侄女受冻,他把一捆捆柴堆放在院中,像是堆放着一种希望。屋内的两铺炕同时烧柴烧不起,为了节约烧柴,不得不去好伙伴李景月的大姑家过冬。李景月的大姑无儿无女,三寸金莲的她看似弱不禁风,但意志坚强,一个人的日子也过得有滋有味,屋里打扫得干干净净。夜晚,身上裹挟着冷风的王舜与李景月一起钻入好伙伴的茅屋里,灯光下的大姑正盘腿坐在炕上,看到两个孩子风风火火进了屋,面孔镶嵌上温馨的笑容。大姑的温馨笑容和屋里扑面而来的暖意融合在一起,令王舜感觉到久违的家的味道。

冬天即将过去,大姑愁眉不展说,你们要回家住了,剩我一个人,连个说话的人都没有,我只好和屋里的灯影、天上的星星说话。

王舜离开的那个早晨,回眸一望,但见站在屋檐下的大姑出神凝望着自己,大姑的两只三寸金莲小得如同豆角豆,显得精致而有力量。

"孩子,想啥时来住就来,有你们屋里才不冷清。"屋檐下的大姑依旧恋恋不舍。

瞬间，王舜感受到不是亲人胜似亲人的温情。

冬去春来，草长莺飞，绿柳婆娑，夜晚的滦河蛙声此起彼伏，疲倦的王舜躺在炕上，似乎听不到蛙声，他被一个问题困扰与折磨着。他千百次问自己，难道心甘情愿当一辈子农民？

河东面有块土地，是去太平庄必经的地方。盛夏的一天，他在土地上除草，骄阳似火，汗流浃背，晒得眼前金花乱窜。突然，一阵欢声笑语穿过绿油油的玉米地飞到耳边，他抬头张望，曾亲手教过珠算的五名同学正背着书包前往太平庄中学读书。他攥紧锄把，木然站着，深情凝视远去的背影，情不自禁哽咽不已，泪水扑簌簌在脸颊上滴落。

此情此景，他向滦河呼唤，我一辈子当农民吗？心有不甘啊！风无语，水无声，王舜呆若木鸡。

此时，同学们背着书包沿着滦河边的这条路走向中学校园，已有几个月。

王舜僵立在玉米地里，波澜起伏的心中陡然升起一线希望，去读书，改变自己命运。读书，已然成为王舜的最大理想。理想不是形而上，是一次又一次出走，只有行走，理想才得以实现。

昏暗的灯光下，王舜给千里之外的哥哥写信，倾诉衷肠，字里行间，如杜鹃啼血。

哥哥戍守边陲，部队所在地位于遥远的新疆塔什库尔干国境线。国境线上的哨卡，风沙弥漫，四周人烟稀少，大半年时间被皑皑白雪包裹着。半个月后，王义接到弟弟来信，读着弟弟的信，哥哥眼眶湿润了。

其实，哥哥何尝不牵挂弟弟，他原以为自己走后，弟弟在中学读书。自己之所以辍学，就是让弟弟去读书，完成自己未能实现的心愿。得知弟弟未能读书，心如刀绞，他立刻拿起笔分别给太平庄公社武装部肖部长、两间房村民兵连长、生产队长写信。他奋笔疾书，无论如何都得让我弟弟读书，家里再困难也不能让他辍学，家里欠账暂时记下，等我从部队回去还账。随后，他又给妻子写封信，语重心长叮嘱妻子，一定让弟弟去读书，决不能再耽搁。

王义寄出四封信，四封信宛如四只南飞的鸿雁，带着无尽牵挂。边陲哨卡上的他，日夜等待着滦河岸边的音信。

王舜等啊，盼啊，望眼欲穿，四十多天后终于等来西北边陲的音信，他手捧哥哥的来信，眼含热泪，心潮澎湃……

然而，太平庄中学从春季开学到现在，一个学期已经过去了近一半时间，王舜的梦想是否能实现？

那天早晨，他放下手里锄头，急匆匆来到太平庄中学，贸然找到尹宗武校长。走进办公室后，自我介绍，我是两间房村的王舜，因家里困难没有及时来学校报到，现在要继续读书。尹校长心里一愣，用好奇目光上下打量眼前这位如庄稼汉的少年，见他皮肤晒得黝黑，身体单薄，但身上散发着力气。

"你就是去年挖防空洞，站在土台上讲话的王舜？"尹校长眼前一亮，豁然想起。

心里打鼓的王舜点头说，是。尹校长不假思索地说，来吧，要来快点来，插班读书，不能再耽搁了。

王舜走在滦河岸，欢呼雀跃，他对着流淌的河水喊，我可以上学了，我可以读书了。冲进院里，抱起笑盈盈的侄女说，叔叔明天去读书了，一旁的嫂子父亲哆嗦着抬起头，目视兴奋中的王舜，替他感到欣慰。闲暇时，这个位老人曾给王舜讲过一个又一个的民间故事，听得王舜如饥似渴。老人虽说没有文化，可他心底感知在土地上摸爬滚打的孩子，不读书有点可惜了。

这个夏日夜晚，兴奋中的王舜浮想联翩，虽说明天可以去读书了，但家庭这份重担不能放下，哺乳期的嫂子不能去生产队劳动，哆嗦的老人连一桶水都不能担。他思虑万千，深夜的一股凉风袭来，伴着河畔的蛙声进入梦乡。

天刚蒙蒙亮,王舜一骨碌从炕上爬起来,揉揉惺忪的睡眼,肩上挑起哥哥买来的小水桶前往村中一口水井。井口边的他身手敏捷,挑起水桶,脚步如飞,直至水缸里的水溢出来。太阳从光顶子山冉冉升起,他又拿起锄头到自留地除草,一滴滴露珠打湿了裤脚。

吃过早饭,双肩、双手磨出茧子的王舜背起书包,穿过滦河,兴冲冲走向日思夜念的太平庄中学。

1970 年 6 月,俨然是王舜的人生转折一个重要时间节点,命运多舛的他凭借顽强的毅力走进了校园,坐在课堂上,徜徉于知识海洋里。

班级课桌不够用,王舜以木板为书桌,他坐在教室最前面。黑板上,老师手中的粉笔咯吱吱发出的响声,听起来那么亲切,手捧散发着油墨香的书本,聚精会神听着老师讲的每一句。庆幸的是,因学生水平参差不齐,开学后老师不得不给学生们重新补习小学五年级知识, 新的课程还未讲多少,从而给他留下了追赶时间。

放学后,同村同学走在路上说说笑笑,脚步缓慢,边走边玩,但王舜脚步匆匆,他要去地里劳动。

夜晚,灯光下的王舜坐在炕上打开书本开始自学,如饥似渴,聚精会神。语文,是他强项,可数学课本上的公式,只能一点点啃。一个又一个夜晚,不停地写,不停地背,甚至是死记硬背,誓将把落下的课程追赶上。没过多久,进行数学单元测试,试卷上有珠算题,陈文会老师口中念着数字,目光落在王舜的珠算盘上。陈老师话音刚刚落下,王舜的珠算盘上就有了准确答案。陈老师目光只盯着王舜,以他速度为准,已然忘记其他同学。交卷后,有同学上前与之理论,老师只盯着你的珠算盘,你那么快答完,害了我们。

王舜显得形单影只,无言以对。

陈老师判卷,颇感意外,无论如何也想不到插班的王舜能考满分,而且是全班唯一的满分。

1970 年春摄

2010.4.4 摄

15 岁的王舜为了给远在新疆塔什库尔干戍边的哥哥邮去一张照片,步行 60 里地(往返)去梁西凤山街的照相馆拍摄了人生第一张照片,可惜哥哥还没有收到。

照片中的王舜穿着的蓝色斜纹布上衣是自己刨药卖了钱买布做的(上);童年的王舜经常去大姐家,土坎上那棵 60 多年树龄的杏树是王舜学着大人嫁接的(下)。

很快，衣衫不整的王舜凭借优异的学习成绩，以及各方面表现，当上班长。

一个雨天，王舜头发稍滴着雨水，手里拎着鞋底磨破的一双布鞋，赤脚走进教室，把沾满泥水的双脚在地上连续蹭。这一幕，班主任伊卓民看在眼里，看得她心里不是滋味。下课后，伊老师走上前问，王舜，为何光脚丫？王舜低声说，姐姐做鞋不容易，雨天布鞋怕水沤，好留着白天干活穿。班主任听后，唏嘘不已，第二天伊老师把丈夫岳冠荣老师的一双胶底条绒布帮的大半新鞋送给了王舜。

一双鞋，王舜刻在心底，终生难忘。

有时同学和他开玩笑说，班长，你有一双铁脚，不用穿鞋，滦河的石头也磨不破。王舜微微一笑说，我光脚不怕你穿鞋的，照样健步如飞。

王舜勤奋刻苦，学习成绩名列前茅，班里工作干得风生水起，同学都以他为荣。

然而，生活上的困境再次袭来，青黄不接时，家里断粮了。巧妇难为无米之炊，嫂子只能把瓜菜放在锅里，哆嗦的父亲唉声叹气，女儿哭闹不停，她焦急万分，愁眉不展。当初，她不愿小叔子王舜去读书，不在生产队劳动就没有口粮，青黄不接时生产队分储备粮时，自家只能眼巴巴看别人家去背粮食。

饭桌上，嫂子面沉似水，长吁短叹，碗里的粥能照出月亮影子。

在残酷的现实面前，王舜鼓起勇气前往太平庄公社找到武装部长。他急切地说，我哥哥在新疆当兵，我重新读书，嫂子带着孩子，家里无人劳动，生产队不分储备粮，家里没有粮食了。王占武部长安慰道，孩子，放心吧，不会让你们挨饿。他当即给两间房大队打电话，叮嘱大队干部，一定不能让一家老小挨饿，他们是军人家属。

王舜兴高采烈去生产队背粮时，生产队长责怪道，小小的年纪会告状啊，直接告到公社，没粮食吃，为何不来找我？王舜低头，自言自语，找你，你会给我吗?

苦难的家庭,苦难的日子,苦难的人生,上苍给这个滦河畔的少年出了一道又一道难题,不仅考验他的毅力,更考验他的意志品质。然而,王舜像高山上的一棵青松,迎风斗雪,不屈不挠。

茅屋下的日子,有柴无粮不行,有粮无柴也不行。为了节约烧柴,王舜自己动手对灶膛实施改造,缩小灶膛,降低锅台高度。

事实上,家里烧柴,哥哥在家时就是一道难关,哥哥离家后,家中的柴更让王舜吃尽了苦头。上学期间,他或早起,或放了学,挑着挑筐,背着背篓,无论走向山梁,抑或走向河岸,处处寻柴。寒假,是砍柴的最佳时间,寒夜里听到金鸡报晓,他从睡梦中挣扎着起来,头顶寒星,走向十公里外的大山。独自来到山梁,天刚破晓,阵阵寒风打透单薄棉衣,他手中舞动着斧子,砍倒一棵棵木柴,手刮破了,脸刮破了,全然不顾。饿了,啃一口玉米面饼子,渴了,抓起一把积雪塞进嘴里。

一捆捆木柴用生产队马车运到家,王舜看着堆在院子里的柴禾,心中才踏实。

生活难,读书也难。

读书费用,王舜煞费苦心,只能自己千方百计想办法。他想起了下夜钩勾鱼的方法。夜晚,他把自制的十几把鱼钩安放在滦河里,把鱼线固定在岸上等待清晨到来。清早,太阳未出,他急匆匆来到河岸,鱼钩上竟然勾着一条 2.5 斤的大鲇鱼。

王舜手里拎着鲇鱼直奔太平庄,他站在公社外的路边,四处张望,渴望有人来买鱼。一会儿,公社食堂大师傅走过来,以每斤 0.35 元买走那条鲇鱼。这卖鱼的钱基本上解决了一个学期的书费。

如若说,滦河给予了王舜无限快乐,那么家乡山山岭岭给予了他生活上的希望。

采药

　　村东,穿过滦河是高耸的光顶子山,村西,越过西梁有十道沟,村南,穿过周家营走上十几里路有七道沟,只有北部是滦河奔袭而来的路径。

　　山山岭岭都留有王舜采药的足迹,他十分熟悉哪座山生长着哪种药材,而什么季节会有什么草药生长。可以说,他的采药经历贯穿了小学和中学,采药时间从春暖花开,直至秋风乍起。

　　他所采的草药有,黄芩、柴胡、远志、防风、苍术、桔梗、升麻、赤芍、穿山龙等。黄芩价格每斤 0.053 元,柴胡每斤价格 0.18 元,远志价格最贵,每斤 1.47 元,可一筐采回来的远志经过去骨晾晒,只有可怜的几两。

　　穿山龙生长于海拔较高的山上,高山密林中是其最佳生长环境。暑假一天,东方破晓,王舜从炕上爬起来,用冷水冲冲睡眼,兜里揣上两个玉米面饼子,肩扛镐头,脚步匆匆穿过周家营,向十余里外的大南沟奔去。山高林密的大南沟在崇山峻岭的最里面,需要连续穿过六道沟,当他站在大南沟山梁时,一轮毒辣辣的太阳挂在空中,他额头布满汗珠,身上汗津津,黏乎乎。

　　穿山龙生长有个习性,它们不喜欢单打独斗,而是团结一心,连片拥抱在一起。拨开没膝深杂草,穿过树林,一大片穿山龙映入眼帘,王舜喜不自禁,他立刻挥动镐头,一个个穿山龙从土壤里露出身段。一片,又一片,他挥汗如雨,忙得不可开交,恨不得把高山密林中的穿山龙一网打尽。

　　一晃,已过中午。他肚子咕咕地叫,便掏出兜里两个玉米面饼子,啃得囫囵吞枣。嗓子干渴,他扛着多半袋子穿山龙沿着深谷出沟,又左拐进沟,终于寻找到沟底的一处水坑。水坑里飘着草叶,他蹲下用手清理,未等捧起水,突然听到头顶有细微响动,便下意识抬起头,但见一条碗口粗的大蛇盘绕在一墩榛柴上，与自己咫尺之遥。但见大蛇摆动着头，口里吐着信子，虎视眈眈，俨然在捍卫自己的领地。

王舜吓得魂飞天外，纵身逃离水坑。他颤抖着双腿，肩上扛着满袋子穿山龙，头皮发麻，惊恐万状。试想，大蛇那么近，只要它高高跃起，王舜必遭受攻击。一旦被咬，假使喊破嗓子，深山密林里谁能听到？

夕阳西下，王舜回家，心里乱糟糟，手端着粥碗还心有余悸。

把穿山龙晒干后，卖到太平庄供销社收购站，卖了 1.7 元。1.7 元，这是王舜刨药史上最"丰收"的一次，也是最危险的一次，他决定要奢侈一把。他兴冲冲走出收购站，跑进供销社屋里，站在柜台前左挑右选，花 1.68 元买了一支心仪已久、很流行的钢笔，钢笔尖半包着，显得精美。当他用钢笔写字时，班里同学羡慕至极。

遗憾的是，一段时间后这支钢笔不幸被摔断，令他痛心不已。他没有把摔断的钢笔扔掉，用纸包裹好，珍藏起来，权当对艰难求学的纪念。

如果说一支钢笔成为纪念，那么两件衣服也是抹不掉的记忆。

采集草药，是他改变生活的一个途径。夏初，他肩扛镐头，臂弯挎着自己用柳条编织的筐，前往西梁的十道沟去采集草药——远志。翻越一道山梁，又一道山梁，满山翠绿中，山风徐徐，远志像窈窕淑女随风摇曳，似乎在向他招手。他用力挥动镐头，把一棵棵远志收入囊中，伴着夕阳乘兴而归。屋檐下的他，精心把远志根部外皮剥落，再放到窗台上晾晒。因远志收购价格贵，把晾晒好的远志小心翼翼收藏起来，积攒到一个袋子里。积少成多，他背着袋子前往供销社收购站，竟然卖了十多元。他转身走进供销社，柜台前，思想在激烈斗争，是留着供自己读书用，还是兄弟二人拥有一件新衣？最后，他鼓足勇气买一块藏青色布料，誓将改变兄弟二人身上补丁摞补丁的衣服。

左右邻居，只有程凤芝家拥有缝纫机。王舜毫不犹豫来找程凤芝，甫一进门,他眯缝着一双细长眼睛微笑说,嫂子,费心给我做两件衣服。程凤芝看看王舜手里的布料,惊奇地说,太阳从西面出来了,怎么舍得买布料了,还要做两件。

听话听音,程凤芝话里有点不情愿,但也没拒绝。顿时,王舜计上心来,讨好说,嫂子,我再给你编织一个筐,你喜欢啥样子的?程凤芝扑哧笑出了声,手拿尺子说道,你真是人小鬼精,不给我编筐,也给你做衣服。

心灵手巧的王舜能用柳条编织出方形的、圆形的、椭圆形的不同样式,大小不一的筐,送给左邻右舍大娘、婶子。

程凤芝把两件上衣做好,王舜感激不尽,他抱着衣服回家迫不及待让哥哥穿上,藏青色的上衣,映衬哥哥那张古铜色面孔,哥哥笑得很甜蜜。

两件新上衣,兄弟俩舍不得穿,叠好放在柜子里。

一座又一座山,留下了王舜足迹,也给予了他生活上的希望。风风雨雨中,他行走在崇山峻岭,有快乐,有泪水,也有风险。他艰难跋涉,在崇山峻岭中采集草药,从小学直至高中。

火种

几十年后,耄耋之年,八旬有余的方文德老师依然记得爱徒临近高中毕业时写下一首《思恩》诗:"万担水肥促出芽,阳光雨露哺育大。如今春到红花放,看你结出什么瓜。"

太平庄中学和小学仅一墙之隔。

小学校园内有两棵参天古松,树干褐色,枝干盘虬卧龙,与滦河遥相呼应。伪满时期,学校校长在墙壁上题诗一首:"松风中韵太堪怜,古庙无僧待客悬。可怜客人无见识,情留惆怅伴松眠。"由此可见,这里曾有庙宇,古松之下,僧人安贫乐道,在滦河岸边守着一种信念。

世事变迁，只有枝繁叶茂的古松在讲述滦河岸的故事。

20世纪的1972年初春，太平庄高中迎来新一届高中同学。浓眉大眼，气宇轩昂的方文德老师担任班主任，他目光里出现一个不同寻常的学生，身体偏瘦，双手、双肩结满茧子，衣衫不整，但一双细长的眼睛炯炯有神。方老师对这名学生早有耳闻，因初中和高中老师经常在一起交流，自然会谈起那些品学兼优的学生。

那天，王舜初中班主任伊卓民和方文德在一起闲谈，毕业于林业大学的伊老师说，有个叫王舜的学生品学兼优，家里虽贫寒，但穷且益坚。

王文贤、张德元两位老师小学教过王舜，他们和方老师相识，提起王舜异口同声说，苦难压不倒王舜，他有坚强的毅力，是个好学生，将来能成才。

因此，王舜虽未升入高中，他的名字却早已灌入方老师耳中。

课堂上，方老师细心观察着聚精会神听课的王舜，见他皱紧眉头时，一定是在深入思考问题，一旦眉头舒展，便说明已有了答案。

小学、初中学习期间，王舜担任班长职务，同时兼任学校红卫兵连长。读高中，他顺理成章挑起了班长的担子，干工作兢兢业业，班里气氛和谐，同学友爱融洽。

语文课上，方老师讲课栩栩如生，像一块磁铁吸引着学生。方老师喜欢文学，便把文学的种子播在王舜的内心深处，他高中语文课本写下密密麻麻的文字，比如，碧野的《天山景物记》开篇写道："朋友，你到过天山吗？天山是我们祖国西北边疆的一条大山脉，连绵几千里，横亘准噶尔盆地和塔里木盆地之间，把广阔的新疆分为南北两半。远望天山，美丽多姿，那常年积雪高插云霄的群峰，像集体起舞时的维吾尔少女的珠冠，银光闪闪；那富于色彩的连绵不断的山峦，像孔雀开屏，艳丽迷人。"王舜在这段文字下，用红色的笔画下波浪的细纹，而且在书页的空隙处写下读后感：本文是一篇写景状物的优美散文，作者以饱满的热情，细腻入微地描绘了祖国西北边疆——天山的自然景物。通过这些描写,赞颂祖国美丽富饶的大自然,表达了对祖国无比热爱的感情。

这篇课文的每一页上,他都写下密密麻麻的读后感。

因挑着家庭重担,他只能边读书边劳作。每每东方破晓,睡眼蒙眬的他便从炕上爬起来,扛一把锄头,来到滦河岸的一块地除草。河面上笼罩一层薄雾,薄雾似轻纱,缓缓蠕动,河水哗啦啦流淌,他直起腰,手握锄头,高声朗诵语文课本上毛主席《沁园春·长沙》:"独立寒秋,湘江北去,橘子洲头。看万山红遍,层林尽染;漫江碧透,百舸争流。鹰击长空,鱼翔浅底,万类霜天竞自由。怅寥廓,问苍茫大地,谁主沉浮……到中流击水,浪遏飞舟?"

王舜把"到中流击水,浪遏飞舟?"这句诗词朗诵得铿锵有力,滦河岸边的他,不就是在生活的湍急河流中,水击三千里吗?

河里的鱼儿在游动,蜻蜓在河面上飞舞,蛙声从稻田里此起彼伏,一抹阳光洒在光顶山上,王舜凝视着远去的河水,心情激荡,浮想联翩……

生活的磨难,没有让王舜屈服,他愈挫愈勇。

欣慰的是,品学兼优的王舜每次考试成绩都名列前茅,成为同学学习的楷模。故此,荣誉纷至沓来。1973 年 6 月,他荣获太平庄中学革命委员会颁发的"三好学生"奖状。他把"三好学生"奖状贴在墙上,顿时满屋生辉,让一个历经磨难的家庭升起了希望。1973 年 6 月 30 日,东方黎明黛色,王舜从炕上爬起来,挑起水桶向村中那口井走去,水缸水满了,他擦擦额头上的汗水,整整衣襟,囫囵吞枣吃了一碗饭,急匆匆赶往车站,花 0.8 元买了一辆敞篷车票,一路颠簸来到隆化县城,出席隆化县教育战线"双先"表彰大会。可以说,这个表彰大会是隆化县教育界一次颁奖盛典,会议上中共隆化县委员会、隆化县革命委员会,对全县品学兼优的莘莘学子颁发"好好学习,天天向上"奖状。

王舜站在颁奖台上略显腼腆,看着台下的人群,双手不知放何处好。当他接过"好好学习，天天向上"奖状时，心潮澎湃，眼含热泪，感慨万千！他想不到，一个滦河畔的苦娃，曾一度辍学，如今竟然能站在全县教育界至高领奖台上。

一个无娘孩儿往往会走两条路：一条路，面对孤苦伶仃的生活，自暴自弃，堕落，走上歧路；另一条路，面对逆境，扬起风帆，浪遏飞舟，勇往直前。

第二天早起，天降甘霖，因返乡的土路泥泞，敞篷车暂停。王舜头顶淅淅沥沥的雨，在县城大街上徜徉开来，稀疏的楼房，热闹的百货商店、电影院，令他目不暇接。他来到一个副食店，给蹒跚走路的侄女买两个面包。当回到住处，返乡的敞篷车早已开往太平庄。他下决心步行回去，迈开双腿走向几十公里外的家，当行至马栅子山梁顶，天色向晚，双腿发酸，气喘吁吁，脚下沉重。

雨后薄暮，远处山峦游动着雾，晚风习习，四野无人。此时，他离家还有20里路，心中陡然升起恐慌。

"尤文毅家就住在山脚下。"王舜峰回路转，突然想起班里一位同学，奋力向山下走去。夜色中，王舜胆怯敲开门，说明来意，同学父母热情把他迎进屋。

返回校园，同学们围过来问长问短，你荣获的奖状啥样？领奖时激动吧？面对同学的好奇，王舜浅浅一笑，未夸夸其谈，显得风平浪静。

太平庄高中，方老师给王舜点燃了文学梦想。

年轻气盛的方文德老师是个文学青年，钟情于诗歌，对毛主席诗词倒背如流。因喜欢诗歌，他常年订阅河北一个名叫《蜜蜂》的刊物，这是一本诗歌杂志。从这本杂志上，方老师相识了从兴隆大山里走出的鼎鼎大名的诗人刘章。刘章笔下燕山深处的一首首诗，令青春洋溢的方老师崇拜不已。

也因此，方文德在课堂上给同学们讲刘章的诗，他朗诵刘章的《燕山歌》一首诗："燕山峰，穿九霄，燕山水，波浪高，搬来燕山当大坝，手提燕水挂山腰。"方老师说,诗人用一双慧眼审视着燕山,想象力丰富,字字如珠,诗句传神,我们生活在滦河岸边,滦河是母亲河,我们可以大书特书母亲河。

方老师播撒文学火种,王舜凝神静听。

有一天,王舜读到了诗人刘章的代表作:"花半山,草半山,白云半山羊半山,挤得鸟儿飞上天。羊儿肥,草儿鲜,羊吃青草如雨响,轻轻一动一团烟。榛条嫩,枫叶甜,春放沟谷夏放坡,五黄六月山头转;抓头羊,带一串,羊群只在指掌间,隔山听呼唤。""晨雾轻,朝露重,挥鞭赶羊上山路,哨声身后送。羊湿毛,人湿衣,心头火正熊,不怕路泥泞。过大路,穿小径,放羊要把路看正!花百样,草千种,了如指掌辨得清,苦柳不当野冬青。爬山坡,翻上岭,清风涌来鲜花迎,锦绣风光一望中。鞭有声,人多情,声声鞭响心花放,高歌群山应。"

王舜读着诗人刘章《牧羊曲二首》,读得心潮澎湃,如痴如醉,他感觉这是为自己量身打造的诗句,曾经大山上的一幕幕幡然而至,活灵活现。

王舜对刘章的诗情有独钟。2020 年 2 月 20 日诗人刘章从人世间挥手而去,王舜口占《悼念刘章老师》诗一首:

　　　　　一腔热血一支笔,一生清贫一世诗。
　　　　　一曲牧羊开新路,一代乡诗一面旗。

他从网上购回《刘章集》作为永久的纪念。

王舜品学兼优,每一次考试成绩都名列前茅,他的作文每每令方老师欣喜不已,且在语文课上当范文讲。难能可贵的是,方老师从王舜作文的字里行间发现,他有文学禀赋。如若说王舜是文学沃土上一匹千里马,那么方

1973 年夏摄

19 岁的王舜在太平庄中学读书(上);出席隆化
县文教战线双先表彰大会(下左);荣获太平庄公
社中学三好学生(下右)。

文德老师则是伯乐。

一次,方老师语文课上布置一篇"向松树学习什么"作文题。

王舜从小就上山去砍柴,山上每一种树都不陌生。一个草木吐绿的仲春,他又走向二十里外的高山上,手中斧子上下翻飞。正当他奋力挥动斧头,耳畔突然传来异样响动,发芽枯草窸窸窣窣,像风声,但又不是风声,刹那间,成片的枯草宛如水面波澜,分向两侧,一条大蛇如衔枚疾走的武士,带着风声淹没于一片松林中。

惊悚的他茫然凝视那片墨绿松林,山风吹来,松涛阵阵,松树枝干昂首挺立。

夜晚灯光下,王舜视线里,皑皑白雪的山崖上一棵松树伟岸挺拔,傲然苍穹。于是,他手中的笔写下一行文字:

在山的肩上,我看见一片白云从那边飘过来,一会走了,我想云不如松树,没有根,没有基础,不能左右自己。松树根扎在石缝里,多么不容易,吸吮水分和营养更不容易。我要学习青松信仰坚毅,敢于经风雨见世面,让生命更加旺盛……

方老师读后这段文字,眼前一亮,在一行文字下面画出道道红线……

语文课上,方老师把王舜的《向松树学习什么》这篇作文讲给学生,他说,王舜这篇作文富有哲理,用天空的云陪衬松树,彰显了松树风格。写作文,并非看山是山,看水是水,要思考,要升华。你们都要向王舜学习,细心观察生活,进行独立思考。

然而,期中考试一篇作文却让王舜万般纠结。想不到,关心、关爱自己的方老师竟然对自己的作文心生疑窦。原来,王舜一蹴而就的作文《找李勤》是他凭空撰写的一个人物,李勤是一位公社干部,有个人有事找他,他却下乡了。但李勤究竟去哪个村无人知晓，找他的人只能跟踪逐村寻找，最终找到了李勤。

判卷时，方老师细致读了王舜笔下的文字，既高兴，又陡生几分疑虑。细腻的笔法，生动的语言，巧妙的故事情节，不可能出自一个高中学生之手。

"是否抄袭？"方老师心里一哆嗦，眉头紧皱。

王舜得知方老师产生的疑问，痛苦至极，纠结不已。家十分贫穷，根本买不起书，学习费用都是靠采药、捡拾废品。不能说没买过书，唯一买过一本《消息树》小人书，这是一本战争题材的小人书，是用捡拾废品钱买来的。买回后，他坐在屋檐下，一页页翻，小人书里的插图栩栩如生，惟妙惟肖。后来，唯一的一本小人书不翼而飞，他懊悔不已。几十年后，为了寻找没有磨灭的记忆，从网上购到一本旧的《消息树》，他如获至宝，喜不自禁。

渐渐地，王舜释然了，因为他深知方老师对自己疼爱有加，严格要求，唯恐自己的人生路发生偏离。

王舜之所以能成为一位诗人，离不开方文德老师的引领，毫不夸张地说，方老师是王舜走上文学之路的启蒙老师。后来，文学改变了王舜的命运，无论是摄影，抑或研究承德历史文化，都与文学密不可分。

王舜的作文，内容不空洞，不泛泛，他以滦河岸边的人间烟火为素材，细心观察与揣摩，尔后一气呵成。记叙文，往往有两间房村具体人物，而川流不息的滦河成为他笔底的情愫。毕业前夕，他写下《回乡路》一首诗："背起行李卷，量开铁脚板，手捧四卷书，怀揣太阳暖。红旗在指引，胜利在召唤，高歌一曲出心坎，唱得新潮波浪翻。东去的云啊南飞的雁，请你捎上我的信一件，金光大道咱走定，海枯石烂心不变。路旁白杨迎风雨，山涧青松斩严寒。愿为燕山一棵树，大风大浪里锻炼。滦河啊金浪翻，激流滚滚下江南，激情化作滦河水，誓浇五洲春满园。奔腾的水啊多欢畅，高飞的雁啊有多欢，喝口河水甜如蜜，满怀喜歌唱不完。"

如若把《思恩》与《回乡路》放在一起,充分展现高中毕业时王舜激情飞扬的内心世界。《思恩》一首诗,方老师在班级上让同学们围绕一句"看你结出什么瓜"展开讨论。

临毕业,方老师几次召开班会进行毕业教育,身为班长的王舜一马当先,他信誓旦旦地说,回到农村一定成为一名建设农村的好青年。

高中毕业别无选择,同学们只能去广阔天地锻炼。无疑,王舜返回滦河畔,回到两间房村,他究竟能结出什么瓜呢?

第四章

激情岁月

壮志

1973 年 12 月,王舜高中毕业,城里青年"下乡",农村青年"回乡",没有选择的他回到滦河畔的村庄。

1974 年,新元伊始,太平庄公社委派一名干部来到两间房生产大队,目的是调整生产大队领导班子。朴实无华的村书记石青林,斗大的字不识一个,每逢开会,他闭上眼,手伸入一件陈旧的棉袄里,像是在捉虱子。会场上,看似漫不经心的他却有着惊人的记忆力,他以口述方式给村民们准确无误地传达会议内容。

生产大队班子调整,石青林老书记因年纪大,卸下了肩上担子。

那天,王舜拿出一个十分有纪念意义的小本,小本扉页上印有红色的字迹:"隆化县文教战线先进集体先进工作者代表会议。"中间有两个大字——留念。标明时间为 1973 年 6 月 30 日,这个日子是王舜荣获奖励的日子。他开始在本子上写下密密麻麻的文字,从此,养成记日记的习惯,这个习惯保持到老年。

王舜端端正正在小本首页写下:1973 年年末,全队 88 户,507 口人,男劳力 103 人,女劳力 17 人,土地 948 亩,粮食总产量 265126 斤,亩产 280 斤。

一连串数字,代表两间房生产大队的现状。他步父亲后尘,像父亲那样肩上挑起了村里的重担。

"批林批孔"运动如火如荼中,两间房生产大队组建了新的领导班子。想不到,刚刚毕业的王舜竟然被委以重任,担任两间房生产大队会计、革委会副主任、民兵连副连长、第二生产队会计、村小学负责人、村医疗站负责人。

1974 年 2 月 11 日晚, 全村召开村民大会,9 名新领导班子齐聚亮相,发表上任感言,新的村领导班子团结一心,同贫下中农一起,共同奋斗,决心改变两间房村的旧面貌。

2 月 13 日,开完会的他在小本子上写下:"今天召开了全大队男女社员大会,由公社杨书记传达中央 1974 年 1 号、3 号文件,在传达文件之前又讲了批林批孔的意义和日的。学习后要解决的问题,一是联系群众,纠正不正之风;二是,解放'生而知之'的天才论,树立实践第一的观点,去掉守旧思想;三是,去掉'上知下愚'的唯心史观,坚决相信群众,依靠群众;四是,批判'中庸之道'的地主资产阶级人性论,什么'得罪一个人多一堵墙,交一个人多一条路'都是不正确的,要去掉老好人思想。晚上讨论题是批林批孔的目的、意义。边批边学。"

这是一个激情满怀的年代,是意识形态发生偏差的年代,这也是一个干群关系融洽的年代,干部和群众就像鱼和水。

2 月 15 日,王舜接过一枚沉甸甸大队公章,一盒印油,一本信纸,一盒大头针,他走马上任,正式成为一名大队干部。海阔凭鱼跃,天高任鸟飞,他要用学到的知识施展才华。

医疗资源十分匮乏的年代，村民看病难的问题迫在眉睫。老年人一旦患病，只能步履蹒跚走向太平庄公社医院。为了解决村民看病难的问题，刚刚走马上任的王舜雷厉风行，3月初立刻恢复合作医疗社。为了减轻村民看病费用，实施医药减免政策，对中药价格减免30%，西药减免15%，村民欢欣鼓舞，交口称赞。

粮食是生活命脉，是看不见的硝烟。土地粮食平均亩产仅有280斤，远远不能满足村民需求，大队班子提出增产粮食，制定具体措施。一是，改革传统种植，实行间、混套种；二是，保墒，实行拖、耙、轧、浇；三是，狠抓粪肥，庄稼一枝花，全靠粪当家；四是，种子革命。

为了狠抓粪肥生产，王舜记忆里留下一个值得回味的夜晚。

5月7日晚，隆化县城一个大会议室，王舜有幸见到全国著名劳动模范——孙喜。

具有传奇色彩的孙喜，丰宁县南辛营村人，参加过八路军，南征北战中身上留下多处弹痕。炮火硝烟散尽，孙喜义无反顾地回到家乡，无怨无悔成为一名育肥管理员。业精于勤，苦苦钻研，孙喜研究出一套粪肥发酵方法。奇迹产生了，孙喜的妙手能让亩产不足百斤的土地，一夜翻身。

"大粪加梯田，一年顶两年"成为孙喜提高粮食产量的灵丹妙药。往日的1958年10月，29岁的孙喜来到北京，参加全国劳动模范群英会，成为一名全国劳模。令孙喜做梦都想不到，他竟然走进中南海，受到毛主席、刘少奇、周恩来、朱德等党和国家领导人接见。毛主席握住他那双化腐朽为神奇的手，嘘寒问暖，他热泪盈眶，激动万分。

会场静悄悄，王舜凝神静听，台上的孙喜发表演讲，父亲被国民党残害，母亲二十几岁守寡。1949年当兵，在战场上冲锋在前。1954年开始挑粪，找村里木匠特制一个木桶。妻子反对，身上臭烘烘，媳妇不愿缝补衣服。

孙喜不但遭白眼，甚至有时回家没有饭吃，但自己硬生生咬牙坚持，痴心不改……人靠饭保，庄稼靠肥保，大粪如果不发酵，庄稼就不能吸收，大粪发酵有十大好处……先后见过伟大领袖毛主席。1969 年参加了"九大"。

孙喜讲到毛主席握住自己手，嘘寒问暖的一刻，依旧激动不已，心潮澎湃，令台下听报告的王舜羡慕不已。

那个夜晚，王舜躺在床上久久难以入睡，他想，不管哪一行，只要潜心钻研就会结出硕果，要以孙喜为榜样，努力建设自己家乡。

第二天，回到村里的王舜组织召开村民大会，介绍全国劳模孙喜育肥经验，号召大家行动起来，向土地要粮食，解决温饱问题。

1964 年时，全国掀起农业学大寨，"大寨精神"的本质是艰苦奋斗，不向困难低头。虽然说滦河穿村而过，但两间房村是七山二水一分田，由此可见，土地是稀缺资源。如今，为了向土地要粮食，学习大寨改天换地精神，大队班子决定以大寨为榜样，带领村民鼓足干劲，力争建设大寨田，开展一场轰轰烈烈的农田基本建设。王舜在小本子里形象描绘出大寨田的容貌：平如镜，直如线，碎如面，暄如绵。

秋末冬初，农田基本建设以朝气蓬勃的民兵队伍为先锋。大家齐心协力，甩开膀子，大干苦干加油干。身为副民兵连长的王舜一马当先，冲锋在前，率领民兵奋战在热火朝天的工地上。这里红旗招展，锣鼓喧天，劳动号子响彻四方。为了加快造田速度，民兵们昼夜奋战，不惧天寒地冻，有的挥舞镐头，有的推小推车，热火朝天的劳动场面，点燃了王舜心中的诗歌火种。

他不但自己写诗，也鼓动有文化的民兵写诗，讴歌民兵斗志昂扬，改变家乡面貌的精神，颂扬一个时代的精神风貌。工地设立指挥部，指挥部由墨绿的松树枝搭建，高高的木杆上悬挂一个大喇叭，他饱含深情朗诵一首首诗，诗句从扬声器飞出，迎着寒风，飞旋在工地上，激发民兵干劲。

王舜从一首首诗里精挑细选，寄给隆化县的《隆化文艺》内部铅印刊物,竟然有几首诗被选中,其中有他两首诗。1975 年 1 月的一天,他手捧着《隆化文艺》,心情激动,自己的诗句终于变成铅字,梦想成真。《隆化文艺》选登他的两首诗分别为《民兵同志意志坚》《铁鞋踏平塞北山》,铿锵的诗句写道:

民兵同志意志坚,胸怀壮志舞钢钎。

为把高山变平原,汗水漂船过江南。

大寨红旗飘云端,战歌豪迈震山川。

手舞钢钎闪银光,脚踏铁锹地冒烟。

扁担如流鹰展翅,推车好比箭离弦。

公社社员志如钢,铁脚踏平塞北山。

两首诗发表,对王舜而言具有里程碑的意义,为文学天地里的一个丑小鸭增添了希望。

希望,在田野上,在滦河畔。风里来、雨里去的王舜历经淬炼,成长为一名意志坚定、勇猛果敢的年轻村干部。

为了快速发展,两间房村贷款买一辆 12 马力东方红牌拖拉机。

村民闻听喜讯,拍手称快,翘首以待,让马达轰鸣声唤醒河岸古老的千年沉睡。然而,一个个村民都是肩扛镐头、手握锄头的庄稼汉,没有人能把拖拉机从县城驾驶回来。朝气蓬勃的王舜挺身而出,他来到太平庄公社拖拉机站,悉心请教潘师傅驾驶技术。潘师傅带他到拖拉机旁,亲自做示范,给他讲解如何驾驶拖拉机,如何切换档位,如何踩离合。

当王舜驾驶崭新的东方红牌拖拉机行至滦河岸,马达轰鸣声在两岸久久回旋。许多村民围拢过来,喜笑颜开,用手抚摸拖拉机,爱不释手。

　　没有拖车,拖拉机头像一件艺术品。没多久,王舜不得不去县城购买拖车。

　　临行前,太平庄公社农机修造站站长张本荣得知王舜去县城购买拖车,便拜托运回一吨铁,并承诺支付 20 元运费。他欣然允诺,拖拉机能给村里带来收入,何乐而不为。

　　拖车里装上一吨铁,王舜兴致勃勃驾驶拖拉机驶出县城,一路颠簸行驶至马栅子梁。马达轰鸣,尘土飞扬,他手握方向盘,拖拉机像一头牛在山梁上环行。拖拉机轰鸣声中,他想起那次从县城地走回家的情景,夜幕四合,荒山野岭之中,走得筋疲力尽。如今,手中握着方向盘,再也不会吃苦头了。畅想中,气喘吁吁的拖拉机爬至梁顶,山路弯弯,路旁树立着牌子,上面醒目标注,禁止空挡滑行。他竟然熟视无睹,心中陡然产生好奇之心,空挡滑行会怎样呢?

　　正所谓,无知者无畏。

　　王舜毫无畏惧,脚踩离合,把挡放置在空位上,却不料,下坡的拖拉机在一吨铁的重力作用下像一条摇头摆尾的蛇,在陡坡弯路上快速滑行,翻车险情随时发生。他毛骨悚然,急中生智,不间断踩刹车,机器里的齿轮发出咔、咔、咔的惨叫声。摇摇晃晃的拖拉机连续闯过三道弯路,车速终于降下来,他终于挂上挡,拖拉机不再摆尾,从而避免车毁人亡的惨烈后果。

　　停车后,王舜从车上跳下,双腿颤抖,心里怦怦乱跳,身上惊出冷汗。拖拉机安全抵达公社修造站,卸掉一吨铁,安然无恙回到村里,他觉得自己捡条命。从此,他吃一堑长一智,驾驶拖拉机再也不贸然行事。

　　王舜驾驶村里仅有的一台拖拉机穿行在滦河两岸。春天,车上满载粪肥向山坡爬去;秋天,满载稻谷,或满载玉米,穿行在滦河两岸。马达轰鸣,在唱一首欢快的歌曲。

　　滦河两岸稻谷飘香,分明是一首古老的欢快曲,但这首曲子里有着饥饿的旋律。自古以来,饥饿是魔鬼,任何人都无法抵御饥饿,饥饿能改变人的本能,让人产生魔性。1974 年 12 月 24 日晚,王舜在他随身携带的笔记本上写下:王某检查偷稻子的事。发言批判。坚决打击贪污盗窃、投机倒把破坏活动!坚决把批林批孔运动进行到底!加强无产阶级专政!狠批资本主义倾向!

村部批斗会上,三位发言人怒目而视,言辞激烈,而偷盗者无颜面对江东父老,垂头默立,恨不得脚下产生裂缝,一头扎进去。

饥饿,会促使人铤而走险,有村民趁月黑风高,盗取生产队玉米、大豆,一旦被捉便被游街示众。为了警示大家,在众目睽睽之下,敲锣打鼓让偷盗者怀抱玉米、豆秧,将其游街示众。试想,一个人若没了尊严,难以在人间行走。偷盗者颜面扫地,无法在村民面前抬头,纵然跳入湍急的滦河也难以洗清污点。

由此看来,粮食的内容太丰富了,粮食不仅仅是人赖以生存的物资。

几十年后,王舜走上人大工作岗位,用法律来衡量曾经偷盗者游街示众的一幕,觉得那是践踏人权,心中无法弥补的愧疚感油然而生。

若让两间房村面貌焕然一新,两手都得硬,一手狠抓粮食生产,提高粮食亩产;一手抓移风易俗,提高村民素质。物质和精神相比较,一个是形而下,一个是形而上。有时,人的精神打造远远超过物质需求,物质殷实,精神未必饱满。

因历史的缘故,两间房大队有的村民还大字不识,这势必难以改造其精神世界。因此,两间房大队领导研究决定,成立夜校,开展扫盲活动。

因此,掌握了知识本领的王舜,肩负起扫盲夜校的校长职务。

1974 年 4 月 7 日晚,春风从河面上徐徐吹入大队部,青春洋溢的王舜肩负重任,在扫盲动员会上娓娓道来,伟大领袖毛主席指出,劳动人民要知识化,扫盲意义在于建设社会主义的需要,是实现机械化、电气化的需要,实行科学种田的需要。我们要充分理解扫盲运动的重大意义。动员大会结束，一轮明月挂在光顶山上，夜风徐徐。

王舜走在路上，心里燃起一团火，耳畔传来河水涓涓流淌的声音。他深知，若改变两间房村的精神面貌，让两间房村彻底发生变化，必由之路，是让不识字的人识字。

扫盲班，分为两个不同班级。一个是大字不识的班，一个是半文盲班，每星期二、四、六上课。

夜晚，王舜站在特殊的三尺讲台上，给村民讲课，教他们识字，让那些从未进入过校园的村民掌握知识。有村民私下里悄悄议论，想当初满街捡破烂的狗剩，却装了一肚子墨水，不简单啊！

铲除文盲是王舜的豪情壮志，而他那些壮志未酬都一一记在本子上。

1974年3月1日，他这样写道："扎根燕山干革命，掏出红心为人民。千难万险何所惧，风吹浪打志不移。"1975年8月，他抒发情怀："困难疾病是弹簧，你如弱来它就强。破釜沉舟干一场，定叫两房换新装。"1976年2月22日，他笔底起波澜："燕山深处一棵松，日夜宵高望北京。喜迎严冬风雪骤，笑闻盛夏雷电鸣。"

高中毕业，王舜写出诗句："看你接触什么瓜？"果然，他回村践行了自己的诺言，脚踏实地，斗志昂扬，在广阔的天地里锤炼自己，结出了丰硕果实。

1975年2月，王舜光荣加入中国共产党，成为一名年轻党员。

曾经，王舜以"王三水"为笔名创作。滦河之水养育了他，他深深懂得"上善若水"之道；水，有博大胸怀，总是向低处流淌；水，有坚强的意志，能滴水穿石；水，有德，能孕育万物。

行走于滦河两岸的王舜历经锤炼，逐渐成长为一名年轻有为的村干部，他因工作中表现优异，被选拔到太平庄公社工作。王舜，是一棵松，迎风傲雪，坚忍不拔；王舜，是滦河一滴水，奋勇向前，滋润村民心田。

作为一名年轻的中国共产党党员,王舜严格要求自己,干干净净做人。临行前,大队部召开全体社员大会,会上,王舜把自己掌管的村里账目公之于众。账目清清楚楚,分毫不差,没有任何瑕疵,村民们连连称赞。曾担任村民兵连长的张毅峰夸赞道,王舜,你不愧是个好村干部,两袖清风,坦坦荡荡。说真的,村里干部少有像你这样干的。别人或多或少夹带着私利,你真了不起。

"沧浪之水清兮,可以濯吾缨。沧浪之水浊兮,可以濯吾足。"缨,是帽子的装饰品,是权利,历史上把权力形容为乌纱帽。"官帽",是人民赋予的权利,人民赋予的权利是神圣的,把权利顶在头上,是一种敬畏。

晶莹剔透的滦河水洗涤了王舜,洗涤的是他一颗纯净之心。

启航

滦河两岸的春天,是冰水一点点融化开的。

远远眺望,河两岸的垂柳已然泛起绿意,河水波光粼粼,清澈见底,鱼儿在不停游动。王舜穿过滦河,精神抖擞,满怀雄心壮志走向去往太平庄公社的路上。这条仅有 2 华里的土路,物理距离虽短,对王舜而言却是一段漫长的人生路,是一条改变人生之路。试想,如果他当年被苦难的生活所征服,自暴自弃,放弃追求,无疑,走向校园的路一定戛然而止,绝不会有今天沿着同一条路,走向政府大院,而且这不同寻常的行走,竟然走了长达五年。这条路,他从读中学到辞别公社岗位,行走了九年。九年,是青春燃烧的岁月,为他以后的人生奠定了坚实的基础。

1975 年春,20 岁的王舜风华正茂,他要乘风破浪,扬帆起航。

王舜凭借自己的奋斗走出村的一刻,有村民悄悄议论,想不到啊,这个苦命孩子真有出息,难道说他家坟地长白蒿了?另一个村民反驳道,谁家坟

1975.3 摄

20 岁的王舜在英雄董存瑞雕像前留影，身着哥
哥从部队带回来的军衣。

地也长不出白蒿，王舜在村里工作所取得的显著成绩，人所共知，被公社选中，理所应当，没啥奇怪的。

太平庄公社工作人员 10 余人，在编的干部有公社书记、副书记、武装部长、秘书，其余便是支撑起公社机构的农业站、水利站、林业站的人员。

雄心勃勃的王舜被委以重任，担任农业技术推广站站长，既是官，又是兵，一个人独当一面。农业站，意义非凡，民以食为天，粮食是农民头上的天，一旦没有粮食，天就会塌陷，而农业技术推广，直接关系到粮食生产。

王舜肩负重任，是机遇，更是挑战，他能否撑起滦河岸的这片天呢？

虽不能说王舜有备而来，但他毕竟在村里历经了一年多的锤炼，有了一定的工作经验，对土地，对庄稼，了然于心。更遑论，从逆境中走出的他练就了坚强的意志品质，有着愈挫愈勇，不服输的可贵精神。

太平庄公社 11 个村分布在滦河两岸，最远的村距离公社 15 华里。王舜走村串户的交通工具只是两条腿，两条腿从小就在崇山峻岭中历练过，走起路来健步如飞。

老天分明在考验王舜。来公社工作第一个春天，春旱，地里播下的种子嗷嗷待哺。面对旱情，公社袁书记亲自走乡串户后主持会议，连篇累牍讲话，把抗旱保播种工作推向高潮。

5 月 12 日中午，公社召开全体生产大队党支部书记、革委会主任会议，公社一位领导说，春旱导致地里秧苗不全，一定要保全苗，八成不行，九成也不行，必须保全苗，对缺苗地快速实施补苗。如果老天下一场透雨，马上补苗，不下雨，必须挑水补栽。眼下，要立刻进行检查，根据墒情制定措施，不能麻痹大意，力争全年粮食高产。

严重春旱，不仅干旱土地，更干旱于王舜的心。

为了抗旱保苗，王舜扑下身子，在蹲点村和村民同吃、同住、同劳动。他来到雹神庙村，站在一块地上，放眼望去，庄稼苗参差不齐，出苗率只有

60%。地头,他蹲下用手扒开土,没发芽的种子已经变霉,他不禁拧紧眉头,心中焦苦不堪。而其他村又如何呢?他头顶烈日,急匆匆走在乡间土路上,先后来到阎王鼻子、驴耳洼、大脑瓜、七盘地、梨树沟、后梁、西沟等村子的地块,发现出苗率最差的仅有 4%、10%,最好的出苗率不过 50%。

如此旱情,王舜感觉心头压块重头,压得他几乎喘不过气来。

那天,他把脚步迈向自己的村庄,刚一进村迎面遇见两位老人。如今他们眼里曾经的"小狗剩"已然是"公社干部"了,二人立刻赔上笑脸说,你去公社当官了,以后可别忘了我们啊!王舜摇头,谦逊地说,我不是啥官,依旧与土地、庄稼摸爬滚打在一起。两位老人凝视他远去的背影,半信半疑。

其实,王舜身份是半脱产干部,劳动报酬采取工分加补贴的方式,每天13 分,另加每月 15 元津贴,收入也算可观。虽然未能端起铁饭碗,可在村民眼中却是地地道道的公社干部,村民见他的目光与从前相去千里,俨然增添几分恭敬。

王舜把脚步迈向西梁,又把脚步落在河岸边的稻田里。太阳毒辣辣,土地热烘烘,稀疏的庄稼苗弱不禁风,无精打采。

一个村又一个村,王舜走得汗流浃背,心急如焚。有时,月上柳梢才离开村庄,一个人沿着滦河岸行走,即便初夏的风迎面而来,也吹不走一身疲惫,回到公社夜色沉沉,顾不上洗漱,一头扎到床上,睡得昏天黑地。梦中,他穿梭在村子里,嘴里不停地喊,抗旱、抗旱,发动老乡挑水补苗,肩上一根挑水扁担颤悠悠,挑着沉重的抗旱梦……

王舜晒黑了,瘦了,老天爷终于睁眼,一场甘霖从天而降,滋润了干裂的土地,救活了奄奄一息的秧苗,眨眼间,庄稼苗焕发生机,满眼绿色。

公社袁书记在抗旱工作总结大会上坦言,抗旱取得了成绩,好人好事层出不穷,公社许多同志付出了艰辛努力,有人磨破了双肩,有人双手磨出了茧子,但不叫苦,不喊累,我们取得了抗旱保苗的阶段性胜利。但我们不能骄傲，要戒骄戒躁，要深入实际，联系群众，依靠群众，发动群众，力争夺取今年粮食实现高产。

王舜专心听，把袁书记讲话内容记在小本上。

有时，公社召集全公社各村干部开大会，没有会议室，大家站在公社院里，洗耳恭听。公社党委书记潘广义是一位工作作风干练的领导，讲话就像村里的老汉，单刀直入，幽默风趣，形象生动。一次会议上他说，这个农村养猪要养双脊梁骨，双脊梁骨长肉多；养牛要养抓地虎，抓地虎有劲；种地要种黑沙土，黑沙土爱长；说媳妇要说大屁股女人，爱生小子。总之，抗旱保墒，保庄稼苗，要紧紧抓住要害，不能东一榔头，西一扫帚，要集中力量，发动群众，上下一心。

王舜觉得，潘书记的讲话听上去略显粗俗，但没有套话、空话、大话。这是一种讲话艺术，老百姓听起来不绕弯子，实在。他从潘广义书记身上学到雷厉风行的工作作风，学到朴实无华、平易近人的风格。

朝气蓬勃，青春燃烧的王舜像一块海绵，时时吸取营养水分，学习各种不同工作方法。他深知自己这份工作来之不易，也算是位居庙堂之上，所以工作上勤勤恳恳，兢兢业业，废寝忘食。

主管农业技术，既要有实际经验，也要有理论知识。为了向土地要粮，力争稳产高产，就应科学种田。他捧起书本，深入钻研，心领神会后走进田间地头，推广间作套种方法，比如，播种时实行两行玉米，四行豆子。为了给村民讲课通俗易懂，他找来旧报纸，在旧报纸上绘制出玉米和大豆间作的形式，使人一目了然。

王舜敬业精神得到了回报，隆化县农业局给全县农业技术员评职称，仅有五人获此殊荣，他位列其中。

转眼间，落叶飘零，滦河水面上结了一层薄薄的冰。

太平庄公社大院里，王舜是个全才，他的工作不仅仅局限于农业站。

　　农田基本建设大会战如火如荼开展起来，太平庄公社 11 个生产大队的民兵集中到小黄旗大队修建梯田。为了准确测量土方，布置施工任务，王舜自告奋勇，找来水利站的水平仪，对地块进行抄平，确定梯田埂的位置及高度，再用数学公式准确计算出土方数量，从而实现了公平、公正。为此，公社潘书记兴奋不已，满面笑容问，你从哪里学到的知识？王舜微笑着说，小学数学课本上就有。潘书记夸赞道，你是咱们公社秀才，不但会写文章，还能把所学知识用在实践当中，了不起。

　　春天来了，滦河的冰渐渐融化，河两岸柳树远远看去泛起绿意，嫩嫩的小草从地里钻出来，投入春天怀抱。

　　春风徐徐，王舜沿着滦河岸行走，他苦苦思考，如何科学种田，摆脱传统工作方式，提高粮食产量，而最终，让百姓不再为吃发愁。

　　于是，他深入到各个村布置春耕备耕，从公社最北端的北甸子村走回公社，未掸去身上尘土，就坐在简陋的办公室，用蜡纸一个字一个字刻下：

　　　　太平庄公社关于一九七六年农作物种植形式意见。意见具体内容为，一九七六年我社种植革命的重点是：改革作物布局，大上"两杂"和"两细"；改革种植形式，大力推广间作带种和间作撒种。大搞种植改革，因地制宜推广间作带种和间作撒种是充分利用现有生产条件，发挥土、肥、水增产措施，实现大幅度增产的重要途径，是带有方向性的增产措施。具体措施为：1.玉米与小麦间作；2.玉米与大豆间作；3.玉米与土豆间作；4.谷子与玉米间作。

王舜在太平庄公社农科站工作时起草刻印的文件。(97 页图)

太平店公社农科站
关于七七年农作物种植形式意见

　　伟大的领袖和导师毛主席说："科学技术这一仗一定要打，而且必须打好。不搞好科学技术，生产力无法提高。"在用好肥料情况下，确定合理的种植形式就能获得较高的产量。近年来，我社在种植上基本上晴实了合一种植，大力推广了间复套种，这使地的效用也有了较大发展，但还没有实现规格化。根据外地先进经验，总结和我社几年来的实践，提出今年的粮秋农作物种植形式意见，供各队参考。

　　一、平地间作套种。

　　(一)玉米与小麦间作(或套笼)：

　　1. 五尺一带：

　　这种形式是当地是目前推广的主要种植形式，比较好于播种。不来多费，其产劳不低于平作，白吃活。

　　种植规格右：

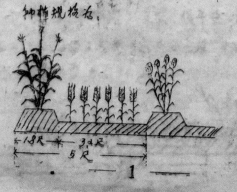

1

同时,他画出表格,标明各项间作数据,比例数,作物棵数,每亩棵数。

最后,他手酸痛,胳膊麻了,凝视蜡纸上的字,会心地笑了。随后,他小心翼翼在油印机上操作,印出几十份,分发到全公社 11 个村。

改变传统的耕作方式,无疑是一场革命,他奔跑在滦河两岸的各个村落,人晒黑了,瘦了,双腿跑细了。

王舜因工作成绩显著,被隆化县评为优秀工作者。

双喜临门。1976 年夏,王舜迈入婚姻殿堂。家,于他而言来之不易。新婚燕尔第七天,王舜接到县里通知,让他去参加承德地区第三期农训班,培训地点在地区农科所。自然,这是一次难得的学习机会,承德地区选拔的学员是在重点公社,对重点人员进行选拔,总计选出 35 人,进行三个月培训,系统学习农业知识。

王舜手拿通知书,有些犹豫,也有些许纠结。毕竟,新婚蜜月,耳鬓厮磨,情意绵绵。

7 月 17 日,王舜肩挎一个包,穿过滦河,乘车来到承德市,又乘船渡过滦河,抵达农科所所在地冯营子。学习班 35 人,来自全区四面八方,学员身上带着浓浓的泥土气息,无不是铁骨铮铮的硬汉子。农科所张树本老师慧眼识才,把班长的担子压在王舜肩上。

学习期间,半天学习,半天劳动。学习科目为:水稻种植,植保,营养诊断,玉米育种,高粱、谷子、小麦、大豆等栽培,田间试验,以及果树种植,土肥利用。学员们都是从田间地头走来,对所学的科目并不陌生,重要的是把传统的农业耕种上升到理论,丰富科学种田知识,提高土地粮食产量。

王舜深知,滦河岸的庄稼汉们耕种了一辈子土地,土地没让他们衣食无忧,传统的耕种方式解决不了温饱,一定要懂得科学种田,只有提高粮食产量,才能化解农村和农民的困境。因此,他认真学习,把一个个笔记本记得密密麻麻,唯恐漏下一个知识点,便于回到滦河岸的土地上把理论知识付诸实施，不辜负难得的学习机会。

正当王舜聚精会神学习时，一场自然灾害突然降临。

1976 年 7 月 28 日凌晨，同学们都沉浸在梦境中。突然，大地颤动，房屋摇晃，惊醒梦中的王舜。他纵身下床，夺门而出，好在同学们都安然无恙。随之而来的是滂沱大雨，余震不断，人们恐慌不已。为了避险，他组织同学们支起帐篷，睡在帐篷里，学习在帐篷里。

人们渐渐从地震阴影中走出，心渐渐安定下来，生活、学习回归到正轨。

星期日休息，王舜一心向往避暑山庄。他来到滦河岸，熟悉的滦河从家乡蜿蜒而来，波浪翻滚，河面变得宽阔，河水不那么清澈，过往行人只能乘船渡河。他坐在船上，船工奋力摇橹，发出吱吱扭扭响声。弃船登岸，没有交通工具，只能徒步走向避暑山庄。一个多小时后，避暑山庄丽正门迎面而来，他摸摸兜，囊中羞涩，徘徊中，发现山庄一段坍塌的墙有人出入，他也随之而入。

大清王朝的夏宫，湖光潋滟，亭台楼阁，曲径游廊，古色古香，湖岸边清风送爽，莲花摇曳，美不胜收。他徜徉在湖光山色中，尽情享受旖旎风光，决然想不到以后的岁月自己竟然研究上了山庄的历史。

转眼已是秋天，三个月学习临近尾声。然而，却突发惊天动地的事，一时间，人们惊恐万状，空气仿佛都凝固了。

1976 年 9 月 9 日，毛泽东逝世，天地同悲，江河鸣咽，举国哀悼。王舜乘船渡过滦河，河水似乎低回流转。他迈着沉重步伐走到承德市南营子体育场，广场上哀乐低沉，一簇簇白花寄托着无尽哀思。追悼会上，哭声一片，人们心情沉痛，哭声中，不时有人晕过去，立刻被送走。

秋夜星空下，王舜深深思考，历史上能有几人被人民如此祭奠、缅怀？

10 月 16 日，三个月培训学习结业。三个月，王舜没有回一次家。结业典礼上，师生起立高歌一曲："东方红，太阳升，中国出了个毛泽东，他为人民谋幸福,呼儿咳呀,他是人民大救星……"

离开农科所前,师生们几分眷恋,几分不舍。孙喜忠在王舜小本扉页上写下:"为革命搞科研,万水千山只等闲。战斗三个月,革命友谊永远记心间。近日分别返回第一线,为农业大上做出新贡献。"

学习结束,王舜回到滦河畔,对三个月学习进行了归纳总结。思想上,更进一步爱上了农村,爱上了农业,增强了信心,坚定了决心,搞试验有了明确目标。三个月学习,最大的收获是让自己迈入了农业科技大门,掌握了几种农作物基本特征、育种方法,以及栽培技术,懂得了从未认知的试验方法。为此,他专门做了学习汇报,并对明年农业工作提出两点建议。一是,公社建设新农场,进行农业试验,各大队也建立农场,搞试验,实验项目为稻麦连作和小麦增产;二是,杂交制种,集中管理。

事实上,王舜在承德地区农科所学习三个月,不但学到了科学种田知识,而且开阔了思路,回到工作岗位上,他在科学种田方面迈上一层楼。

确切地说,太平庄公社农业站为王舜提供了一个舞台,学习归来,充满活力的他,努力施展才华。他纵览全局,根据国家对农业发展的政策,联系本地实际情况,制定一系列措施,而非头痛医头脚痛医脚。

于是,王舜走向太平庄公社下辖的 11 个村庄,走向田间地头,坐在农家院落里,传播学到的农业知识。晴天,他头戴一顶草帽,穿行于齐腰深的玉米地里,或赤脚蹲在试验稻田里。雨天,脚蹬水鞋,行走在村庄泥泞的路上,进行实地调研,以村为单位建立科技组织。扑下身子,驻扎在七道沟大队,提出农场和专业队结合,工作人员主要由专业队人员负责,技术人员由大队科技中心组人员负责。

滦河岸边的王舜,青春燃烧,斗志昂扬,怀揣理想,在工作岗位上开展轰轰烈烈的种植革命。从田间地头归来,撰写出一份份"种植革命"的翔实材料,材料内容既充满现实,也充满理想,字里行间燃烧着青春的火焰。

纵览全局,王舜心中风云跌宕。

1977 年初春一个夜晚,风从滦河上吹来,办公室灯光下的他提笔写下:

　　七七年是粉碎"四人帮"后的第一年,是第二次"全国农业学大寨会议"后的第二年,是实现以华主席为首的党中央提出的"抓刚治国"伟大战略措施的第一年。因此,77 年是团结的一年,战斗的一年,大跃进的一年。我社七七年农业生产目标是保证亩产粮食 450 斤, 争取过黄河……今年我社农作物布局是:玉米 4500 亩,其中杂交 4000 亩,比去年增加 1100 亩;高粱 4000 亩,全部杂交化,比去年增加 500 亩;小麦 1500 亩,比去年增加270 亩。

种植革命的各项具体措施,王舜利用几个夜晚写了几十页稿纸。

1978 年春,灯光下的王舜手捧书本,边看边记农作物基本知识。在洁白的纸页上写下:植物的构造,地球上所有的植物、动物、人体及其他微生物,都是由细胞构成的。细胞是生命最小单位。所以,植物体的基本单位和功能单位就是细胞……

放下书本,已是午夜,他躺在床上,枕着滦河涛声进入梦境。梦中,他欣喜地听到夏日玉米生长的声音,看到秋日金黄的稻浪,笑容绽放在梦中,绽放在黝黑的面孔上。

为了提高粮食产量,制出优良杂交种子,是王舜又一个梦想。他在几十页稿纸第一页写道:

　　毛主席说:"有了优良品种,既不增加劳动力、肥料、也可获得较多的收成。"种子是农业"八字宪法"中的一个重要组成部分,是提高农作物产量的内因。搞好种子革命对于提高作物产量意义很大。特别是"两杂"种子,如果品种选得适当,就能够获得较大幅度的增产……

孩童时代,王舜和小伙伴们也曾种过玉米,秋收时抱着玉米,笑语盈天,向家里飞奔,回到茅屋下,把收获展示给种了一辈子地的爷爷。那时开荒种地,是一时兴起,还不懂得玉米拔节、吐穗、开花。

有了科学技术,他懂得了玉米杂交制种,在稿纸上精心画下玉米杂交种产生示意图,一棵棵苗壮生长的玉米画得活灵活现。为了杂交玉米制种,伏天里,他头顶草帽,蹲在两间房村西梁玉米地里,仔细观察玉米授粉情况。

毒辣辣的太阳挂在空中,田里的王舜额头上挂满了汗珠,面孔赤红,几滴汗珠从眼前滚落,视线模糊了。

玉米地、高粱地、稻田,王舜置身其中,迎着夏日的风雨,听着农作物生长的一首首歌曲。

如果说,制种是一首曼妙无比的交响曲,那么,1977 年 8 月 22 日,滦河边马栅子沟则奏响了一曲改造山河的壮歌。王舜身先士卒,挥汗如雨,他瘦弱的身躯穿梭于热火朝天的农田基本建设战场上,他手中的笔描绘一幅波澜壮阔的劳动场面:

> 太平庄公社东大门马栅子沟,锣鼓喧天,鞭炮齐鸣,红旗猎猎,歌声阵阵,口号声,锣鼓声,响成一片……绵延四华里长的河岸摆开农田基本建设战场,千余人奋战,大车飞奔,小车如飞,锹镐舞动,炮声隆隆。仅仅四天,炸石头五百多立方米,挖土七千多方,日进度比原计划提高百分之三十一……一沟三片摆战场,挥汗如雨向前方。决战冬春六个月,三千亩地建成方。沟沟岔岔路相通,条条渠道连成网。三十眼机井春前成,万米坝上树成行……

多年后,王舜一次回故乡,站在公路边眺望那片人工改造出的土地,一幅幅生动画面浮现在眼前,滦河岸边的土地上凝聚着热情、纯真、奉献、信仰。他无限眷恋曾经的过往,那个时代拼搏奉献精神,马栅子村不会忘记,土地不会忘记,奔流不息的滦河更不会忘记。

1978 年年初,太平庄公社做出具体工作安排,公社书记潘广义和王舜到北店子大队蹲点。北店子大队,坐落在滦河岸边,是太平庄公社最北端的村落。

所谓蹲点,便是驻村,而非蜻蜓点水,走过场,花拳绣腿,要扑下身子,挽起裤脚,走向田间地头,提高土地粮食产量,改变乡村面貌。

一年的三分之一时间,王舜的脚步停留在北甸子村。他与大队干部、小队干部打成一片,深入了解农作物种植情况,敞开心扉,推心置腹,一遍又一遍谈论科学种田。

王舜走村串户,轻轻推开百家门,坐在炕头吃百家饭,融入村民中,架起一座情感桥梁。

北甸子大队有五个生产队,1495 亩耕地,王舜的足迹几乎踏遍了这个村的山山水水。从春播开始,他走向生产一线,弯下腰,鞋里灌满土,蹲在田间地头,率先垂范,推广"四化、三多、二推广"的科学种田的方法,播下优质种子,嫩嫩幼苗破土而出,科学制定绿幼苗间距、行距,合理施肥,适时夏锄,直至秋收。

天长日久,北甸子大队村民感觉这位公社领导干部和蔼可亲,平易近人,没有官腔,没有架子,轮流吃派饭,村民渴望他早日来家,饭桌上和他一起唠家常,一起探讨庄稼长势。他披星戴月,风雨无阻,全身心扑在土地上,土地也给予回馈。

天道酬勤。1978 年,北甸子村农业生产喜获丰收,村民脸上喜洋洋,滦河沿村边欢快流淌。

年底,王舜工作总结中写下:

　　我们太平庄公社十一个大队,四十六个生产队,集体耕地 15308 亩,粮谷作物面积 14500 亩,水浇地 700 亩,坡地 3484 亩,无霜期 130 天左右,自然条件较好。77 年粮食总产 540 万斤,亩产 373 斤,今年总产 727.9 万斤,亩产 502 斤,比去年每亩增产 129 斤……北店子大队粮食生产比历史最高水平的 1975 年亩增 128 斤……该大队今年这样大幅度增产,除了天助人愿,领导得力两个因素外,其中不可缺少的一个因素是综合运用八字宪法,大力实行了科学种田……

无疑,王舜年终总结里的每一组数据,无不凝结着他的辛勤汗水。

中国共产党第十一届三中全会,揭开了历史新的一幕,宣告一个新的时代来临。

转眼,滦河的冰悄悄融化,又是一年芳草绿,滦河两岸的土地上有了忙碌的农人身影,忙碌中,人们洒下的汗水,等待秋天的收获。

1979 年 4 月,春风徐徐,王舜端坐在办公桌前,凝思良久,提笔写下 79 年百亩生产的实施方案:

　　1979 年是工作重点转折的第一年,是中华人民共和国成立三十周年大庆之年,在这新的一年里,新的形势下,我们如何以新的思想、新的作风、新的干劲来适应这一新的形势?我们社办站的主要任务是抓好农业技术推广工作,重点是每人抓好百亩丰产田,亩产保千斤……

然而,事与愿违,不承想,自然灾害接连不断,干旱、阴雨、低温、冰雹、虫害,不断蚕食着土地庄稼,蚕食着农民的心,更蚕食着王舜一颗焦急的心。

春雨贵如油,地里的幼苗破土而出,但空中难以见到一滴雨,骄阳似火,幼苗饥渴难耐,嗷嗷待哺。

烈日下,王舜肩负使命,奔波在滦河两岸,蹲在田地里,仿佛听到秧苗在向他哭泣,他愁容满面,心里犹如扎一把刀。抗旱保苗,他把各大队的领导召集在一起,进行一场战时动员。

仲夏时节,老天那张脸终于开恩,雨丝菲菲,如不断的线,农民笑了,王舜笑弯了腰。然而,阴雨连绵,气温低,恨不得把秧苗打入冷宫。熬过低温,农民面孔上淌着汗水,庄稼苗势如破竹,却不料,天空中几声闷雷滚过,冰雹突降,来势汹汹,残杀土地上的生命。

人与大自然是难以抗衡的,即便踌躇满志,摩拳擦掌,斗志昂扬,往往被迫缴械投降。

福不双至,祸不单行。时间的脚步走到 9 月,原本长势喜人的水稻,全公社有望收获 177 万斤,但稻瘟病忽如一夜寒风来,河岸的稻田里哀鸿一片。

迫不得已,火烧火燎的王舜立刻向县委、县革委疾书:

> 我们公社从 9 月 4 日起,组织全社 32 名大小队干部,由公社党委书记潘广义同志、公社革委会主任尤军同志带领,用 5 天时间对全社 11 个大队、46 个生产队进行了全面检查……稻穗干枯,稻根霉烂,千亩稻田白花花一片,问题特别严重……

奔走在滦河两岸的王舜,凝视几近绝收的稻田,如热锅上的蚂蚁,吃不香,睡不好,背如芒刺。

果不其然,年终总结,太平庄公社水稻减产率为 55.4%。

然而,灾年中,王舜也看到了希望,全公社竟然有 5 个生产队实现了粮食增产。他思来想去,豁然开朗,从中总结出经验,增产的原因是生产队有个好的班子,有个好的领头人,其次是实施科学种田,科学施肥,科学管理。

太平庄公社水稻,因清凌凌的滦河水而扬名。故此,水稻生产是一项重中之重的工作,一旦水稻遭受打击,或许,一年的生产满盘皆输。

天灾无法避免,王舜从 5 个生产队增产收获了经验。1980 年,他提前布局,把各村的水稻技术员召集到公社,调动大家积极性,大家各抒己见,群策群力。王舜坦言,今年全公社种植水稻 2600 亩,占粮食作物的 20%。水稻管理的好坏直接影响着公社粮食总产量。管理好水稻生长的关键是我们在座各位同志,所以,对于目前水稻田发生的问题,首先在自己身上找找原因。我们要做到"四勤",腿勤、手勤、眼勤、嘴勤,只要有了四勤,水稻丰收就有了保障。

有时,会议在稻田现场召开,测量水稻扬花时的温度,插秧密度,以及水稻生长过程中对不同水稻品种,实施不同的田间管理。掌握如何防止水稻的稻瘟病、白叶枯病的发生,以及稻飞虱、黏虫的侵害。

一分耕耘,一分收获,秋天太平庄公社滦河两岸,金风送爽,稻浪飘香,鱼儿欢畅,呈现一幅江南美景。

工作上兢兢业业、勤勤恳恳的王舜,心中装着太平庄公社的规划憧憬。他描绘出这样一幅蓝图:山,山上万亩青松绿,山岭深处树丛生,山地全部梯田化,山坡沟壑花果红;水,水浇万亩稳产田,水渠配套引上山,水库塘坝高处建,水土保持不下山;田,田成方、树成行,田野处处稻谷香,田地种植科学化,田旱有水涝能防;林,林业育苗年年绿,林果千亩建成园,林密封严荒山岭,林村自信有贡献;路,路渠林田配齐套,路进山沟交通好,路旁渠旁林荫道,路桥适应机械化。

滦河两岸的广阔天地里,王舜晓行夜宿,枕戈待旦,心中充满美好向往。他不仅仅是公社里的"秀才",而且是个全才,是个抓铁有痕,踏石留印的半脱产干部。

1976.3.7 摄

火红的年代,火红的青春。
21 岁的王舜(上)

1980 年 5 月 22 日,太平庄公社夏锄培训班在小黄旗大队召开,公社一位领导讲话,开展查苗补苗工作,对外流劳力进行登记,坚决制止开荒行为。这是王舜在太平庄公社的最后一次会议。19 日晚上,公社党委书记潘广义已经为王舜举行了欢送晚宴,会后他将告别农业,奔向教育。他非常珍惜这最后一次会议,精心起草并刻印了《太平庄公社关于一九八〇年夏锄技术管理意见》。《意见》除了阐述办班的意义,分析当年夏锄的特点外,重点讲了今年夏锄任务:科学留苗、科学追肥、科学管理、防治病虫。并绘制了 4 张图表,详细地列出玉米、高粱、水稻、谷子,不同的种植形式下留苗的密度和具体方法。会上,他对《意见》又进行了详细讲解。他深爱着躬身 5 年的农业。

时至今日,王舜完好保存着一个只有 14 页的小本。无疑,这是一个残缺的记事本,记事的时间从 1978 年元月至 1985 年。记事最详细的当属工作于太平庄公社期间的工作状况,记事细致到每天,每件事。每一件事都关乎土地、农业、农民。从记事中不难发现,他工作时间绝大部分用在乡下,用在田间地头。

一年又一年,行走在滦河两岸的王舜,工作事无巨细,精益求精,每一年都详细绘制一张太平庄公社农作物播种面积调查表,每一组翔实数字,无不浸润着心血和汗水。

王舜在太平庄公社工作的 5 年,是拼搏进取的 5 年,是青春洋溢的 5 年,是青春燃烧的岁月。事实上,这 5 年为他的人生奠定了坚实基础,他深层次了解农民与土地,知晓了粮食是看不见的硝烟。后来,他调往组织部工作,之所以能得心应手,驾轻就熟,和这段岁月有着千丝万缕联系。

1980 年 5 月 25 日,王舜告别了工作五年的太平庄公社,前往太平庄中学,登上三尺讲台。

抉择

1980 年春,王舜久久思考,开始规划人生。

王舜走上三尺讲台,绝非他在太平庄公社待不下去了,相反,他工作干得风生水起,在领导们眼中,他有睿智,是个不可多得的才子。

关键是,基于半脱产干部的身份,王舜若想端上铁饭碗希望十分渺茫。他不停思考,随着社会变革,是否会有一天半脱产干部不存在,一旦解甲归田怎么办?

恰在此时,国家出台政策,民办教师不论年龄、婚否,只要达到一定教龄,都有资格考取师范类院校。因此,王舜看到了希望。经过深思熟虑,他把自己的想法向关心和爱护自己的公社袁书记和盘托出。袁书记沉默一会说,小王,尽管我舍不得放你,但也不能耽误你个人的前途命运。

"你准备去哪所学校?"袁书记关切地问道。

王舜直言,没想好。袁书记稍加思考,你去中学吧,好好教学。王舜连声道谢,表示一定不辜负袁书记期望。

其实,王舜辞去公社半脱产干部工作,毅然决然选择教学并非万全之策,也面临挑战和风险。面临三种可能:一是,民办教师报考师范政策不变(报考条件是要求具备 5 年教龄),凭借自己的能力顺利考上师范;二是,考不上师范,还能站在三尺讲台上,当民办教师;三是,考不上师范,5 年后民办教师不复存在,势必没有退路,只能回村,继续脸朝黄土背朝天。他已经做好了最坏结果的准备:一生与土地为伴,与文学为伴。

人就是这样,当你面临绝境,没有退路时,一定会孤注一掷,竭尽全力。

1980 年 5 月 26 日,王舜登上太平庄中学三尺讲台,一上来便教初中二年级两个班语文课。因教学成绩突出,从暑假后的新学期开始,学校委以重任,不但任高三毕业班语文教师,而且挑起语文教学组组长的重担。同时还被隆化县文教局教研室特聘为中学语文学科兼职研究员。肩上的重担对他是重大考验,学校教师中有那么多工农兵大学生,他们曾踏入过大学校园,接受过高等教育。

太平庄中学学生上下课没有电铃,办公室门口竖起一根木桩,木桩上吊挂一米钢管。每逢上下课,值班老师手里握着一根铁棍,有节奏地敲击在钢管上,发出清脆嘹亮的声音。上课前,王舜紧紧攥住铁棍,扬起手臂赋有节奏敲击钢管,他仿佛敲击自己的人生之梦。

三尺讲台上,为了不误人子弟,他殚精竭虑,早来晚走,即使离家2华里路,却常常住在学校,备课、学习,直至半夜三更。

一天,天刚破晓,清风从滦河畔徐徐吹来,他独自徜徉在校园里,诗情再次点燃,高声朗诵毛泽东《卜算子·咏梅》诗词:"风雨送春归,飞雪迎春到。已是悬崖百丈冰,犹有花枝俏。俏也不争春,只把春来报。待到山花烂漫时,她在丛中笑。"

他不仅喜欢梅花傲骨,敢为百花先,更喜欢梅花迎风斗雪,不屈不挠的高贵品质。

他豪情满怀,反复吟咏,来到参天蔽日的古松下,回想一幕幕读书时往事,弹指一挥间,如今重返校园,已不再是青涩学子,已然化身为三尺讲台上一支燃烧的蜡烛。

一轮红日从东方升起,金色阳光透过松枝,落下斑驳的光线。他挺胸昂头,高声吟诵高中语文课本上李白的《梦游天姥吟留别》:"海客谈瀛洲,烟涛微茫信难求;越人语天姥,云霞明灭或可睹。天姥连天向天横,势拔五岳掩赤城……青冥浩荡不见底,日月照耀金银台。霓为衣兮风为马,云之君兮纷纷而下来……安能摧眉折腰事权贵,使我不得开心颜?"

他喜欢李白笔下的豪情万丈,这首诗是李白对光明、自由的无限向往,对现实的鞭笞,蔑视权贵,傲骨临风。

课堂上,给同学们讲李白这首诗,他合上课本,从容淡定,倒背如流,透过诗句,讲诗意的象征,以及诗的现实意义。他讲得激情澎湃、一往情深,同学们听得津津有味,如饥似渴。

有时,生活像是在和王舜开玩笑,投身讲台没多久,一个喜讯从天而降,令他摩拳擦掌,心驰神往。

国家为了破解发展农业经济人才匮乏的困局,根据实际情况,采取考试的方式选拔一部分人才走向农业领导岗位。农业经营管理员,招考对象包括半脱产干部。天赐良机,王舜没有放过,他在隆化县357名考试人员中一举摘得桂冠,而且遥遥领先,总分考得327分,超过第二名30分。按规定,隆化县从这357名考生中仅录取考试成绩位列前18名的考生,若论成绩,他必能录取。然而,事与愿违,他被拒之门外。说到未被录取原因,农业局领导认为,他已转岗,不属于半脱产干部,不符合规定。为此,太平庄公社领导还为他力争,他在公社工作五年,刚刚离开,理应被录取,但公社领导意见未被采纳。

或许,录取名额少,竞争激烈,他被人顶替了也未可知。为此,他遭受沉重一击。

无疑,这是一次改变人生命运的考试,一旦被录取,意味着端上了铁饭碗,身份立刻成为国家干部。后来,这批被录取的人中有人走上了重要领导岗位。

虽说王舜遭受当头一棒,但他没有沉沦,他从痛苦中挣脱出来,依旧站在讲台上,倾尽全力为莘莘学子灌输知识。更为之庆幸的是,文学梦悄然来临。

一天,学校里疯传一件事,因一次洪水过后,周家营村两个学生行至滦河吊桥上,吊桥被水裹挟,摇摇晃晃,突然,一位女生意外从摇摆的吊桥上落入翻滚的洪水里。旋涡中的女孩惊慌失措,在水中拼命挣扎。千钧一发,同伴方文路奋不顾身跳入洪水里，拼尽全身力气把女生救上岸，女孩获救。

王舜被此事感动，他一蹴而就写了一篇《小英男劈浪救少女》的文章，不假思索寄给承德群众报，编辑把题目改为《劈涛斩浪救少女》，刊发在报纸上。王舜收到报纸，看到自己发表的文章，兴奋不已，便把报纸带回村，有村民看后说，王舜将来肯定大有前途。

文学神圣的年代，对文学充满梦想的人如若在刊物上，或者报纸上发表一篇作品，是一件非同寻常的事。

种豆得豆，种瓜得瓜。教学中，他笔耕不辍，把教学中观察到的所思所想写下，投寄出去。等待中不时传来佳音，一篇写太平庄中学自制教具的稿件，另一篇书写学生有关"五讲四美三热爱"的稿件，分别被隆化县教育局内部刊物选用。

文学创作，作者首要条件要具备先天性。王舜之所以能成为作家、诗人、摄影家，是上天赐予他文学细胞，而滦河又给予他灵性。

高三毕业班结业，王舜完成了使命。与学生惜别之际，王舜对学生的特殊情感凝聚成一首小诗——《送生有邀》：

> 世间常有别，请勿泪沾裳。
>
> 若有真情在，应师事一桩。
>
> 即去九天里，摘来银月光。
>
> 月光照天下，亦报吾衷肠。

40 年后的今天，当年的学生陈显才还能一字不差地吟诵。

随着乡下学校改革，太平庄中学高中被取缔。他不负重托，担任初中毕业班语文教学。

王舜不墨守成规，他懂得"君子藏身于器，待时而动"的道理，只要有一技之长，才能把主动权掌握在手里。

溧河畔的校园里还未有 A、B、C、D 的英文字母写在黑板上，全县乡村中学始终未开英语课，只因没有英语教师。面对前人没有走过的路，王舜大胆创新，勇于前行，他获悉，中央人民广播电台在播讲英语，时不我待，他买来一台长虹牌半导体收音机，又买来陈琳主编的英语教材。学英语，谈何容易？为了学好英语，他破釜沉舟，两华里的家不回，一个人住在学校里过着单身生活。生活极为清苦，根本吃不上菜，铝制饭盒里放上米，加入少许盐，再滴入几滴植物油，把饭盒坐在办公室火炉上进行蒸煮。饭盒里水开了，火炉上发出嗞嗞啦啦响声，大米清香味随着饭盒冒出的热气在办公室飘动。

他抱着半导体收音机，聚精会神跟着读英文字母。有时，接收信号弱，无可奈何地把半导体收音机贴在耳边，里面播讲人的声音微弱得还不如蚊子叫声。听不清，急得他捶胸顿足，恨不得把半导体收音机扔出窗外。英语课每天早、中、晚连播三次，每一次授课，他唯恐错过，便早早把半导体收音机打开。

起初，最让他头痛的是英语 48 个国际音标。书本里，画有不同发音嘴型，配有文字说明。看着容易，但学起来却非易事，比如，学爆破音、摩擦音，他手捧书本，对着镜子，练习口型，直练习到面部肌肉发硬，嘴唇发酸，但是事倍功半，恨不得抽自己嘴巴。还有，讲解人发爆破音气流如丝，即便全神贯注，也难以听清。

不服输的王舜，反复研究发音，究竟是舌根音，还是舌尖音，抑或其他位置，气流又是如何通过？反复琢磨，反复练习，直至掌握准确发音。

王舜不光在办公室自学英语，他还把学英语的战场移至溧河岸边。夏日黎明，稻秧上缀满晶莹露珠，溧河水欢快流淌，河岸树林里啁啾的鸟鸣清脆悠扬。他站岸边，手捧书本，高声背诵英语，从短句到整篇课文。倏然间，卡住了，拍拍脑门，无济于事，只好打开课本，河面上清风徐徐吹来，吹乱了书页……

1981 摄

王舜辞去太平庄公社农科站站长职务,来到太平
庄中学任教,教授高中毕业班语文和政治两门课
程。王舜的《送生有邀》就是写给照片中的高中毕
业生。

久久为功，他一气呵成背诵整篇英语课文，熟练程度如同树林里婉转的鸟鸣，让古老的滦河倾听另一种语言的韵律。滦河涓涓流淌，他又诗情燃烧，他声情并茂朗诵了杜甫《茅屋为秋风所破歌》的诗句："八月秋高风怒号，卷我屋上三重茅……床头屋漏无干处，雨脚如麻未断绝……安得广厦千万间，大庇天下寒士俱欢颜！风雨不动安如山……"

王舜一边背诗，一边理解杜甫的家国情怀。

王舜用铁杵磨成针的精神，在河滩上背诗、背英语。功夫不负有心人，历经二年刻苦学习，只争朝夕的他终于掌握一门外语。于是，他在太平庄中学开设英语课，开隆化县乡村英语教育之先河。他自豪地站在讲台上，从英语 26 个字母教起，开启了滦河两岸学子们的另一个世界。

有一天，他端然坐在脚踏琴边，手指弹奏琴键，口里唱起英文字母歌，A、B、C、D、E、F、G……琴声悠扬，歌声嘹亮，响彻在校园里，飘荡在滦河畔。

敢为人先，成绩突出，王舜被中共隆化县委评为优秀共产党员。

为了实现自己考取平泉师范梦想，走好自己规划的人生路，教学期间，他不但自学英语，同时夯实数学知识，从小学三年级数学题，直至初中三年级课本的习题，轮番做一遍。同时，他还整理记忆中的民间故事，为将来文学创作奠定了基础。

为了追逐梦想，王舜废寝忘食，夜以继日地用功，以致身高 1.78 米的王舜，体重降到 40 公斤。

人生像是考验王舜的毅力与耐心。1982 年，他摩拳擦掌参加了少府总校预考，取得第一名成绩，只因教龄不够，未能参加全省统一考试。

人生就是这样，当上苍给你关上一扇门时，也一定会给你打开一扇窗。

原制定民办教师参加师范考试必须具备五年教龄，1983 年这一政策得以调整，只要具备三年教龄就有资格参加考试。政策调整，不啻春天向王舜

1983.7.15 摄

准考证上有王舜记下的考试成绩:100 分卷,语文 96.5 分、数学 89 分、政治 93 分,总分 278.5 分,全县名列第一,第二名 274 分(左);拼搏了 3 年多的王舜,1.78 米的个头, 体重只剩 85 斤(右)。

走来,1983 年夏,他再一次走进考场。

苍天不负苦心人,王舜以隆化县第一名的成绩考取了平泉师范,而平泉师范仅在隆化县中学教师中录取一名考生。

至此,王舜的人生羽化成仙。回望走过的路程,喜忧参半,刚刚回村,青春洋溢的他就成为村班子核心人物,朝气蓬勃,信誓旦旦,力争要改变两间房村的面貌。那年征兵时,他心血来潮,渴望成为人民军队一员。为此,他填了申请书,申请书已报至太平庄公社。村书记刘兴汉获悉消息,风风火火找到他说,你不能走,咱们三人组成领导班子,要干一番事业,彻底改变两间房村,你怎么能走呢?于是,他留了下来,刘兴汉满心欢喜,立刻跑到公社武装部,硬生生把他的申请书要回。

太平庄公社滦河畔传颂着自学成才的经典故事,故事的主人公便是勤奋刻苦的王舜,不论是家长教育孩子,抑或学校老师教育学生,都讲述他坎坷之路上自学成才的动人事迹。

1983 年暑假前,王舜收到河北平泉师范录取通知书。

当晚,王舜彻夜难眠,思绪万千,他默默告知沉睡在西梁的父母、爷爷,他没有让他们失望,他实现了自己人生规划,要走出土地,走向远方。

早起,太阳从光顶山升起,他坐在河边,凝视着河水,消瘦的面孔被泪水打湿,忍不住高喊,喊声是激情的释放,是对滦河的倾诉。

按说,已经被平泉师范学校录取的王舜可以不去太平庄中学,参加开学准备工作,但他对学校恋恋不舍,8 月 28 日,他按时参加校长方文彬主持的会议。

8 月 31 日,王舜辞别了太平庄中学。

滦河——母亲河,哺育了王舜,他用坚实的足迹写出了不同凡响的人生。

路,只能自己走,任何人无法给予。

第五章

学海泛舟

海阔凭鱼跃

河北平泉师范成立于 20 世纪 50 年代,在河北省享有很高美誉,当时,被称为承德"小清华"。师资力量雄厚,教师们来自祖国四面八方,有的教师毕业于名牌大学,曾因政治运动导致下乡,国家历经拨乱反正,怀揣才华的他们重返三尺讲台。三尺讲台上,他们释放才华,一丝不苟,严格要求,为承德教育战线培养了大量优秀人才。这些优秀人才毕业后,为承德教育事业做出了突出贡献。

1983 年,河北平泉师范在承德地区招收两个民师班。所谓民师班,就是有考试资格的乡村民办教师通过考试择优录取后组成的,而这些被录取的都是各县区出类拔萃的民办教师。

民办教师,是中国特殊国情下的产物,承载一段特殊历史时期的任务。当人口急剧增加,需要庞大的师资队伍时,民办教师应运而生。他们既不离土也非离乡,把自己掌握的知识传授给乡村的孩子们,直至 20 世纪 80 年代中期后,民办教师完成历史使命,彻底退出历史舞台。

夜晚,窗外蟋蟀欢唱,王舜看看熟睡的儿子,眷恋不已,他叮嘱教学的妻子要好好照看。

1983 年 9 月 8 日,王舜手提一个亲手制作的大木箱离开两间房村,穿过滦河上的吊桥,走向太平庄。滦河两岸,金风送爽,稻浪飘香,他脚下的路虽短,却埋藏着他人生的苦与乐。寒来暑往,不知有多少个雨天他赤脚走在这条路上,走着、走着,竟然走出了人生闪光点。

等车时,王舜回眸一望,熟悉的太平庄公社,熟悉的校园,以及校园里那两棵古松。班车来了,他把恋恋不舍的目光从校园收回来,校园里两棵环抱在一起的苍劲古松在向他挥手告别、致意。

王舜,身着崭新的蓝色中山装,手拎一个大木箱走下火车,既有几分土气,也有几分书生气。

人们鱼贯从站口出来,夜幕下的广场上一位老师手拿喇叭,高声念着新入学的学生名字。人声嘈杂,稍后王舜坐上校车,车窗外灯火幽暗,校车穿过瀑河向校园驶去。

瀑河环绕的平泉,历史悠久,灿烂辉煌。历史的长河中,曾经的"右北平"是一个划时代的文化符号。右北平,司马迁用生命写下的辉煌巨著《史记》里有浓墨重彩一笔,天下枭雄曹操北征乌桓,旌旗漫卷,号角震天,战马嘶鸣,沿着瀑河一路浩荡。待硝烟散尽,从中原通向草原深处的这方水土描绘了一条和平之路。"澶渊之盟"书写了内容极为复杂的一段历史,尽管褒贬不一,但终究实现了北宋和辽国百余年的和平岁月。毋庸置疑,文化成为破冰之旅,北宋的文化、文学名人先后踏上从平原通往塞外的一条古路,瀑河沿岸兵戎消失,渔歌唱晚。唐宋八大家之一的欧阳修成为和平的先行者,他曾穿过瀑河,登临一座山峰,寒风凛冽中向西遥望:山势起伏,峰峦叠嶂,

1983.11.20 摄

白雪皑皑。他最终把目光落在了马盂山峰,触景生情,诗兴大发,引吭高歌"古北岭口踏新雪,马盂山西看落霞"的塞外诗句。"填不满的八沟,拉不完的哈达"诠释了大清王朝时期,平泉已然是商业重镇,驼铃声声,商贾云集,人头攒动,叫卖声此起彼伏。

王舜沿着瀑河行走,置身光秃山峰,纵目眺望,畅想契丹人跃马扬鞭的生活情景,以及白马、青牛演化而出的爱情故事,寻找欧阳修笔下的西山落雪之处。视线尽头浮现出苏颂笔下的"农人耕凿遍奚疆,部落连山复枕冈。种粟一收饶地力,开门东向杂夷方。田畴高下如棋布,牛马纵横似谷量。赋役百端闲日少,可怜生事两茫茫"的一幅农人生活画卷。

于是,王舜的文学之梦在这片文化深厚的沃土插上了飞翔翅膀。

那天,温文尔雅的罗维栋低头聚精会神翻阅 83 届 6 班即将入学新生档案,其中一份闪着光映入眼帘。王舜,中共党员,考试成绩名列 45 名录取新生的第二名。罗维栋详细阅完档案,心中对未谋面的王舜充满了希望,班长一职已经有了归属。

秋日的校园,杨柳依依,甬路两侧花坛里鲜花盛开,操场上,欢迎新生的彩旗迎风招展。校园被一条马路分开,北区是教学区,南区是生活区。秋风习习,王舜徜徉在校园里,心情激动不已。

9 月 11 日下午,平泉师范 83 届新入学的学生举行开学典礼。

音乐过后,宽敞的礼堂内一片安静。王舜身着崭新中山装,镇定自若站在主席台上,代表新入学的同学发言。

终于圆了"大学"梦,留个影纪念一下。(120 页图)

我们来了——83届全体学员,我们沐浴着金色阳光,迎着十月秋风,踏着欢歌笑语,怀着满腔激情走来了,来到了我们梦寐以求的平泉师范。初到两日,您就给予我们亲切的接待,热情的鼓励,无微不至的关怀,我们到校如家,倍感亲切。这些怎能不使我们心潮起伏,波浪翻滚。让我代表83届全体学员,向尊敬的领导、敬爱的老师、亲爱的二年级学友表示衷心的感谢!

我们来了,来到弥漫着知识芳香的平泉师范。这里,一切都那么新鲜,实在令人神往。校门口,红灯高悬,彩旗飞舞;校园内,杨柳滴翠,花草飘香,欢声笑语,沁人心脾。在这知识的乐园里,我们将度过二至三个春秋……

我们来了,来自初中毕业学生,民办教师队伍;我们来了,今日的花朵,未来的园丁;我们来了,载着人民的嘱托,祖国的希望……我们决心在宽阔的海洋上进击,在高高的蓝天上飞翔,在崎岖的山路上攀登,为振兴祖国的教育事业而奋斗。我们有信心,有担当,不负韶华,以优异的成绩报答培育我们的学校。

台下掌声雷动,经久不息,从滦河岸走来的王舜神采奕奕……

入学后,填写一张表格需要个人照片。王舜有生以来照过两次相,但无存照,他只好前往平泉县城时光照相馆。照相前精心打扮,身着崭新中山装,脖颈上戴一条方格围巾,一番打扮,精神焕发,青春洋溢,顿时充满书生气。

照片取回后,王舜自己端详了许久,他油然想起第一次照相的一段往事。

千里之外戍边的哥哥想念共度苦难日子的弟弟,哥哥写信叮嘱弟弟照一张照片寄来。王舜手捧哥哥的信,读着字里行间的无尽牵挂和悠悠思念,眼眶潮湿了。若照相,只有两处可选,一是去80里外的县城,另一处是35

里外的丰宁凤山。那天,他找好伙伴李景月说,哥哥想我,让我照一张相片寄去,你陪我去趟凤山。李景月欣然允诺,二人徒步前往凤山,一路走下来口干舌燥,双腿发酸。

镜头前,王舜身着那件平时舍不得穿的用卖草药钱做的藏蓝色上衣,第一次面对镜头有些不自然,面孔绷得很紧,双手不知放在何处。照相师傅说,别紧张,放松,微笑点。王舜稍加放松,脸上镶嵌一丝笑容,但见灯光一闪,咔嚓一声,他被定格了。听到响声的王舜,觉得很神奇,又百思不得其解。

"照片上的你精神,比你本人略显胖,"走在路上的李景月评头论足,"哥哥看到照片一定高兴。"

王舜说,我回家就把照片寄走,哥哥想我,我何尝不想他?家里的担子太重,有时要坚持不下去了,想站在河边高声喊,喊也白喊,数千里外的哥哥听不到。他显得有些怅然,李景月拍拍他肩膀安慰道,一切都会过去,山上割柴火别总自己去,叫上我给你做伴。

回到家,他给哥哥写了一封信,把家里的事告诉给哥哥,说侄女很可爱,不用惦记……

随后,他把两页信纸和一张照片装入信封,风风火火向太平庄走去。路上,遇见在河边钓鱼的同学,同学问他去太平庄干啥,他不假思索地说,去邮局寄一封信。同学热情地说,你不用去了,我回家替你寄走。于是,他把封好的信件递给同学,又从兜里掏出 1 角钱,作为航空件的邮资。

山峰上的冰雪彻底消融,稀有的鸟儿飞来了,在青草间婉转鸣唱,给成边战士带来快乐!然而,哥哥等待弟弟来信,等得望眼欲穿,遗憾的是,等到飞雪飘落,音信皆无。

一天,村里一位村民告诉他,你的照片镶嵌在张桂平家相框里。顿时,王舜十分诧异,自己只照过一次相,从未给过人。经一番打探,才得知自己的照片是张桂平在河边捡到的,回来顺手放在相框里。他得知详情并未声张,暗自思忖,替自己寄信的同学为了贪图 1 角钱,未将信邮出。既然时过境迁,何必去问责,一旦事情传出去,该同学不仅无地自容,更重要的是其人生背上了污点。

王舜选择了宽容,选择了善良。

那天,王舜在平泉县城买了一本影集,他把充满书生意气的照片嵌入影集里,且在影集扉页上郑重写下一句话:生活终于见到一缕阳光。这句话,含义深刻,蕴含着积压在心底难以诉说的过往。有彷徨、郁闷、痛苦、情感的折磨,当然也不失欢乐与希望。

没有品尝苦难的人,很难理解生活的滋味。王舜虽历经不少坎坷,但他十分珍惜心中那缕阳光。这是一缕金色阳光,这缕阳光照耀他一路前行,让他鼓足勇气奔跑在校园的跑道上。

王舜挑起 83 届 6 班班长的担子,但他面临挑战和考验,只因全班 45 名同学都出身于民办教师,他们不但有过三尺讲台的历练,而且经历了生活的洗礼,练就了一身本领。而且,民办教师能考上平泉师范,凤毛麟角,都是三尺讲台上的佼佼者。设若,把这样有着鲜明特色的班级管理好,不是一件简单事。

秋日一个夜晚,忙碌了一天的他躺在床上久久难以入睡。他不停思考,入学深造梦寐以求,机会难得,应该争分夺秒把时间用在学习上,可担任班长,班里的每件事都亲力亲为,各项事务加在一起用去两个小时,定会影响成绩。

事实也如此。

一段时间内,他忙忙碌碌,有点力不从心,甚至有些苦恼和焦虑。怕啥来啥,期中考试成绩令他难以接受,考试成绩由入学时的第二名变成第十七名。瞬间,他思想产生压力,学习成绩直线下滑,有点无法面对江东父老的感觉。犹豫徘徊之际，班级进行班干部选举。

世间的事成与败，最好的验证方法是时间。从开学到期中考试，经历了一段时间，同学彼此之间由陌生变为熟知，王舜热心为班级服务，同学们心中有把尺子。因此，选举班级领导班子，他竟然以全票当选班长，崔凤利选为副班长，张凤荣为团支部书记，高旭升为团支部副书记。

王舜站在教室前发表感言："谢谢同学们信任，也谢谢同学们支持与鼓励，我一定不辜负大家期望，带领班委会成员，竭尽全力为大家服务，让我们班级成为团结的班级，和谐的班级，优秀班级。"

王舜因坎坷的读书经历和公社工作5年，致使他的年龄大于其他同学，排在全班第二位。

他行事缜密，又不失热情，同窗们深深感受到，他始终一心一意为大家服务，宛如兄长，给予大家无微不至的关怀。

师范学校学习课程多，文、理之外，还有音乐、体育、美术、书法、心理学等课程，因此，学习很紧张。每一位教师教学都很敬业，严格要求学生，让学生掌握真才实学。

教心理学的郑仰迁老师是福建人，他用一口浓厚的乡音授课，同学们听起来有些纠结。如，他口中吐出的"发生、发展"，同学们听到的是"花生、花卷"。但郑老师教学的最大特点是，不让学生死记硬背，充分发挥学生的理解力和创造力。每逢考试，郑老师出的考题剑走偏锋，让死记硬背的学生叫苦不迭。

担任几何课的王成文老师，称为"几何王"，这个名字响彻承德教育界。王老师个子不高，但颇有才华。三尺讲台上，他手中只拿着几支粉笔。粉笔在黑板上发出咯吱吱的声音。他滔滔不绝地讲解几何题，讲得条理清楚，深入浅出。同学们听得如痴如醉，觉得几何知识全部装在王老师头脑里。

每一位老师教学都有自己的方式、方法。班主任罗老师不苟言笑，讲台上的他神采飞扬,激情四射,对语文教材中的名篇进行详细讲解,并且要求同学们背诵下来。

在一位位老师的严格要求下,学习气氛浓厚且紧张,致使基础差,或学习方法不得当的同学产生危机感,甚至有人情绪不稳定。一段时间内,王舜觉得班里有位同学郁郁寡欢,脸上没有一丝笑容,情绪特别低落。私下一番谈心,才知晓这位同窗因学习有些吃力,学习成绩差,导致焦躁不安。于是,他向那位同学伸出热情之手,为之打开心结,又细致耐心为他解答释疑,教他学习方法。最后,这位同窗学习成绩迎头赶上,面孔绽放出久违的笑容。

王舜有担当,又挑起学校学生会主席的担子。肩挑两个重担,他没有手忙脚乱,而是从容不迫,张弛有度,兢兢业业,干得风生水起,赢得老师和同学们一致好评。

几十年后,已是花甲之年,从各自领导岗位退下来的高旭升、崔凤利,如此评价他们的班长:他严于律己,古道热肠,工作有艺术性,有号召力,办事严谨,最大的特点是有一种锲而不舍的执着精神。

肩挑班长和学生会主席的重担,王舜显得从容不迫。他工作和学习两不误,期末考试,王舜的考试成绩跃升为全班第二名,取得了工作和学习成绩的双丰收。

入学时,83 届 6 班仅有两名党员,王舜、张凤荣。他们率先垂范,让同学们感受到党员的模范带头作用,同学们奋勇争先,渴望早日成为一名党员。1984 年、1985 年,高旭升、崔凤利、陈桂香、毕国玉、刘明勤分别站在鲜红的党旗下,庄严宣誓:我志愿加入中国共产党,拥护党的纲领,遵守党的章程,履行党员义务,执行党的决定……

从此,一个班级有 7 名党员。83 届 6 班之所以被评为学校优秀班级,与这 7 名党员密不可分。

班级空前团结,学习氛围浓厚,各项工作走在前列。

1984 摄

1983.11 摄

王舜在学校学生会办公室处理学生会事务。（上）
笑，发自内心，因为对人生的路充满信心。（下）

第 14 届运动会召开,民师班与普师班分开比赛。82 届民师班与 83 届民师班总计 7 个班,7 个班级进行体育项目竞赛,赛出成绩,赛出精神。

实事求是讲,从体育项目竞技而言,83·7 班有几位同学体育是强项,体育成绩要优于 6 班。然而,谋事在人,成事在天,为了比赛取得好成绩,给班级增添光彩,班长王舜动员全班同学踊跃报名参赛,而且每个比赛项目都要有人参加。比赛总成绩来自各项成绩的累积,即便几个单项都名列第一,但有两三个项目没人参赛,总成绩会直线下降。尤其是女子 800 米长跑,对于女同学而言是一艰苦项目,很少有女同学跑完全程,以至于有的班级没有人报名参赛,但 6 班有女同学报名。

王舜率先垂范,报两个比赛项目,他之所以如此,绝非心血来潮,是日积月累的结果。副班长崔凤利一台海鸥牌相机,为他定格了辗转腾挪瞬间,有的照片如雄鹰展翅、如鲤鱼打挺,如倒立青松。杨树下,他做侧空翻、打猴拳,做鲤鱼打挺,无不挂着呼呼风声。原来,滦河边长大的王舜,风里来,雨里走,从小尚武,来到平师,毫不犹豫报了武术班。刀枪剑戟等武艺中,他选择了九节鞭。武术,需要扎实的基本功练习,别的同学还在梦中,他偷偷溜出宿舍,热身、跑步、练侧空翻。一次侧空翻,单手抓地时不小心伤及手腕,痛苦不堪,断定骨折。前往县医院诊断,并非骨折,他脸上才露出笑容。

1985 年 6 月 30 日,武术队留下了一张珍贵合影。背景是一排翠绿挺拔的杨树,12 名武术队员中的王舜一身运动服,消瘦,精干,黑发浓密,目光炯炯,周身上下充满了精气神。

武术令王舜身强体健,他才有底气在参加运动会时报了两个项目。

临近比赛,班主任罗老师前往石家庄开会。临行前,罗老师叮嘱王舜,一定赛出好成绩,不能落在其他班级后面。王舜信誓旦旦地说,您放心吧,我们好好备战,绝不辜负您的期望。开会期间,罗老师依旧放心不下运动会比赛,只因这是这届学生唯一一次运动会比赛,不能让自己的学生留下遗

王舜是平师武术队里 11 名队员中年龄最大者，
是唯一一名民办教师学员。
王舜在校武术队训练(上);学校武术队合影(下)。

憾。夜晚,宾馆里的他奋笔疾书,鼓励学生踊跃参赛,字里行间情深意切。收到罗老师的信,王舜在班上读给大家,受到鼓舞的同学们群情激昂,一个个摩拳擦掌,期待运动场上决一雌雄。

5 月 17 日,河北平泉师范第十四届田径运动会隆重召开。秋风飒飒,女子 800 米比赛开始,83 届 6 班的同学们站在运动场边,为本班参赛的女同学摇旗呐喊,擂鼓助威。最后,班里参赛的女同学坚持跑完全程的一刻,同学们围拢过来,递水、递毛巾,为她擦去额头上的汗水。在班长王舜带动下,同学们团结一心,齐心协力,终于摘得桂冠。颁奖时刻,其他班级师生无不把艳羡的目光投在 83 届 6 班学生身上。

庄子有言:"幸能正生,以正众生。"其含义是,一个人自己能够正,才能够正人。83 届 6 班之所以团结友爱,各项成绩优秀,被学校评为优秀班级,关键在于有个好的班委会,班委会里有个好的领路人。

担任学生会主席,王舜的工作同样干得风生水起。爱国,是热情,更是责任,一个不爱国的人等于不爱自己的母亲。为此,王舜精心策划、积极组织全校学生演讲比赛,以爱国教育为主题。而清明节祭奠烈士,分明是爱国主义教育主题之一。烈士墓前,同学们每人胸前佩戴一束白花,肃立默哀,缅怀那些为国捐躯的烈士们的英灵。

王舜代表学生会和团委讲话:

　　同学们,今天是清明节,按照中国民间习俗,在这一天,人们都要到他们已故的亲人墓前,往墓上添上两筐新土,扫一扫墓上尘土,或者烧几张冥纸,以此表达对已故亲人的怀念。今天,我们来到烈士墓前,为革命烈士添坟上土,以此来表达对烈士们的怀念,来尽一尽我们对烈士们的"孝心"……同学们,我们面前这十几位烈士,有的是在战争年代为了中国人民的解放事业而洒下了殷红的鲜血;有的是和平年代,为了社会主义建设而贡

音、体、美、书法是师范生的必修课。
王舜在画室写生(左); 王舜的水粉作品(中); 王舜美术考试中的国画作品(右)老师给了 98 分。

献出了宝贵生命。烈士们有一个共同特点，就是在民族和祖国最需要的时候，奋不顾身，勇往直前。今天，我们站在烈士墓前缅怀先烈，寄托哀思，对烈士最好的缅怀就是高举起他们的旗帜，踏着他们的足迹前进，完成他们没有完成的事业。

爱国主义教育演讲比赛，王舜不仅是组织者，而且他率先垂范，亲自登台演讲。

晚自习，王舜静静坐在教室里，聚精会神写演讲稿，文思泉涌，热情奔放，又经反复修改，直至面孔上挂上笑容。走出教室，寒风迎面刺来，校园里的灯光幽幽暗暗，夜空中繁星闪烁。

演讲比赛，要激情四射，语言铿锵有力，给予人昂扬向上的力量，直至叩问人的灵魂。

师生们齐聚学校礼堂，礼堂内座无虚席，王舜阔步走上演讲台，开始精彩演讲：

同学们，年轻的朋友们，今天我们生活在温暖的春风里，沐浴在金色阳光下，漫步在平坦的大道上，学习在舒适的校园里。我们是否曾经想过，我们应该怎样学习？怎样工作？怎样做人……要立志，必须有情。何谓情，那就是爱国之情，是千百年巩固起来的对自己祖国一种最深厚的感情……同学们，翻开我们中华民族的历史，可以清楚看到，在我们中华民族的历史长河中，无数志士仁人为了民族崛起，国家兴亡，抛头颅，洒热血，直至献出宝贵生命。我来自隆化，来自董存瑞舍身炸碉堡的地方，为了新中国解放，枪林弹雨中，董存瑞挺身而出，大义凛然，托举炸药包，气壮山河高喊，"为了新中国，冲啊！"董存瑞英勇就义，他用生命书写了一首气壮山河的凯歌……和平年代，爱国，不是惊天动地，不是豪言壮语，我们努力学习，奋发向上，学好知识，去报效祖国，这就是爱国。年轻的朋友们，努力吧，前进吧，向着那光辉的顶点，奋力攀登！

王舜精彩演讲获得师生们潮水般掌声，斩获桂冠，班级同学都为之骄傲，因为，他代表的是 83 届 6 班。王舜一步步在历练中成长，在成长中丰富自己的人生。

王舜工作上的优异表现，成为平泉师范一位明星级人物，凡是学校有重大活动，都会有他忙碌的身影，都会听到他柔中带刚的声音。

84 届新生入学，王舜代表学生会致欢迎词。

八四级学友们，你们经过刻苦努力，以优异成绩考入了平泉师范。我们八二、八三级全体在校生向你们——新来的学友表示衷心的祝贺！祝贺你们成为一名光荣师范生！师范生，人们称之为未来辛勤的园丁，人类灵魂工程师，这是多么崇高的荣誉啊！自豪吧，新学友！骄傲吧，新学友！现在，你们已经是这一崇高荣誉的承受者！新学友们，你们有的成绩非常优秀，可以报考一类中专，有的家庭富裕，个人智商又很好，可以升高中，以后考取大学。然而，你们却毅然报考了师范。在选择学校时，你们又选择了平师。学友们，你们选对了，这里确实是你理想的天地……学友们，"书山有路勤为径，学海无涯苦作舟"，让我们踏着时代的洪流，在无边的学海中，携手并肩，同舟共济，向着理想的彼岸勇敢地遨游吧！

王舜的致辞，热情洋溢，奔放热烈，像一团火焰，点燃了他们心中的理想之火！

82 届学生历经两年勤奋刻苦学习，学有所成，怀揣梦想，即将踏上三尺讲台，为教育事业贡献自己的一份力量。

1984 年,7 月 21 日, 王舜代表 83 届学生, 在 82 届学长毕业典礼上致欢送词:

> 亲爱的学友们,你们去吧,请带上母亲的体温;你们去吧,请记住校领导的嘱托,老师的希望;你们去吧,请带上在校生衷心的祝愿。母亲愿你们在祖国的百花园中,辛勤地耕耘,领导和老师期待你们飞来的喜报,你们学友祝愿你们用自己知识才华,为祖国教育事业谱写一首壮丽诗篇。你们去吧,祖国在招手,四化在呼唤,祖国的花朵正等待着你们用知识凝结的甘露滋养。你们去吧,飞出校园,驰向社会主义的万里蓝天。奋飞吧,学友!前进吧,学友,我们在这里期待着你们胜利的捷报。

台下,掌声经久不息,即将离校的学长们心情久久不能平静。其中的一位学长恋恋不舍,心如潮涌,这位学长——柴山。

柴山,是 82 届学生中的佼佼者,他和学弟王舜见面相互称老师,因他们都有三尺讲台的青春岁月。柴山是 82 届学生会干部, 第一次见到的王舜,体形瘦高,显得安静,言语不多,说话带着微微笑意,身上带着乡土气息。柴山在校团委,王舜在校学生会,工作上有交集,彼此间惺惺相惜,武术队里一起切磋技艺,篮球场上,个个生龙活虎,一决高低。

走出平泉师范校园,有着共同经历的他们成为人生知己。柴山,以优异的成绩被学校推荐到承德财经学校,进而成为王舜的领路人。

人生有多大平台,就会有多大作为。毫不夸张地说,平泉师范给他们提供了一个展示自己的舞台。

文学之火

学校图书馆里总有王舜的身影,他聚精会神地抱着一本本中外文学名著,读得如饥似渴。阅读,让他开阔了眼界;阅读,让他积累了知识;阅读,让醉心于文学之火燃烧得更旺。

一个中秋夜晚,王舜满怀深情记录下校园的仲秋月。

癸亥中秋节,太阳刚刚落下西山,我们全班学生便坐在宿舍门前围成一个大大圆圈,等待平师的中秋圆月。听上届学友说,平师的月与他地的月不同,是别有一番味道的。我们怀着急切的心情,目不转睛地注视着东方。啊,东山头发亮了。光亮在逐渐扩散,不一会儿扩散到半个天空,其光度也在增加,半个天空都是洁白的了。我望着、望着,忘记了自己等待的中秋圆月。我沉浸在想象中,仿佛一轮红日要从东方升起,直到东山头露出一把银白的镰刀,我才走出幻觉。人说月亮出山时骑马,步伐是快的。的确,眼睛看着镰刀在加宽,加长,很快变成了大月牙斧。须史,一轮圆圆的月亮便脱离了东山,挂在天空上。顿时,整个世界焕然一新。黑魆魆的远山脱掉了青衣,披上了银纱;大地像覆盖了一层薄雪,泛着晶莹的光芒;身旁的垂柳,摇动着婀娜的身姿,在薄雪上洒下稀疏影子。我们脸像是刚刚擦过粉。四十五张银白柔和的脸连成一个大圆圈,真的是一轮圆月了。

瀑河边的月下,一段优美的文字,读不出"独在异乡为异客"的感觉。皓月当空,晚风习习,同窗簇拥在一起,不是亲情胜似亲情。

班主任罗维栋在王舜的《平师中秋月》作文的一个个段落下,用红笔画出波浪曲线,在文尾写下批语:"此文洋洋洒洒数千言,字字千钧,掷地有声。描写细致入微,这与观察的功力有关。立意高远,中心明确而突出,层次清晰,详略得当。"

罗维栋国字脸,面孔少有笑意,但他像一位慈祥的父亲,不厚此薄彼,公平对待班级每一位弟子。他十分敬业,腹有诗书,教学严谨,他把中等师范学校语文课本《文选和写作》里每一个篇章进行精辟讲解,而且严格要求同学把里面的诗词,乃至名篇名作,全部背诵下来。

罗维栋深知,中华历史悠久,博大精深,文学熠熠生辉,灿若星河,而这些特殊的学生两年的师范学习时间紧迫,为了给学生们灌输更多的文学知识,患有眼疾的他亲自动手,躬身,垂头,鼻子几乎触碰到蜡纸上,一个字、一个字刻着,把刻好的蜡纸油印成一张张卷子,让同学们领略中华文学的博大精深,无穷魅力。一张张卷子里不仅浸泡着罗老师的心血,而且寄托着他无限期望,他要求同学把卷子里的一些篇章背诵下来,扎牢文学基础。

幽静的校园,花坛边,垂柳下,留下莘莘学子背诵场景,他们或端然静坐,或漫步在甬路上。

诗的火种,一刻不停地在王舜心中燃烧。东方刚刚泛起鱼肚白,他悄悄起床,来到校园僻静处,打开文选和写作书本,高声朗诵毛泽东的《沁园春·长沙》:"独立寒秋,湘江北去,橘子洲头。看万山红遍,层林尽染;漫江碧透,百舸争流。鹰击长空,鱼翔浅底,万类霜天竞自由。怅寥廓,问苍茫大地,谁主沉浮? 携来百侣曾游。忆往昔峥嵘岁月稠。恰同学少年,风华正茂;书生意气,挥斥方遒。指点江山,激扬文字,粪土当年万户侯。曾记否,到中流击水,浪遏飞舟? "

朗诵几遍,他把书合上,声情并茂地背诵,他深深懂得当年青春勃发,胸怀壮志的毛泽东,有着无与伦比的抱负和志向。东方染上了一片霞光,他反复思考。"鹰击长空,万类霜天竞自由,问苍茫大地,谁主沉浮? 指点江山,激扬文字,到中流击水,浪遏飞舟……"这些气壮山河的诗句,分明是写给朝气

校园生活剪影

蓬勃的年轻人的,这是奋发向上、追求自由、胸怀天下、勇于担当的精神。

一弯新月,他漫步在校园里,想起了滦河畔的家乡,想起了妻儿,想起了养育自己的那片土地。白天,语文课上罗老师讲解了艾青《大堰河——我的褓姆》的长诗,灯光下的他手捧书本默念:"大堰河,是我的保姆。他的名字就是他的村庄的名字,她是童养媳,大堰河,是我的保姆……大堰河以养育我而养育她的家,而我,是吃了你的奶而被养育了的,大堰河啊,我的褓姆……大堰河,为了生活,在她流尽了她的乳液之后,她就用抱过我的两臂,劳动了……大堰河,我是吃了你的奶而长大的　你的儿子,我敬你　爱你!"

念着、念着,王舜的脑海里出现了家乡的滦河,西梁的黄土地,自己的童年时光,以及稻田里此起彼伏的蛙声……

诗人艾青《大堰河——我的褓姆》令王舜　片痴情,而《我爱这上地》令他热血沸腾,早晨的校园里他高声朗诵:"假如我是一只鸟,我也应该用嘶哑的喉咙歌唱:这被暴风雨打击着的土地,这永远汹涌着我们的悲愤的河流,这无止息地吹刮着的激怒的风,和那来自林间的无比温柔的黎明……然后　我死了,连羽毛也腐烂在土地里面。为什么我的眼里常含泪水?因为我对土地爱得深沉……"

王舜之所以对这首诗情有独钟,只因他童年和青年在土地上度过,他深深懂得土地的含义。

无论是在家乡滦河岸背诵诗歌,抑或在平泉师范校园背诵诗歌,课本上每一首诗都倒背如流,为他以后诗歌写作奠定了坚实基础。

为了实现文学梦想,王舜先后分别报了《鸭绿江》《芙蓉文学》《春风》等刊物主办的函授,进行孜孜不倦的学习。对于喜欢文学的人而言,文学是一把火炬,总在胸中燃烧;文学是一面风帆,迎接风浪,引领航程,直抵彼岸。

宿舍熄灯后,躺在床上的王舜辗转难眠,思绪宛如一匹烈马,在草原上驰骋。突然,美妙的句子幡然而至,唯恐灵感消失,立刻拿起枕边的笔,写在墙上那张若明若暗的白纸上。墙上一张白纸密密麻麻地写满了,枕边准备几页纸,把夜色中脑海里瞬间跳跃出来的语言写在纸上,才安然进入梦乡。

有的人行事重在过程,有的人行事重在结果。其实,过程和结果就像孪生姐妹,结果来自过程的勤奋,有了过程中的勤奋,往往会有结果,恰如佛家的因果关系。持之以恒的文学院函授学习,给予他动力,他追求花开之后的果。

白天,肩上的担子让他忙碌,事务繁杂,心得不到安静。只有瀑河边皓月当空,或繁星闪烁的时刻,才属于他文思泉涌之时,教室里的他沉浸在家乡的山水之中,回想起民间一个个传说。文学创作,绝非看山是山,看水是水,把民间传说故事加工,提炼,演化,升华,一个个亦真亦幻,活色生香的民间故事诞生了。写好的民间故事,不能束之高阁,要去接受检验,检验笔下的功力与水平。他蠢蠢欲动,最终勇敢迈出了一步,把写好的民间故事分别寄给几个刊物。

一段时间后,喜讯纷至沓来。笔下家乡元宝山的民间故事发表在《热河民间故事》,竟然得了50元稿费,令他激动不已。他眼里的50元,已然不是金钱,是心中点燃的一束文学之火,文学之火越燃越旺,其作品先后刊发在《鸭绿江》《芙蓉文学》《春风》等刊物上。

王舜在刊物上发表作品的事,像一缕春风吹遍平泉师范校园,师生们为之赞叹!

王舜在刊物上发表的几篇作品,有民间故事、散文、小小说。他发表的作品,并非空穴来风,是经过一定写作量的累积结果。在太平庄中学教学时,他就着手写下几十篇笑话、民间故事,为后来创作奠定了坚实基础。

艺术来源于生活,这一铁律在王舜身上得到充分验证。

孩童时期,滦河岸的长辈给他讲述那些离奇古怪的故事,有的故事是一代代人口口相传的,也有的故事是来自于演绎。

老姑家住在邻村周家营,表哥王明长他两岁,他们经常在一起玩耍。周家营村有个羊倌,姓翟,腿走起路来有点瘸,但他脑子很灵光,被村里人称为"故事篓子",他肚子里装着稀奇古怪的故事。羊倌肚子里的那些故事,令小小年纪的王舜神魂颠倒,他缠着表哥追在羊倌屁股后面。

羊倌为守护好生产队的羊群,住在塔子沟的山梁上,羊圈旁有一处茅草房。茅草房里只有一铺炕,被老翟烧得滚烫。冬天,夜色降临,夜空如洗,寒星闪烁,王舜裹紧棉袄,脚底棉鞋透着冷风,紧紧跟在表哥身后,一路小跑奔向羊圈旁的茅草窝棚。一头扎进屋里,热气扑面而来,遗憾的是,屋里没有灯,伸手不见五指,他们躺在被窝里等待老羊倌口中的故事。老羊倌叼着烟袋,吧嗒吧嗒嘴,口中的一个故事,又一个故事被娓娓道来,妙趣横生,听得王舜心驰神往。

老羊倌的故事有时会讲到深更半夜,表兄弟俩听着古老的传说走进梦乡。

滦河岸的人,一年四季只有秋收后才有空闲时间。天黑下来,人们会走东家,串西家,三五成群围在一起聊着家长里短。

两间房村郭世忠是个文武全才之人,他不仅是一位庄稼地里的行家里手,而且手中一把二胡拉得如痴如醉,悠扬的曲调从院中飞出,滦河岸的树林下,二胡声或高亢,或婉转,或哀怨。田间劳作,他也带上二胡,休息时,他一边拉二胡,一边唱起山乡野曲,给劳作的人带来快乐。

郭世忠不但二胡拉得精彩,故事讲得也精彩。庄稼颗粒归仓,夜幕降临,村里爱听故事的孩子一窝蜂涌入他家,盼望他口中妙趣横生的动人情节。他一张口便是个说书艺人的派头,语言快慢结合,抑扬顿挫,合辙押韵。郭世忠讲一个人的相貌,说那人长得像荷花似的,或说像绫罗缎似的,或说双耳垂肩,着风一刮,忽闪忽闪的……形容刮风时,更是妙语连珠:只见那风刮得天旋地转,刮得大树连根倒,刮得小树一扫平,刮得碾子不推自来转,刮得磨扇撇烧饼,刮得滦河水倒流,刮得老汉下巴颏胡子无影踪。

郭世忠肚子里的故事,如滔滔江河,无尽无休,讲得声情并茂,栩栩如生,听得王舜神魂颠倒,难舍难离。

听完郭世忠口中的民间故事,王舜和同伴们之间也进行讲故事比赛,谁讲得好,说明谁本领大。其中,张桂兰有讲故事的专长,她讲的故事摒弃了生搬硬套,鹦鹉学舌,把故事讲得入情入理。听完张桂兰口中的故事,王舜也不甘示弱,他兼收并蓄。老羊倌口中稀奇古怪的故事,郭世忠海阔天空,漫无边际的故事,大姐婆婆口中人间善恶的故事,父亲讲的吓得浑身哆嗦的妖魔鬼怪的故事,凡此种种,他经过加工,绘声绘色地讲给同伴们听,大家听得乐不可支。

草青草黄,冬去春来,民间故事给王舜生活增添了无限乐趣,民间故事伴随了他一步步从童年成长为青年。更为重要的是,民间故事成为王舜文学创作取之不尽用之不竭的源泉。

后来,王舜创作的故事独占《河北民间故事集》的开篇。

勤奋耕耘,点燃了心中的文学之火,王舜在校读书时,文学创作喜获成果,而他所在的83届6班,两年都被学校评为先进班级,罗维栋被评为模范班主任。

毕业考试,王舜摘得桂冠。

两年同窗,时间既短且长,分别时刻,同学们依依不舍,相拥在一起,以泪洗面,哽咽不止。纵然没有不散的宴席,可如此难舍难离的动人场面,人生能有几次?

一本毕业纪念册,王舜珍藏了几十年,保存得完好如初。毕业纪念册的扉页内还贴着他一张笑容满面、青春洋溢的黑白照片,田汉作词、聂耳作曲的《毕业歌》词曲印在一页,另一页上贴着剪贴下来的83届6班45名同学名字表格。纪念册内还贴着毕业时平泉师范学生会合影留念、平泉师范学生支部全体成员合影、班委会合影、班级学生合影、班级党支部合影，一张张照片传递着一个时代校园的记录。最难能可贵的是，纪念册内留下每一位同学发自肺腑的留言，以及每人一张二时的照片。

1985年7月12日，团支部书记张凤荣饱含深情写下娟秀有力的字："舜兄：曾几何时——一种渴盼，友谊将一颗颗赤诚的心系在一起；曾几何时——一种依恋，系在一起的，又将化为惆怅的离别；那是遥远故乡诚挚的呼唤，那是母亲慈祥而热切的致意！我们将告别母校天边的云彩，去寻找未来的阳光、未来的土地……"

团支部副书记高旭升写下：兄之勤勉令我钦佩，兄之为人吾不能及。兄之言行举止为吾之楷模，兄离我而去，吾惆怅满怀！

副班长崔凤利写道："赠班长：平师的二年，同窗并肩。引我做人，情意永传。今日离别，何时相见。'丰收'的秋天定能实现。"

同窗张永存留言："王兄：凭你的毅力，凭你的才智，你一定能够在文学的百花园里喷射芳香。当你的佳作问世的时候，但愿别忘了让小弟与你同乐。衷心祝愿你成功！"

女同窗王振华字迹俊秀："敬赠班长：平师二载，遇到您这位品德高尚，才华横溢的良师益友，这是今生有幸。您不仅是我们的好班长，而且也是我们的好兄长。二年来，对我的帮助，我将终生难忘。我决心以您为榜样，为农村教育事业贡献自己的力量。"

同学刘明勤写出了班长的心声："赠舜兄：你说，你是滦河的后代；你说，你是大山的儿女。是啊，故乡的灵秀山水养育了你，给了你永不枯竭的创作源泉。去吧，去走你创作之路，相信你一定会成功。"

语言朴实的华万有深感相见恨晚，他提笔吐露心声："王兄：相识得太晚，时间太短，就在我们相处的短时间内，你给了我莫大的帮助。你以兄长的身份，而不是用手中的权力和我处事。我们就要分别了，但我坚信，我们的分别是短暂的,在今后漫长的道路,还需要你多多指点愚弟。"

毕业纪念册上,44 位同窗留言写出了王舜的人格魅力,千言万语中充满了温暖、友爱、信任、眷恋,以及对他的无限期望。

平泉师范两年学习,让王舜增添了知识,打开了视野,拓展了思维,为他的人生画出浓墨重彩的一笔。两年,在历史的长河中仅仅是瞬间,可对他的人生而言,不愧为人生的重大转折点。设若,没有这次转折,也许,就没有后来集诗人、摄影家、承德文化研究者于一身的王舜。

瀑河水默默流淌,义无反顾向滦河流去,王舜和校园告别时,依依不舍,回眸校园,杨柳依依,花香阵阵。他心潮起伏,校园就像一位慈母,给予他呵护与关爱,他也在母亲怀抱中成长起来。更为重要的是,在母亲的抚育和关怀下,他实现了人生华丽转身。随同他一起华丽转身的还有班委会三名同学,团支部书记张凤荣留校,高旭升和崔凤利被承德地区教育局选中。由此可见,83 届 6 班不愧为学校优秀班级,这个班级人才济济,藏龙卧虎。

1985 年 7 月 20 日上午,平泉师范学校礼堂隆重举行 83 届民师班毕业典礼。

身为学生会主席的王舜登台发言,他眼含热泪,深情地说,同窗们,明天我们就要和母校说再见了,千言万语也难以表达我们对母校的感恩之情。两年虽短暂,但在我们人生里画下了浓墨重彩的一笔,母校让我们成长,母校让我们羽翼丰满。我们即将踏上人生新的旅程,在教育战线的百花园里成为一名辛勤的园丁,去浇灌祖国的花朵……

王舜发言后,深情地向师生们鞠躬,向母校鞠躬致意。同窗们掌声响起,惜别的泪水在脸颊上滚落,掌声经久不息,在校园回荡。

相见亦难,别亦难。

仲夏的夜晚,繁星闪烁,校园操场上,晚风吹拂,垂柳摇曳,花坛里的鲜花散发出馨香。同学们围拢在一起,倾诉离别之苦,有的女生抱在一起,不停哽咽，泪水打湿了双肩；有的男生双手紧握，替代了千言万语。情意缠绵，哽咽声声，这是同窗相守两载离别的真情，是人间的真情。李白曾写下"桃花潭水深千尺，不及汪伦送我情"的告别之情，而徐志摩的《再别康桥》诗句："轻轻的我走了，正如我轻轻地来；我轻轻地招手，作别西天的云彩。那河畔的金柳，是夕阳中的新娘；波光里的艳影，在我的心头荡漾……撑一支长篙，向青草更青处漫溯；满载一船星辉，在星辉斑斓里放歌。但我不能放歌，悄悄是别离的笙箫；夏虫也为我沉默，沉默是今晚的康桥！悄悄的我走了，正如我悄悄地来；我挥一挥衣袖，不带走一片云彩。"

"满载一船星辉，在星辉斑斓里放歌。"分别之夜，银河璀璨，明天同窗们走向各自的工作岗位，在百花园里纵情歌唱。

别亦难

王舜对母校梦魂牵绕，时刻把母校挂在心头。

那一年，他特意回母校，看到教室外墙上一块褪了色的牌子，牌子上的字迹依稀可见，"防火负责人王舜"。操场、花坛、甬路、垂柳，显得那么亲切，虽静无语，记录着岁月往事。

王舜有个梦，他想出本书，记录83届6班莘莘学子与母校的一段刻骨铭心的岁月。因为，民师班是一个特殊时代产物，他们有别于从中学校园考来的学友，全班45名同学都经历了不同寻常的人生。为此，他发动和组织同窗纷纷拿起笔，记录一个时代，记录一个特殊群体。

然而，因各种缘故，他的愿望未能实现，但他没有放弃，坚守着，等待着。

2008年，王舜离开母校23年。随着时代变化，河北平泉师范并入承德民族师范学院，从此告别历史舞台。

60年，一甲子，意味着生命的轮回，平泉师范又何尝不是生命轮回呢？

1948 年 9 月,热河省立第四中学成立,从这天起平泉师范诞生了。当时间脚步走到 2008 年,它已经整整走过 60 载。60 载花开花谢,平泉师范为承德培养了数以万计的莘莘学子,这些学子们为承德的发展,尤其是对承德的教育事业做出了不可磨灭的贡献。

母校结束了历史使命,将不复存在,令王舜百感交集,纠结不已。回首往事,是母校改写了他人生轨迹,是母校让他人生书写了灿烂华章。

2008 年 5 月 16 日,平师高仁信老师组织师生聚会。这次聚会,意义非同凡响,这是一次与平师握别的聚会。

聚会上,王舜作为代表登台发言,他眼含泪水,声音颤抖,朗诵发自肺腑的《难忘平师》一首诗:

> 河北平泉师范
>
> 曾经
>
> 是多么响亮的名字
>
> 响彻在承德大地
>
> 河北平泉师范
>
> 曾经
>
> 是多少人向往的地方
>
> 在承德 360 万人民的心中
>
> 河北平泉师范
>
> 曾经
>
> 是人民教师的摇篮
>
> 培育了多少辛勤的园丁……

忘不了啊

那里的老师

他们是那么敬业

他们是那么关心、爱护他们的学生

他们不愧是人类灵魂工程师

他们对教育事业无限忠诚

我们的眼前

至今展现着他们默默耕耘的身影

忘不了啊

那里的读书声

在教室　在操场　在绿色的树荫中

在清晨　在傍晚　在正午的阳光中

那时　我们要的是真本领

不是　在混文凭……

忘不了啊

当我们完成学业

离开母校的那一刻

洒不完的是泪　割不断的是情

校园一片离别的哭泣声

那背起行李卷的孩儿们

怎么也不想离开他的母亲……

离开母校 20 年

师生　情感与日俱增

学生　惦念着老师

老师　关心着学生

像陈年的老酒　味儿越来越浓……

珍惜今天的聚会

珍惜师生的友情

珍惜平师那段历史

让它　永远留在　我们心中。

　　王舜饱含深情朗诵完自己的诗作,师生们泪眼婆娑,掌声雷鸣。王舜一首诗,让师生们重返校园,一幕幕往事幡然而至。

　　做事一向执着的王舜看到了机会,他决心一定为母校留下珍贵的历史。

　　因此,王舜打破了原来的设想,拓宽思路,与母校时空携手,为母校著书立说。消息一经传出,得到平师师生们热烈响应,师生们纷纷拿起笔,娓娓道来,倾诉与母校相守的岁月往事,怀念之情如江河之水,奔腾不息。每一篇文章里,无不对母校寄托了殷殷之情,是怀念,是眷恋,是缠绵悱恻的难说再见!

　　思念之情,汇集成册,《我与平师》一书诞生了。此书的主编由任率英、王舜师生共同担纲,高旭升、孙林等多名同学鼎力相助。

　　王舜倾力打造的《我与平师》称得上是平泉师范的一个历史缩影,该书倾注了他大量心血。提起平师,他心潮起伏,难舍难分,奋笔写下《哽在喉头的涌动》的序言。

　　一提起平师就有一种涌动,像潮水,像热浪,从心底涌向喉头⋯⋯"平师"不复存在。我们不去想这是不是历史的必然,我们只想,不管是"寿终正寝",还是"意外夭折",总之"母校"没了,数以万计学子的"母亲"走了⋯⋯平师,我的母校!平师,我社会生活的起点!平师,我心灵的港湾!平师,我魂牵梦绕的所在。平师,我无限眷恋的地方。难忘平师,平师引我耕种日月⋯⋯太多的回忆,太多的留恋,太多的不舍,只化作一句话:平师是我心中的丰碑⋯⋯

　　他的序言,不是送别,是对走进历史的母校声声呼唤!

　　从平师走出来的作家朱彦华写出心声:"公元 1974 年 9 月,我从承德县的一个小山村走进了平泉师范的大门,我的身份也从那一刻起,由一名乡下知青变为工农兵学员。那年我 22 岁。那时平泉师范似乎不被人们看好。就我知道的承德知青中,如果好一点的大专院校去不了,接下来的首选大多是承德财校。当年我们公社知青考走了 6 个,一个是唐山矿业学院,一个是河北煤炭学校,其余我们 4 个是平泉师范,自我感觉像是低他们一等。但我很满足。对于在农村摸爬滚扎了近 6 年后对扎根农村的信仰已经动摇的我,毕竟有一个'龙门'可以帮助我跳出来,更何况我进的是自己喜欢的文艺班。后来我的人生之路证明,我当初的选择没有错,平泉师范可谓是我的'幸运星'⋯⋯特别是在三十多年后重新追索这些我人生中曾经美好的时刻,真的是别有一番滋味在心头。如今,平师虽然不在了,但平师永远会铭记在我心里。"

　　60 载春夏秋冬,平泉师范培养了辛勤的园丁,培养了作家,也培养了人民公仆。

　　一方封疆大吏的柴山,一天忙碌后,坐在办公室,时空穿梭,回到校园,文思泉涌,提笔抒怀:"又值秋夏,每忆当时。壬戌孟秋,嗷嗷待哺进母校,甲子仲夏,取得真经出平师。教室里,一代名师真情授业;校园中,多少学子问计求知。练琴法、读历史,解几何、做值日,全面发展基础实;卫生所、大浴池,黑板报、图书室,留下回眸多少事!战备路上跑洒汗水,八沟街景散步谱新诗!鸡鸣三省地里苦读诗书虽两载,红山文化源中喜获人生垫脚石!思不尽,念不止,平泉师范我恩师;行大步,立大志,名师高徒更人值!"

王舜一番紧锣密鼓,带着岁月烟尘的《我与平师》一书,由中国戏剧出版社于2012年元月出版。

此时,王舜的恩师罗维栋已经告别这个世界。然而,王舜完成了恩师的一个心愿,《我与平师》一书收录了罗维栋在异乡写下的诗句。

尘世间,千里马常有,而伯乐不常有。王舜的人生旅途上,有两位伯乐,一位是太平庄中学的方文德,一位是平泉师范的罗维栋。可以说,他们的知遇之恩,不仅是传道、授业、解惑也,更重要的是在他们亲切关怀和呵护下,引领王舜走上文学之路。中国的文化里,用"一日为师终身为父"来描写师生关系,由此可见,师生是血浓于水,不是亲人胜似亲人。

那年,罗维栋因患胃癌住进承德市一所医院,准备手术。

癌症,令罗维栋惊恐万状,手术前,他思想压力巨大,不知手术结果会如何?万念俱灰之中,他想看一眼自己的爱徒,便拨通王舜电话,委婉地把自己病情告诉了弟子。王舜得知恩师的病情,不免心惊肉跳,他安慰恩师说,医学发达了,癌症已不可怕,手术一定会成功。为了给恩师减轻思想上的巨大压力,他联系市里的平泉师范同学,一起陪同恩师去避暑山庄。师生相见,分外亲切,罗老师目视自己的一个个弟子工作在不同岗位上,消瘦的面孔上绽放了久违的笑容。为了减轻老师精神上的压力,师生携手漫步在避暑山庄,共同回忆平泉师范校园的时光。古松参天,湖水碧波荡漾,垂柳随风摇曳,亭台楼榭,曲径游廊,一处处古迹前,王舜为老师悉心讲解历史的烟云。王舜对避暑山庄的文化娓娓道来,出乎老师所料,令老师刮目相看。

"王舜,在学校时就知道你将来一定有所作为,"罗维栋驻足月色江声,面对微波荡漾的湖水,不停夸赞弟子,"你有执着、不服输的劲头,还会有更大作为。"

微风从湖面吹来,像是吹走了罗老师心头的恐惧,那张不苟言笑的面孔挂着灿烂笑容。

退休后的罗维栋追随儿女前往天津。闲来无事,文学再次撞开心门,他欣然执笔写下人生沉淀后的一首首诗歌,他不想让那些诗歌锁在柜子里沉睡。

2007 年 12 月 16 日,岁月交替之际,罗维栋在天津给爱徒写封信,介绍自己身体状况,也讲出了自己的夙愿,信中内容:"你好! 在新年即将来临之际,我衷心祝你和你们全家新年和春节快乐,身体健康,万事如意! 上半年,相继在报上和电视上见到对你的报道,对你为承德市的贡献作了肯定,我们都很高兴。望你再接再厉,取得更大成绩。我在你和众多亲友们的鼓励支持下,算闯过了一个手术化疗关,对你和凤荣、旭升、欣云、桂芝等人给予我的关心、支持,我再次深表感谢……时光真的如流水,一晃就是夕阳晚景,我感到时光更加珍贵了。可是却觉得已经无能为力,啥也做不成。近年,在承德市各县各景点,以及秦皇岛山海关、山东几处,上海、南京等地走走,要不以后恐怕连走也走不动了。写有几个顺口溜,寄给你,请予以指正。"

信中,附有罗维栋在一张八开纸上密密麻麻写下的 16 首诗。其中,一首《校友联谊会有感》是写给平师 83 届 6 班的,诗中写道:"共搭民师末班车,同窗洗砚墨瀑河。苏张梁祝谁堪比,金庄德岛频传捷。园丁圣手塑魂魄,公仆清秀做楷模。精驭多能电汽外,砌筑神舟振乡国。"

王舜读完恩师的信,以及一首首诗,心中久久不能平静,信中,他看到了恩师与病魔抗争的坚强,也从字里行间感觉到了痛苦与无奈。一首首诗句,写尽了师生情,写出了一个老人对人间烟火的感悟,以及山河破碎时的伤感与愤怒。

信中,恩师未谈及自己的诗作发表事宜,可细心的弟子理解恩师心中的那份渴望。冬去春来,因种种原因,王舜未能完成老师的夙愿,他心里像是背上了十字架。

最终,王舜呕心沥血编著的《我与平师》这本书实现了恩师夙愿,书中选用了 15 首诗。遗憾的是,《我与平师》一书出版后,罗维栋已经与他的学生挥手告别。

送葬当天,王舜肃立在老师坟前,脸颊上泪水扑簌簌滚落,一抔黄土,阴阳两隔,再也见不到慈祥的恩师了。

罗老师去世后第二年的清明节,王舜带着《我与平师》一书,和同窗张凤荣、李欣云来到老师坟前,他把这本书恭恭敬敬摆放在老师的坟前,同窗们肃立默哀。王舜举动令一行人泪眼婆娑,他把书中载有恩师一首首诗的纸页,小心翼翼撕下来,点燃,用以慰藉恩师在天英灵。

这一幕,深深打动了罗老师的儿媳,儿媳满眼泪水说,爸爸啊,您的学生来看您了,您当老师当到这份儿上,没白当,值得了,安息吧。

毋庸置疑,王舜亲手编辑出版的数百本书中,《我与平师》一书与众不同,书里有自己岁月留痕,有师生绵绵情怀,有对母校的无限眷恋,更有一个时代的记录。

河北平泉师范,是王舜人生的一个里程碑。

第六章

校园弄潮

淬炼

1985 年 7 月 21 日，依依不舍的王舜挥手与母校告别，敞篷汽车摇摇晃晃，行驶在山路上，他内心波澜起伏，既对未来充满了希望，又对母校眷恋不已。一路上，满眼翠绿，迎面热乎乎的风吹掉了额头上的汗珠，但同窗挥泪而别的一幕幕却挥之不去。几个小时后，敞篷汽车一声鸣笛，驶入承德财经学校。

承德财经学校成立于 1972 年，坐落在武烈河畔。行遍千山万水的北魏郦道元，曾站在武烈河畔饱览山川景色，他笔下这样记载武烈河："三藏水又东南流，与龙刍水合。西出于龙刍之溪，东流入三藏水，又东南流迳武列溪，谓之武列水，东南历石挺下。挺在层峦之上，孤石云举，临崖危峻，可高百余仞。牧守所经，命选练之士，弯张弧矢，无能届其崇标者。其水东合流入濡水。"

曾几何时,北魏文学家、地理学家郦道元置身武烈河畔,河水泱泱,目视昂首挺立的磬锤峰,惊讶之中,对大自然的鬼斧神工敬畏至极。他带着一份神奇,沿着武烈河岸行走,一直走到武烈河汇入滦河的交界处。如若不然,郦道元笔下怎么能有"其水东合流入濡水"呢?

其实,武烈河仅是滦河一个支流,郦道元笔下洋洋洒洒的文字,记录的是翻山越岭,一往无前,奔流向海的滦河。

承德财经学校毗邻武烈河,东面地标性的磬锤峰,昂首苍穹;西侧与避暑山庄遥遥相望,万籁俱寂的夜晚,校园里隐约能听到山庄内陆合塔传来余音袅袅的风铃声;北面的普宁寺近在咫尺,香烟缭绕,木鱼声声。僧人手敲木鱼,不光渡自己,也在渡人。

有一天,王舜走进了普宁寺,他听到的木鱼声,分明是一种精进,一种奋斗不止。

王舜之所以被承德财经学校选中不是机缘,也非巧合,有他奋斗的结果,也有校友柴山推荐的因素。柴山这样说,一次校友,两次推荐,因为王舜是一位优秀人才。

1984 年,承德财经学校到平泉师范遴选英才,平泉师范学校团委书记高翠莲举荐了柴山。是金子总会发光,柴山不负众望,从团委干事做起,因工作出色,一路前行,深受校领导赞许。

教务处急需优秀人才。一天,教务处副处长郑波问柴山,你们平泉师范还有优秀的学生吗?他不假思索地说,有啊,有个很优秀的人,是 83 届 6 班的,不仅是班长,而且是学生会主席,各方面都很优秀。

校园内,有一位身材不高,看上去非常稳重的刘凤珍,负责人事工作。她立场坚定,勇于担当,一丝不苟,两袖清风。她因工作经常和平泉师范联系,加之有同学在平泉师范任教,故此,她对平泉师范的优秀学生有所了解。

承德财经学校肩负培养经济、财贸战线上的人才,需要打造优秀的教师队伍,刘凤珍奉命而行,前往平泉师范选拔英才。

双方见面,一番寒暄后,平泉师范校领导一一介绍 83 届即将毕业的优秀学生,并把优秀学生档案摆在她面前。事实上,平泉师范学校 83 届毕业生中优秀人才不唯独王舜,学校自然也推荐了其他人,让用人单位挑选。不辱使命的刘凤珍,翻阅着一份份学生档案,精挑细选,严格把关。最终,王舜脱颖而出。刘凤珍满怀信心回到财经学校,把自己挑选人才的经过向学校党委领导进行详细汇报,校党委会一致通过。

可以说,柴山和刘凤珍共同联手改变了王舜的命运。

王舜被分配在教务处,任教务处干事,负责学生管理工作,兼任德育课教学。学生管理工作烦琐,千头万绪,这项工作教师们避之不及。原来教务处一名干事是留校学生,因缺乏工作经验,学生管理工作无秩序,用"混乱"来形容学生管理工作毫不为过。比如,有学生在宿舍推杯换盏,划拳行令,有学生夜不归宿,还有个别学生在食堂的水箱里洗澡,甚至学生之间互殴,去社会上打架。

20 世纪 80 年代中期,恰逢中国进行轰轰烈烈的改革开放。开放之门一经打开,许许多多旧有制度被颠覆,新的思维,新的观念,如潮水般涌来。恰恰学生是接受新鲜事物最快的群体,学生意识的快速改变,从而增加了学生管理工作的难度。

王舜走马上任,面临挑战。

庆幸的是,王舜还积累了丰富的工作经验,不能说他从容不迫,至少不手忙脚乱。曾经的太平庄中学三年教学,平泉师范两年的班干部、学生会主席的历练,这些过往,让他对校园里的一切了如指掌。

他心里很清晰,管理就要有规矩,无规矩难成方圆。他在本子上写下:

　　国有国法，家有家规，校有校纪。从中学到大学，是人生一个转折点，学生们新的生活开始了，要扬帆远航。为了让他们抵达彼岸，让他们在校园里快乐生活，安心学习，势必要有个好的环境，好的秩序。希望他们遵规守纪。

　　故此，他吐故纳新，提出学生管理三部曲。第一，新生入学，开展入学教育，让新生了解学校，了解专业；第二，学习阶段，解除学生后顾之忧，让学生全身心投入学习；第三，毕业阶段，让学生树立信心，把学到的知识用于实际工作中。第一步，是基础要打牢；第二步，是重点，要抓住，切忌忽冷忽热，时紧时松；第三步，最关键，迎接挑战。

　　为了稳扎稳打，他采取抓两头、带中间的策略。

　　学生管理工作事无巨细，涉及方方面面。学生管理制度，学生管理与教学管理，学生管理与后勤管理，学生管理与学校伙食管理，每一个环节出现问题都会造成不良后果。

　　若想把学生管理工作做好，学生干部是关键。王舜走上工作岗位，思路清晰，组织召开学生干部会议。1985 年 9 月 20 日晚，召开由学生会、班委会、团支部等学生干部组成的人员会议。会议中心内容，是对各级干部进行思想动员，要充分发挥他们的带头作用。他直言不讳讲，把一个班级带好，关键在于咱们这些人。如何做好一名学生干部呢？打铁还需自身硬，一定要戳得住，你们的学习、生活、纪律等各方面都要起表率作用，你们一举一动，同学们无不看在眼里。工作上，要积极肯干，主持正义，坚持公道。学生干部工作，我深有体会，很辛苦，有难处。然而，只要有一颗为同学服务的滚烫心，率先垂范，坚持原则，迎难而上，没有解决不了的困难。你们时刻注意班级同学的思想动态，有问题及时汇报。

　　散会，王舜走在校园里，秋夜的风从武烈河迎面吹来，蟋蟀不停欢唱，星光闪烁,他深呼一口气,凉爽宜人。他抬头向学生宿舍看去,那里灯火通明,偶有学生的欢声笑语从窗户飞出来。

王舜兢兢业业,一系列学生管理工作制度出台,学生违章违纪有章可循。

然而,一些学生散漫惯了,一时受不了这些规章制度的约束,便极力反对,进行抵制。

工商班曾经被戏称为"和尚班",只因工商班全体同学都是男生,在一个刺头学生鼓动下,全部把头发剃光。剃光头发,不是明智,而是进行抵制。故此,教师们对于工商班都很忌惮,学生自由散漫,我行我素,既不出早操,也不上晚自习,又不遵守作息时间。

84届的商会班学生,觉得教务处出台的条条框框,束缚住了手脚,大不如从前自由。那天,熄灯时间已到,王舜在宿舍之间巡查,看到一个宿舍未按时熄灯,便敲门,让把灯关掉。当他转身离开,躺在床上的殷广兴从床上一跃而起,开口骂道,新来的王舜什么鸟人,一天到晚婆婆妈妈,没有他不管的事,简直烦透了。

殷广兴,84届商会班班长,个子不高,性格豪爽,为人仗义,往往赤膊上阵,逞匹夫之勇。一班之长的殷广兴尚且如此,更遑论那些调皮捣蛋的学生呢?很快,殷广兴责骂王舜老师的话不胫而走,王舜听后却显得风淡云轻,一笑了之。王舜认为,工作要讲究方式和方法,要有艺术性,决不能点火就着。

春去秋至,寒来暑往,每天他总比学生早起半小时,他像一只报晓的金鸡,在扩音器前把同学们从梦中叫醒。他的声音既不能高,也不能低,声音高了怕同学们听后产生逆反心理,声音低了显得软弱无力。他在扩音器前喊,同学们醒醒,该起床了,去操场做早操。之后,大喇叭便响起一段进行曲伴随,起床后的同学们从寝室出来,汇集到操场上。

星光下,他的身影在校园里游动,先是检查学生晚自习情况,待熄灯时

1988.7 摄

1986 春摄

寓教于乐。在学生中广泛开展各种活动是学生管理的创新。
王舜在学生演讲比赛中当评委(上);王舜在备课(下)。

间到了,他又在学生宿舍前逐一巡查,看是否熄灯,是否有特殊情况?一年365 天,除了两个假期,他总是披星戴月,忠于职守,总是校园里最早起的人,也是最后入睡的人。若是,夜晚有最后熄灯的教师办公室,无疑是他的。

为了学生管理工作落到实处,他不喜欢总坐在办公室,而是到学生中间去倾听学生的心声,发现问题,及时妥善处理。

1986 年 10 月 15 日晚,他在一个小会议室组织召开学生干部会,征求意见。他的会议开场白言简意赅,直奔主题,体现他从不做长篇大论的一贯风格。

会上,学生干部纷纷发言,各抒己见,他在一个本子上用心记录。

1.作业量大。老师满堂灌。要印篇子,别让学生抄。

2.电大学生可否借阅图书。

3.教师讲课要有要点。

4.制度不明确。

5.缺体育器材,缺少活动。

6.食堂有时饭不熟,饭不够。水池子小,餐厅不卫生,清洁工应一顿一清理。师傅态度不好,经常张口骂人,打饭加塞严重。6 号宿舍的门窗、玻璃、锁,都需要更换。

……

11.学生要随时佩戴校徽。

12.后勤,"只后不勤"。找都不动,窗户玻璃不给安装,去领扫除工具被顶回来。

会上,学生干部总计提了多达 19 条意见,涉及学校方方面面,有些事项超出他管理范围。面对学生干部提出的问题,属于他管理范围的,他迅速整改,超出管理范围的,他携手相关部门进行落实。教务会上,王舜和颜悦色与班主任讲,教师的职责神圣,知识要丰富,站在讲台上要有定力,授课要吸引学生,让学生产生兴趣。世间,什么最珍贵,一个字——情,要与学生有情感交流,要走进学生的内心世界。关心学生,呵护学生,情感教育是最好的思想工作,一味靠行政命令不行。

尘世间,最不好做的事就是人的管理,尤其是管理思想还不够成熟的学生。有的学生与食堂大师傅动手打架;学生之间发生争斗,甚至有人找来社会青年参与其中,导致伤人;有的学生星期天外出,到景区游玩被打得头破血流。面对各种各样的问题,学校领导主张严加管理,该处分的处分,乃至于开除学籍,杀一儆百,决不姑息纵容。

然而,王舜认为,光处理学生,一味地严,不是最好办法,一旦把学生开除学籍,就会影响其一生。

一次,王舜和财校党委韩书记关于学生管理工作产生了分歧,甚至争得面红耳赤。书记主张,一定要严格管理学生,采取"棍棒之下出孝子"的古训,不严加管教,等于纵容,等于害学生,后患无穷。但王舜没有顾及领导面子,言之凿凿,学生管理要有现代意识,不能一味地严,要进行疏导,减少强迫力,增加引导力,用"润物细无声"的手段和学生进行情感交流,架起一座心灵的桥梁。

面对王舜的固执,韩书记面沉似水,语气冷冰冰地说,你是学生工作的管理者,管理不好,你不能推卸责任。韩书记话外有话,虽说没立军令状,一旦学生管理工作干不好,你王舜的责任首当其冲。

天道酬勤,王舜两手抓,既有规章制度,又要和风细雨。

胸襟

规章制度,由人来制定,只能起到约束作用,使用制度不能死搬硬套,要人性化。

　　84 届物价班的张自强，恰如当年入学平泉师范的王舜。班主任通过翻阅档案，就选刚入学的他挑起班长的担子。张自强学习优秀，人长得帅气，古道热肠。班级评三好学生，理应属于他，可他却让给了一名学习优秀的同窗。女同学翟羽佳生病，疼痛不已，张自强和班级团支部书记郭卫军护送她前往医院。翟羽佳来自农村，家里生活条件困难，张自强和郭卫军主动请缨，在医院精心照料，又组织同学为翟羽佳捐款。翟羽佳躺在病床上深受感动，无法用言语表达同窗无微不至的关怀。

　　张自强的一言一行，王舜都看在眼里，他认为这个学生品德高尚，是一棵好苗子，要精心培养，使之茁壮成长。而在张自强的心中，教务处王舜老师工作井井有条，与有的老师最大的不同之处，他和同学相处怀着一颗淳朴、真挚的心。

　　张自强学习优秀，工作出色，被推举为学生会主席。学生会隶属于教务处垂直管理，因此，师生经常在一起谈心、谈人生、谈未来，更多的是商谈学生管理工作。张自强深深感悟到，王舜老师对学生说话，不威、不怒，和风细雨，而且对待学生不厚此薄彼，一视同仁。

　　私下里谈心，王舜鼓励张自强向党组织靠近，力争早日成为一名党员。然而，在学校入党很难，合格的凤毛麟角，必须出类拔萃。

　　1985 年 12 月，张自强站在党旗下宣誓，从此成为一名中国共产党党员，而他的入党介绍人之一就是王舜。

　　以后的岁月，二人亦师亦友，张自强的人生之路，有着恩师王舜的呵护与陪伴。

　　两年时光，如白驹过隙。84 届学生即将毕业，毕业分配好与坏，直接关系学生的前途和命运。商会班班长殷广兴虽说是班长，可面临分配也忐忑不安，尚且毕业分配不公平的声音在同学中间流传。

　　毕业前夕，校党委委员王海在一次会议上仗义执言，今年毕业分配突出的问题是官僚主义,个人偏见贯穿了分配工作。他说,从上到下,关系网真了不得,有的学生留市里的指标被挤占了,有的人通过关系钻了空子。事实上,王海的言语切中时弊,分配工作存在奇怪现象,掌握详情的人没有决策权,不了解情况的人却能定输赢。

分配还有一项不成文规定,不论是学生干部,也不论是优秀学生,只要被匿名信举报,或者有谈恋爱问题,就不在分配到承德地区直属部门之内,从而导致有的学生命运多舛。

殷广兴想用匹夫之勇的一己之力,去撼动分配不公之风。

那天,校党委会议正在召开,殷广兴怒气冲天闯入会议室,他当场质问。团委书记王铁斥责:"殷广兴,你要干什么? 这样鲁莽,对你个人有什么好处? "殷广兴二目圆睁,"我个人不想要什么好处,只想对校党委说,你们这么做有什么好处? 完了,财校完了,今后哪个学生干部再给财校卖命? "团委书记王铁见状,为了保护他,便上前用力抓住他肩膀,推出门外。

殷广兴一时鲁莽,师生们都为他分配捏把汗,王舜深知其脾气秉性,也替他担心。然而,坦荡的殷广兴却任凭风浪起,毫不畏惧。相反地,毕业来临,他做了一件令王舜为之感动的事。

"今天是星期日。这一页,将是本人最后值周的一页班日志。从此就该分手了,而此时我才感觉到,分手对我来说,是件多么不情愿的事啊! 因为,我已经对学校和同学结下了深厚、真挚的友谊。人世间,有什么友谊比这种友谊更无私,更高尚呢? 请同学们记住,上帝从来不休息,上帝从来就没有星期日。"

值班日志左下角落款:84 级商会班班长　殷广兴。时间:1986 年 7 月 6日,星期日。日志虽短,却充满了一位学子对学校、同学那份浓浓深情。王舜读后,读懂了这位优秀班级干部的内心世界,他把殷广兴的最后一页日志记录在本子上。

毕业分配,来自丰宁的殷广兴如愿以偿,留在承德市。当他得知分配时王舜老师没有因自己曾大声责骂,而暗中使用伎俩,甚是感动,深感王舜老师是一位胸怀宽广之人。

多年后的一天,殷广兴走进承德市南营子大街新华书店,他在琳琅满目的书中尽情挑选。突然,《承德新编故事》跃入眼帘,当他看到作者是王舜,惊讶不已,毫不犹豫购了一本,兴冲冲走出新华书店。

退休后的殷广兴笑着说,很久以来形成了一个好的生活习惯,不论冬夏,晚九点必须上床睡觉,早晨五点起床,这得归功于当年王舜老师的严格要求。

如果说,作为班长的殷广兴忠于职守站完最后一班岗,那么,85届工商班毕业的前一天早晨,全班同学按时起床,精神抖擞地奔跑在马路上,俨然是对王舜老师辛勤付出的回报和告别。

整齐划一的队伍里有喊口号的人——周瑞新,他是工商班的班长,学生会主席。憨厚的周瑞新来自围场,家中兄弟姐妹10人,不言而喻,这样的家庭生活一定困难。父母为了供他读书,硬是让他两个弟弟辍学,把希望全部寄托在他身上。周瑞新没有辜负全家人的重托,中学时的他品学兼优,读围场一中就是学生会主席。1985年,周瑞新以优异的成绩考入承德财经学校,拿到录取通知书时,父母古铜色的面孔上缀满了喜庆的泪水。临行前,父母千叮咛万嘱咐,一定要好好读书,在学校吃饱饭,不要担心学习花费,还有你两个弟弟在地里劳动。

憨厚朴实的周瑞新不辱使命,刚一入学,他就肩负起工商班班长担子,这副担子很沉重,只因工商班向来难以管理。然而,这届工商班并非清一色男生,班里融入了十朵鲜花,"和尚班"从此作古。

学校为了扭转工商班不良的名声,王舜肩上加了一副重担,他做教务处干事的同时,肩负起工商班班主任,同时亲自讲授思想品德课。

近水楼台先得月,王舜老师对憨厚老实的周瑞新循循善诱,给予鼓励,教他如何用科学手段管理班级。周瑞新细心聆听,勤奋努力,最终成长为一名优秀的班长,班级团结,秩序井然,学习氛围浓厚。

站在教务处角度上,王舜在几名班长中细心观察,挑选学生会主席,优中选优,周瑞新脱颖而出。

生活中的周瑞新,省吃俭用,身上常穿一身旧衣服。王舜老师每每看到他,就像看到了曾经的自己,于是,他把温情洒在周瑞新的心坎上。星期天,王舜老师把周瑞新叫到家里,让妻子炒两个菜,给周瑞新改善生活。天长日久,周瑞新常常走入这个充满温馨的家,或吃一顿饺子,或倾听恩师的悉心教诲。即便离校后,只要周瑞新从围场来承德市里,他总要走进这个家。

毕业离校前的早晨,周瑞新十分感动,全班同学自发地出早操,同学们跑出校园,沿着大佛寺前的马路奔跑,边跑,边喊口号,一、二、三、四,喊声整齐嘹亮,伴着清晨的微风飞向武烈河畔。

依依惜别,85届工商班全体同学赠送王舜老师一本毕业纪念册。纪念册扉页上写下:"敬爱的王老师:我们今天是桃李芬芳,明天是社会栋梁。我们怎么会将您遗忘,您辛勤的栽培,深沉的抚爱,殷切的希望,是您给了我们知识,给了我们力量。催人向上,积极进取。王老师,别期将至,过去的时间不可追回,唯独记忆的火花,能使往日的生活重现眼前。礼物虽轻,但它能帮助您回忆起同学们矫健的倩影,纯真的友谊,动人的歌声。请您收下吧!"

班长周瑞新写下这样离别赠言:"尊敬的王老师,在您的热情帮助和亲切关怀下,在您的辛勤培育和教育下,我学到了他人所学不到的东西。两年来,朝夕相处,感情甚密,真可谓无所不谈,无所不议。谆谆的教诲,使我懂得怎样为人,您辛勤的工作精神令我敬佩。怎奈,战鼓催征,别期将至,好不叫人心酸,纵有千言万语,也难叙述弟子心中留恋!临别无以相赠,请您接受我对您的美好祝愿,真心祝愿您,事业有成,家庭幸福!"

与其说学生临别赠言是一种温暖,倒不如说是王舜和同学间架起了一座友谊桥梁。

1986年12月31日,新旧交替之际,学校各个班级举办新年联欢会,王舜脚步匆匆,走进一个班级给学生唱首歌,又走进一个班级,给学生献上一段京剧,到另一个班级,再讲个笑话,逗得同学们捧腹大笑。学生们掌声响起,师生其乐融融。

王舜在财校工作了三年,每年新年联欢会都如此,不但和学生拉近了心灵距离,而且和学生建立了深厚的友谊。

为了与一些特殊学生交心,他进行细致入微观察,以便走入他们的内心世界。

韩向东,不好动,少言寡语,王舜一番观察后,在本上写下:"她的性格是流动而又平静的湖水,不易产生巨浪,也很少有忧愁。没有狂笑、大笑,总是那么平稳。是不是缺少感情?不是。是不是不善思维?也不是。就是那么平、静、稳。"

温瑞洲,被称作"老补习生",曾是乡里广播员,面对情感遭受沉重打击,她没有沉沦,发誓一定考大学,不考上大学誓不罢休。几次高考,名落孙山,回到家竟然不敢面见江东父老,怕被人讥笑,竟然不敢走出家门。但他有种不服输的精神,连续考了四五年,终于考入财校。

王舜获悉温瑞洲的事深受触动,时常对她进行鞭策和鼓励。后来,事业有成的温瑞洲回村,有村民手指她的背影说,这是个有志气的人。在王舜的关爱下,温瑞洲不负所望,成为一名三好生,优秀干部,精神文明奖获得者。

每一位优秀班干部都刻在王舜心底。

当年,一位税务班班长临毕业找到交心的教务处王老师,把自己心底的事和盘托出,为了毕业分配留在市里,他准备送礼。王舜坦言,毕业生分配时，留市直指标 30 多个，你是班长，留下，是情理之中的事。可是，没想到，毕业分配时，这位税务班长真的没有如愿以偿。工作多年后，这位税务班班长几经努力，才调到承德市。一次同学聚会，当年教务处的王老师被请来，师生相见分外热情，大家频频举杯，觥筹交错，税务班长已然微醺。不喝酒的王舜，亲自驾车送这位学生回家，临下车，他突然冒出一句话："王老师，我恨你一辈子。"

闻听此言，王舜一头雾水，惊讶不已，不知恨从何来？他不免追问，才恍然大悟。原来是恨他没支持其送礼。

王舜是个心如止水的人，他内心的静，是一泓湖水波澜不惊的静，也是人格魅力的静，做人、做事，干干净净，两袖清风。从河北平泉师范毕业，职务一步步升迁，直至承德市人大工作，每一次工作变动，无论职务好与坏，他安之若素，从未"跑要"。

庄子有句名言："平者，水停之盛也。其可以为法也。"他要人们效法水平，内心微波不澜，心境慢慢地修养，道德就充实了。

偌大的一个学校，学生管理工作需要群策群力，不能孤军奋战。

一段时间内，恰逢进行爱国主义教育，全国开展轰轰烈烈学习北京首都师范大学的李艳杰，他为人师表，教书育人，传播真善美，是教育战线一面鲜艳的旗帜。

学生管理和思想教育相融在一起，不可分割。学习典型人物的先进事迹，机不可失，顺势而为，打造学生们的思想高地。学校团委干事柴山和王舜既是学友，更是工作上同一战壕的战友，二人携手，珠联璧合，无论是学生思想教育，抑或学生管理工作，水乳相容，相得益彰，学校精神面貌焕然一新。

励精图治后，承德财校声名鹊起，大凡承德地区组织的大中专院校汇报演出、演讲、知识竞赛,财经学校往往摘得桂冠。而且,形成了一种现象,若大中专有活动,一旦财经学校不参加,组织者有一种缺失感。柴山很自豪地笑称,没我财校参赛,无酒不成席。

1987 年 9 月 27 日晚,承德京剧团演出大厅内,灯火辉煌,座无虚席。一场"颂祖国·爱家乡"的"猛虎杯"青年知识竞赛在这里举办,协办单位为承德地区千斤顶厂。承德地区千斤顶厂是赫赫有名的国营大厂,生产的"猛虎牌"千斤顶畅销国内外,在全国同行业称得上佼佼者,而且,许多大中专学生毕业后纷纷涌来,他们成为新鲜血液,让工厂充满了朝气蓬勃的活力。

"我们工厂搞这次活动,是件很有意义的事,举办知识竞赛活动,宣传我厂,给我厂传美名……祝愿'颂祖国·爱家乡'知识竞赛举办成功。"千斤顶厂厂长讲话很短,且语句偶有停顿,略显紧张。

当主持人提问工厂一个问题,参赛者面面相觑,没有人能答出,最后,让厂长回答,也许厂长一时紧张,一头雾水的厂长竟然没有回答出来。同时,还有一道未答出的题,这道题是有关承德作家的相关作品:郭秋良撰写的《康熙皇帝》,薛理呕心沥血的《金马奇案》《将军三部曲》。

竞赛结束,承德财经学校摘得桂冠,把一座金灿灿的奖杯揽入怀中。

学生管理工作,事无巨细,小到一块破碎的玻璃,冬天一块棉门帘,学生宿舍的一个灯泡,大至学生的学习、思想动态,王舜都需要精心,都需要踏踏实实去解决问题。他没有言语上的轰轰烈烈,而是采用润物细无声的工作态度,这也充分诠释了他的性格。

王舜兢兢业业工作,校领导看在眼里,师生们看在眼里,赢得赞誉的同时,也迎来人生中宝贵的友情。

1987.5.1 摄

步入而立之年的王舜,在承德财经学校任教。

深情

　　三年,默默工作中的王舜得到了温情,温情变成友情,友情没有被岁月淹没,被永远珍藏着。

　　王舜与柴山虽说是校友,但在平泉师范读书时缺乏身世了解。如今,在承德财经学校朝夕相处,惺惺相惜的二人走向了彼此心灵深处,无话不谈。

　　闲暇时,他们彼此敞开心扉,讲述自己的家乡,讲述难以忘怀的家乡往事。虽说柴山是学长,可他年纪比学弟王舜小 8 岁。若按常理,王舜该是学长,柴山对此好奇,不免问王舜,你上学为何这么晚? 王舜长长叹息了一声,沉默好久,才张开嘴讲述自己曾经的苦难,从父母早亡,被送人,兄弟二人和耄耋的爷爷相依为命,艰难求学路,直讲到告别滦河岸的三尺讲台,听得柴山唏嘘不已。柴山听到动情处,眼底有些潮湿,心中勾起自己的酸涩记忆。柴山叹息一声说,看来咱俩同病相怜,童年有些相似,我 13 岁父亲撒手人寰,母亲一个人风里来、雨里去,用柔弱的肩膀扛起一个沉重的家庭,抚养我们兄弟姐妹 5 人。庆幸的是,坚强的母亲没有让我失学,我有幸读完高中。虽说坐在教室里读书,可身在曹营心在汉,心里依然惦记着去地里干活。为了给母亲减轻负担,也为了能继续读书,只能一边读书,一边下地劳动,一年下来竟然能挣 1000 多工分,赶上一个生产队女劳力挣的工分。都说穷人的孩子早当家,挣 1000 多工分,花费了我大量时间,可我没耽误学习。

　　柴山讲到这,欣慰地笑了,似乎曾经的苦难戛然而止,他把征询的目光落在王舜身上。王舜心中波澜起伏,他在想,人生无法拒绝苦难,都说苦难是财富,可是谁也不愿意拥有苦难。

　　共同的经历,共同的抱负,共同的理想,久而久之,柴山和王舜相处得亲如兄弟。工作上,一个负责团委,一个负责教务,彼此并肩战斗,携手前行。生活上,不分你我,比如,用一个饭盒蒸米饭,吃饭时,饭盒放在中间,各自把饭盒一边,你一口,我一口,吃得津津有味。

也因此,他们的工作得到了校领导肯定,成为学校的骨干力量。

刘凤珍一直在观察王舜。他工作中的优异表现,让刘凤珍感到欣慰。她觉得自己亲手选来的人成为学校的骨干,没有遗憾。然而,私下里有人悄悄议论,工作优异的王舜不可能久留财经学校,会有新去向。

一天,刘凤珍把王舜叫到办公室,把温馨的目光落在王舜脸上,微微一笑问,想把你爱人调来,你愿意吗?

"愿意啊,"王舜喜出望外,突如其来的喜讯不啻天上掉馅饼,"这可能吗?"

刘凤珍没直接回答,只是点头示意。

原来,爱惜人才的刘凤珍深知"千军易得一将难求"的名言,为了留住人才,她产生了一个大胆想法,何不把王舜的爱人调来?于是,刘凤珍独自前往太平庄中学去详细考察。从承德市到隆化县太平庄没有直通车,只能先乘班车到隆化县城,再转车,一路舟车劳顿,尘土飞扬中刘凤珍来到太平庄中学。

翻阅档案,和学校领导座谈,又听取本人意见,一番严格考察,刘凤珍一颗悬着的心终于落地。

时已向晚,只能住下。刘凤珍走出太平庄中学,走向王舜靠近滦河岸的家,当她踏入家门口,不由得倒吸一口冷气,眼前的一切略显寒酸。三间小瓦房,屋檐下的两个男孩,身上的衣服裹着泥土,兄弟二人用奇怪的眼神盯着和母亲一同走进院的陌生人。母亲微笑着说,大新、二新,快叫阿姨,你爸爸单位的领导。两个孩子很有礼貌,胆怯地说:"阿姨好。"

刘凤珍进屋，环顾四周，屋里有点凌乱，只有三节红柜子让屋子充满了生气。晚饭后，一番攀谈，才知这个家庭的日子比想象中的困难。

夜晚，刘凤珍躺在炕上，心里有些纠结，身边的两个男孩已经入睡，她唯恐虱子偷偷爬到衣服里。她感知了一个两地分居家庭的生活不易，从两个孩子身上的打扮、卫生状况，可见一斑。

于是，入睡前的刘凤珍暗自决定，为了让王舜安心工作，充分发挥他的才能，一定让这个家庭团聚。

毋庸置疑，人事调动需要召开会议进行研究，会上有人提出反对意见，尤其是王舜所在的教务处领导。教务处处长鲜明的态度，并非出于私心，他觉得王舜的妻子是乡下中学教师，难以胜任财校老师工作。他心中的财校老师，站在三尺讲台上，不仅展现知识和才华，而且还要有气场、定力。

面对反对意见，刘凤珍丝毫没有动摇，她旗帜鲜明地阐述自己观点，王舜是个优秀人才，我们学校需要这样踏实肯干的人，为了留住他，让他一心一意工作，我们要解决他的后顾之忧。

刘凤珍不顾反对人的意见，在她执意坚持下，王舜爱人总算调入财校，一家人实现了团聚。

刘凤珍两袖清风，为人正直，人事工作事关重大，她的工作经得起时间考验。刘凤珍不仅改变了王舜的命运，也改变了他两个儿子的命运。毕竟，乡下的生活环境和教育环境，与城市相比不可同日而语。有了良好的教育环境，王舜的两个儿子比翼齐飞，先后考入大学，大儿子置身国外，成为一名科学前沿的科学家，二儿子继承了父亲的志愿，在文学天地里展翅翱翔。

2023 年春暖花开时，王舜带着厚重的"礼物"来看恩人，年近九旬的刘凤珍耳聪目明，精神矍铄，丝毫没有老态龙钟的迹象。回想往事，刘凤珍老人才彻底讲述当年如何从河北平泉师范选王舜，以及如何调他的爱人来财校工作。

几十年中，刘凤珍从未对王舜讲述从前一幕，避免在王舜面前邀功，由此可见老人的纯真之情。

有一幕，令人百思不得其解，当年刘凤珍力主调王舜妻子，而她的主管领导却极力反对。意外的是，那位领导临终前，渴望见王舜一面，王舜浑然不知。当王舜得知消息时，那位老领导已然撒手人寰，令他深切缅怀，怅然若失！

几十年后，王舜得知妻子调动真相，没有对那位老领导产生一丝怨恨，他认为，老领导没有私心，完全站在工作角度考虑问题，而且这位老领导和自己一直保持着友好交往。有一句话来形容王舜很贴切，"宠辱不惊，闲看庭前花开花落；去留无意，漫随天外云卷云舒"。

王舜真诚地说，刘老师，我命运的改变和您有直接关系，我也没辜负您，让您失望。他把自己的一份"厚礼"献给恩人：一本厚厚的《避暑山庄大辞典》，一本《承德历史文献集成》，还有一本《尹忠热河记忆》。这三本书事关承德的历史与文化，是他参与撰写和编辑的比较经典的书籍。

老人接过"厚礼"说，当年不能说我慧眼识才，从你行为中就感知你将来能干一番事业，果不其然你有了自己的事业，退而不休，有几人能做到啊？

慈眉善目的老人站在门口，用恋恋不舍的目光送走爱徒……

时间回到 1986 年，冬初，北风萧瑟，滦河岸树叶凋零，一辆东风 140 敞篷汽车缓慢行驶过滦河，停在两间房村王舜三间房院门前。

看到汽车停在自家门前，大新、二新欢天喜地，激动不已，兄弟二人知晓从此以后要和父亲生活在一起了，欢呼雀跃。

搬家，屋里大件家具只是三节红柜子，若放进财校给的一间半平房里，占据很大空间，只能舍弃。于是，王舜把两棵伐倒的杨树装上车，用来打家具。

汽车启动，王舜环顾四周，当初 1978 年春辛辛苦苦翻修的三间房，院外的滦河、西梁、光顶山，以及远处的山山岭岭，这些地方无不埋藏着自己坎坷的岁月。

敞篷汽车沿着滦河岸行驶，一会儿离开了养育的村庄，王舜回眸一望，心中有点恋恋不舍。但车里的两个儿子，大新和二新心旷神怡，他们认为只要能和父亲在一起，总比在滦河边打水仗、捉鱼快乐。

倒开门的一间半平房，装下了从滦河岸运来的锅碗瓢盆，一家人实现了团聚。

一间半平房，原来由柴山居住。柴山从小被过继给大伯，大伯去世后，大娘一个人生活，显得形单影只，孤苦伶仃。柴山不忍心看着大娘一个人过清苦的日子，和学校申请后拥有了一间半平房。于是，柴山把大娘接来，以尽孝心。殊不知，半年后大娘突患脑出血，时间不久便因病故去。

人世间，锦上添花并不重要，重要的是雪中送炭。柴山和王舜的深厚友情，是点点滴滴累积起来的。

有一天，柴山得知好友王舜爱人工作调动成功，且要把家搬来，他主动把一间半房子腾出来，一个人住进办公室。

事就怕比较，有比较才会泾渭分明。王舜和年轻的周余良住同一宿舍，因年纪相差，周余良眼中的王舜是一位和蔼可亲的大哥。周余良，衡水人，河北大学毕业分配到财校，他二十出头，血气方刚，自然容易冲动。

"余良，遇事要谨慎，冲动是魔鬼。"作为大哥的王舜殷殷叮嘱。

周余良亲人不在身边，便把王舜视为亲人。更为重要的是，他眼中的这位大哥，办事稳妥，不急不躁，有善良之心。天长日久，二人关系越走越近，周余良把心里话无不和大哥倾诉。

周余良临近新婚，但还未有婚房，学校动员三个单身住宿舍的人给腾房，便于周余良结婚。然而，三个人无论如何也不给腾房，王舜看在眼里，急在心上,他想起自己从乡下搬家的情景,特别感激好友柴山,但他很少在柴山面前说过感谢的言语,只是把感激之情默默记在心底。

挚友之间,心有灵犀一点通。

"柴叔叔好。"大新小嘴很甜,一声叔叔,把柴山喊得心花怒放,他抱起大新,又抱起二新,不停在两个孩子脸蛋上亲。

柴山看到王舜欢蹦乱跳的两个儿子,甚是喜欢。他发现大新有个爱好,或蹲在墙根,或蹲在杂草间,聚精会神寻找虫子,把捉到的虫子放进瓶子里。因此,一间半逼仄空间里,经常摆满了装着虫子的瓶瓶罐罐。柴山说,大新之所以成为研究自然科学的年轻科学家,与他从小关爱生命不无关系。

如果说,柴山和王舜建立了深厚友情,是彼此无私的眷顾;那么,他和张勇的一世情缘,彰显的是王舜一颗仁心。

"貌不压众。"田校长对张勇的评价。

虽说张勇个子不高,但很有智慧,他1985年留校,和王舜是同乡。俗话说,亲不亲故乡人,二人结识后,彼此很投缘,友情一天天加深。王舜年龄长于张勇,张勇视王舜为知心老大哥,每每遇到困惑,不吐不快。

张勇新婚喜事即将到来,他和女朋友因故争吵一番,一股无名火便积压在心中。1987年11月冬天的夜晚,他心情郁闷,皱着眉头来到王舜办公室,面沉似水,坐在椅子上一语不发。王舜见状问,老弟,有啥不开心的事啊,还是遇到啥困难了,快说出来,憋在心里会生病。张勇长叹一声,断断续续说,我和她吵架,闹僵了。不错,我家穷,结婚没啥给的,可父母供我读书不容易啊,一个汗珠子掉在地上摔八瓣。当初,留校是一大错误,悔之晚矣!如果回县里离家近,照顾家人也方便。又一想,人这一辈子在哪都无所谓,关键是有个像样的家,夫妻恩恩爱爱,过上和谐的日子,才是人生美满的事。

王舜仔细听着,张勇开始了他的告白,真是五味杂陈。

张勇在倾诉的同时，不由得回想起初恋的美好时光。他敞开心扉说，大哥，我原来有个女朋友，是我的中学同学，不能说青梅竹马，最起码是情投意合。然而，家里死活不同意，她现在已经结婚了，是乡妇联主任。说到动情处，他眼中泪光闪闪，竟然哽咽起来。王舜起身，用手轻轻抚摸着张勇后背，沉默一会儿说，生活就是这样，苦辣酸甜都有，人的情感很复杂，婚姻有时无法用语言表达，对象选对了，情投意合，家庭美满，可一旦错了，不仅仅是痛苦。你要结婚了，屋里空荡荡的，女友一时不快，实属正常。人生结婚是一件大事，别让婚房过于寒酸，你没东西不怕，我从家里拉来木材，还没用，你尽管选。

"这合适吗，"张勇破涕为笑，用征询的目光看着王舜，"你还没用，你不是要打家具吗？"

王舜微微一笑说，结婚事大，你先用。

婚房，17 平方米房子，学校给予。一间房子必须打隔断，才会有卧室、厨房，张勇正苦于找不到打隔断的材料。王舜大哥雪中送炭，让十分纠结的张勇云开雾散。那天，张勇在王舜家外堆放着的几根杨木中挑选，他一眼看中那根最粗的杨木，笑嘻嘻地说，不多用，只这一根木头就够了。

张勇选中的那根粗杨木，王舜准备做家具，他只能忍痛割爱。

遗憾的是，张勇结婚当天双方父母都未到场，身边连一个亲人都没有。婚房内，除了一张床，剩下的是锅碗瓢盆，木箱上放一块木板权做饭桌。欣喜的是，婚房摆着一台 12 英寸黑白电视。

其实，张勇即使做梦也梦不见婚房会摆放一台电视。原来，王舜看到张勇结婚过于寒酸，婚房里真可谓家徒四壁。从困境中一路走过来的王舜，有一颗柔软的心，他和妻子商量，把家里新买来的电视给张勇看，妻子有些犹豫，不是舍不得，两个儿子需要看电视啊！王舜解释，张勇是小兄弟，又是老乡，我们不帮谁帮？

张勇结婚头天，王舜怀里抱着那台 12 英寸黑白电视，走进张勇的婚房。张勇见状，一头雾水问，大哥，你这是？王舜说，新婚大喜，你这婚房空荡荡的，没件像样的东西，这台电视你先看着。张勇摇头说，这可不行，你不看电视，两个孩子需要看，快把电视抱回去。

王舜执意把电视放下，转身出屋，一股暖流瞬间涌上了张勇心头。

从此，一台 12 英寸黑白电视机令他永世不忘。滴水之恩，当涌泉相报。曾经"貌不压众"的张勇辞去银行领导的职务，接过一个赫赫有名的公司，励精图治，劈波斩浪，事业红红火火，越做越大。然而，张勇没有忘记曾经雪中送炭的王兄，逢年过节总要登门拜望。

王舜不仅是张勇的仁兄，还是良师，事业打拼中每每遇到困难和挫折，他总要和王舜探讨、商量。张勇认为，他行事稳妥，有谋略，恰似一泓潭水，波澜不惊，却静水深流。

人对生活总有一种念想，王舜对三尺讲台情有独钟，只要站在三尺讲台上，立刻神采飞扬。三尺讲坛上授课，是他终生的眷恋，是一生的情缘。

承德财经学校，有一天，他竟然登上讲台为财经学校的语文教师讲座，一节语文教法讲座讲得激情四射，酣畅淋漓，听课的教师交口称赞。

王舜是个多面手，担任教务处学生管理工作，忙碌的他还挑起班主任担子，给学生上思想品德课。

86 届税务班，王舜担任了一年半的班主任。他认为，学生在教室里学习文化知识的同时，还要走向社会，走进大自然。因此，他带领学生登临雄伟壮观的金山岭长城，只见群山巍峨，长城蜿蜒，气势磅礴。游览长城不是目的，是要让同学真正领会到长城的丰富内涵。

侯秀珍站在长城上，留下了青春芳华的倩影。侯秀珍，从读中学时就喜欢文学，曾跑几里路去读报纸副刊的小说、散文、诗歌。她心中的梦想是考取师范中文系,走进文学的殿堂,但希望破灭了。财经学校,她发挥自己优势,撰写校园里板报稿件,和同学们一起把板报办得丰富多彩。临毕业,班主任王舜老师在她毕业纪念册留言:文学能给人力量,能丰富人生,不要停留文学的脚步,坚持下去,抵达彼岸。侯秀珍带着老师的殷殷嘱托,走向税务战线,直至退休。退休后,她内心重新点燃了文学之火,火焰熊熊燃烧,诗词丰富了退休生活。她把创作的诗词发给王舜老师,让老师给予指正。

文学,是王舜的梦想,从滦河畔来到瀑河,又从瀑河岸来到武烈河畔,他始终追逐着梦想。

财校教务处的学生管理工作纷繁复杂,耗去大量时间,但王舜依旧笔耕不停,其作品屡屡发表在承德群众报上。财校内有一个"远足诗社",发起人是徐毅,"远足诗社"不仅在校园里影响力大,而且在社会上也有一定的名气。由于对文学的热爱,柴山、王舜被聘为"远足诗社"顾问,他们联手给予"远足诗社"大力支持。

其实,人生又何尝不是一次远行呢?人生理想抵达彼岸,分明是一次又一次远行。

1988 年 4 月,柴山调往承德地委组织部。

柴山优异的工作表现得到领导们赞许,组织部缺少文字功底雄厚的人,组织科科长石占文问柴山,你有可靠的人吗?

"财校的王舜,"柴山脱口而出,"他不但会写文章,而且有很强的组织能力,办事严谨。"

一天,学校党委韩书记找到王舜说,地委组织部要你,你愿意去吗?王舜表明态度,执意在学校当老师。韩书记用奇怪的眼神盯着,觉得王舜不可思议,韩书记说,你回去想想再做决定,这是组织上要人,如果是其他部门,你想去我还不放呢。其实,王舜对组织部工作性质不完全了解,更何况他从内心喜欢三尺讲台,关键是一年还有两个假期,可以利用这两个假期读书、写作,何乐而不为呢?

王舜思虑再三,犹豫不决之际,找知心好友柴山进行探讨。性格爽快的柴山直言,组织部是个大舞台,不是谁想来就能来的,看中的是你手中笔杆子,你在这里会有另一番天地,人生有多大舞台,就能做多大事。

柴山和王舜写下了人生纯洁友情,情意浓浓,风雨同舟,牢不可破。早在 1985 年 5 月,平泉师范即将毕业的王舜给柴山写一封信,信的内容是:

> 本月五日,去承德游,前去看你,想和你聊聊,你没在校,很失望(怪我事先没联系)。与平师分别快一年了,只寒假于承火车站见一面,可是,由于当时你母亲刚病逝几天,你正在极度悲痛之中,又没有多谈。说句心里话,我非常希望和你一次长谈。谈一谈人生,谈一谈做人,尤其想谈一谈写作……

从这封信里不难看出,他们之间的同窗情多么深厚,他们有共同的理想,有共同的爱好,有共同的追求。

1987 年 5 月,柴山去江西南昌学习三个月。他走后一段时间,见不到他的王舜十分牵挂和想念。于是,王舜鸿雁传书,表达悠悠思念之情:

> 柴贤弟:什么叫怅然,什么叫思念,似乎今天才知道。往日,茶余饭后,工作只闲暇,没有主观的支配,不自觉地走进"团委",在任何人面前都不能说的话,在这里说一说,对谁都不愿讲的事情,在这里讲讲,这里,好像我的生活就寄托在这。现在,又有话憋在肚子里了,刚要往"团委"走,腿又收了回来,不能去了,不能说了,跟谁说呀? 每逢此时,心里不知道是什么滋味,难受得很。难道这就叫怅然? 其实有甚于怅然……室内月季花开了,又落了,倒挂金钟三三两两正在开着。花虽好看,可我每次浇花不愿多看

一眼,草草离去,只因主人不在……弟一路顺利,这便放心。老没有音信,真有些坐不住了呢。可是,接信后又让弟等了几天,真不应该……学习机会难得,珍惜三个月的江南生活。学习不可丢,但也别忘了游览江岸的风光。把节假日好好安排一下,带的钱粮若有不足,及早回信。

女为悦己者容,士为知己者死。

当柴山仕途一帆风顺,主政丰宁满族蒙古族自治县时,发生了一次山火,王舜得知坐立不安,夜里难以入眠。当得知山火没有造成多大灾害时,王舜长长舒口气,高度紧张的精神才彻底放松。

千里有缘来相会,无缘对面不识君,人生知己就是如此。有时,同一个办公室,面对面同一个办公桌,未必能成为知己。

1988 年 10 月,王舜调往承德地区组织部。截至此时,他在承德财经学校整整工作了三年,三年之中,他拿起相机,学会用镜头描绘绚烂多姿的生活,更为重要的是,带着思考漫步避暑山庄,怀揣敬畏之心走进一座座庙宇,探访一处处名山,开始走上对承德历史文化研究之路。

承德财经学校,是王舜一个绚丽多彩的梦想摇篮。他静下心来,写作、摄影,悄然间与承德历史文化结下一世情缘。

第七章

脚踏实地

足音

　　王舜调往承德地委组织部，是他人生又一次华丽转身，回望他几次工作变动，可以说每一次都是负重前行。

　　如果，把组织部比作一驾马车，组织部里设立的干部科和基层组织科，便是它的两个车轮子。

　　基层组织科是驶向城镇的街巷、驶向广大的农村的轮子。

　　在组织部工作多年的柴山一语道破，组织科的基层组织建设，既要善于思考，又要勇于创新。这里的干部如果墨守成规，四平八稳，只能是个庸碌的工作者。基层组织建设是个大的舞台，在这里干事业只要德才兼备，就能释放灼灼光华！

　　1988 年 10 月 12 日，王舜从承德财经学校大门走出，一路南行，离宫围墙斑斑驳驳，墙内载满一个王朝的历史烟云，脚下金黄的落叶沙沙作响。

王舜走入承德地区地委大院,走进楼,脚踏木地板发出轻微咯吱声。他轻轻推开组织部干部科的门,郭椿科长从椅子上起身,微笑着说,欢迎、欢迎!

他被安排在组织科。第一天上班,热情的张淑兰找来四本书,让他尽快熟悉组织科工作情况。看书之余,长年累月记事的他打开一个新的记事本,在扉页上工工整整写下一副对联"清正廉洁　扶正杜邪",横批是"莫迷途"。他忠告自己,在新的工作岗位上决不能迷失方向。

10 月 26 日,组织科的会议上提出三个为什么。第一,入党为什么(所指入党积极分子)? 第二,在职干什么(所指在职干部)? 第三,离职留什么(所指离退干部)? 这三个问题,在考问每一名党员,中国共产党从诞生到发展壮大,直至成为坚不可摧的执政大党,没有灵丹妙药,其宗旨就是一心一意为人民服务。

工作上改为一个新的领域,王舜很快进入角色。隔几天,组织科召开会议,在会上他有感而发,基层组织科,对我而言是个全新的领域,这几天对组织工作有了大概了解,懂得了它的工作性质,感觉肩上挑着一副沉重的担子。为了服务于基层组织,有利于开展生产经营活动和更好地发挥党员作用,我会竭尽全力深入基层。

王舜娓娓道来,声音不高不低,不快不慢,如涓涓流淌的溪水。

面对改革开放后社会环境发生的变化,他提出了几个问题:怎样实现党的保障监督作用? 如何解决企业党组织"业余化"? 怎样落实事业单位长效负责制? 农村从业结构发生变化后,党员活动有所削弱如何解决?

王舜走出校门,进入承德地委组织部,开始全新的工作。
文津阁是清代四大藏书阁之一,内藏《古今图书集成》《四库全书》两部重要丛书。王舜背靠文津阁留影。(181 页图)

1988.11.5 摄

组织科科长石占文静静听着王舜发言,感觉他不像门外汉,所提出的都是亟待解决的问题。石科长目视王舜不急不躁的样子,心满意足,感觉选人没选错,他定会有一番作为。最后,石科长布置了今冬明春的几项工作任务。第一,处置不合格党员;第二,发展党员;第三,党员教育;第四,党员管理;第五,基层班子建设;……总计有十一项,王舜逐一记在本上,便于自己领会和进一步研究、落实。

他很快适应了工作环境,一心投入工作,而且得心应手,驾轻就熟。他工作之所以能得心应手,关键在于他曾在滦河岸行走了7年,积累了宝贵的基层工作经验。所不同的是,如今要从管理者角度去审视农村党支部建设。为了找准工作方向,他把中央组织部部长宋平有关"农村基层党组织的主要任务"写在了本上:

　　1.要把农村党支部建设好,选出个好的支部班子,特别是一个好的支部书记;2.要适应农村商品经济发展的要求和党员流动性大的特点,进一步调整和改进农村基层组织的设置,加强对农村党员的教育和管理;3.村党支部仍要起核心作用,领导方式和方法应当改进。

为此,他深深思考一个问题,是否把那些一心为民,实干兴村的党支部书记挖掘出来,为他们讴歌,通过他们的典型事迹,绘制成一面迎风招展的鲜艳旗帜。

作为一位基层组织的管理者,不仅要穿针引线,关键在于创新。王舜深思熟虑后认为,农村合格的党支部书记应该是:长×宽×高。长,是专长;宽,是知识面;高,是思想境界,三者缺一不可。

为了选好一名合格的农村党支部书记,王舜摒弃坐而论道,一味查看材料的工作方式,他带着时代的思考,走向塞外的山水之间,去挖掘不同的类型,却有着共同奋斗目标的农村党支部书记。临行前,他和《承德群众报》编辑安忠和商量,在《承德群众报》开设一个"农村党支部书记风采录"专栏,用来讴歌那些优秀的村党支部书记。很快,王舜的意见得到报社大力支持。

于是,王舜一头扎入农村,脚底沾满泥巴,裤脚挂满黄土,风尘仆仆地行走在乡间,去寻找那些身上闪光的党支部书记。从乡下归来,不顾舟车劳顿,挑灯夜战,伏案提笔,脑海中一位位质朴、纯真、粗犷、缜密,手上沾满老茧的农村党支部书记,轮番登场,一位位栩栩如生,有血有肉的农村党支部书记的鲜活故事刊登在《承德群众报》的"农村党支部风采录"专栏上,一经登场,光芒耀眼,立刻产生社会效应。

最后,他把风采录汇集成《足音》一书。书名,由书法家关阔亲自操刀。

"足音"二字内涵丰富,既是他走向田野,步履匆匆的声音,又是农村党支部书记抓铁有痕、踏石留印,带领村民旧貌换新颜的声音。

书的开篇,王舜这样写道:

　　是雁阵里的头雁? 是默默耕作的老黄牛? 是拓开荒漠土地的犁铧? 是风雨挺立的老树? 是铺路的石子? 是大厦下面的基石? 我们从广袤的承德大地调查归来,我们从连绵的塞外山川采风归来,激动的心情久久难以平静, 总想打开自己语言的仓库, 组成一种形象, 来形容农村党支部书记——这些可敬可爱的人们。承德地区有 2237 个农村党支部。承德地区有 2237 个党支部书记⋯⋯上边分系统,下边当"总统"。千千万万个"官"对着支部书记一个"腿"。上边千条线,下边一根针。千条线系着党支部书记一个人。他们在从事着难度十分大的种种工作,有谚语曰:怨声骂声指责声声声入耳　急事难事窝囊事事事缠身⋯⋯

事实上,《足音》成为王舜纪实文学的开山之作。

一天,一叠典型人物材料让王舜眼前呈现一幅绚烂的秋景图,金色秋风,漫山红果,灿若晚霞。他心如潮涌,恨不得即刻动身,去书写一名村党支部书记的感人事迹。

1989 年 4 月 21 日,王舜前来隆化县西地村,终于见到被称为"红果大王"的村党支部书记刘金榜。此刻,刘金榜头上顶着"全国劳模"和"省劳模"的耀眼光环。

为了写好刘金榜,他走进西地村安营扎寨。仲春里的西地村,安然恬淡,房前屋后的树已然泛出绿意,土地承包后的村民们在集体红果园里忙碌着。土地承包了,可西地村漫山遍野的红果树却归村集体所有,这便是刘金榜智慧的结晶。

王舜走进西地村果品加工厂会议室,环顾四周,墙上挂着各级政府颁发的奖状。会议室,刘金榜敞开心扉,讲述西地村红果产业发展的前世今生。

"西地村人最穷时,火炕上躺着,没有被子盖,"一脸胡须的刘金榜把一双小眼睛闭上,他不想让泪水打湿面颊,"为了改变西地村,我甘愿当冤大头、顶门杠,我豁出去了,哪怕搭上一条命。"

刘金榜虽没有多少文化,但他思维敏捷,说话有逻辑性,充满了智慧。人的智慧与生俱来,文化多寡并非决定性因素。每每谈到沉重话题,刘金榜把头埋在怀里,叹息不止,连连摇头。无疑,脸朝黄土背朝天的一位农民,若想在土地上干出一番事业,一定会翻山越岭,走过崎岖不平的坎坷之路。

刘金榜满脸胡须,令王舜满腹狐疑。刘金榜读懂了王舜目光里的疑问,他摸了摸下颚上的一绺胡须,面孔上的肌肉变得僵硬,讲述失子之痛。1988年 6 月 6 日,按说是个吉祥日子,可对刘金榜而言却是暗无天日的时刻。29

岁的独子驾驶村里果品厂汽车,运送红果产品途中发生交通事故,不幸离世。刘金榜闻听噩耗,如五雷轰顶,天旋地转,当即昏厥过去。试想,正值壮年的独子,上有父母,下有妻儿,谁又能扛住这人间惨烈一幕呢?

儿子故去,儿媳未改嫁,一心守在家。为此,刘金榜和老伴感动不已,他想,既然儿子没了,自己没有光鲜的资本,便决定留胡须。

"家人劝我,儿子死了,别再办果品厂了,"刘金榜眼里泛着泪水,他用手抹了抹眼睛说,"儿子死了,我心不能死,村里的老少爷们还等着我。"

王舜听完这段人生最痛苦的事,既为刘金榜伤感,又赞叹他是一位铁骨铮铮的汉子。此时此刻,王舜深感所有的语言都不能抚慰刘金榜失子之痛,便决心伏案提笔来,讴歌刘金榜栉风沐雨,带领村民走向小康之路的一曲壮歌。

为了进一步挖掘生动故事,王舜走进了刘金榜略显冷清的家。

出于礼貌,刘金榜老伴脸上勉强露出了笑容,但笑容里隐隐掺杂着些许苦涩。在王舜言语引导下,她把一肚子苦水都倾泻出来,她皱紧眉头说,儿子死了,活着没有念想了。他整天东奔西跑,家里就剩我一个人,连个说话的人都没有,孤孤单单的,就胡思乱想,天天泡在眼泪里,老的老,小的小,这日子过得憋屈啊! 有时我劝他,别干了,为了红果产业都把儿子命搭上了,村里还有闲言碎语,你图啥啊? 可他就是偏,偏得九头牛都拉不回来,把我的话当耳旁风。他脑子里让红果树根缠住了,我的话根本听不进去,当干部这么多年,最后就落下这么个结果? 唉! 有时,他会瞪着眼珠子说,不管谁说啥,豁出去了,就这么干,死活也把集体搞好。

王舜静静听着,他深切感受到,刘金榜为了红果产业,几乎搭上了身家性命。

最后,刘金榜老伴哽咽着说,我就这么个儿子,儿子可孝顺了,勤快,和他爸一样,起五更爬半夜,可死的那天,空着肚子走的,我可怜的儿子,老天不公啊!

痛失独子的母亲讲得肝肠寸断,王舜眼含泪水。此时,面对饱经风霜的她,所有安抚的语言都苍白无力,若想抚平一颗遭受重创的心灵,只有靠山里的时光来抚慰。

王舜住在村部,先后采访村干部、果品加工厂负责人、村民,以及刘金榜儿媳妇。于是,一位顶天立地的硬汉子,一位不摆脱贫困誓不罢休的村党支部书记,从黄土地上,从春天里泛起绿芽的红果树林,缓缓走来。

刘金榜身材不高,但他的精神海拔高。试想,改革开放初期的塞外大地,一个普通村庄,硬是靠土地,靠林果富裕起来,绝不是一件简单的事。不容忽视的是,西地村漫山遍野的红果树,丰收的红果又进行深加工,形成红果产业链,离不开隆化县委县政府的大力支持。

仲春里的西地村,空气清新,炊烟袅袅,草长莺飞。王舜站在村头,伫立在一块石碑前,凝视石碑上雕刻的几个字——爱民民爱。仅仅四个字,却有丰富的内涵,共产党的干部只要一心为民,就会得到百姓拥护和爱戴。金杯银杯,不如老百姓口碑。

原来,村头的石碑,是西地村村民为支持他们红果事业的县委书记而立。

王舜转身离开,向村中走去,他环顾村庄,村庄被红果树紧紧包裹,一缕阳光落在石碑上,照射"爱民民爱"苍劲有力的四个字。

王舜从西地村返回,他激情澎湃,挑灯夜战,一气呵成,写下长篇《二十五年创业路》,《承德群众报》于 1989 年 7 月 1 日整版刊发,引起社会强烈反响。

1989 年 9 月 8 日,承德地区在承德剧场召开优秀党员事迹报告会。会上,刘金榜满脸胡须的容貌,引起与会人员的关注,但当他汇报完《我的二十五年红果路》之后,剧场内响起经久不息的掌声。

会场内,有人悄悄问王舜,你发表在承德群众报上的《二十五年创业路》里的主人公,就是这个刘金榜吧,真了不起,中国北方农村多了这样的党支部书记,摆脱贫困就有希望了。

刘金榜只是承德农村优秀党支部书记其中之一,而每一位优秀农村党支部书记无不吸引着王舜,促使他拿起手中那支笔。事实上,"农村党支部书记风采录"不属于本职工作,是王舜对文学的一种追求,恰恰这种不懈的追求,又和本职工作有机融合在一起,从而实现开拓创新的局面。因此,工作中的王舜如鱼得水,如虎添翼。为了挖掘那些埋头苦干,成就一番事业的农村党支部书记,他处处留意,寻寻觅觅。

一天,他受邀参加宽城满族自治县组织部工作会议,开会期间,他了解到一位农村党支部书记发扬愚公移山,改造山河的感人事迹,渴望立刻面谈。会议期间,他把自己的想法讲给县组织部相关人员,于是,那位"三战青龙河,四劈虎头山"的村党支部书记张焕余匆匆走来。

张焕余,瘦小身材,一身尘土,古铜面色,手掌结满老茧,通身上下散发着青龙河水滴穿石、无惧无畏的精神。

王舜起身,热情伸出双手,从未接受过采访的张焕余略显腼腆,甚至不敢用目光交流。王舜面带微笑,和蔼可亲,张焕余倍感亲切,才敢开心扉讲述如何带领村民顶风冒雪、风餐露宿、劈山凿洞、开拓荒滩、最终把清凌凌的青龙河水引来,让嗷嗷待哺的百亩田喝上了甘甜的青龙河水。

张焕余愚公移山的动人故事,深深打动了王舜。他陷入沉思,如果每一位农村党支部都有这种精神,许多村庄一定会旧貌换新颜。

于是,王舜奋笔疾书:

绊马河村,从 300 年前清朝康熙大帝微服私访时,因绊倒御马而得名直至今天,就和"穷"字紧紧摞在一起……张焕余带着一个 15 人组成的突击队在青龙河摆开了战场。如果不是亲眼所见，谁也不敢相信，这个只有50 多户，230 口人的小村，凭着他们那一身铁骨，奋战一冬一夏，钻出了一条宽 2 米，高 1.5 米，长 79 米的涵洞。又一个冬季劈开了阻挡引流的虎头崖，让青龙河水从 200 米高空的山崖中流过。100 亩十年九旱的土地变成了水浇地，100 亩荒滩变成了绿油油的稻田。绊马河人从此不再姓穷……

王舜笔下的文字，让绊马河热闹起来，引来新闻媒体的长枪短炮，原本默默无名的张焕余立时声名鹊起。

组织部总结经验推出典型，任务全在基层组织科。为此，王舜步履匆匆，肩上挎个包，包里装着纸和笔，从承德汽车站坐上班车，一路颠簸，奔向四面八方。他包里一个又一个小本，写满了蝌蚪般的文字，而那些密密麻麻的文字，无不是他用坚实的脚步丈量出来的。

甘 6 号村，依偎在塞罕坝下。一阵阵凉爽的风，从塞罕坝万亩林海倾泻下来，呼唤着甘 6 号村近三万亩的森林，同唱一首绿色之歌。

1989 年 6 月 6 日，王舜乘坐的一辆班车摇摇晃晃，经过半天的缓慢行驶抵达围场，当他来到偏僻的甘 6 号村时，夕阳的余晖染红了山岭上的那片森林。夕阳、绿色、炊烟、晶莹的溪水，组成了一幅美丽画卷，涤荡了他一路颠簸后的疲劳。夜晚，万籁俱静，除了远处的几声狗吠，剩下的便是从松林中徐徐而来的凉风。

村委会，憨厚质朴的村支书李向平讲述着甘 6 号村的沉重历史：全村直径 15 华里，18 个组，533 户，13 个自然村，2293 口人，土地总面积四万余亩，其中耕地 3712 亩，牧场 447 亩，村庄河流公路 4093 亩，森林面积 27895亩，果树 1000 亩，山杏树 1000 亩，柏树 62 万棵，大牲畜 612 头，羊 2120 只……一组组数据呈现的是甘 6 号村的全貌。

村支书李向平把一组组数据倒背如流，王舜凝神静听，又迅速把一组组数据记在小本子上。

李向平讲述村史的语言很生动,比如,70年代,甘6号村是"人缺粮,畜缺草,灶膛缺柴烧","雨天满地流,旱天渴死牛"。这些顺口溜形象地描述了光秃秃的荒山野岭。13组,20户,有12个光棍,男人不能传宗接代,屋檐下的父母唉声叹气。令人心痛的是,仅有13户人家的六组,村民实在生活不下去了,眼含泪水,背井离乡。

讲到这里,李向平眼底潮湿了,声音哽咽,他点燃一支旱烟,控制一下情绪。

穷则变,变则通。村党支部召开党员、干部代表大会,参会60人,在全村连续转了三天,决定向贫瘠的土地要粮,向一座座山岭要树。植树造林,人均1.5亩,立下军令状,党员带头,必须完成任务。党员纪金奎全家出动,披星戴月,仅用三天就鸣金收兵。在党员干部带动下,全村用时七天,种植落叶松1000亩。接下来,响应国家政策,退耕还林还草,历经十年造林,甘6号村旧貌换新颜。

王舜在村部参加群众座谈会,又走进一户户村民的院落里,坐在炕头上,倾听百姓的声音,把一位位村民名字记下,李孝桥、李焕、李向廷、郝军、刘继宗、张秉文(80岁)、李振廷(80岁)、梁文斌、纪应奎、孙汉臣、邵春瑞、张孟学……

他先后走访了几十位村民,有党员干部,有普通群众,有率先垂范的优秀植树造林党员,有一心维护森林的护林员。一个个鲜活的故事,一个个动人的事迹,他把足迹深深留在直径15华里的甘6号村。他认为,甘6号村十年如一日造林,没有优秀党员干部,没有一个坚强的党支部,是难以取得辉煌成果的。

走访中,最触动心灵的便是故去的老村支书梁文忠,村民提起这位老支书,殷殷缅怀之情油然而生。

王舜满含深情写下：

> 围场甘6号村党支部书记梁文忠逝世后，村里人悲痛欲绝，上千人自发组成送葬队伍，哭声震动着山谷。一位老汉哽咽着说，你不该死，你是为我们累死的，不如让我替你，咱们村离不开你呀……群众把老梁安葬在他生前亲自栽植的绿树之下，并筑起了墓碑。

几天后，王舜依依惜别了甘6号村，当他回眸一望，山岭上的落叶松郁郁葱葱，遮天蔽日，紧紧簇拥着村庄。他在想，那一棵棵巍然挺拔的松树，不就是故去的梁文忠吗？正所谓：绿树掩忠骨，浩气存天地！

王舜晓行夜宿，把肩上的工作和挚爱的文学有机结合在一起，投身农村，走乡串户，倾听乡村的声音，先后撰写承德地区18位优秀的农村党支部书记，陆续刊发在承德群众报"农村党支部书记风采录"专栏上，引起不同凡响的社会效果。

王舜缘何深入乡村，用脚步去丈量文字，只因为从土地上走出来的他，对土地，对农民有着浓厚情怀，他感觉到肩上有一份责任感，让农民尽早过上好日子。

治瘫

曾几何时，部分农村基层党组织出现"软、散、瘫"和凝聚力、战斗力不强的状况。如何改变，特别是让瘫痪的党支部尽快转化，若坐在办公室看材料只能是隔靴搔痒，只有走下去，深入调查研究，方能对症下药，兴利除弊。

于是，王舜肩负使命，把脚步迈向塞外的山水之间。

土地分到户，用不着党支部。党员老化，思想僵化，内部分化，混俩钱，守旧摊。乡书记担心村支书撂挑子，下乡后，先看万元户，不看党支部，先看庄稼长得好不好，不看党员怎么样。

这一段生动的文字是王舜投身农村调研基层党组织记录下来的。

王舜用大量时间深入农村进行调研，大胆提出"巩固一类，提高二类，转化三类"的总体思路。具体做法，是抓典型，以点带面，在农村树立起一面面鲜艳的旗帜。

1989年3月10日，春风送暖，大地复苏，王舜走进平泉南五十家子乡。

在乡里召开座谈会，听取一个先进党支部所走过的历程。蔡守志一脸焦苦，皱着眉头说：为了让村子摆脱困境，跑项目，没跑成，别人有意见；与村长不和，村长总怕得罪人，遇事躲开；人心涣散，孩子轧死，妻子患精神病，但我照常工作；儿媳早婚，被撤职，留党察看。因党员没举手，纪检不承认。看来，这是一位村党支部书记曾经的苦楚。

另一位村支书刘彦臣滔滔不绝地讲，1981年实行责任制，有村民说村党支部无事可做，村班子成员思想不容易统一，村支部有些涣散，村里工作一盘散沙。为了扭转这种局面，组成了王汉峰、李凤采、和我为核心的村党支部。班子巩固后工作才渐渐展开起来，每年都有一个新的计划。有时会遇到难以破解的困境，比如，为了发展而进行土地调整，可涉及计划生育问题，搁浅了……

时间很快，一晃便到中午，简单吃过饭，王舜来到会洲城村党员活动室，召开党员群众座谈会，有老支书、老党员、也有普通村民，总计10余人，人们纷纷发言，围绕村子的现状，阐述各自的观点。

张奎武，一名普通村民，他认为，按村支书的计划办事，我们尝到了甜头。可支书家不省心，1985年读小学的儿子被车撞死，妻子差点疯了，他回家经常吃不上饭,他家的地都荒废了。为了我们种好地,书记提前把农药、化肥、种子、地膜等准备好……

夕阳西下,暮色降临,王舜带着深深思考离开,一弯新月挂在天空。

因时间紧,单位有事,王舜第二天早早离开。3 月 29 日,他又前来,直奔会州城村。

残存的会州城遗址,笼罩着历史烟云,它历经辽、金、元、明四个朝代的更迭,570 年的风风雨雨中,变得迷离而苍凉。然而,历史有名的"澶渊之盟",却开启了北宋与辽国近百余年的和平之旅,破冰之旅的是文化使者,他们肩负使命,从中原出发,马蹄声声,风餐露宿,在一个个驿站歇息,掸去一路风尘,把酒当歌,诗情豪迈,一首首诗见证了一段历史。

会州城,便留下了文化使者的深深足迹。

王舜坐在村民李汉卿家炕头上,与一位位村民拉家常,憨厚朴实的村民看到眼前的这位"官人"和蔼可亲,心里打消顾虑,从村干部讲起,谈到土地承包、婚丧嫁娶,直至家中的锅碗瓢盆之事。他悉心倾听,边听边记,直至捏笔的手指发酸。

这位从滦河岸边走出来的人深知,只有把心贴近百姓,才能听到真实的声音,才能确定一个党支部是否是战斗堡垒,能否树立为先进典型。

滦平县的滦河岸,平泉的瀑河边,兴隆燕山深处的村庄,坝上、坝下,都留下了王舜的足迹。

1990 年元月的新年钟声余音袅袅,他头顶雪花,迎着凛冽寒风,走进丰宁满族蒙古族自治县何营村,参加了村党支部竞选答辩会。

中国农村村领导班子选举,是历史必然的选择,不可否认的是选举过程存在弊端。然而,绝不能因噎废食,民主制度要历经漫长的旅程。

何营村支部书记参加竞选的人,一位是原村支书王恩贤,另一位是退伍兵郭川。王恩贤首先发表竞选演讲,我有决心干好,一定要抓好村支部成员思想建设，从党员抓起，建小组，学习党规党章。扫除六害，保证不出现赌博盛行现象……大搞农田基本建设，建葡萄园，修村公路……

或许，复员兵郭川在部队熔炉里锻造过，思想与眼界，以及治理村庄的思维与原支书泾渭分明。最终选举，郭川胜出，这一选举结果体现了公平与公正。

王舜安然端坐，静静观察，他用缜密的思维去审视选举，从而去甄别选举中"见面握握手，讲话拍拍手，选举举举手"的误区。选举，是神圣的，是良知，是责任，不可亵渎。

他马不停蹄来到西窝铺村。这个村40名党员，7个自然组，7个党小组。这个村原村支书工作软弱，村党支部人心涣散。为了扭转局面，乡里专门派一名干部来村里工作，力争消除"懒、散、瘫"的工作状态，整顿纪律，大刀阔斧调整村领导班子，培养后备干部。吐故纳新，兴利除弊，半年后新班子走马上任，27岁新的村支部书记朝气蓬勃，闯劲十足，村领导班子工作立竿见影，一举扭转了被动局面。

西官营乡的夜晚，碧空如洗，繁星闪烁，寒风呼啸，室外滴水成冰，室内乡党委杨书记和王舜说个不停。西官营乡10个行政村，自然村民组101个，18个支部，党员405名，预备党员8名。农村工作千头万绪，但万变不离其宗，若有一个好的村党支部书记，势必会有一个好的村班子。一个好的村班子，乡里开展工作如鱼得水。相反，即便喊破嗓子，也无动于衷。杨书记皱紧眉头，掰着手指细数几个落后的村领导班子，令他叫苦不迭。河北沟村，他几乎把腿跑细了，只因村民对村领导班子反应强烈，写信告状，坚决要求撤换村班子。为此，乡党委开会，专门研究北沟村的村班子问题，最终决定通过竞选的方式，让能者上，愚者下。经过激烈竞选，前一任老村支书重新登场，修路、架桥、农业产业上项目，立刻扭转了被动局面。令人感动的是，一次天降大雨，洪水咆哮，三名村干部一夜没睡，跑遍198户，没伤一人，救

1990.6.26 摄   1997.8.16 摄

承德地委、市委组织部的办公室坐了 11 年，王舜
负责的基层组织建设、党员管理、知识分子工作
总有闪光点。

出 300 多只羊。他们的行为,感动了村民,让村民看到了希望。

乡党委书记讲述着一个个后进村支部变为先进支部的生动故事,如北沟门村、卡沟门村、张太河沟村。乡书记娓娓道来,王舜从中感悟到,调整村班子的目的是为了更好发展,力争培养一名德才兼备的村党支部书记。

夜色阑珊,窗外的寒风渐渐停留了脚步,室内的灯光熄灭了,王舜和衣而卧,鼾声四起……

1 月 7 日上午,王舜来到西官村,在村部里召开座谈会,听取这个村变迁的前世今生。

1 月 7 日下午,他挥手告别西官营乡,前往选营乡,身上尘土未掸,便听取乡党委王文朋书记汇报。他不光听汇报,还把身子沉下去,一头扎入几个村,坐在村民家的炕头上,走进村民的内心世界。边听,边记,边思考,从中探索和寻找农村基层组织建设的方向。

基层情况摸清了,1 月 8 日,他才把脚步迈向县委大院,听取县组织部相关领导工作情况汇报。他在小本上记下,组织部抓一批典型,一人抓一个支部;102 名下派干部,7 人任村支部书记,其余任副书记……

王舜丰宁一行,从 1 月 5 日至 12 日,紧锣密鼓,日夜兼行。时隔两个月,3 月下旬,他再次前往丰宁,进一步深入乡村,获取大量一手资料,为基层组织建设工作打下了坚实基础。

王舜步履匆匆,从滦河岸的丰宁、围场、滦平、伊逊河岸的隆化、瀑河岸的平泉,直至柳河边的兴隆,不仅深入农村,也深入工厂、学校、商业、矿山,广泛听取基层党组织建设的意见和建议,抓典型,促后进,工作有声有色,业绩突出。

1990 年端午节,人们都回家过节,可王舜依然在围场,独自坐在食堂吃饭。节后,不期而遇组织科科长石占文。

"想听好事吗? 请我喝酒。"石占文神秘兮兮,明知他不喝酒,却反其道而行之。

一头雾水的王舜,不晓得科长葫芦里卖的啥药,科长一向少打诳语,莫非真有好事。转念一想,自己能有啥好事?石占文脸上挂着笑容,把心里的玄机一语道破,部领导决定,你来接替我,担任组织科科长。

突如其来的喜讯,王舜一概不知,他显得很淡定,面孔上仅露出标签式的微微一笑。其实,石占文带着考察任务而来,他要和王舜一同前往县委组织部考察贺路明。贺路明,1979年林业专科学校毕业分配到塞罕坝机械林场,工作期间曾在万亩林场最偏远的,接近内蒙古的地方植树造林。因他能写一手好材料,是不可多得的人才,几经辗转调到县委组织部,又被地委组织部发现,欲将他调往组织科。

贺路明在组织科上班期间,一次和王舜科长闲谈中,才恍然大悟。原来,是两位老科长暗中考察,定夺了自己的前程。后来,他被中组部选中,派往香港。他眼中的王舜,性格温和,就像个老大哥,科里同志不管谁有困难,都出手相助。多年后,每每通电话,贺路明依然称呼王舜为王科长,他觉得这样称呼显得亲切。

石占文和王舜考察完贺路明,又直奔平泉考察另一位同志。

1990年8月,王舜走马上任,挑起了组织科科长的重担。

第八章

踏石留印

担当

解决中国农村贫困，让农民过上美好生活，是党和政府的不懈追求。

农村贫困，从根本上讲呈现两种不同形式，一是物质贫困，一是精神贫困。二者相比，解决精神贫困，比解决物质贫困，难。管子有句千古名言："仓廪实而知礼节。"现实生活中却未必如此。物质丰富了，并不意味着精神丰富，只有二者融入在一起，相得益彰，才是真正意义上的摆脱贫困。故此，伴随着改革开放的步伐，国家开展实施"社教"政策，让机关干部深入比较落后的村落，找到一条奔小康的路径。

1992年4月30日，承德地委直属机关召开第二批社教工作动员大会，地委副书记马刚在动员大会上作重要部署。他说，第二批社教工作者原计划5月中旬到村，因旱情严重，地委研究决定提前进村抗旱，到9月结束，总计5个月时间。我们走进116个乡镇，877个村，需要359名社教队员。每个乡镇组建一支工作队,市直带队人员为副处级以上领导干部,任工作队指导员,队长由乡镇党委书记担任。社教工作分四步走:第一步,宣传发动;第二步,系统教育;第三步,解决具体问题;第四步,检查验收。省有十条验收标准,重点要记住三条:一是以党支部为核心的村级组织建设;二是群众反映强烈,阻碍本村发展的热点问题;三是找出奔小康的路子。

会议室里,王舜凝神静听,逐一把领导工作部署要点认真记录下来。他被派往滦平县陈栅子乡任指导员。他思路清晰,会后提前谋篇布局,进行周密规划,不打无把握之仗。他根据多年基层组织工作经验,在一页纸上单独写下"六个一"目标,即每村配备一个班子,健全一套管理制度,发展一批新党员,解决一切遗留问题,修建一条乡村路,找出一条致富路。

王舜,科长职务变了,舞台大了,视野宽了,但他有一样没有变,他与农村、农民、土地的情怀没有变。

5月4日,天空云开雾散,微风徐来,地委组织部领导为派出的3名社教队员送行。

车驶离市区,沿京承公路,一路颠簸,后又钻过几个胡同,最终停在陈栅子乡政府所在地。中午饭,一盆小葱拌黄瓜,一盆白嫩的豆腐,再加上米饭馒头。乡党委书记李克斌不在乡里,显得有些冷清。

午饭后,王舜独自一人前往乡所在地的村东头地里查看旱情。他蹲下,用手扒开土,一丝潮湿都不见,土壤干涸。不远处,一位还穿着棉袄、50余岁的汉子,头发乱蓬蓬,脖子被揪得紫红,目光伸向一口水井。王舜见状,走上前打探。他用机警的目光逡巡着。王舜微微一笑,亮明身份。他憨实地说,这口井自己花了千余元,不光能浇灌自己的园子,靠近的五六户菜园也能浇。汉子说完,脸上挂着几分自豪感,须臾,又叹了口气说,都说老天饿不死瞎家雀,但不知老天何时能下雨,唉!一声叹息后,他把一根塑料管放入井里,又捆绑好,等待抽水浇园子。

王舜转身离开,眼前的一幕令他遐思不已,如果能多打这样的井,浇地迎刃而解。

晚上,因乡里还未解决好住处,只能睡在乡政府附近的个人小旅馆。春日的乡村夜晚,十分安静。关灯,躺在床上,他暗自忖度,看来自己和滦河真有不解之缘,滦河岸的陈栅子乡的情况究竟如何呢?

陈栅子乡,是滦平县离承德市最近的乡镇,京承公路穿乡而过,13个村中只有4个村在滦河岸边,其余9个村被群山包裹得严严实实,甚至有的村就坐落在大山上,比如,二兴营、扁担沟、东五岭、椴树洼、小东山等,这些村落仅有一条羊肠小路和外面世界连接,即便改革开放的20世纪90年代初,住在山上的村民根本听不到汽车的马达声,运输只能靠人肩挑、牲畜驮。

身陷大山里的偏远村庄,群山巍峨,岩石狰狞,羊肠小路纵横交错,伸向一处处低矮的茅屋。

现实如此严峻,社教任务十分艰巨。乡党委书记李克斌任社教队队长,王舜任指导员,这纯属破格任用。地委红头文件要求,指导员一职必须由副处级以上人来承担。

那么,王舜的破格重用,不仅仅因为他是地委组织部的组织科科长,关键在于他心中装着农村,装着农民,在于他肩上有责任感,有丰富的农村工作经验,工作兢兢业业,有思路,有眼界,有格局。

光棍村

王舜,拒绝光坐在乡办公室听汇报,翻阅材料,他一向习惯到基层去倾听,去亲眼看,便于获取大量的第一手资料,从中制定策略。

入住第二天,他借着送几名工作队员入村而乘上乡里一辆双排座汽车,穿行在布满河卵石的不是路的路上。双排座汽车如一头老牛,喘着粗气,蹦蹦跳跳。遇到无路可走,便停止行驶,他跳下车,徒步前行。夜幕降临,他坐在饭桌上,面对一桌子的菜肴,面对村主任满脸笑容,脑子里闪现出一幕幕残酷现实,手中一双筷子显得很沉重。

　　返回乡里,一头扎到床上,浑身像是散了架,但他咬牙坚持看乡一位领导的讲话稿,只看三页便昏沉沉睡去。一觉醒来,翻个身,想起白天在万家沟的一幕,一名从教 17 年的乡村教师,历尽艰辛创建 50 亩果园,50 亩山林,让村里学生免费读书,难能可贵啊!

　　起床穿衣,他感觉到一丝丝潮湿的空气从窗户缝钻进来,拉开窗帘,可喜的一幕呈现在眼前。院中泛绿的柳枝挂着晶莹的雨滴,地面低洼处竟然存有雨水。他冲出门,享受着"好雨知时节,当春乃发生"的诗意,一夜喜雨,解除了旱情,大地显得那么温润、清新。

　　吃过早饭,他坐上双排座汽车,一路颠簸前往双庙村。车无路可走,只能徒步前行,脚下泥泞,走了 5 华里见到了村支书。村支书带着走访了两个村民小组。前往山中深处走时,不料被一位老汉硬生生拦截,老汉双手粗糙,古铜色面孔。他直言,好不容易遇见个领导,去我家看看,聊聊天。老汉这一举动,令村支书颇显尴尬。他拒绝村支书随同。村支书摇摇头,一脸苦笑,无可奈何。老汉在前,没走多远,他脚底一双旧鞋陷入泥中拔不出来。他索性光脚走,走向茅屋下的院落。

　　老汉没有食言,他把盼来的领导摁在炕上,边吃,边讲述村里实际情况,听得王舜唏嘘不已。

　　一座座茅屋,一处处村落,一座座大山,王舜对陈栅子乡由陌生变得熟悉。于是,他以滦河为界在本上画了一张陈栅子乡地理位置草图,草图上各个村标注得十分清晰。从草图上看,偏南的几个村都坐落在大山深处,如二兴营、小东山、双庙、椴树洼、娘娘沟、东五岑等,人们的视野被一座座大山遮挡住,依旧过着日出而作日落而息的生活。

夜晚,王舜躺在床上陷入深深思考,粗略走访几个村庄后,深感肩上的担子很沉重,一个个偏僻村庄的落后状态若想改变,并非一朝一夕的事,所以,行动起来,要有方向,不能乱弹琴。

乡党委召开扩大会议,由乡书记李克斌主持。他神情严肃地说,今天召开党委扩大会议研究两件事:一个是如何做好社教工作,另一个是当前的重点工作。王舜提出了"六个一"的社教工作目标,在原来"五个一"的基础上又增加了"修建一条乡村路"。紧随其后,滦平县召开第1、2期农村社教总结、表彰、培训大会,大会提出社教分四步走的方案。分别为:组织发动;调查研究;制定规划;总结提高。

王舜认为,只有深入调查,摸清各村的具体情况,才能对症下药,切忌一概而论。故此,他把各村的工作组组长落实好,社教总体工作布置好后,又把脚步迈进大山深处的村庄。

九山无水一分田的双庙村,坐落在大山上,离陈栅子乡25华里。

沉睡着的双庙村,直至1989年才通电,但依旧有16户点着煤油灯。全村181户,741口人,10个自然村民组,散落在14条沟沟岔岔中。也许,有人一辈子没下过山,通向外面世界的仅有一条羊肠小道,夏季一场洪水过后,羊肠小道荡然无存。双庙村的困境,用语言难以形容,若不是亲眼所见,讲述双庙村的困境,有人会以为在杜撰。

按说,时代进入20世纪90年代,轰轰烈烈的改革开放行进了十余年,农民早已解决了温饱问题。然而,双庙村却没有与时代同步,村民依旧在岩石缝隙间求生存。

王舜花了两个多小时,一步步艰难地走上山,春天里山上的鲜花没有令他心旷神怡,呈现在眼前的数字,令他瞠目结舌,惊叹不已!高山上,散落着一处处低矮的茅草房,熏黑的屋门被沉重的岁月淹没了,村里没有广播,有的是87个讨不上媳妇的光棍,即便是民兵连长的李振吉,29岁了,依旧没有媳妇。岩石裸露,土地稀缺且贫瘠,庄稼像打不起精神的矮人。眼下,60多户粮食不够吃,有15户已经断粮。村中有15名党员,没有村部。去年小学生还在各家轮流上学。常言道,山多高,水多高,可全村仅有六口井,遇到干旱,村民饮水都困难。

一缕缕春风吹来,吹乱了王舜的头发,置身山脊上的他纵目眺望,一座座茅屋宛如一个个小蝌蚪,只有眼前的风在四处游走,摇动着山岭上的映山红,呈现几分鲜活。

第五自然组,是一座石头垒的院落,66岁的林万军,一脸焦苦,大半生都在品尝山上泛着苦涩的日月。老伴59岁,为两个儿子愁白了头,三个儿子,大儿子背井离乡做了入赘女婿,32岁的二儿子、20岁的三儿子,都孑然一身,讨女人只是做梦。林万军掰着指头说,炕上两床被子,一条褥子,炕席残缺不全。他还想继续说,一旁的老伴送去难为情的眼神,他的话语才戛然而止。

王舜,完全理解那目光里的含义,年近60岁的女人觉得脸上无光,家丑不可外扬。

已春暖花开,可57岁的林万年身上依旧裹着一件棉袄,袖口处露出了棉絮,头发花白,粗糙的一双手,青筋暴露。妻子44岁,每喘一口气,感觉空气稀薄,胸前起伏不定,只因患有气管炎。由于无钱读书,独子仅上过三年学,16岁便外出打工。3亩薄地,遇见旱年,兔子都不拉屎,秋天地里的粮食都不如夜空星星多。因此,填饱肚子成为一件难事,从年头到年尾,圈里的一头猪是一家人的希望。平常时日,从母鸡屁股里抠出点钱,或用于油盐酱醋,或用于妻子吃药。儿子外出打工走时,把炕上唯一的被子装入塑料袋子里,家里只剩下两个褥子,冬天北风呼啸,三间低矮的茅草房里冷冰冰的。

愁苦日子的转机,出现在外出打工的儿子身上。临行前,儿子把50元钱给了喘气困难的母亲,头都不回沿着那条羊肠小路走下山。母亲用一块布把 50 元裹了一层又一层，放在柜子里，以为安然无恙。然而，气管炎严重了，夜里躺不下，只能靠着土墙才能呼吸，熬到天亮，强撑身子打开柜盖，无论如何也不会想到那救命的 50 元钱，不翼而飞了。她挪动脚步，坐在大门口的石头上，呼天抢地，诅咒偷钱的人断子绝孙。

面对崇山峻岭，面对着一座座低矮的茅屋，面对一张张缺失生气的面孔，王舜面色凝重，眉头紧皱。

相比于林万军、林万年，村会计林松算是村中好户，一家 6 口人，三个儿子，一个女儿。大儿子娶了媳妇，二儿子考上县里农校，一年下来花费要 900 元，因读不起，外出打工了。他家是瓦房，屋里有一台电视机，电视机成为与外面世界沟通的桥梁。

双庙村的姑娘，没有一个留在山上，她们纷纷出逃，形成"孔雀东南飞，一去不回头"的现状。

王舜心情沉重，手中的笔端宛如身边的岩石，一组组冰冷的数字，俨然双庙村在哭泣。5 户靠卖血生存，16 户没电，181 户仅有 15 户瓦房，87 条光棍，人均负债百余元，欠信用社 31809 元，23 户衣食无着，60 余户粮食不足。1991 年修路 6 华里，剩下漫长的小土路脚都难以放平。

"双庙村，你的出路究竟在哪里呢？"王舜的目光伸向石头圈着的一座座茅屋，"恶劣的自然环境下如何摆脱贫困？"

越是贫困村，王舜越是牵挂。5 月 23 日，早七点在乡里吃过饭，只身一人，徒步走向 25 里远的双庙村。走在盘桓的山间羊肠小路上，太阳挂在头顶，一阵山风吹来，吹掉额头上的汗水。树上的鸟儿不停鸣叫，裸露的岩石和青草相伴，贫瘠的土地里，一棵棵幼苗在奋力挣扎，给予茅屋下的人们一线希望。走到山顶一个村民组，他汗流浃背，双腿早已发酸，被小组长迎进家里。山上虽穷，可村民淳朴善良，午饭饭桌上摆着一盘拌菠菜，一盘熬菠菜，一盘炒葫芦条，一盘切开的鸡蛋。

　　王舜深知，桌上的四个菜是硬生生拼凑出来的，他把筷子举着，不忍心落下，尤其是那盘切成一小半、一小半的鸡蛋。茅屋下的女人，从母鸡屁股里攒钱，或换来柴米油盐，或给读书的孩子买笔本。

　　"领导，吃吧、吃吧，"小组长热情有余，他看到领导不吃，用筷子夹起两半鸡蛋放在王舜碗中说，"开春后，母鸡下蛋了，冬天想吃也没有。"

　　王舜用筷子把鸡蛋夹起放在盘子里说，我不喜欢吃鸡蛋。小组长把奇怪的目光落在王舜的面孔上，他心中狐疑……

　　夜幕降临，群山怀抱中的一座座茅屋发出幽暗的灯光，如同飘忽不定的萤火虫，山上出奇地静，连狗吠声都很难听到。王舜躺在炕上，不停思考，双庙村贫困到这种程度，令人揪心，不忍目视。人们的目光呆滞，思想老旧，一张张古铜色的面孔上写满了愁苦。村民摆脱贫困的出路究竟在哪里啊？

　　王舜从一条沟的村民组，走到另一条沟的村民组。虚掩的屋门，斑斑驳驳的泥墙，石头叠加的岁月，茫然的目光，令他脚步沉重，心情复杂。

　　山上的第二个夜晚，他难以入眠，索性走出茅屋，坐在院中石头上。夜空如洗，一弯月挂在天上，远处的山峦朦朦胧胧，一缕缕恬淡的风徐徐吹来，却吹不走茅屋下的困苦。

　　25日，晚八点，徒步归来的王舜一身疲惫，走进乡里，可思绪依然停留在双庙村沟沟岔岔的一座座茅屋中。

　　双庙村像是一把利剑戳在王舜的心上，可陈栅子乡不仅仅是双庙村贫穷，其他几个村更是有过之而无不及。

修路

　　5月8日，王舜和乡书记、乡长、副书记一行人乘坐双排座汽车，从南沟一路颠簸来到东五岑，这里虽不比双庙村山高路陡，但也把大山包裹得密不透风,好在村里有个很强势的村支书。他叫张宝民,在村里很威严,脚一跺全村乱颤,他性格粗犷豪放,不拘小节,看到一行领导来到本村山旮旯,粗哑大嗓说,欢迎、欢迎,有失远迎。他话音未落,哈哈哈一阵大笑,爽朗的笑声碰撞到身后的山岭,又弹了回来,在逼仄的山谷间回荡。

张书记要家里人宰杀一只公鸡,准备午饭。

王舜见状,心里有些过意不去,小声对乡长说,这样不好,我们还是别在他家吃饭了。乡长坦言,农村工作就得入乡随俗,他村里的工作习惯就是骂骂咧咧,但工作却能按时完成。有时,他喝完酒站在一处山岗上,扯开嗓子一阵乱吼,霸气十足,布置的事竟然水到渠成。

乡里的领导本以为,王舜在地委机关,不懂农村工作,刻意向他介绍农村工作具有的特殊性。

山脚下不远处有人在种地,王舜趁机独自来到地边,和种地的老汉随意聊天。看似聊天,王舜本意是了解村里真实情况,只有村民才讲实情。老汉偷偷看了远处一伙人,放低声音说,别听村长(张宝民书记主任一肩挑)瞎咋咋,他一天就知道喝酒,在村里一手遮天,不知村里有多少女人和他有一腿……可有时,他也给村民办实事,谁家遇到困难了,只要找他,他二话不说,撸胳膊挽袖子就上,这个人啊,一言难尽,唉!

老汉一席话,让农村工作经验丰富的王舜感悟到这个村庄的特性。村长,在村里具有绝对权威,一言九鼎,农村基层组织建设仅凭这些,不能行稳致远啊!

午饭,桌上一盆鸡肉散发诱人的香味,推杯换盏之际,乡书记的话令村主任陡生几分愧色。乡书记说,今后你要多吃菜,少喝酒,听媳妇话,跟党走。村主任举着酒杯说,书记的话敲山震虎啊,我喝酒不是酒壮怂人胆,工作起来还真管用,男女作风过去有,现在改邪归正了,哈、哈、哈,但请乡领导放心,我保证完成任务。他所说的任务是这次来村目的:一是配合驻村社教组工作,完成社教任务;二是维修村小学危房。

酒桌上,王舜心情复杂,他没有端起酒杯,他感觉到这酒喝不下去。后来,他又一次来到东五岑、娘娘沟,所看到的一幕令他瞠目结舌,一个家徒四壁的光棍一间屋里,墙上贴着一张泛黄的泳装美女画,美女双腿之间被人为挖出一个洞。眼前一幕,令王舜倒吸一口凉气,不用多猜,这分明是光棍性饥渴所为。原来,东五岑村也有讨不上女人的光棍,而且绝非几个光棍,他们之所以成为光棍,不是残障,仅仅是因为——穷。

或许是高山出俊鸟的缘故,相传在大清王朝时期,深山沟里的一位姑娘偶遇皇帝,姑娘的淳朴与俊秀令皇帝芳心荡漾。从此,姑娘被接进夏宫避暑山庄,成为一位娘娘,也因此,娘娘曾经居住过的地方便有了名字——娘娘沟。

然而,大山深处并非因出了一位娘娘而改变穷山恶水的现状,三百年过后,依旧贫困。

娘娘沟的穷,令一社教队员悲痛心酸。

金光武被派到娘娘沟,因故被抽走,临告别的一个晚上,他特意请了工作组人员,王舜位列其中。席间,金光武手举酒杯,却喝不下,谈起娘娘沟一幕幕,不由得脸颊淌下泪水,哽咽不止,双手颤抖。他住的炕上,放着从家带来的一包衣物,准备送给娘娘沟缺衣的乡亲。他说,要带孩子来娘娘沟,让孩子懂得何谓贫困,何谓幸福!

王舜从金光武的泪水中,读懂了一位善良而有责任心的人,他也想起了自己去年在兴隆县五道河老区往事。调查中,一位老党员艰难地生活着,他实在不忍目视,摸摸衣兜,把钱掏了出来,老党员感激不尽。

那个夜晚,王舜躺在炕上,久久不能入睡。他在想,如果共产党员都具备了金光武这样的情怀,与人民真正休戚相关,那我们的国家会是什么样子呢?农民摆脱贫困就有希望了。所有的机关干部,都应到这样的地方住上一段,接受教育。

范仲淹在《岳阳楼记》中留下千古名言:"居庙堂之高,则忧其民;处江湖之远,则忧其君……先天下之忧而忧,后天下之乐而乐欤。"

忙忙碌碌中,一眨眼便是端午节。

很久没有回家,不知两个孩子学习状况如何,自己童年在滦河边实属散养成长,但两个儿子不能像自己曾经的童年。话虽如此,节后第二天早晨,两个儿子还在睡梦中,太阳光刚落在磬锤峰上,王舜跨上一辆自行车匆匆离开家,沿着滦河岸骑行,历经两个半小时才赶到乡里。在经过一座桥时,他遇见给乡政府看门的尹师傅,尹师傅惊讶地问,你这么早就来了? 走进食堂,乡食堂管理员一脸苦笑,食堂大师傅都回家过节了,只有我和克斌书记,他外出找饭吃了,我只一袋方便面,你吃啥? 王舜抹掉头上的汗说,不为难你,一袋方便面足矣。

其实,王舜没有搞错,明天周日,周一是上班时间,他只是一心惦记社教工作,早回来两天,去贫困村实地察看,发现问题,尽早找到解决办法。

时隔两天,他在全乡工作组长、各村支部书记会议上讲话,讲话内容主要对前一段社教工作进行总结,对下一步社教工作进行再部署。他说,大家经过一段时间辛苦努力,社教工作已经打开了局面,摸清了各村存在的问题,找到了主攻方向。地委规定的四步:第一步的宣传发动,我们已经很好地完成,得到了滦平县社教办的表扬;第二步系统教育,我们要把它贯穿于社教全过程,特别是结合第三步的解决具体问题同时进行;第三步,我们提前进行。下一步工作,就是去解决实际问题,为困难中的百姓办实事,切忌摆花架子,喊口号。要想富,先修路,工作的主攻方向是为那些没有路的村修路,这是陈栅子乡社教工作的重中之重。村领导班子涣散,该教育的教育,该调整的调整,比如,南山根村,社会治安混乱,原村支书被"三把火"烧得引咎辞职,这样混乱的局面决不能放任不管;加强娘娘沟村基层组织建设,小东山、椴树洼、东五岑、双庙、扁担沟等村,修路工作提上重要议事日程,这些偏僻的村落只有路通了,村民才能从困境中看到希望,最终才能摆脱贫困。

"同志们,我们时间有限,"王舜深情地看看会场的社教队员,"你们肩上的担子很重啊!"

路,从物理上看是距离,从形而上看是希望,是方向。生活在大山里的人无路可走,他们就断了很多念想,很多希望破灭了,被贫困缠绕着。更为主要的是,人们的思想被大山阻隔,脱离了外面的精彩世界。王舜之所以用脚步去丈量大山里一个又一个村落,其目的就是为生活在大山里的人找到一条生活出路,给予他们希望,而实现希望最原本的就是让他们脚下有路可走。改革开放后,曾经有一句经典的话语:要想富,先修路。

故此,王舜决定,把修路这件实事作为陈栅子乡社教工作的重中之重。

为了抓点带面,王舜徒步走了 10 余里,来到了高山一处洼地的扁担沟村。

扁担沟,顾名思义,十几户村民祖祖辈辈用肩上的一根扁担,挑着山中的日出与日落。扁担沟村一条羊肠小道,苦不堪言,羊肠小道逼仄得只能两人并肩同行。雨季,一场暴雨过后,洪水泛滥,羊肠小路便荡然无存;冬天,两场大雪过后羊肠小路几乎全被冰雪覆盖。春暖花开,庄稼汉子肩上担着粪,从东山坡跳到西山坡,秋收时,又把庄稼从西山坡挑到东山坡。

张有富,他的名字充满了父母的无限期望,渴望有一天真正拥有富裕的日子。然而,已人到中年的他还因为一条羊肠路没有富裕起来。他不会忘记童年时,父亲挑着山中砍来的木柴,未等金鸡报晓,在空中的繁星陪伴下沿着唯一的羊肠小路走 10 余里出山沟,再行 30 余里到承德市旱河沿的草市街,用木柴换几个钱。等到鸡叫三遍后,精疲力竭的父亲才拖着沉重脚步,饥肠辘辘回到自家屋檐下。

扁担沟,一代又一代人肩上扛着一根扁担,前赴后继,在岁月中艰难行走着。

6 月,群山环抱的扁担沟,满眼翠绿,历经沧桑百年的梨树枝头缀满了核桃般大小的果实。坐在华盖如伞的梨树下,王舜仔细记录如下:13 名党员中有 9 个文盲,平均年龄 49.6 岁,已有 8 年未发展党员。67 岁的王永林,社教队员进村,恳求退党。退党原因:年纪大了,发挥不了作用。他曾经献出家里仅有的一头毛驴修路,毛驴累垮了,路也没修成。

王舜站起,纵目眺望,一条羊肠小路宛如一根线飘荡在山坡上。他在思考,这条路不修,贫困始终如巨石压在身上,难以摆脱。三番五次实地勘查后,修路有了希望,滦平县农业局社教队组长黄振林带领社教队员,谱写出可歌可泣的修路故事,从而卸掉了扁担沟庄稼汉子肩上的那根扁担。

2023 年春天,扁担沟山上梨树花开,王舜驾车,沿着一条即将铺油的路驶向大山,他视线里的扁担沟已经旧貌换新颜。轿车停在山上一处宽敞地方,偶遇一位走出大山的年轻人,提起当年,这个扁担沟人连连摇头。说话间,七十有余的张有富从家里走出来,谈起当年社教队修路的事,依然记忆犹新。老人还记得社教组长黄振林,还记得热火朝天的修路场面,还记得修路时许许多多感人的故事。最后,张有富老人坦言,现在很多年轻人从高山上走了出去,留下的是上了年纪的人。但晚辈们可以随时开车回来看望父母,只因为有了宽敞的路,感谢国家,感谢共产党!

王舜环顾崇山峻岭,当年一幕幕修路往事如浪潮奔涌而来,耳畔仿佛又听到了轰隆隆开山炮的响声,镐头、铁锹敲击岩石的响声,路通了,扁担沟人欢呼声……

王舜在想,山,还是从前的山,然而,有了路,山再也阻止不了扁担沟人的脚步,扁担沟人已经融入了外面世界。如今,不但扁担沟村融入了外面世界,其他几个村也像扁担沟村一样,这一切皆源于一条路。

于是,王舜自豪感油然而生,当年,他在一条条路上洒下了辛勤汗水,埋藏了坚实足迹。

春风徐徐,洁白如雪的梨树花散发着阵阵馨香。

攻坚

相对于那些群山环抱的村落而言,坐落在滦河岸边的几个村落并不困难,金秋的滦河两岸,艳阳高照,秋风习习,稻浪翻滚,村民看到金黄的稻穗,心里有了底。鱼米之乡的南山根村本应祥和安乐,井然有序,民风淳朴,但事实上却不然。曾几何时,南山根村乱得出奇,乱得人心涣散,乱得名声远播。

南山根村,坐落在滦河南岸,地理位置不能说战略要冲,但也称得上重要关卡。大山里的几个村落,若想走向外面世界只有两条路,一是跨越滦河,一是路经南山根地界。而滚滚逝去的滦河河面上没有桥,唯一的选择只能走南山根村,但路过南山根村,人们心里不踏实,路过的人加紧脚步,小心翼翼。

偏桥子乡设有集市,集市上往往见到一个小团伙肆无忌惮地游荡,赶集者唯恐避之不及。这伙人胆大包天,只要是他们看中的物品,不由分说伸手便抢,赶集者知晓他们来自南山根村,只能忍气吞声。有不知情的外乡人来村里收购黄瓜,不但黄瓜没收成,反而因收取占地费被打,无处讲理,只能饮恨而去。

1991 年,河岸边的稻苗绿油油一片,但一夜过后,村长家的二分地的稻苗不翼而飞。村长蹲在稻田边,怒火中烧,恨得咬牙切齿,决心找出作案者,但最终一无所获!村长遭殃不久,想不到村支书家里的一头猪也被下药,一命呜呼!更有甚者,一年里村中接连发生四五场火灾,令村里人心惶惶,不可终日。

由此观之,南山根村的乱象有其历史原因,有其自身原因,也有其特殊原因。南山根村的乱象,恰恰是进行社会主义教育最好的典型,更是基层党组织涣散的典型,必须扭转乱的局面。

村领导班子有 4 名干部,9 名村民组长,只有村支书是党员。不解决涣散的村领导班子,南山根村的乱象难以根除。

为此,王舜苦思冥想,最终找到一名治理南山根村乱象的合适人选。此人来自承德地区政法系统,副处级,干事雷厉风行,他叫陈卫生。陈卫生,军人出身,身材伟岸,面带威严,不苟言笑,声如洪钟。

"复杂的南山根村情由来已久,乱象不铲除,人心难安,"王舜深情地看着陈卫生,"老兄,你肩上的担子不轻啊!"

陈卫生用厚厚的手掌拍拍王舜肩头,斩钉截铁地说,王指导员放心,在部队时有句话,军人以服从命令为天职,不完成任务,绝不下战场。

陈卫生率领三名社教队员,一头扎进了南山根村,把南山根作为一个战场,但这个特殊战场,若想攻城拔寨并非易事。南山根村,两大家族泾渭分明,其各自势力既坚如磐石,又盘根错节,形成两张密不透风的网。

虽然陈卫生工作雷厉风行,但王舜还是有所忌惮,他亲自入住南山根村,用自己丰富的农村工作经验助陈卫生一臂之力。晚饭后,他们坐在滦河岸边,夏夜的风摇动着河岸的蒿草,水波荡漾,蛙声四起。

"陈组长,工作有难度吧?"王舜嘴角微微上翘,把温馨的目光落在陈卫生面孔上。

豪爽的陈卫生坦言,工作比想象的难,乱字当头,由来已久。若想由乱到治,既要有耐心,还要有策略,不能打无把握之仗。王舜点头赞许,他说,还是要走进村民之中,多倾听,多用情,尽早完善村党支部,让村干部真正成为合格的领头羊。陈卫生介绍,已经制定出分五步走的工作方案,思想教育为主,实行村各级领导包片负责制,对那些村霸、顽固分子决不姑息,用雷霆万钧之势,铲除毒瘤。

最后,王舜叮嘱道,有事多沟通,我们共同把南山根村治理好,给村民打造一个良好的生活环境。

夜空,一轮圆月,皎洁的月光洒在河面,水波荡漾,月影婆娑,村庄渐渐安静睡去。

7月16日,伴随着一抹斜阳,陈克斌、王舜、薛青松一行三人再次来到南山根村,和社教队员在室内开会,部署下一步工作,找准主攻方向。却不料,河北岸的天空阴云密布,山不见山,河不见河。突然,狂风骤起,一道闪电撕开了低垂的乌云,惊天动地的炸雷声滚滚而来。瞬间,狂风裹挟着暴雨倾泻而下,天地一片混沌。

狂风暴雨后,滦河波涛汹涌,浊浪翻滚,不停咆哮。

暮色已暝,驻村工作组办公室却灯光通明。驻村工作组组长陈卫生汇报说,村里召开全村人大会,摆道理,讲政策,现在已经扭转了村领导班子被动局面,已有5名年轻人递交了入党申请书。

时间是最好的证明。陈卫生不辱使命,他率领社教队队员,不畏艰险,恩威并用,最终攻克了一座座堡垒。一阵紧锣密鼓后,这个老大难的南山根村终于出现新气象,社会治安初见成效:一举铲除了"四个胆"(明目张胆的抢、明目张胆的偷、明目张胆的劫、明目张胆的烧);鼓励村民通过劳动发家致富,村里建起58个蔬菜大棚,利用稻草建起编织厂;加强村党支部组织建设,培养新生力量,发展几名入党积极分子。

村里由乱到治,村民拍手称快,已是耄耋之年的段树欣慰地说,我耳聋眼瞎,原来白天都不敢出门,怕走在街上摔跟头,怕挨拳脚,现在黑天也敢出门了,我争取再多活两年。

南山根村民张开了笑脸,滦河水欢笑着流淌,金秋时节,稻浪飘香,社教队员与其挥手告别!

荣归

9月5日，肩负使命的第二批社教队队员圆满完成了任务。为此，陈栅子乡召开大会，既是总结大会，也是表彰大会、欢送大会。

乡党委书记李克斌满怀激情地说，感谢你们，感谢你们为陈栅子乡做出了贡献，你们把党和政府的阳光雨露播洒在大山深处。陈栅子乡的村民不会忘记你们，尤其是那些居住在高山上的村民，因你们到来，结束了他们出行难的历史，一条条山路通向外面世界，从而改变了他们的生活……

王舜代表社教队讲话，他深情地说，陈栅子乡第二期社教，历时四个月，在乡党委、社教领导小组的共同领导下，在乡政府大力支持下，经过13个社教工作组、45名队员齐心协力的艰苦拼搏，已经圆满完成任务。经严格验收，13个驻村点的社教工作全部合格，其中有两个被评为"高标准村"，3个完成任务质量较高的村……很自信地说，我们不辱使命，我们接受了考验和挑战，困难面前我们没有低头，迎难而上，齐心协力，结出硕果。13个组无论是修路、架桥、建蔬菜大棚，还是治乱，以及加强基层党组织建设，全部实现了预定目标。时间仅仅有4个月，广大社教队员吃住在村里，与村民打成一片，与时间赛跑，风餐露宿，日夜兼程。我们把成绩写在高山之巅，写在滦河岸边，更写在老百姓的心中。现在，我们可以自豪地宣布，陈栅子乡第二期农村社会主义思想教育，胜利结束！

掌声回响在滦河岸边，社教队员心潮澎湃，只因他们历经血与火的拼搏，换来了累累硕果。他们助力乡村的奋斗拼搏精神，被各路媒体相继报道，一举成为承德地区第二批"社会主义教育"的典范！

是啊，一心为民办实事，人民不会忘记。

蓦然回首，陈栅子乡的山山水水不会忘记，既当指挥员又当战斗员的王舜,把匆忙的脚步驻足于大山深处,和驻村工作组寻找摆脱贫困的突破口,又沿着滦河岸边去寻找村子产业的发展路径。与此同时,开设了信息员培训班,他披挂上阵,亲自授课,讲解如何写简报,如何写新闻稿。

陈栅子乡大院里的板报办得红红火火,成为宣传党的方针政策的阵地,让来乡里办事的村民一目了然。除了板报,还办简报,简报稿件由信息员提供,乡团委书记薛青松具体编辑。薛青松毕业不久,谦虚好学,像学生,王舜是老师,一个认真学,一个认真教。王舜亲自为薛青松改稿,稿件一经改动,质量立刻提升。师徒携手,简报办出了名气,有的稿件被县里和地区选用。

王舜传授薛青松写作知识,又一起深入乡村寻找发展路径,感受淳朴的村民殷殷之情。

骄阳似火,他们走进万家沟村进一步了解驻村社教队队员的工作情况。

钟淑珍家是三间泥草房,院中有一盘磨,58岁的钟淑珍头发花白,穿一件泛黄的白半袖衣裳,围着磨盘走了一圈又一圈,额头布满了汗珠,为的是让社教队员吃上热浆豆腐。这一幕,王舜悉心用相机拍摄下来,成为永远的记忆。

钟淑珍面带微笑把豆腐端上桌时,王舜凝视着豆腐,心里别有一番感动。一顿热浆豆腐,吃出了淳朴山里人的真情。

居住在高山上,白云深处的双庙村、小东山村、扁担沟村、椴树洼村、东五岑村、娘娘沟村、二兴营村,一个不剩全部修通了路。即便是土路,但也结束了人扛畜驮的历史,汽车马达声声,唤醒了千年沉睡的梦。

为此,身为滦平县陈栅子乡社教队指导员的王舜,把大栅子村工作组、扁担沟村工作组、万家沟村工作组、南山根工作组、小东山村工作组都申报为先进工作组。把组长师文生、黄振林、张忠、陈卫生、柴存,以及陈栅子乡政府信息员薛青松申报为滦平县优秀队员。

1992.7 摄

告别陈栅子乡社教工作队指导员办公室（兼宿舍），3 个月的日日夜夜，成为王舜的终生记忆。

河北省委、承德地委、滦平县委颁发给王舜的荣
誉证书。

9月9日,王舜挥手与陈栅子乡告别,他把成绩写在了高山上,写在了田地间,写在了稻浪翻滚的滦河岸。难能可贵的是,他没有整天泡在会议室里夸夸其谈,华而不实,相反的是,凭借锲而不舍的精神,兑现了诺言,圆满实现自己出征时定下的"六个一"目标,每村配备一个班子,健全一套管理制度,发展一批新党员,解决一切遗留问题,修建一条乡村路,找出一条致富路。

王舜临行前,薛青松恋恋不舍,他握紧老师的手说,虽然相处时间不长,但学到了不少知识,许多知识从课本上学不到,渴望时间脚步停留,让我再多学习、多请教。

一分耕耘一分收获,掌声和荣誉纷纷涌来。

1992年9月中旬,承德地区召开第二期"农村社会主义思想教育"庆典大会,作为先进代表的王舜登台发言,他深情讲述在陈栅子乡4个月的历历往事。他的真情告白,迎来了潮水般掌声。

荣誉纷至沓来。中共滦平县委为王舜颁发"第二批社教工作中成绩显著,被评为先进工作者"奖状;承德地委、承德地区行署颁发"在第二期农村社会主义思想教育活动中,被评为优秀工作队员"的荣誉奖状;1993年3月,中共河北省委颁发他"在农村社会主义思想教育工作中,成绩突出,被评为优秀工作队员"的荣誉证书。

荣誉,实至名归! 王舜的真情留在了高山上,留在了滦河畔。

第九章

静水流深

醉酒

曾几何时,雄才大略的曹操借酒发出对人生短暂的无限感慨,他在《短歌行》里写道:"对酒当歌,人生几何! 譬如朝露,去日苦多。"

在人们的认知中,在酒文化浓厚的国度里,手中握有管干部权力的人在酒桌上一定会信马由缰,驰骋疆场,豪情万丈。然而,王舜在组织部整整工作了 10 年,走遍了承德许许多多村镇,以及机关企事业单位。难以想象的是,他竟然成为酒桌上的看客,在人们推杯换盏之际,他是一位孤独者。

难道说,严于律己的他要保持人生的清醒吗?

不可否认,举起酒杯,能沟通情感,但也滋生腐败,尤其是在社会面临大的变革之际。

王舜绝不是真隐士,也非不通人情。他这样解释不喝酒的真谛:工作所处的环境,喝酒不费吹灰之力,毫不夸张地说,宴请会有档期。试想,处于这样的工作环境，假使天生不会喝酒，可天长日久纵横疆场，也能练出酒场上的豪情万丈。不是不会，就是不喝。

然而，该醉的时候必须醉。不为权，不为钱，只为同事那份情。

王舜在承德地委组织部工作第三个年头，因工作出色，很快由组织科副科长提拔为正科长。老科长石占文调到秘书科，原科室6人分到三个科室。地委组织部，风清气正，人情味浓厚，一人有事，大家纷纷伸出援手。天长日久，朝夕相处，结下了深厚友情，可是突然分家，同志们有种难舍难分之感。为此，作为留守组织科的科长王舜提议，大家欢聚一次，为调走的同事设宴送行。

1991年9月25日，一马路之隔的避暑山庄内，秋风瑟瑟，岸边的垂柳随风摇曳，湖水碧波荡漾，泛起阵阵涟漪。一行人来到烟雨楼，以其为背景，石占文、张淑兰、乔志军、王舜、曲建国、朱守仓6人一字排开，在岸边垂柳下拍摄一张合影，定格成永久的纪念。

走出山庄，步行至小佟沟的一处四川饭店，落座后，以主人身份自居的王舜首先诉说衷肠，咱们在一起共同打拼几年，情同手足，虽说分家，可兄弟姐妹不涉及财产，我是留守人员，今晚要尽地主之谊，喝个痛快，一醉方休。于是，他打开两瓶九龙醉，每人斟满一杯，举杯相叙，缠绵悱恻。约半斤白酒下肚，他醉了，双腿不听使唤，脚底下如踩棉花，目视门框就在眼前，本想尽量避开，可还是撞了上去。

夜幕下，乔志军用自行车送王舜。后座上王舜眼里的路灯光怪陆离，马路上的车如蝌蚪在跳跃，嘴里连连说，我今生今世第一次醉，也是最后一次醉。整个人像飘在空中。乔志军放好自行车，搀扶王舜走进办公室，他一头扎到床上，睡得昏天黑地。第二天，同事们来上班，发现王舜身上沾满了棉絮，都捂起了嘴，窃笑不止。

从此，王舜挥手与酒告别。他一诺千金，不论是在后来的组织部工作，还是在人大 17 年的工作，不管是私宴，抑或公宴，滴酒未沾。工作中，每每去外县视察、检查工作，酒桌上的茅台、五粮液令许多人喜不自禁，而他却熟视无睹。即使客人再三真诚相劝，他依旧稳如泰山，岿然不动，一律婉拒。

不沾酒，不吸烟，别人眼里的王舜有点"不在三界中，跳出五行外"。

王舜不是不会喝酒，认为端起酒杯会耽误大量时间。组织部工作繁忙，许多材料上班没时间写，只好晚上加班，写完材料，再进入另一个空间，拿起笔开始写作。

挚友柴山说，当时地委组织部重要材料几乎出自王舜之手，他不仅勤奋，思维敏捷，而且文字功底深厚，语言凝练，严谨。

考验

时刻保持清醒的王舜，再次面对考验。

1993 年 3 月，地市合并，组织部工作人员多达 72 人。两股道上的车驶向同一个轨道，必然发生碰撞。因此，机关人员安排竞争激烈，错综复杂，每个人都身处庐山之中。王舜不争、不跑，坦然面对，他之所以脱颖而出，担起承德市知识分子工作领导小组办公室主任、科级干部科科长职务（一套人马两块牌子），靠的是德才兼备。

新的岗位，新的职务，新的考验。王舜走马上任，谋篇布局，有条不紊地开展了工作：制定拔尖人才选拔条件，选配科技副县长，办《知识分子工作简报》，深入院校、科研单位调查了解领导班子建设情况，建立人才库……

无论何时，人才都是社会宝贵资源，人才能让社会产生驱动力。社会前进和发展，离开人才是万万不能的。

此时，中国社会正经历轰轰烈烈的变革，在经济先行的时代背景下，一些旧有制度、旧观念，被彻底颠覆，建立新制度只能在前行中探索。

1993 年 8 月 12 日，王舜前往秦皇岛北戴河参加河北省委组织部召开的会议，议会主题为"关于加强和改进党委组织部门知识分子工作"。一位处长讲，为什么要加强知识分子工作，因为当下有一种误区，人才流动途径靠市场，组织部门成为摆设。某省已经出现一种现象，商业企业招揽技术人才，不通过政府，不通过党委。人才流动不怕，怕的是无秩序，不辞而别，甚至有的县级领导干部说离职就离职，官职不要了，可到了新的地方又重新走上领导岗位，导致人才管理混乱。知识分子工作不能一味交到统战部门，应该由党委组织部门来做。市场经济条件下，非常需要宏观调控，如果领导小组不存在，更需要党委组织部门来工作。知识分子工作存在的问题有：站的高度不够，工作的宽度不够，超前意识不够，工作深度不够，改革的力度不够，队伍素质不够……

王舜仔细听，认真记，他深深感悟到，大的社会变革中，知识分子工作十分艰巨，千头万绪。尊重知识，不拘一格选人才，做到人尽其才，物尽其用，这是变革的需要，更是社会前进的动力。

历史成因，承德经济落后，人才匮乏，这是不争的事实。王舜明白，知识就是生产力，留住人才，最大限度地发挥知识分子作用，是知识分子工作的"支点"。

王舜从不打无把握之仗，他深入基层调研，广泛听取意见和建议，亲自操刀，拟定《市管拔尖人才选拔管理意见》。在征求有关局意见后，在组织部会议上讨论，参会人员没有提出异议，报送市委办，一次性获得通过，很快市委下发红头文件。可以说，《市管拔尖人才选拔管理意见》倾注了他的心血和汗水，称得上是杰作。当他离开组织部时，《市管拔尖人才管理意见》依旧在使用。

时不我待，不拘一格选人才，下发了地市合并后首批拔尖人才的通知书。一份份通知书如一声声滚滚春雷，响彻塞外山水之间。

一位位拔尖人才从各行各业,脱颖而出。肩挑重任,正在修建武烈河橡胶坝的水利局专家贠学愚,地矿院的叶东虎,桑蚕所的专家王军,农科所的薄国均,文学艺术界的郭秋良、何理、李耀楠、关阔、孙清铸、何申、肖玉田、孙德民、于俊海等众多专家学者,都闪亮登场。选拔人才的同时,更加爱护人才,为他们解决实际困难,在孩子升学就业、住房、乘车等方面为他们创造条件。为解决就医问题,王舜大胆提出想法,经部务会研究同意,在承德市中心医院开辟一个拔尖人才门诊,安排专家出诊,拔尖人才免挂号随时就诊。

知工办是知识分子之家,知识分子工作要做到知识分子的心里。这是王舜的知工工作信条。

1994年新春来临,承德市专家学者、知识分子新春茶话会在会龙大厦隆重举行。大家共聚一堂,谈感想,献良策,话未来。专家学者既深感怀揣的知识有了用武之地,又感受到市委市政府给予的关怀和温暖。

水利专家贠学愚直言,呼吁保护环境,对待环境不能破坏了再治理。承德话剧团团长,著名编剧,孙德民坦言,承德历史厚重,是天然的文化宫殿,要充分挖掘和利用好承德的人文资源。画家肖玉田扶了扶鼻梁上的眼镜,怀揣感激之情讲,1983年调入承德,不到一个月就解决了住房。士为知己者死,党和政府对我关怀备至,没有理由不搞好创作,决心为承德、为学艺术做贡献。说实话,锦州、烟台、深圳、海南等地都邀请我去,但我一一婉拒。为何,承德的历史文化,承德的山清水秀,无不给予我创作灵感,这方水土适合我,让我发挥一技之长,尽管收入少一些……

大家踊跃发言,建言献策,欢声笑语,新春茶话会推开了春天的门,春风徐徐,其乐融融。

1995年新春来临,1月26日,山庄宾馆一会议室暖意融融,淡茶一杯,鲜花盛典,承德市知识分子新春茶话会在这里举行。专家学者们除了对市委市政府给予的关怀表达感谢之外,更多的是关心承德的发展。事关人民身体健康方面的问题,医学专家郭连不回避存在的问题,建议政府高度重视地方病、大骨节病的频繁高发。他说,患者占全省比率85%,甲状腺患者不降反升,应引起高度重视。文学艺术界诗人何理打破缄默,平时略显口吃的他不讲假话、空话、套话,总能旗帜鲜明,击中要害。他说,申报世界文化遗产,搞得轰轰烈烈,关键是申报成功后如何做好这篇大文章。文化建设应该有个思路,应利用文化名城的文化来促进经济建设。目前,文化建设缺思路,缺战略,缺支持。承德文化建设应提到议事日程上来,文化看似软,其实坚硬无比。一个作家成长需要10年、20年,乃至半辈子,甚至一生的努力。文联机构面对改革,这次改革切忌一刀切,县区级文联机构别砍掉。水利专家贠学愚,大声疾呼,水资源到了该保护的时候了,不能以经济发展为借口,破坏人们赖以生存的水资源,我们要对子孙负责。环境美,水是重要元素,一定不能走污染、治理的路子,这等于杀鸡取卵。教育界的陈希良从内心深处呼唤,教育是百年大计,在以经济建设为中心的大背景下,教师队伍人心不稳定,要稳定教师队伍,培养年轻教师,制止乱收费现象。

一个时代,总有一个时代的烙印。王舜没有回避,他把这些针砭时弊却是苦口良药的建议认真记下来,及时汇报给市委和市政府。

作为一位管理者,他切忌只坐在办公室里。王舜关心知识分子可谓细致入微,常常登门拜访,去看望患病的专家、学者。比如,去看望桑蚕研究所专家王军、摄影家于俊海,带去的是一缕缕温情,是组织上对知识分子的关怀。

省管专家由各市知工办组织申报。1996年7月,成绩斐然,享誉画坛的画家肖玉田、平泉食用菌专业人才高玉怀、研究满汉全席的名厨孙晓春三人荣获省管专家称号,并获得省长特别奖。对饮食界佼佼者的孙晓春,省里有人抱有疑问,难以对其贡献做出评判。王舜为之陈述:承德饮食文化具有浓厚的皇家色彩,既然是文化,就尽量保留,满族宫廷御宴要挖掘好,不能消失,我们坚持不拘一格选人才的方针。最后,孙晓春顺利通过。

市管拔尖人才,每两年评选一次。1998年,承德市第七批拔尖人才为97人,这些人无不是各条战线上的能工巧匠,他们充分发挥了各自的聪明才智。97人中,有一位从土地上走来的平泉食用菌专业人才——梁希才,他带领一帮地地道道的农民搞食用菌,最终使平泉食用菌产业在全国占有了一席之地。可以说,梁希才、高玉怀都为食用菌产业献出了青春年华,洒下了辛勤的汗水。他们成为拔尖人才,实至名归。作为主管部门,就是公平公正地把优秀人才选拔出来,给予应有的荣誉和待遇,让他们发挥更大的作用。

王舜肩上的担子有两项重任,其一是知识分子工作,其二是科技干部工作,即科技副乡镇长的选拔配备管理,以及市直院校、科研单位领导班子建设。

干部工作的特殊性决定了做干部工作的人员需要有特殊的素质,王舜恰巧具备。科技干部工作一直有条不紊地进行着。

1998年3月,王舜因干部工作重返母校平泉师范。

校园、教学楼、甬路、花坛、垂柳、操场,这一切都显得那么熟悉,那么温馨。他带着任务,在办公室、教务处、学生会、团委、后勤、老干部科,逐一了解情况。每走一处,曾经一幕幕往事不由自主涌上心头,流连忘返。无疑,这里是他人生实现华丽转身的地方,是他扬帆起航的地方。

人生匆匆,能有几次转身呢?1998年4月,他的人生又实现了转身。遗憾的是,这最后一次转身,是一次纠结之中的转身,于他而言,又是一种考验。

王舜在组织部工作了11年,可以说他手中握有权力管干部,若想捞点儿个人好处,举手之劳,但他从未伸手,保持高度警惕性。他按原则办事,一身正气,两袖清风,违规、踩踏红线的事,一概拒之千里。他一颗纯洁的心,换来的是内心世界的一片安宁,假使室外警笛呼啸,他会心如止水。

若按常理,在组织部担任正科级的人员,工作两三年后便顺利调往一个相对理想的某局担任领导职务。然而,在组织部工作长达11年的他,职务本该擢升,更遑论工作出色,德才兼备呢? 他手下的一位同志得知他调到市人大,摇着头说,抛开职务不说,就工作能力而言,我无法和你比,我都调到一个相对理想的局工作,分到了房子,你为何不能,你早就该高升,为何不找啊? 要知道,会哭的孩子有奶吃。组织部也有领导对他的工作安排有看法,私底下劝说,暂时别走,等待时机。

面对好心人相劝,王舜默然相对,谨表感谢! 王舜对工作安排有看法,但他抱定一个执念,服从组织安排。不急、不躁,不争、不抢,他俨然一副"宠辱不惊,闲看庭前花开花落。去留无意,漫随天外云卷云舒"的心态。

1998年4月,在组织部工作了11年,担任正科长职务8年的王舜调往承德市人大,如此人事安排,开组织部人事安排之先河。

纵观王舜的内心世界,他追寻的是"游外以弘内"之道,这个道,是以出世的精神做入世的事业。

1998年,组织对他的调查写下一份这样的文字:"他头脑清晰,工作有思路,开拓进取意识强。参加工作以来,他无论干什么工作,始终坚持高水平谋事,高效率办事,工作上谋划,勇于开拓新局面。在担任承德地委组织部党员管理科科长期间,他针对全区部分农村基层党组织'软、散、瘫'和凝聚力、战斗力不强的现状,提出'巩固一类,提高二类,转化三类'的总体思路,被领导采纳,并组织开展了农村党支部升级达标竞赛等一系列活动,使全区农村基层党组织建设跃居全省前列,得到省委有关领导的充分肯定,并在全省农村基层党组织建设经验交流会上介绍经验。在担任知识分子工作科科长期间,他结合当前国际国内形势和我市实际,提出知识分子必须坚持以经济建设为中心,以人才工作为主线,紧紧围绕全市'科教兴市'战略……我市知识分子工作信息连续两年被省知工领导小组和省委组织部评为先进单位,其中九七年排名全省第一,受到全省通报表彰……1992年,组织上选派他到滦平县陈栅子乡搞'社教',并担任社教工作队指导员,当时该乡是滦平县有名的贫困乡,多数村级组织陷于瘫痪,村风和社会治安相当混乱。为了打开局面,他首先从解决思想认识入手,多次组织召开乡村干部群众大会和社教工作队员座谈会,并对社教工作组明确提出'六个一'要求……短短四个月,社教队先后组织修建了乡村公路80华里,架桥14座,新建小学一所,修建校舍61间,安装自来水50户,修河坝3700米,造林整地2300亩,打井17眼,解决疑难问题27件,新建和恢复村部8处,增加党员活动室8个,新增村办广播2处……遇事冷静、稳重,考虑问题全面;作风朴实,待人正直、诚恳;廉洁守纪,律己严格;善于团结同志,在领导和群众中有较高威信。"

以上这段文字,是王舜在组织部11个春夏秋冬工作的最好总结。他在这个工作舞台上,大胆创新,不循规蹈矩,有责任,有担当,实现了人生价值。

王舜荣辱不惊,初心不改,归来依旧是少年。

静水

1998年4月,王舜实现了人生又一次转身,他由组织部调往承德市人民代表大会常务委员会选举任免代表工作委员会,担任副主任。他的职务由正科擢升为副处级。

往往,在有些人的观念里,人大是个避风的港湾,那些曾是一方诸侯,历经过风浪,为了实现软着陆,纷纷把脚步或迈向人大,或迈向政协,以求规避风险。

其实，中国的政治体制是人民代表大会制度，人民当家作主。国家法律由人大制定，重大事项由人大决定，重要人事由人大选举任免，"一府两院"由人大实施监督。因此，人大肩负神圣的使命。

事实上，王舜的又一次转身，不如前两次华丽，可以说内心有过一段纠结，但很快又归于平静。人生永远不能平静，平静才显得弥足珍贵。

承德市人大常委会选举任免代表工作委员会班子一正两副，马贵湘为主任，王舜、张举为副主任。王舜分管选举任免工作，张举分管代表工作。

王舜和张举同时来选任委，彼此之前并不相识。组织这样安排后，私底下有人认为，工作起来彼此难以相融。因为，王舜性格柔，但柔中有刚，而张举性格爽朗，耿直倔强，两个人的性格迥然不同。

从工作角度而言，即使分工细化到极致，也必然会有交集的地方。天长日久，性格相反的人工作起来难免磕磕绊绊。开展工作没多久，王舜以兄长自居，谦虚地说，张老弟，论年纪我是老兄，你是老弟，可工作不分长幼，我能担当的一定担当，你负责的工作，我绝不插手，我负责的工作需要你帮忙，你要尽力。张举看着几分儒雅的王舜，爽朗地笑着说，我俩有缘分才走到一起，我这人性格直爽，喜欢竹筒倒豆子，以后还望老兄多照顾。

王舜在组织部当了那么多年正科长，考察过那么多领导班子，他深知领导班子团结的重要性，他不会重复别人的错误。

工作之中的王舜和张举和谐相处，亲如兄弟，出乎所有人意料。

2002年11月，王舜和张举同时被提拔，王舜升任选任委主任，张举升任研究室主任。一个部门的两个副职同时升迁，如此的人事安排，开承德市人大及承德市干部管理之先河。

王舜开始主持选举任免代表工作，这一干就是两届，10年。

王舜的内心是一面洁净的湖，他领导的选任委自然也成为一泓平静的水。他深谙"送人玫瑰手留余香"的处世之道，一个单位一把手行得正，一碗水往平端，关心下属，利益面前能让则让，这个单位一定会和睦相处，相得益彰。这时的选任委共有5人供职，一正两副，还有两位科长。人大内部的人十分羡慕选任委的和谐景象。故此，承德市人大选任委被河北省人大评为先进单位。

人民代表大会制度设定，人大具有四项职权：立法权、重大事项决定权、人事选举任免权、监督权。选任委具体负责人事选举任免和代表工作。

净则静。在人大工作17年的王舜，一直保持一颗平静的心。他滴酒不沾，不能说创造了奇迹，但可以说创造了品牌。除了滴酒不沾，难道说他就没有人情世故了？人，活在世上，不可能铁板一块，尤其生活在人情味浓厚的国度里。

由于工作的关系，王舜经常前往法院、检察院调研走访，有时会考核那些被任免的法官、检察官，甚至副院长级别的人。一些法庭的庭长他都很熟，见面相视一笑，恭敬有加，他们直言："王主任，有事尽管说。"然而，长达17年任免工作的他竟然没有张一次口。一位接触比较多的法院副院长说："王主任，你真就没有事？"

其实，不是没事，而是他不想用任免的权力把法律的净水搅浑。有一天，王舜一位发小从老家来，他热情接待这位从小光屁股长大的滦河岸的庄稼汉。王舜给发小倒杯水，微笑着问，来找我有啥事？发小用手挠挠头上稀疏的头发，吞吞吐吐说，因家里一小块承包地和人争执起来，最后闹到法院对簿公堂。你能否找法院的人把这个官司打赢。王舜劝道，乡里乡亲的，只为一小块地打官司，伤和气，不划算。左邻右舍，低头不见抬头见，遇事应该坐下来互相商量，退一步海阔天空。

最后，发小面沉似水走了。王舜站在窗前，凝视着发小远去的背影，心里有点五味杂陈，发小从老家奔自己而来，怀揣多大希望啊！自己是否有点

1997.1.28 摄　　　　　　　　2006.2.24 摄

知识分子工作需要热情与微笑(左)。
人大选举、任免、代表工作需要冷静与思考(右)。

不近人情？这件小事，对自己而言是举手之劳的事，可利用手中的权力去干预法官审判，法律的天平一定会倾斜，对案件的另一方就失去了公平与公正。

他心中抱定执念，若找自己打官司的人确实受到欺凌，遭受不白之冤，为了公平，为了正义，他可以出手相救。然而，尚未碰到。

17 年，王舜拒绝凭借手中握有的任免权找法官办事，他敬畏的是人民赋予的权力，他追求的是公平与公正，天地之间，中庸之道，是自然之道，一旦失衡，人与自然无疑会遭受侵害。

流深

人大的选举任免和代表工作其实也是人事工作，但是与市委组织部的人事工作却截然不同。人大作为国家权力机关是依法行事，法律性极强。王舜从组织部到人大，看似都是人事工作，却是进入了一个全新的领域。

严于律己的他，每做一件事都追求完美，精益求精。他剔除心中的杂念，静下心，大量阅读法律书籍，从根本大法——《宪法》读起，之后是《选举法》《代表法》《组织法》《监督法》等，甚至研读美国、英国的宪法。一边读书，一边研究。特别是对人民代表大会制度理论的研究，可以说他一直在路上，直至退休近 10 年的今天。

有了理论功底，工作起来就得心应手，敢于创新，敢于与时俱进。

人大人事权的行使分为选举和任免两种方式。王舜刚接手人大工作时，人大常委会任免"一府两院"人员，被任命人员不到现场，人大的主任、副主任、秘书长、委员们依据提请材料发表意见，进行表决。表决采取举手方式，任命书没有颁发仪式，而是会后由原单位送至本人手中。艺高人胆大。经过一年多的学习研究，王舜大胆地向常委会提出了改革意见，常委会

2008.12.23 摄

2010.12.28 摄

2011.1.29 摄

在承德市人大常委会会议上,审议(上)、作报告(中)、投票(下)。

2008.3.30 摄

2012.3.1 摄

2012.3.1 摄

承德市人民代表大会期间,当选的常委会委员与全体
代表见面(上);王舜向议案审查委员会汇报人大代表
提出议案情况(中);议案审查委员会表决人大代表议
案处理意见(下)。

采纳并实行。表决方式,由举手改为无记名投票;任命书的发放,举行简单严肃的仪式,被任命人员到场与常委会组成人员见面,由人大常委会主任现场亲自颁发。本来,人民代表大会制度就是有个与时俱进的过程,地方人大工作需要跟进。承德市人大这两项改革可以说紧跟时代步伐,强化了民主和人大的法律权威。

王舜主持选任委工作后,重新修改了《承德市人大常委会人事任免办法》,对人事任免又进一步深化改革。

表决方式和任命书的颁发改革,让行使任免权人员能充分表达自己的意愿,被任命人员感受到法律的威严。但是,任命如果仅凭提请材料进行,行使任命权人员不能充分了解被任命人员情况,人大的任命势必有"走过场"的嫌疑。新的《任免办法》规定,被任命人员要到人大常委会现场,要对全体常委会组成人员进行 5 分钟的表态发言;对于法官和检察官职务的任命,任命前人大要到原单位去考察了解情况。5 分钟的发言,看似时间很短,但是一个人的工作情况、能力水平、思想境界都完完全全地显现出来了。新的办法实行后,被任命人员所得赞成票的票数一下拉开了距离,有个别人险些不超半数。

对被任命人员的监督也是法律赋予人大的权力。承德市人大常委会对被任命人员进行述职评议和对专项工作进行评议两项监督举措,在河北省是领先开展,后一项甚至是全省唯一。其中,王舜是出谋者、积极推动者和执行者。

选任委除了选举任免工作外,还负责代表工作。

人大代表是人民代表大会的组成者,换言之,人大代表是国家权力机关的组成人员,因此,代表工作是人大工作的中心。而代表工作又不仅仅是依法选举产生代表,更重要的是让代表如何执行代表职务,履行代表职责。加强代表培训,组织代表调研视察,搭建"委员—代表—选民"梯形联系网络,组建代表之家等等,每项工作都具有开创性。特别是优秀人大代表、优秀建议的"双优"评选活动,在全省属于首创,极大地促进了代表履职的积极性。

面对优异的工作成绩,王舜从未居功自傲,而是平静得如同一泓净水,以至于在主任会议上他不愿意多说话。然而,作为人大的一把手,郭群主任每决策拍板一件事时,总想听到王舜的发言。每当大家都发言了,王舜还没开口,主持主任会议的郭群主任就会点名:"王舜,你说说。"

在大家的心目中公认王舜是人大工作的专家。

正处级领导干部,年满 57 岁就得退居二线,给新人让位。王舜退居二线后就不再参加主任会议。三年后,正式退休。郭群主任代表组织谈话,说完"官话"后,说了一句"半官半私"的话:"你一退,我真憋手。原来,啥事听你一说,我心里就有底。"这话一直暖在王舜的心里。

余音

工作总有终点,宛如一位演员,总有告别舞台的时刻。浪漫诗人李白纵然想让时间的脚步停留,只能算是一场美好的梦。他在《短歌行》里写道:"吾欲揽六龙,回车挂扶桑。北斗酌美酒,劝龙各一觞。"他畅想,把六条龙驾驭的车拴到日出时的扶桑树上,献上琼瑶佳酿让六条龙喝醉,时间就会停留。

自古至今,若论浪漫,也许没有人能超过李白,他为人们设计了一场梦,但现实无法扭转,自然之道法则是变,每时每刻在变,变是唯一,不变只能腐朽。

"高光"退去后的谢幕,不管你是谁,无法拒绝伤感,人的情感就是如此复杂。

2012 年 12 月 8 日，周六。退居二线的王舜趁着休息日，来到仍然为他保留着的承德市行政中心北楼 1305 室。楼道里见不到人，只有凛冽的寒风在外面呼啸。打开门，环顾四周，花盆里的花临近枯萎，办公桌、座椅、书柜、床，无不落下一层灰尘。50 多平方米的大办公室，寂寥无语。此情此景，王舜心中波涛翻滚，陡生无限伤感！

一时间，他僵立着，默默无语。

掸去座椅上的灰尘后，坐下，他习惯地寻找办公桌的笔和纸。最后，只找到几张文件头纸和一支红色碳素笔，在文件头纸背面他写下伤感的文字：

办公桌、座椅、书橱、床，这一切都悄没声地待在那里，只有我是个活物。不以物喜，却因物悲……翻一翻案头的旧文件，市委的、市政府的红头文件，那种忧伤，不，简直是凄凉，浸透了全身。从 1988 年进入地委机关，算来已经 24 年，一直摆弄这些文件。学习它，落实它，当然也起草它。红字头，盖上红印章，那叫"权威"呀！如今，我只是看看而已，它的权威已不属于我了。此刻的看，像是目睹一件文物，不像曾经那般，逐字逐句地认真读，领会其精神实质。若属于我职责，需要落实的，我得废寝忘食抓落实，去干实事，唯恐干不好，愧对肩上的责任，愧对薪金，愧对良心。20 多年，学了多少文件，贯彻执行多少文件，起草、主持发了多少文件，难以统计。转眼间，这一切都被雨打风吹去……一切都是曾经了。失去的职务、职责，并不可惜，人都有这天。不拿俸禄不担惊，无官一身轻，何况工资照发，可惜的是，人怎么会一下子就老了呢？怎么就没用了呢？怎么就赋闲了呢？这种忧伤谁能逃脱掉？

他既不贪权，也不恋权，只是对时间的感伤与无奈。天地乃万物之逆旅，时空转换中，人只是匆匆过客。

王舜关门前,再次深情环顾陪伴自己整整 10 年的办公室。走出大楼,走出市委大院,迎面吹来凛冽的寒风,路边的树叶不停旋转。

回到家里,心马上又静了下来,因为王舜退而没休,他又全身心地投入到讲课稿的准备中。承德市第十三届人民代表大会第一次会议即将召开,会前将对新当选的 370 多名代表进行培训,讲课的任务又落到了王舜身上。

干一行,钻一行。王舜熟读法律书籍,认真钻研人大业务,没想到,他在人大领域又站在了他曾经钟爱的三尺讲台上。2008 年 3 月 25 日,承德市第十二届人民代表大会第一次会议召开,他被推举首次登上人大讲台,从此便一发不可收拾。承德市代表培训由他讲,各县区也纷纷邀请他为人大代表和人大工作者巡回授课。

以前,人大代表培训要么请省里专家型领导讲课,要么只传达有关文件,而自此以后,这个讲台便成了王舜的专属。

当 2013 年 4 月 6 日王舜走下承德市第十三届人大代表培训讲台后,心想,明年他就完全退休了,这下可以休息了。然而,不但各县区继续邀请,2017 年 4 月 6 日的承德市第十四届人大代表培训还是把他推上了讲台。时至今日,王舜的"人大讲台"也没有"退休"。今年(2023 年)的 10 月 26 日,滦平县人大常委会又请王舜给全县乡镇人大主席讲了一堂"如何做好新时代乡镇人大工作"。

王舜的"人大讲台"退而不休,取决于他的执着与勤奋,他身退心没退,热度还在;岗位退而学习没退,一直孜孜以求。同时也取决于他敢于迎接一次次挑战。

王舜每次讲课都不是自己想讲什么就讲什么,而是按照邀请单位给的题目讲。每次讲课的对象不同,有时是市级人大代表,有时是县区级人大代表;有时是人大常委会组成人员,有时是人大机关工作者;有时是乡镇人大

2017.4.6 摄

2017.5.24 摄

退而不休的人大培训讲台。2008 年 3月，承德市第十二届人民代表大会第一次会议召开，王舜第一次登上人大代表培训的讲台，自此至退休后 10年的 2024 年，仍然应邀为人大代表培训讲课。

在承德市第十四届人大代表培训会议上讲课（上）；在围场满族蒙古族自治县人大代表、人大干部培训班上讲课（中）；在隆化县人大常委会委员、乡镇人大主席培训会议上讲课（下）。

2021.11.26 摄

2021.4.22 摄

应邀出席在杭州召开的人大工作图书出版研讨
会暨人大履职专家座谈会。

主席。每次的讲授内容完全相同的情况几乎没有，虽然都在"人大"这个大范围内，但是区别很大，可以说，每接受一次讲课任务就等于迎接一次考验。让他记忆犹新的是，2022 年 5 月 30 日，承德县人大邀请他去讲"习近平新时代人大思想"，这应该是党中央人大专题班子研究的课题。王舜没有退却，迎难而上。他把十八大以来的党中央重要文件、习近平总书记关于人大方面的讲话都认真研读一遍，最后从习近平新时代人大思想的基本内容、习近平新时代人大思想的确立依据、习近平新时代人大思想的特点三个方面，以学习、体会、交流方式进行讲座，圆满完成了任务。

王舜是"人大专家"，不但全承德市认可，而且全国唯一的人大系统出版社——中国民主法制出版社也认可。2021 年 4 月，应出版社的邀请，王舜参加了在杭州召开的"人大履职专家座谈会"。与会 30 余人来自全国各地，大都供职于省级人大，像王舜这样供职于地级市，而且已经从"主任"岗位上退下 10 年，恐怕没有第二人。会议在西湖内的浙江宾馆召开，茶余饭后，漫步西湖，回首往事，特别是退下来的"余音"路，更多的是欣慰，心想："原来退下来的我还有用呢！"

王舜，2008 年登上"人大讲台"，2011 年退居二线，2014 年退休，2023 年的今天，他仍被推举在"人大讲台"上，他的"人大之音"仍在燕塞大地上作响。

第十章
远　方

河畔学步

事实上,文学改变了王舜命运,回望来路,王舜的文学创作已经长达半个世纪。

滦河畔,辞去半脱产干部,登上三尺讲台,他为自己人生规划了两条腿走路,其中一条腿便是文学。其实,文学之路,既窄,又艰辛。王舜把攀登文学高峰好比攀登珠峰,珠穆朗玛峰鲜有人能登顶,但只要攀登总会有收获。

王舜眼里,文学是第二生命。若没有文学的积淀,也许就没有摄影、研究承德历史文化,乃至于图书出版。

触摸王舜的文学之路,清晰可见,滦河两岸的历史文化给予了他创作灵感,是滦河水滋润了那片创作土壤。

当年,高中毕业后回到村里挑起村干部的担子,在火热的劳作中组织民兵写诗,又在轰轰烈烈改变山河的大兵团作战工地上,吹响诗歌的号角,尽管发表的《民兵同志意志坚》一系列诗歌有着时代的浓厚特色,缺乏诗歌的意向,缺乏文学性,但毕竟像一只丑小鸭,跌跌撞撞在滦河岸迈开了步伐。寒风凛冽的工地上,劳动场面热火朝天,他在大喇叭里读着一首首诗的余音未消,夜幕下的帐篷里又拿起笔,开写小说、散文、民间故事、随笔等。

1977年12月,滦河岸滴水成冰,皑皑白雪掩映着村庄,群山上的一棵棵松树在白雪覆盖中,生机盎然,墨绿如画。夜晚灯光下,王舜浮想联翩,伏案提笔,开篇写下:

> 今年秋季的农田基本建设,规模大,进度快。为了随时掌握情况,县农田基本建设总指挥部派我到各公社分指挥部了解情况。一个晴朗的早晨,我来到太平庄公社农田基本建设会战工地。首先映入我眼帘的是一幅壮丽而又激动人心的图画。山崖上一棵苍劲的青松,巍然挺立。松树下几十个生龙活虎的小伙子站在崖台上开山采石,一块块岩石跳跃着从陡壁上飞奔下来,溅起团团尘烟。沟堂红旗如林,车流如潮,车来人往,人欢马叫,好不气派。两条笔直的迎洪坝宛如山峦的两条钢臂,伸出六千米直通滦河大堤。山根一条千米长渠把沟沟岔岔连成一体,渠的上端机器轰鸣,银花飞溅;渠的中段是热闹的中心,那清脆的鞭子声,有节奏的锤声,伴随劳动的歌声,奏成一曲动人悦耳的劳动交响曲……

《红日青松》这篇散文,记录了滦河岸一个特殊时代人们高涨的劳动热情,修建的那条拦洪大坝陪伴着滦河,历经沧桑岁月。

知微见著,他内心流淌出的一篇篇文字,虽说还谈不上佳作,但却迈开了笨重的脚步,懵懂中开启了文学之门。先贤哲人诠释了事业有成的必由之路,"不积跬步无以至千里","千里之行始于足下"。

带着梦想飞翔的王舜一篇篇习作,换来的是"自学成才"的美誉。于是,生长在滦河畔的他,一时间声名鹊起,在村落之间,在一座座茅屋下,人们赞叹不已!一天,他有幸作为自学成才的典型接受邀请,登上隆化县旧屯中学的讲台,为学生们讲解诗歌,讲解诗人刘章《牧羊曲》诗意的美之所在。

确切地说,王舜的文学梦,作家梦,起源于弃官从教的太平庄中学三尺讲台。站在三尺讲台那一刻,他对文学有了海誓山盟,将来不论干啥,绝不会放下手中的笔,用笔去书写生活,抒发自己的情感。

王舜从懵懂中真正走出来,懂得文学的意义所在,是他就读平泉师范的美好时光。

课堂上听老师讲解,图书室里大量阅读,以及刊物函授培训,让他的文学梦插上了翅膀。此刻的他,从太平庄滦河畔出走后,回望中的惊鸿一瞥,才深深感悟到自己的文学梦想离不开滦河水的滋润。

1984 年 3 月 26 日,他怀着殷殷之情,思念之情,写下散文《滦河,我的母亲》,文中有这样的文字:

> 我家住在滦河边,清清的滦河水从我家门前流过。我家的大门口有一棵古老的柳树,繁星闪烁的夜幕下,听着爷爷讲述滦河岸那些古老悠远的故事……我们从河里出来到沙滩上烙肚子,热乎乎的沙子烫着肚皮,舒服极了。歇够了,像鱼儿一样钻进河里……滦河里的鱼儿是很有名的,不但种类繁多,而且肉质细嫩,含脂肪和蛋白量高。我从小就学会捕鱼、钓鱼、叉鱼、囤鱼、晾鱼、摸鱼,样样精通,我是靠吃鱼长大的……滦河不但有慈母的仁爱,而且还具有菩萨心肠,又有一副美丽容颜。它既不因为降雨水多而大发脾气,冲毁两岸的庄稼,也不因为干旱而断送水源,渴死秧苗。不论在怎样情况下,它总是用她那甘甜的乳汁滋润着两岸千顷禾田,哺育着两岸千家万户……

不难看出,王舜对母亲河那份深厚情感。

他创作第一次用笔名,便是"王三水",姑且不论他在组织部门工作唯恐遭人误解,仅从"王三水"字面上看,彰显了对水的无限眷恋。之后,笔名也曾用过"叶川""滦河",乃至微信名"热河书生",无不与水休戚相关。缘于他崇尚水,而水孕育了他。

他笔底写河流的文字,处处可见。散文《蛙岛》刊载于 1986 年的报刊上,他笔端的文字如一首夜曲,轻松舒缓,恬淡安然:

> 滦河从我家门前流过。在门前分作两个岔,中间闪出了一块陆地,我们称它为蛙岛。蛙岛上居住着很多很多的青蛙。青蛙非常喜欢唱歌,春天一到,它们每天晚上都举行歌咏比赛。它们的比赛很奇特,既不是独唱,也不是合唱,而是你一句,我一句,比着嗓,较着劲地轮唱。每到这时,整个蛙岛,整个村庄,不,整个世界只有"蛙声一片"。夏天,蛙岛是最好的活动场所……秋天,这些青蛙都不知去哪里了,而我们仍然离不开蛙岛……冬天,岛的四周是洁白的冰……蛙岛,美丽的蛙岛,伴随着我美丽的童年。

设若,他不生长在滦河边,不用心观察,很难写出如此细致入微的文字来,而那滦河蛙岛上的天籁之音,岂止是留在童年的记忆里?必将永远留在他人生的记忆里,留在古老的滦河记忆里。

应该说,王舜对文学的情愫产生于滦河岸边的炊烟袅袅,鸡鸣狗吠之中,以及村里老人道听途说、口口相传、绵延不断的古老悠远的故事,这些无不是他的文学土壤。

月明星稀,山坡上牧羊老人或是村里众乡亲茶余饭后的故事,令他百听不厌。他把那些口口相传,亦真亦幻,离奇古怪,生动鲜明,缠绵悱恻的故事牢记在心底。终于有一天,他凝神提笔,出神入化地把他们写了出来。众多故事几分迷离，几分浪漫，如仙女下凡，如神龙摆尾，跨越时空，款款而来。

王舜带着这些精神财富，离开了滦河岸的太平庄。

1984 年，草长莺飞之际，或一弯新月，或星光灿烂，他漫步在平泉师范校园的甬路上，思乡之情随风而至，摇曳的柳枝，撩拨着思绪，耳畔响起蛙岛上的欢唱，脑海中滦河东岸群峰之首的光顶山，与元宝山隔河遥望，惺惺相惜。大自然的鬼斧神工使两座山峰，既伟岸挺拔，又扑朔迷离。思绪万千，俨然是文学之火点燃了创作欲望，他脑海中，两座山已不是此二山，已把它们演化为人间的悲欢离合。

大自然的神奇，造就了元宝山的鬼斧神工，为生活在这片土地上的人们创造了美丽的想象空间。

中华民族的图腾，是龙。龙，是神的化身，无所不能，能腾云驾雾，能翻江倒海，能拯救苍生。传说，元宝山峰峦之巅有个天然洞穴，洞里有一泓泉水，清澈见底，汩汩流淌。因此，人们奇思妙想后，把山巅之上充满神秘色彩的洞和东海龙宫紧密联系在一起。于是，有了玉皇大帝，有了龙王，有了龙子，有了黎民百姓，围绕着生灵，也围绕着善与恶，美与丑，展开一场殊死搏斗。

在中国古老的传说里，玉皇大帝是正义化身，生命万劫不复时，他会伸出援手，救苍生于水火之中。

无疑，王舜笔下的民间故事《元宝山》书写的是滦河两岸古老的传说，是人们心中美好的愿景。

1984 年，王舜多年的民间故事创作结出了硕果，他撰写的《元宝山》发表在《热河民间故事》上。

1985 年 8 月，秋风乍起，王舜着手《兔子仙的传说》的创作。《兔子仙的传说》取材于光顶山的传说，但又不仅仅局限于此，有嫁接，有演绎，有升华。写作中许多语言既生动又鲜活，妙趣横生的话语处处可见："原来，'孩子'生得这般模样：脑袋如同一个大鸭梨，躯干像个大角瓜，上肢不过三寸

1985.7.12 摄

踏向新的征程,奔向更远的远方。

长,下肢却有一尺八;红芸豆的眼睛,芭蕉叶的耳朵,浑身长着稀疏的白毛。说人不是人,说兽不是兽,人模兔样……单说那'孩子'从窗户跳出以后,站在院中,手搭凉棚,左右张望了一阵,便一窜一窜地奔了东山。"如此活灵活现的语言,完全汲取了讲故事人的语言精髓,把"兔子仙"展现在读者面前。

曾经,王舜为了探究光顶山的几分神奇,尤其是山峰上的黄蚂蚁,不得不深入虎穴。那天,他独自一人登上无人涉足的顶峰,但见土包密密麻麻,稍不留神双脚就会陷入蚂蚁洞中,直没膝盖。瞬间,被惊动的黄蚂蚁铺天盖地,把他围得水泄不通,吓得他落荒而逃。

不能说王舜笔下所有的民间故事都与滦河有关,但可以充分肯定,是滦河岸边的古老歌谣,让他逐渐成长为一位作家。

孜孜以求

王舜真正走上文学创作之路,始于他从平泉师范毕业来到承德财经学校的这一时期,他边工作,边读书,边创作。

对于业余作者而言,文学创作可谓"路漫漫其修远兮",若没有痴心与恒心,大多数人是忘了"行百里者半九十",而半途而废。

家从滦河岸的两间房村搬来,他把仅有的一间半平房,隔离出一个逼仄空间,放一张窄窄的单人床,又放一个书橱,剩下的空间只能一个人容身。不能摆放写字台,他急中生智,买来一块木板,固定在书橱上,窄窄的木板权做写字台。他坐在床边,在"写字台"上铺开纸张,思绪驰骋,信马由缰。山不在高,有仙则名;水不在深,有龙则灵。书房,对读书人而言,是安魂之处。虽然空间逼仄,但他喜不自禁,思索再三,"紫泥塘"成为书房名,其寓意荷花亭亭玉立于泥水之上,出淤泥而不染,濯清涟而不妖,荷花的风骨成为他人生所追求的目标。

　　儿子大新和二新,每天都看到父亲安然端坐在书房里,像一尊佛,风吹不动,雷打不动,不是读书,便是伏案笔耕。至于父亲读的书,写的文章,他们一概不知。当他们走进梦乡,父亲依然守在书房里,与书房共枕眠。

　　夜晚,王舜沉浸在"紫泥塘",边创作,边整理多年积攒下来的习作。此刻,他创作的诗歌、散文、小说,陆续见诸报端,结出累累硕果。他把多年写出的文字逐一装订成册,整整装订了八册。财校赵丰年老师擅长书画,他目睹王舜多年勤奋耕耘后结出的果实,主动请缨,为之设计封面。如《热河的故事》封面上,赵丰年用淡淡的笔墨勾勒出热河泉边矗立的那块石头;《民间歌谣》封面上,用简洁的线条画出绿树掩映下的茅屋。《坏三》《黑丑白丑》《徘徊》等封面,都留下赵老师倾情奉献的画作。

　　事实上,这八本装订成册的文集,恰恰是王舜不论是身处逆境,还是顺境,持之以恒,不言放弃的见证。也恰恰是他对文学的那份痴情,结出了果实,他才被选拔到承德地委组织部,真正走上仕途。

　　在承德地委组织部工作期间,王舜的文学创作进入了高峰期。

　　夜晚,他独守"紫泥塘",先是雷打不动地写完单位材料,尔后的时间独属于自己,他在文学的辽阔草原上跃马扬鞭,纵横驰骋。

　　20世纪80年代中期,国家为了保护流传在民间的故事,号召深入挖掘并整理成集。于是,《中国民间故事集成》《中国民间谚语集成》《中国民间歌谣集成》应运而生。

　　机会是留给有准备的人的,王舜之前写了那么多民间故事,正所谓万事俱备只欠东风。东风吹来满眼春,承德地区文联朱彦华、承德市文联陆羽鹏两位老师同时约稿,因此,他写的民间故事有了用武之地。

　　1985年8月,夜深人静,普宁寺的木鱼声已消歇,武烈河畔的蛙鸣若隐若现,盛夏夜的风绕过磬锤峰,徐徐而来,"紫泥塘"里灯光幽微,王舜一字一句修改从前写的一篇故事,他思绪穿越时空,走入人类的洪荒之中。

东方文明和西方文明对于人类起源大不相同。西方认为,人类起源于"伊甸园",而东方认为人类起源于"女娲造人"。东西方两种观点,其实殊途同归,无不是来自于古老的传说,人类在没有发明文字之前,只能靠丰富的想象力,来编织"天、地、人"的自然之道。

王舜笔下的《混沌》故事,浓缩了滦河岸太平庄村一位八十余岁老奶奶的讲述。文中的姐弟俩,在地球即将毁灭之际,面对一位老婆婆三番五次的伎俩,拒绝乱伦,拒绝拜堂成亲。最后,姐弟俩披星戴月捏泥人,捏出的泥人千姿百态,姐弟手中的艺术品被老婆婆装入口袋,神奇的老婆婆背上泥人,如影随风,踪迹皆无。时间不久,地球从混沌中走出来,群山峻岭怀抱之中,又有了人间烟火,而穿行在街巷里的人不乏身体残缺者。

是啊,人世间毫无完美可言,大自然的四季轮回尚且有花开与花谢,更遑论人世间的悲欢离合呢?

因此,王舜以滦河为背景撰写的《混沌》竟然成为《河北省民间故事集》首篇,成为开山力作。文学的营养在民间,在民间那片肥沃的土地上,象牙塔里的坐而论道,是没有艺术生命力的。

值得庆幸的是,1996 年,久久为功,坚持不懈,王舜对民间故事痴痴追求,终于结出了硕果。《承德故事新编》结集出版,著名作家,承德市文联主席郭秋良为此书作序。序言的题目——《一位奋发有为的年轻人》,文中写道:"王舜是一位执着于民间文学事业的青年作者,他出于对生他养他的承德山川大地的热爱,从十几岁起他就开始搜集流传在这片土地上的传说、故事、笑话,十多年来他坚持不懈,共搜集整理了厚厚的十大本⋯⋯这些民间文学作品,不仅对读者来说具有文学欣赏价值,而且对于民间文学研究工作者具有科学研究价值。王舜走的是一条自学成才之路。他胸有壮志,不满足于平平庸庸过日子,他说:'来到人间一回,就要在地球上踩上两个脚印,要让别人知道我到世上来过。'所以他用自己的笔写人生,写社会——

他写过诗歌、散文、报告文学、新故事等等，更以顽强的毅力和十分的辛苦搜集和整理民间文学。滦河岸边，罗汉山下确实留下了他的脚印……王舜长期受大避暑山庄文化的熏陶，紫塞地域的山川河流给了他灵秀之气，生活和劳作在这块土地上的劳动人民，赋予他正直、善良、勤劳的优秀品格，鼓励他笔不停，抒写这块大地的美好，以自己的作品启人心智，娱人身心，令人欣慰之至。诚望王舜式的青年作者多一些。"

由此观之，郭秋良主席不仅仅是为王舜的《承德故事新编》作序，也是对他进行全方位总结，写了他的身世，写了他奋斗历程，写了他对文学的不懈追求。

纵观王舜文学之路，他笔下的民间故事与诗歌并驾齐驱，未走出滦河岸时就已经着手而歌了。

从家乡滦河岸出走后，笔耕不辍的王舜写出了诗歌的本真，他在报纸上发表的文字呈现出诗歌的意向。纵览中国的文化，不论是诗歌、绘画，抑或书法，无不用意向来浸润。意向，与古老民族的生存相濡以沫，内敛、修为、谦谦君子，终止于"天、地、人"的自然之道。而诗歌，一旦缺少了意向，不仅缺失的是艺术，更重要的是缺失了生命张力。

多年之后，仕途扶摇直上、远走高飞的王舜老部下贺路明，依然记得老科长笔下《虚掩的门》一首诗。贺路明认为，这首诗富有哲理，科室里的人读后都为之赞叹。

承德地委办公楼出自苏联建筑设计师之手，呈现欧式建筑风格，门、窗都比较大，一扇厚重的木门无论放在哪个角度，都无怨无悔，一动不动。面对办公室的那扇门，王舜遐思不已，眼里的那扇门像是虚掩着，有种看山不是山的意境。彼时，社会正经历着大的变革，国门打开之后，人的思想在进行激烈碰撞，人置身门前，有的犹豫徘徊，有的奋不顾身，有的循规蹈矩。面对一扇普通之门，王舜写出一首不同凡响的诗，诗中写道：

你的门

总是那么虚掩着

是让门外的人进去

还是让门里人出来

一团飘忽的云雾

你说

进也行,出也行

伟大嘛就是宽容

结果

不该进的进了

不该出的出了

随随便便出出进进

累得门一个劲呻吟……

是啊,不同的人对那扇虚掩的门有不同的意义。整首诗,写出了人生的况味,写出了人生的态度。

1990 年 10 月 17 日,《承德群众报》刊登了这首诗。

如果说,滦河给予了王舜文学的情愫,那么避暑山庄则给予了他的灵性。

诗歌、散文、小小说,在报纸上轮番登场,王舜的脚步真正迈入了作家门槛。紧随其后,他受邀在报纸开辟专栏,名为"生活魔方"。于是,他忙得不亦乐乎,五百字短文虽短,却马虎不得。所谓的"魔方"是变幻莫测,恰恰生活是无穷尽的变。他把视觉触摸到身边的生活,剥离浮尘,寻其本质,精雕

1990.10.1 摄

1991.6 摄

一生以书为伴

1991 冬摄

2006 秋摄

一生笔耕不辍

细琢,尔后方谨慎落笔。因为,王舜行事的风格严谨,更遑论撰写出的文字是成为人的精神食粮呢?

为了创作,为了避免遭到不安心工作的非议,他明哲保身,用"王三水"作为笔名。其实,他仅有的创作时间一部分是身陷"紫泥塘"书屋,更为主要的一部分是坐在山庄的湖畔,神思飞扬,提笔著文。

一年三百六十五日,近水楼台先得月的王舜上下班,几乎是徒步穿过避暑山庄,从春天湖畔垂柳吐绿,直至冬日的雪花飞舞,他一往情深融入山庄,不知是山庄守候着他,还是他守望着山庄。

登山则情满于山,观海则意溢于海。

四季轮回的行走中,山庄内的亭台楼榭、小桥流水、楼船画舫、隐藏于深沟的石碑,乃至于一草一木,一砖一瓦,无不纳入他的视线。他时常独坐湖边,或置身峰峦之巅,思考一个王朝的兴与衰。设若,没有这样的思想积淀,断然不会有他后来潜心研究承德历史文化所结出的果实。而承德历史文化着重点,是以避暑山庄为轴心,一部山庄,半部清史。其实,又何止于半部清史呢?

1989 年 5 月 13 日,清晨,他登临康熙三十六景之一的南山积雪。明媚阳光洒在东方的山峦之间,纵目眺望,蓝天白云下的磬锤峰突兀耸立,傲视苍穹,武烈河蜿蜒而去。收回视线,山庄内的景物一览无余,他把目光落在不远处的文津阁,古松环抱的文津阁散发着文化情愫,他思考良久,写下《叹文津阁》一首诗:

文津阁里徒存文,拜阁未见读书人。

世人不晓文津意,犹道文津为国魂!

是啊,文津阁是避暑山庄内的文化符号,它是清代"四大藏书阁"之一,阁内曾藏有两部彪炳千秋、与日月同辉的巨著,一部是《古今图书集成》,另一部是《四库全书》。这两部皇皇巨著,传递着悠远的历史足迹,不知耗尽了多少文人墨客心血。可以说,拥有这两部巨著,避暑山庄才有了魂魄,有了精神的支撑点。

文,是历史,是文化;津,是水边,是渡口。文津的寓意,是历史与文化的渡口,文津阁的重要一语道破。

随后,他的目光缓慢移至如意洲,绿柳婆娑,水光潋滟,人影晃动,湖中一叶叶小舟,摇晃着,跳跃着,给予他以灵感。于是,他写下:

> 如意湖畔如意洲,如意洲边舟儿稠。
>
> 如意人儿舟上坐,如意情波伴水流。
>
> 如意如意多如意,乐悠乐悠乐悠悠。
>
> 舟中有酒舟中醉,不问冬夏与春秋。

湖中的船儿往来如织,小船上的人摇桨戏水,尽情游乐,一片欢笑中,谁能知晓时光的短暂呢?又有谁在"如意"中居安思危呢?

有时,王舜清晨走入山庄,雾气朦胧,紧锁山庄,只有婉转的鸟鸣宛如音符在飞翔;有时,夕阳西下,一抹余晖洒在湖面上,把散碎的金子抛入湖中。湖畔独行的他,古松下的他,池塘边的他,处处生情,处处皆是文章。

王舜喜爱荷花,他出生的日子与荷花有着一丝姻缘,恰是这份姻缘祛除了他"命毒"宿命,也因此,面对盛夏山庄湖中亭亭玉立、清丽脱俗的荷花,他情有独钟,他无限向往荷花"出淤泥而不染,濯清涟而不妖"的高贵品德。

1989 年 8 月 23 日,他身披晚霞,欣赏着水心榭处的荷花,这里的荷茎亭亭玉立,荷叶如舞女的裙,微风掠过,荷花千姿百态。随后,又驻足观莲所,垂柳掩映下盛开的几朵荷花倒映在水中,微风吹过,湖水泛微波,夕阳

和水中的荷花交相辉映。于是,他挥笔写下二首《咏莲》诗。其中一首是写观赏莲花的:

> 六月荷花八月开,秋风瑟瑟暗香来。
>
> 老翁未酒舟中醉,顽童拍手不忍摘。

另一首颇具几分感慨:

> 饮浊餐污熬暑寒,溢香滴翠吐红妍。
>
> 都知唱颂莲君子,谁晓其中几多难?

是啊,荷花有谦谦君子之风,可谦谦君子是要有修为,有拯救苍生之志。

曾几何时,避暑山庄是大清皇帝夏都,皇帝们边躲避酷暑,边治理国政,边纵情一方山水,挥毫泼墨,以至于山庄内每一个角落都留下爷孙二人的诗情画意。某日,康熙大帝漫步一处湖边,清风送爽,林间鸟儿婉转,湖水微波荡漾,他心旷神怡,诗意如热河泉涌,于是写下:

> 堤柳汀沙翡翠茵,清流芳渚跃凡鳞。
>
> 数丛夹岸山花放,独坐临流惜古神。

当然,皇帝有点石成金的功能,一首诗衍生出一处景观——芳渚临流,从此成为康熙三十六景之一。

1990 年 9 月 26 日,清晨,太阳未出,王舜已漫步山庄。秋日的山庄,沉浸在一派氤氲之中,薄雾蒙蒙,清脆的鸟鸣唤醒了梦中的园庭。晨练后,他来到芳渚临流休憩,置身虚无缥缈之境,诗情袭来,挥笔写下:

打罢太极修静功，忽闻湖上打水声。

谁人投石破镜水？原来鲤鱼练腾空。

飘缥纱纱芝径堤，忽忽闪闪仙人行。

嘣嘣手指不是梦，却已进入仙境中。

春夏秋冬，阴晴雨雪，他痴情一片。

1992 年 3 月 24 日，初春时节，风寒料峭，山庄银装素裹，热河泉边景色美轮美奂，岸边树枝缀着冰花，小桥如一弯新月映入水中，雪花飘飘洒洒，水面热气弥漫，眼前景致宛如仙境。王舜抖落身上的雪花，灵感顿生，立刻从兜里掏出随身携带的笔记本，写道：

久伫热河泉水边，任雪洗面不觉寒。

喜看白蝶戏绿水，却见飞去不飞还。

白蝶纷纷撩人意，灵烟袅袅乱人间。

莫恨塞外春光少，且看热泉无冬天。

可以说，热河泉是山庄的精灵，大自然的鬼斧神工，演绎为山庄的神来之笔。万木萧条，滴水成冰的冬日，独有热河泉微波荡漾，热气氤氲，散发一座皇家园林的无穷魅力。

漫天飞雪中，王舜凝视微澜的湖水，心中流淌的是春光。

王舜，安然坐在湖畔古松下思考，坐在山庄蜿蜒的宫墙上思考，他已融入了山庄的呼吸之间。坐在宫墙上的他，目光穿过山庄内的亭台楼榭，落在群山峻岭之巅。

1990 年 10 月 28 日，星期日，他从陆合塔旁一处小门进入山庄，一口气登上南山积雪,穿过北枕双峰,北行,又西折。深秋,路边的五角枫已经黯然失色,枫叶随着萧瑟秋风无奈凋零。一会儿,他爬上蜿蜒起伏的宫墙,来到当年康熙跨在马上,驻足瞭望的地方。试想,十全武功,一身戎装,跨在马上的康熙大帝,俯视这一片山河,不知会擘画怎样的治国良策。

王舜,坐在宫墙上有一种杜甫亲临泰山"一览众山小"之感。视野开阔,天高云淡,普陀宗乘之庙气势恢宏,红墙绿瓦间"万法归一"的金顶赫然醒目。秋风阵阵,吹落了他额头上的汗滴,他的思绪漫过历史烟云,眼前景物渐次消失,阳光移过磬锤峰顶。此时此刻村落中一条羊肠小路,从脑海里幻化而来。

于是,王舜笔下有了《山村,这条小路》一首诗。整首诗,语言裹着浓浓乡土味,竟然写出了大的气象,写出了土地上的痛苦、哀怨、循规蹈矩,写出了中国自古以来变革的历史意义。他用深邃、冷静的目光,去触摸土地上劳作者的灵魂深处:

村里长老说
李二爷的爷爷的祖宗
为了躲避狼的袭击
踏了一行脚印

于是
就有了这条小路
小路这端就有了这个村子
村里人沿着这条小路行走

小路
规定了村人行走规矩

生在这村

就得走这条小路

上了路

就得排成一行

谁也别想抢先

谁也别想落后

更不能列出队外

路边

不是悬崖就是荆棘

祖宗这样走

爷爷这样走

爸爸这样走

我也这样走

没人问他有多少弯

哪里是尽头

踏破村人"千层底"

无奈何

永久　永久

可以说，这首诗，如雷霆万钧，呼唤千年沉睡的梦醒来，吐故纳新，开辟一条新的生活之路。

王舜这首诗的灵感来自何方？难道说，是起起伏伏的宫墙触碰了灵感？他要推倒束缚人们思想的一道坚固城墙，亦如当年康熙大帝铁马秋风，以摧枯拉朽之势翻越长城,打造一段辉煌的历史。

《山村,这条小路》一首诗,收入了他第一本诗集《一个男孩的梦》里。

花开花落,春去秋来,避暑山庄之于王舜,是物理的,也是精神的,他把沉思、情感都融入其中。他在这里释放工作压力,能在这里找到创作灵感,也能在这里享受父子天伦之乐!

1990 年 9 月 2 日,他像往常那样,休息日带着两个儿子,从万树园门进入山庄。大新、二新兄弟俩很久没来山庄了,兄弟俩蹦蹦跳跳,如放飞的野鸟,一路雀跃,穿过碧绿如茵的草原区,沿着湖边来到康熙三十六景之一的双湖夹镜。

"哥、哥,蜻蜓、蜻蜓,"弟弟拍着手喊,"捉呀!"

哥哥大新,目视微波荡漾的湖水,田田的荷叶覆盖了波纹,两只蜻蜓叠加在一起,落在亭亭玉立的荷叶上。弟弟说的"捉"无法实现,大新只好蹲在湖边,深情凝望水中倒影,荷叶、荷茎、鱼儿和偶尔飞来的蜻蜓,组成一幅美丽画卷。二新蹲在哥哥身边,顺着哥哥的目光,欣赏那变幻莫测的水中画卷。

王舜,为了让儿子享受大自然的快乐,常常陪他们一起"闷鱼",把一个个装有诱饵的罐头瓶用绳拴好,扔进湖中,湖水溅起水花,水花落在荷叶上,水珠晶莹剔透,又从荷叶上滚落。绳子的另一头系在岸边,然后他们像姜太公那样安然坐在湖边,等待鱼虾自投罗网。一眼望去,满湖荷花,粉色的、淡红色的、白色的,千姿百态,竞相开放。一阵秋风掠过,万荷摇曳,满湖馨香。王舜兴之所至,欲抒写湖中千姿百态的荷花。遐思不已之际,二新的举动打断了他的思绪。二新把一个罐头瓶从湖水中拽出,却不料磕碰到石头上,罐头瓶即刻破碎。于是,二新把惊恐的目光落在父亲面孔上,本以为父亲会大声斥责,可父亲只微微一笑说,你们玩吧,我去那边。大新、二新继续蹲在湖边,盯着荷叶下面游动的鱼儿,恨不得下水把它们捉到手。

王舜找个安静地方，来到"奢鑑"碑前，把旅游包、折叠伞、黄色挎包，一律放在碑后。他坐在旁边一块石头上，凝神静思，提笔著文。一棵山丁子树，枝头上缀满了红果，一个个红果宛如婴儿胖嘟嘟的面孔，他忍不住摘下几颗，未等自己品尝，想起了湖边玩耍的两个儿子。大新、二新，见到父亲手中的红果，口舌生津，喜不自禁。

待返回石碑处，王舜惊出一身冷汗，放置石头上的东西不翼而飞，一件不剩。小旅游包里装有身份证、工作证、通讯录、笔记本。在通讯不发达的年月，这四个物件十分重要，尤其是通讯录和笔记本，通讯录是通向外面世界的一座桥梁，笔记本里写下许多诗篇。原来，是笔记本惹的祸，只因里面夹着 20 元人民币。

苦不堪言的王舜蹲在古松下，皱紧眉头望着满湖的荷花，连连摇头，叫苦不迭……

2023 年夏，父子团聚。置身国外科研前线、已成为科学家的大新，以及与父亲一脉相承，也从事文学事业二新，都依然记得当年的一幕。兄弟俩一致认为，父亲当年读书与写作太勤奋，太刻苦。

湖畔人语

纵观王舜创作高峰期，说避暑山庄给予了他创作灵感一点也不为过。避暑山庄人文景观与自然景观，巧妙融合，相得益彰，避暑山庄钟灵毓秀，无论是承德的作家，还是画家，创作上无不与她有着千丝万缕的联系。有据为证，《承德市报》为王舜开设的"生活魔方"专栏，以及"湖畔人语"专栏，其中的很多篇章都写自于山庄。

1990 年 9 月 20 日，晨光熹微，坐在湖边的王舜开启了"生活魔方"之旅。他在笔记本上写下一段文字：

人一生都在寻觅,寻到了是幸福,寻不到是痛苦。等,你等我吧,过100年,我又是个黄花少女。当一个人总使你牵肠挂肚,想忘也忘不掉时,你已经深深爱上了他(她)。当他(她)不愿意接受你的礼物时,他(她)已经厌烦你了。树怕伤根,人怕伤心……"生活本身充盈着人间烟火,一旦少了爱恨情仇、柴米油盐,也就断然失去了生活本真。

恰恰,王舜是从人间烟火中撰写出"生活魔方"的一个个短篇。

夜深人静之时,他完成了一篇《书恨》,用手揉揉眼睛,重新润色自己写下的文字:

你不要恨我,应该恨书,这一切都是书造成的。想当初,我没读那么多书,没懂那么多事,心中生活是一张白纸。尽管文化不高,心不灵,手不巧,长得不美,性情不佳……但是,我还是那个味,所以,生活还算平静。平静得既没有狂风卷起巨浪,也没有春风荡起涟漪,是一潭死水。这死水,不知道它是什么味道,也不知道它应该有什么味道。我们谁也没理会这些,因为生活就是这个样……

一篇篇短文穿成一串珍珠,令"生活魔方"专栏闪耀着七彩的光,吸引了不同层次、不同年龄的读者。一位政府机关读者写下这样的读后感:"半亩池塘一鉴开,山光云色共徘徊。问君哪来情如水,为有源头活水来。"中学生读后,拍手称快说,这张报纸这个栏目读着有味道。

然而,好景不长,"生活魔方"栏目被报社领导因故叫停。

1991年3月底,报纸编辑韩云飞给王舜打电话,不无遗憾地说,接到通知,"生活魔方"栏目叫停了。王舜不解其故,问,为什么?韩云飞以实相告,因为这个栏目影响很大,已经影响到报纸宣传的本质了。王舜反问道,怎么就会影响到报纸的宣传性质了? 读者喜欢这个栏目,恰恰说明这个栏目办得成功啊!

"唉!"无可奈何的韩云飞只能一声叹息,姑且算是对王舜的回答。

一天,承德市几位文友相聚在铁路中学教师左军家。报社另一位韩姓编辑悄悄耳语,你的"生活魔方"把我们报社给震了。承德财经学校教师,远足诗社社长徐毅对诗歌作者冯宝良说,你打电话问,谁是写"生活魔方"的作者,你是不识庐山真面目,今天我就让你见识见识。徐毅手指王舜,就是他。冯宝良用羡慕的目光端详王舜。

左军举起杯说,今天略备薄酒,不成敬意,望大家开怀畅饮。

"生活魔方"寿终正寝后,有些读者投信报社,赞美的同时也在询问,能否出"生活魔方"集,届时可以购买。关于"生活魔方",报社编辑安忠和讲个有趣的故事,读者间有人认为,云飞、王三水一定是一对夫妻,如若不然,事关情感的短文,为何写得那么细致入微?

通过"生活魔方"栏目,编辑韩云飞感知到了读者的趣味所在。于是,他灵机一动,计上心来,又开辟了独具特色的"湖畔人语"专栏。如若说,"生活魔方"专栏呈现的是市井间的毫末,那么"湖畔人语"则是用散文的灵动,发出心底的声音。那天,韩云飞把自己剑走偏锋的设想说与王舜,结果正中下怀,王舜认为机会就在眼前,在湖边写下的那些豆腐块有了用武之地。"湖畔人语"绝大多数的文字是他执着地守在湖边,文思泉涌,一蹴而就的。无疑,是湖水,是草木,是亭台,是砖瓦,给予了他创作灵感。不可否认,有时作家写作是需要一个独特的空间,这个独特空间能给予作家笔下灵感。

对王舜而言,湖与人早已融为一体。

王舜养成了好的习惯,每写完一篇作品都要标明写作地点、时间。

1991 年 4 月 19 日,避暑山庄湖面的冰已然融化,远远看去,岸边的垂

柳泛出浅浅绿意,洁净的湖水宛如一面镜子,春风徐来,王舜情之所至,提笔写下:

　　人,像眼前这湖。首先有水,但不知道它多深,而当你知道它多深时,你已经下水了……我满怀激情投入你的"感情湖"中,由着性子地畅游,可谁承想,湖水是那么浅,游不起来。那就扎个猛子吧!可是湖底除了淤泥,就是乱石,结果粘了一脸泥还不算,鼻子也被抢破了。你呢,反而说我不知深浅……人,是个湖。

《站在这湖边》区区几百字,托物寄情,写出了人性一个侧面。
读者读作品,最好能读出文字背后作者思想的火花。
1991 年 5 月 18 日,《心中那抹阳光》里写下:

　　我又来到这湖边。几年前的那天,就在这个地方,我遇见了你。当时,我正在作画:眼前清澈的湖水;湖边碧绿的荷叶;头顶万里晴空。然而,进入我画中的却是浑浊的湖,暗淡的荷,灰蒙蒙的天空……不知啥时,你站在了我身边,或许已经站了很久。"请借我笔用用。"我回头看时,见你一身粉红色衣裙,像一朵彩霞,一团火,还有一脸庄重。你接过笔,在画夹上重新夹好一张画纸,飞笔走神:湖水浩瀚,游鱼可见;湖中小舟,争相竞技,船桨拍打水面,溅起白色浪花……第二天,我再次来到湖边,却久久没能画上一笔。你又来了,坐在我身边,主动与我聊天……自此之后,我天天带着追求和热盼来到这湖边作画,来沐浴这醉人的阳光,来勾勒美好的生活……人,必须生活在现实和幻想的夹缝里,否则,不是虚无就是沉闷。

这篇短文,是一位作家对生活、对情感的表达。湖边的这幅画,亦真亦幻。真,是对湖水恋恋不舍的情怀,对土地的情真意切;幻,是他在情感挣扎中追寻着的归宿。

也恰恰在这个时期,时常独坐湖边纠结不已的他,一年以后,结束了一段婚姻。那段时间,他经受了情感上的炼狱,曾想去父母坟前追问,你们为何那么早离开我? 爸、妈,是你们早早离开,导致我不该有的婚姻,不该有的命运。凭借我的学习成绩,一定能考入大学,考上大学,我的人生会截然不同。

一切皆为过往,已然无法改变。王舜泪流满面,只能用笔下的文字讲述内心的痛苦与渴望。

　　3 年前,你初次来这湖边。冰冷的树根上,一坐就是两个小时。你对着湖水,对着东方——太阳升起的地方,一动不动,像座雕像……湖水一泓波纹涌起,你的眼前一亮,那几乎停止"运动"的大脑又开始运转起来:苦楚来自内心的不和谐,不和谐缘于一个感情如涸,一个感情如湖……

这是王舜笔下《请给我修个闸门》里的陈述,他的内心犹如湖水,但不平静。

人世间,总有曲终人散。王舜,终于在繁忙中告一段落。报纸开辟的专栏,在没有网络的时代,不仅给他提供了与读者见面的平台,也考验了他的写作能力。

从此,王舜声名鹊起,在承德文学创作队伍中占有一席之地。然而,他很清醒,文学殿堂是神圣的,文学的金字塔尖犹如珠穆朗玛峰,只能肃穆敬仰,没有沾沾自喜的本能,无非一如既往攀登。

虽然文学殿堂神圣,但是不能囿于象牙塔里,那种阳春白雪,个人情感释放,抑或小桥流水式的创作,终究没有生命力。文学的生命力,在于汲取变幻莫测的生活,在于滋润文学的那片土壤。

2011.9.2 摄

2022.7.24 摄

瞻仰伟大领袖毛主席故居(上);探访诗人郭小川故居(下)。

从报纸开辟的"农村党支部书记风采录"专栏,到"生活魔方"专栏,再到"湖畔人语",见证了王舜创作一个又一个历程。

枝繁叶茂

1997 年,由内蒙古人民出版社出版的诗集《一个男孩梦》,是王舜写作生涯的一个里程碑。

序,由承德地区作协主席,著名诗人何理亲自撰写。在塞外这片土地上,何理是文学队伍中的伯乐,一旦发现有一匹千里马,他愿倾尽所有,甘于奉献。为了承德文学事业发展壮大,何理呕心沥血,殚精竭虑。《一个男孩梦》之前,何理曾为一本书名为《我的意象树》散文集组稿,王舜的散文《爱路弯弯》位列其中。

一栋楼里办公,平易近人,和蔼可亲,少言寡语的诗人何理,知晓王舜是一位不张扬,行事低调的人。

一天,王舜轻轻叩开何理主席办公室的门,把诗稿恭恭敬敬放在何理办公桌上,何理眯缝着一双高度近视眼,看看诗稿,又看看王舜,他嘴角上翘,脸上镶嵌上笑容。

"那啥,你工作那么忙,啥时写的?"何理颇感意外。

"何老师,我是搞社教时写下的,"王舜如实相告,"渴望出一本诗集,烦劳您作序,请多指教。"

何理欣然允诺,他希望那些业余作者早早结集成册,他也帮助过许多渴望出书,但又无法实现梦想的业余作者。

夜晚,何理坐在床上,枕头放在膝盖上,诗稿举在眼前,眯缝着眼睛,触摸着一行行诗句。通读诗稿,欣然提笔,以枕头为书桌,一字一句写道:"王舜写诗的时间并不算长,《一个男孩梦》这本处女诗集就出版了,这是我始料不及的,读了集中的八十多首诗,更加使我喜出望外了。多年以来,故弄玄虚装腔作势的诗愈演愈烈,絮絮叨叨贫嘴贫舌像旧社会妇女的裹脚布,尤其是陈词滥调无病呻吟以至情调低下的爱情诗泛滥成灾,大伤读者胃口。仿佛有一种无形的墙,堵得我们喘不过气来,读了王舜的这本诗集,如同呼吸到一口新鲜空气,使我有些心旷神怡……"

何理主席不仅作序,还多方联系,帮助出书。

何理,是新中国成立后河北省第一位走向全国诗坛的年轻诗人,受过党和国家领导人的接见。何理过人之处在于人格魅力,他胸襟坦荡,无私无畏,不奴颜婢膝,不说假话,不随波逐流。

何老师喜欢王舜《月亮》一首诗,这首诗仅仅只有六行:

　　　　每当太阳来临

　　　　你便悄悄隐去

　　　　每当太阳隐去

　　　　你便默默来临

　　　　只要是寂寞的长夜

　　　　就有你温柔的身影

何理赏析,古往今来,写月亮的诗无计其数,这首短诗却写出了新意,写出了月亮温柔的形象。

当然,这首短诗更近一层的诗意是,心如止水,安之若素。

《一个男孩梦》里许多首诗,诗句背后折射出抗争、顽强、不服输、坚如磐石的精神,从小我写出了大我。《我》一首诗写道:

我很贫穷

乞丐见我都不愿伸手

我很富有

徒墙四壁的心室

装着一架子书

我很低贱

我用握牛鞭子的手握笔

我很可贵

我靠自己的脚走路

我很脆弱

五尺男儿

常趴在母亲的坟上痛哭

我很刚强

冻死迎风站

饿死不出声

我很浪漫

对生活充满多彩梦想

我很实际

> 生命每一刻钟都在
>
> 实实在在运转。

整首诗，是王舜自画像，诠释了他一路走来的崎岖坎坷，但又风雨无阻，一次又一次远行，最终实现人生目标。

《一个男孩梦》诗集虽薄，但却像万花筒，五彩斑斓，有铮铮铁骨，有温婉柔肠，有深沉哲思。这本诗集，王舜写于滦河之畔的陈栅子乡，那是他搞社教的地方。

1992年5月，王舜肩负使命来到陈栅子乡，一个个大山深处的贫困村落，通向外面的只有一条羊肠小路，村民们一代又一代，艰难行走着，有的人甚至一辈子也未走出过大山。如若说，一条条羊肠小路是具象；那么，何谓形而上的无相？是打破藩篱，是兴利除弊，是革故纳新。

此时，正逢改革开放，旧有的与新生的发生着激烈碰撞。新生的力量若想颠覆旧有的顽疾，并非易事。于是，他想起了坐在避暑山庄宫墙上写的那首《山村，这条小路》诗，仿佛从这片土地上找到了出处。

做社教工作，王舜夜以继日，步履匆匆，三个月的攻坚战初见成效，"六个一"的奋斗目标基本实现，第四个月的任务主要是巩固提高，检查验收，肩上的担子不那么重了。故此，他有闲暇时间思考工作中所遇到的是是非非，那些活生生的事累积在一起，如一座即将喷发的火山。

于是，在宁静的夜晚诗歌烈焰腾空而起。

王舜住在陈栅子乡政府院里，乡政府大院由粮库改造而成，他独居在一间不足10平方米平房里，睡的是土炕。夜晚，乡政府大院少有人居住，显得极为冷清，就连屋里的灯光也孤独寂寞。除了所在村庄几声狗吠，剩下的只有远处滦河流淌的水声。

安静，不独属于王舜，但安静给予他能量，给予他智慧的火花。

于是，他气定神闲，一首首富有哲思的诗句诞生在月朗星稀的滦河岸边。他仅仅用了一个月时间，把积压在心底的诗情一吐为快，当那个宁静夜晚写完最后一首诗，欣然把门窗打开，渴望秋夜的风奔袭而来，他畅想乘风而去的光景。

野菊花盛开在秋天，一簇簇，一片片，漫山遍野无处不在，直至霜染山岭。1992 年 8 月 2 日，王舜端着一架相机走入深山里的一个村落，一簇野菊花伫立在悬崖上随风摇曳。他端起相机，从不同角度用镜头记录下野菊花的风姿，于是《悬崖菊》一首诗诞生了：

> 我爬上悬崖
>
> 为寻找你
>
> 可是
>
> 你原来在谷底
>
> 年年深秋季节
>
> 都为你展示花枝
>
> 你怎么
>
> 到现在还不明白
>
> 我那斜生身体的秘密。

寥寥数语，呈现了顽强诗意。横看成岭侧成峰，也可以理解为一首追逐爱情的诗，为了得到心爱的人，悬崖之上，脚踏岩石，身体倾斜，目光追逐着心中那一朵白色圣洁的野菊花。

婚姻遇挫，又何尝不是一种寻觅呢？

秋日的大山里，景色宜人，诗意盎然。高山上，崖壁间一棵挂满果实的枣树，枝干遒劲，昂首挺立，枝头上的枣儿青色中透着红意。王舜驻足，观望

良久,默然相向。回到陈栅子乡的夜晚,那棵枣树在脑海里徘徊着,他坐在炕上,拿起笔写了《孤树》一首诗:

> 我已经等待了一千年
> 在这荒原的路旁
> 上帝嘱咐我
> 只要执着
>
> 我已经奉献了一千年
> 一千年的绿荫
> 给路人
>
> 我已经失望了一千年
> 秋风又扫去了今年片片绿色希冀
>
> 赤条条的枝干
> 只好耐着严冬的寂寞
> 企盼着一千零一年

是默默中的奉献,是冰霜雪雨中的坚守,痴心不改,千年一梦。

一间小屋,一张简陋木桌,一个火炕,一阵阵从滦河畔刮来的秋夜的风,王舜让装满脑海的乡间景物涌现出来,演化成一首首言之有物的诗。他在小屋里《呼唤》道:

来吧

读懂我诗的朋友

我的心扉已向你敞开

我的蔚蓝的湖

正等待着你尽情

畅游

他的诗句是写给山村的,是写给茅屋下一张张古铜色面孔的人。他用丰富的生活,切身的感受,一个月的辛勤笔耕,完成了《一个男孩梦》。

虽然,《一个男孩梦》是王舜首部诗集,但出手不凡,只因他脚踩土地,对真实生活进行打磨后的升华。

作协主席何理倾情相助,取得了出书通行证——书号。但他囊中羞涩,不免纠结。为了节约费用,他亲自到造纸厂购买纸张,把梦想描绘在洁白如玉的纸张上。1997 年初秋时节,何理作序,著名画家马唯驰封面设计的《一个男孩梦》由内蒙古人民出版社出版发行。

春去秋来,花开花落,岁月烟尘没有湮灭王舜的诗情,他相继出版了《青春诗笺》《生命之歌》《奥林匹克之歌》《这个冬天》等诗集。

如若打开一本本诗集,不难发现每逢重大时刻,王舜把身心和情感完全融入其中。他说,这是文人的担当,这是文学的责任。

著名作家何申在为《奥林匹克之歌》作序时写道:"我与王舜熟识已久,来往密切。我曾为十载全国人大代表,每年赴京开会及日常履行代表职责,无一不是王舜和他领导的部门精心安排。选任委工作联系面广,事无巨细,王舜性格安详,临阵不慌,总能把事情处理得妥当顺畅。我看王舜心中有三气:静气、和气与睿气。正因为如此,方成大器。今年王舜写了很多作品。汶川地震,华夏国殇。王舜悲痛三日,遂提笔成章,可谓:泪流成诗,诗泪成行。遥望巴蜀,大爱无疆。于是,有了厚厚一本《生命之歌》。奥运到来,举国欢腾。王舜又用诗的语言记录了这个百年难逢的盛会……实话实讲,残奥会比赛开始后,大家虽然都看,但像王舜这样认真地看并有感想成诗的不多。我想这是缘于王舜心中充满人间的博爱之情,于是才有了这些撼动人心的诗句。"

实事求是讲,著名作家何申给予王舜评价既中肯,又恰如其分,只缘于他们在多年交往中彼此走向了心灵深处。

王舜和著名作家何申相识于承德地委大院,确切地说,相识于文学之路上。在漫长的文学路上行走,王舜和著名作家何申之所以成为知己,关键在于有一个共同的梦想,共同的追求,彼此心照不宣,胸襟坦荡,光明磊落。

何申故去,王舜每每想起往事,心中波澜起伏,痛惜不已。

一次,王舜送大儿子出国,去首都机场之前,有一场书法笔会邀请他,当他从首都机场风尘仆仆归来,匆匆进入热闹的书法笔会现场,现场的人忙碌着,但何申一眼看出了好友王舜面孔上的内容,他悄悄问,送大儿子心情复杂吧?王舜点头示意。他用手轻轻拍拍王舜肩膀,以示安慰,随后说道,"无情未必真豪杰,怜子如何不丈夫?"别纠结,我给你写一幅书法,权做释然父亲牵挂之心。

何申挥毫泼墨,笔走龙蛇,边写边思忖:"舜兄送子赴大洋,丙戌孟冬天地长。莫道慈母细细缝,且看老夫寸心忙。二十余载养育恩,八千里路海涛扬。席间无语多安静,可是思子至何方。"

不愧为著名作家,当场赋诗一首的何申道尽了好友王舜此刻缠绵悱恻的心情。何申把挥毫泼墨的这首诗装裱后赠予王舜,王舜珍存起这幅书法作品,不仅珍存好友的墨宝,而且珍藏着彼此志同道合的真情。

王舜在翠桥办公时,一天,何申走来,落座后,未等饮几口清淡的茶,王

2012.12.2 摄

2023.3.5 摄

2014.3.28 摄

文学是社会的，王舜多次向学生赠书（上），分享作品
（中），接受媒体采访（下），传播文学信息。

舜微笑着起身,拿来一本《避暑山庄大辞典》相送,何申抚摸着《避暑山庄大辞典》,内心很感激,他深知这部书的价值所在。他环顾王舜办公室,颇显空旷,爽快地说,我给你写一幅书法吧,权做回报。

何申起身,索性在屋地用脚步丈量,回到家,他笔走龙蛇,一气呵成:"热河宝地,山奇水长,碧毯曾为牧马场;上营把酒观夕阳。山川三万条,三万聚精华,武列相伴古泉;岁月三百载,三百生奇境,山庄美名绵长。天成奇峰,地涌碧波,春来花艳,暑至风爽。神哉女娲! 伟哉炎黄! 九州绮丽,尽聚吾乡! 文明福地,宜摄影像,人文荟萃,云汉为章。"

王舜为基层作者纾困,成立了"承德市写作协会",何申当仁不让,在报社办公室,提笔挥毫写下"承德市写作协会"。几个字,横写,竖写,反复写几遍,任王舜挑选。

遗憾的是,王舜不敢把一幅幅书法作品都悬挂在办公室,一旦目视挚友的书法作品,便立刻想起他的音容笑貌,心如刀绞。何申临终前,王舜来到医院看望,两双手紧紧地、久久地握在一起。王舜安慰道,现在科学发达了,很多疑难病都能治好,放宽心,一定会好起来。何申睁开疲惫的双眼,长叹一口气说,自己的病情很清楚,不用多说了,也许……我心里明白。王舜打断他的话,不会的,要有信心。何申闭着疲惫的双眼,摇摇头,像是要入睡。

王舜脚步轻抬,走到门口,恋恋不舍,回眸,只见何申又睁开眼睛,抬起左手,轻轻摆动。王舜又返回床边,两双手紧紧握在一起,四目相对,没有只言片语,却胜过万语千言。王舜轻轻推开门,含泪而别。

因新冠疫情,这次相见竟然成为诀别!

试想,人的一生最终能有几位成为知己? 历史上,伯牙与钟子期抒写出"知音"的真谛,可有多少人能涉足其后呢?

著名作家何申走进王舜的内心世界情有可原，只因他们生活在同一座城市，交往密切，兴趣、爱好、秉性，无不有相同之处。那么，站在文学评论的制高点，推出"河北三驾马车"理论的杨立元走进王舜的内心世界，并非何申牵线搭桥，纯属偶然中的必然。

杨立元，河北省唐山人，面阔鼻挺，双目有神，话语如奔腾江河，侠骨柔情，有着古代文人的傲骨。他是唐山师范学院文学院二级教授，著作颇丰，尤其是他笔下的文艺评论，洋洋洒洒，纵横捭阖，入木三分。当年，恰是他在全国文学界旗帜鲜明推出了"河北三驾马车"之论，才使得河北的小说家何申、关仁山、谭歌组合在一起，成为中国文坛一道靓丽风景。

不可否认，是古老的滦河把承德、唐山两座城市紧密连接在一起，又或许是同饮一河之水的缘故，古道热肠的杨立元对承德作家的那份热情、熟悉程度，绝不亚于唐山作家。交通不发达的年代，他常常独自乘坐慢如牛车的交通工具，从日出颠簸到日落。一路风尘后，不顾满身疲惫，在武烈河畔的星光下，他神采奕奕和承德作家们把酒言欢，畅谈文学，畅谈人生。久而久之，承德这片热土已然成为他的第二故乡，一代又一代承德作家也和他建立了深厚友情。

承德有着一支庞大的诗歌队伍，人才济济，薪火相传，成为诗坛的一道风景。这道风景时时吸引着杨立元，突然有一天，一个大胆想法幡然而至，他要为承德诗人树碑立传，用他擅长的文艺评论书写每一位有成就的诗人。

自然，有关资料由承德市文联相关人士提供，但细心的杨立元发现遗漏了三位国家级作协会员，如果不为之写评论，势必成为无法弥补的遗憾。基于此，杨立元和王舜两个原本不相识的人，竟然成为知心朋友。他们电话里总有说不完的话。

王舜诚恳邀请，杨老师，何时大驾光临？

2020 年盛夏,杨立元不辞辛苦,如约而至。二人相见甚欢,一见如故,彼此的人生履历中都有过面朝黄土背朝天的岁月,也都曾立志在农村广阔天地干一番事业,且对文学的那份执着如出一辙。他们侃侃而谈,推心置腹,大有觅得知音,相见恨晚,惺惺相惜之感。

人与人彼此走向心灵深处,不以时间论长短,重要的是秉性相近,追求相同,心有灵犀。

2021 年,杨立元历经艰辛,一部饱含深情,倾注心血的《滦河诗群论稿》由吉林大学出版社出版。

杨立元细细品味王舜的作品,总结了王舜的写作生涯:"王舜,一个用毕生精力来践行文学使命的人,一个用美丽诗语倾诉大爱情怀的人,一个用等身著作诠释人生诺言的人。他坚定自信、沉着踏实,一步一个脚印地在文学道路上锐意求索,在他走过的足印里洒满了辛勤汗水。如诗人屈原所说,'路漫漫其修远兮,吾将上下而求索'。"

评论王舜的诗歌,杨立元赞美有加:"王舜的诗歌追求是:文若流水,绵绵不断;意向可见,哲理深邃;诗如故事,引人入胜;记录时代,承载历史。"

为人真诚、坦荡、豪爽、刚直不阿的杨立元这样评价王舜:他是个纯粹的人,高尚的人,甘于奉献的人,傲骨嶙峋的人。

王舜在诗集《这个冬天》里的扉页上给自己画了像:

　　一匹不知疲倦的憨马,一台不停歇的机器。一副默默耕耘的犁耙,一顶芝麻粒大的乌沙。一支握不烦的钢笔,一架玩不腻的相机。一条文学艺术的小路,一橱署名王舜的书籍。一座文人墨客的渡桥,一群掏心掏肺的朋友。

　　夕阳里的王舜,早已变得心态平和了,他的人生观和对社会的认知观都已进入"中庸"之道。毫无疑问,他笔下的诗句由当初的激情与豪情涅槃为朴实与厚重。

　　2020年的冬天对人类而言,是一场浩劫,波谲云诡中,人与自然和谐一幕发生了偏差,山河颤抖,生命惶恐。王舜一样逃不脱惊慌,当他从惊慌中剥离出来,紧握笔,既非慷慨陈词,又非低眉信手,发思古之幽情,而是进行一场人与自然,人与人,人与社会的漫长思考。

疫情是一次体检
不仅检查各个器官
还要检查心灵

疫情是一次 CT
取身体切片
看看体内干不干净

疫情是一堂课
用残酷的现实告诉你
该怎样对待生命

疫情是一面照妖镜
照出了潜伏深藏的不可见人的
心病

疫情是一块试金石

　　　　　试出了平时不曾被人关注的

　　　　　平凡英雄

　　这首《疫情》诗,娓娓道来,却在发出灵魂拷问。

　　文如其人,感情细腻的他,其文字纤细绵柔。实则不然,他的《新冠》一首诗,写出了大气象,大格局。其中一段诗句这样写道:

　　　　　人类啊

　　　　　想把它从地球上消灭

　　　　　还真难办

　　　　　它在地球上已经几十亿年

　　　　　唯一的办法

　　　　　跟它和平谈判

　　　　　人类啊不去冒犯

　　　　　让它自己平静地生活

　　　　　人类啊别把它的基因排序改变

　　　　　还有

　　　　　地球村的人啊

　　　　　要建立共同体

　　　　　牵手走路

　　　　　一个圆桌吃饭

　　　　　村里的事情

　　　　　大家商量着办

　　　　　全村人团结紧密

　　　　　新冠才无缝可钻

这首诗已然超越了凶猛的疫情范畴，而是站在自然视觉，站在人类角度，去俯视人类的生存之道。

诗人步九江在《这个冬天》的序言里提出先见之明："通读、详析这部诗集，联想《生命之歌——诗说汶川大地震》和《奥林匹克之歌——诗说北京奥运》，可以统称为一胞三胎的姐妹兄弟，无论是血型颜值，内美外秀，都让人产生一种随身起舞，同腔而唱的欲望！这三部诗集的总体风格，如出一辙。它不但抒情叙事兼而有之，甚至另辟蹊径，独树一帜。"

诚然，文学创作走过五十个春秋的王舜，随着人生观和对社会认知的转变，从某种程度而言，他的内心世界已然临界佛家的"空"。空，不是没有，是一种至高境界。也因此，王舜笔下的诗句涅槃为朴拙，他进行了大胆尝试和探索，用讲故事的形式去打造出诗意。

曾几何时，王舜认为文学创作如同攀登珠峰，至于是否登上峰峦之巅，饱览气象万千的奇观胜境，不是付出就能抵达，有时还需有造化。但毕竟，攀登途中的海拔不同，收获自然千差万别。

文学创作，王舜自感遗憾，没有留下一部传世之作。他自问时间都去哪了？工作之余，摄影，专心致志研究承德历史，为业余创作者架桥铺路，花去了他大量时间。毕竟，一个人的时间和精力总是有限的。

2018.8.25 摄

2020.9.26 摄

王舜说,我哪有什么"著作等身"?连半身还不够呢!
(左);静默时间,挥笔问苍天。3个月,89首诗作,记
录了那个特殊的冬天(右)。

第十一章
第三只眼

走出神奇

曾经,王舜在丰宁凤山拍摄人生第一张照片,当他听到照相机发出咔嚓一声响之后,自己游走在滦河岸的青春被定格了。为此,他觉得太神奇了,直至来到承德财校钻进一间暗室,才彻底从神奇中走出来,最终成为卓有成就的摄影家。

任何一门艺术若想取得成就都不会一帆风顺,王舜的摄影之路整整走过 40 个春夏秋冬。

第一次触摸的照相机,是读平泉师范时,同窗崔凤利手中的那一台,它不仅给同学留下了同窗的情谊,也留下了青春燃烧的岁月。1985 年,王舜分配到承德财校教务处工作,当时学校仅有一台 120 海鸥牌照相机。作为学生处管理干事的他,要用相机记录学生的活动,丰富橱窗的内容,闲置的"海鸥"在他手中发挥了作用。他还购置一个配件,把 120 变成 135,每个胶卷可以拍 36 张照片。物以稀为贵,王舜用它拍照时倍加小心。只有在学生组织活动时,他才端起相机用镜头记录学生们活动的场景。

　　用照相机简单拍摄容易,难的是黑白胶卷冲洗成像,况且冲洗胶卷必须到照相馆。而照相馆仅有两处,一处位于火神庙的大方照相馆,另一处位于南营子大街的东风照相馆。世上无难事只怕有心人,为了学会冲洗相片,善于钻研的他先从理论入手,自费买来几本书,一番啃书本后,便一头扎入学校楼梯间下的一间暗室。暗室虽小,却五脏俱全,萤火虫的灯光、曝光机、放大机、烘干机,一样不少,再购买显影液、定影液、相纸,就可冲洗胶卷,洗扩照片。他用红纸、绿纸蒙上普通的日光灯头,制造出了红灯和绿灯。绿灯用来冲洗胶卷,红灯用来洗扩照片。赤膊上阵,比葫芦画瓢,一阵手忙脚乱操作。遗憾的是没有曝光计时器,王舜只能采用最古老的数数:1—2—3—4。曝光后,兴冲冲端详冲洗出来的照片,但照片曝光不是过,就是欠。他倔强,不服输,一次不行,两次,两次不行,十次,反反复复,几十次试验后终获得准确曝光。

　　失败是成功之母,永不言败的王舜最终掌握了冲洗胶卷的这门技术,冲洗黑白胶卷技术日臻成熟。

　　一天,他脑海闪现一个念头,何不让父母容貌从姐姐叙述中脱颖而出?庆幸的是,大姐手里还珍藏着爷爷、父母三张(日本侵华时颁发的证件)选民证,不足一时的照片上钢印刻着的痕迹清晰可见。于是,他对三张照片进行翻拍,在暗室里进行冲洗、放大,他久久凝视放大后父母的照片,情不自禁地潸然泪下。几十年里,记忆里没有父母音容笑貌,如今终于看到了。一头短发的父亲穿着棉衣,领口用一枚白色扣子扣紧,面孔饱满,鼻直口正;母亲,温婉端庄,一头浓发向后梳去。爷爷,国字脸,头发黑白相间,面孔上布满道道皱纹,奶奶两鬓斑白,一双欧式眼,目光炯炯。

　　此时此刻,泪眼婆娑的王舜像是回到了滦河岸的两间房村,谛听父母洒在滦河岸的声音。

学会摄影，王舜用手中的相机记录着亲情。

王舜把家从两间房村搬来，1986 年 8 月，他把兄弟姐妹请到家里，一间半房子充盈着兄弟姐妹五人的浓浓情谊。王舜提议大家留个纪念，当过兵的哥哥问，去照相馆？弟弟微笑着说，我学会了摄影，学校有一台相机。于是，兄弟姐妹五人来到学校墙外的普宁寺东山坡上，寺内香烟缥缈，大雄宝殿威严庄重，秋风掠过，古松送来阵阵凉气。五人一字排开，镜头以大雄宝殿为背景，留下手足之情的时光记忆。

王舜满含深情，在这张有特殊纪念意义的照片上写下：一根藤上的五棵苦瓜。

自己对相机产生过神秘感，但不能把这种神秘感延续给孩子，要让他们尽早认知摄影天地。1987 年元旦，他骑着一辆二八自行车，自行车横梁上坐着二新，后座车架上坐着大新，父子三人来到避暑山庄的丽正门前，在万象更新的日子里刻下时光足迹。照片里的大新、二新身着同颜色的衣服，头发一样长短，若不仔细分辨，像是一对孪生兄弟。

王舜自从财校迷恋上摄影，便一发不可收拾，遗憾的是，没有属于自己的照相机。他下定决心，不再迟疑，买一台照相机。一台相机几百元，不可不谓天价。他只能省吃俭用，积攒近三个月工资，于 1990 年的春夏之交，花费 300 元买了一台凤凰牌 205 型号的照相机。

当然，王舜花"巨资"购买相机另有隐情。为了研究避暑山庄和外八庙，他殚精竭虑，贸然前往文物局找到相关人员请求协助，想借用山庄和外八庙的照片资料，却被持有人婉拒。于是，有人悄悄告诉他，用照片需要付费，他才恍然大悟。故此，他下决心即使砸锅卖铁也要买一台相机。有了这台相机，才有 10 年呕心沥血撰写出的《承德名胜大观》一部杰作。

此时，照相机属于稀有之物，可以说这台凤凰牌照相机俨然与他性命相关。

　　买回相机，一向稳重的王舜兴高采烈回到家，脚步未跨进门，声音传进屋里：“大新、二新，你俩快过来，爸爸给你俩照相。”儿子欢呼雀跃出来，他把镜头对准二人尽情拍摄，镜头前的两个儿子目视父亲手中的相机，一时愣怔，十分好奇。拥有了相机，每逢休息日，大新、二新兄弟俩便缠着父亲早早去避暑山庄，或湖畔、亭台楼阁、曲径回廊或古松下，乃至于城墙上，无不留下父子三人欢笑瞬间。

　　国庆节当天，王舜心血来潮，跨上那辆自行车，载着两个儿子，一路骑行来到30华里外还没有旅游开发的双塔山。他把自行车放到山脚下，父子三人徒步攀登，爬至半山腰，二新气喘吁吁地喊，爸爸，我爬不动了。

　　“做事，不能半途而废，”一向不以严厉管教孩子的王舜鼓励道，“好的风景常常在远方，爬到山顶，我用相机给你们拍照。”

　　秋阳高照，草木枯黄，双塔山巍然耸立，大新、二新奋力攀爬，终于登顶，一阵秋风吹来，兄弟俩顿感凉爽无比，他们身后的空中两个砖塔，一高一低，充满了神奇。王舜按下快门，记录儿子认知大自然、认知历史的瞬间。随后，用自拍档，父子三人以双塔山为背景，留下一张珍贵合影。

　　几十年后，成才后的大新、二新翻着童年时的照片，不无自豪地说，那时小伙伴家中有相机的寥寥无几，可我俩照相最多，为之感到骄傲，是父亲手中的相机给我们留下了童年时光，与此同时留下的还有对避暑山庄的珍贵记忆。

　　王舜坦言，手中的相机成为了身体的一个零件，像是多了一只认知世界的眼睛。这只眼睛，目光深邃，一览大千世界。关于眼睛，佛家认为人的眼睛有五种，肉眼、慧眼、法眼、佛眼、天眼。其实，他手中的相机俨然是一只慧眼，所谓慧眼就是智眼，这只眼睛绝非简简单单认知山水，而是透过物象去揭示其本质。

从神奇走出来,成为一名摄影专家,王舜走过漫长而不平凡的摄影之路,而他手中的相机成为他智慧的眼睛。

智慧的眼

摄影,按下相机快门容易,若让影像成为艺术品却非易事。毕竟,摄影是艺术,既然是一门艺术就不能一蹴而就,只因精湛的艺术需要时间打磨,需要潜心钻研。摄影艺术不是简单的构图、光线、对焦,这些因素只能作为摄影的技巧,重要的是摄影艺术真谛是摄影作品厚重的思想性。

尘世间的事也不例外,"负阴而抱阳""福祸倚伏"。王舜从组织部调到人大工作,从仕途角度看似乎缺失高光时刻,但他却拥有了大量空余时间。对于一心从事写作和追求艺术的人而言,拥有时间是最宝贵的。

严格意义讲,王舜没有浪费时间,工作之余,他把时间用于写作、摄影和研究承德历史。暂且不论他研究承德历史,单就他对摄影那种痴迷,可谓"衣带渐宽终不悔,为伊消得人憔悴"。

为了拍摄质量上乘的作品,他数次站在山庄内的四面云山,或南山积雪,眺望东方峰峦之巅,磬锤峰突兀,它傲视苍穹。至于,生长在磬锤峰中间那棵略显几分神秘的桑树,若用 1000 毫米的长焦去拍,即便云雾缠绕,那棵郁郁葱葱的桑树可望而不即,而磬锤峰躯体的纹理像是老人头上的道道皱纹。

无疑,广角扩大了人的视角,长焦延长了王舜的视线。

王舜 QQ 头像是两朵并蒂的荷花,他与荷花的关系是"相看两不厌,只有敬亭山"。避暑山庄湖中的荷花让摄影爱好者如痴如醉,如癫如狂。然而,拍摄出湖水中荷花的高贵气质,绝非易事。那天,他踏着曙光来到水心榭,站在亭子里痴痴凝望银湖,翠绿的荷叶遮盖了湖水,一朵朵荷花竞相怒放,

1987 冬摄

2003.9.2 摄

1985 年,端起相机,钻进暗室,步入摄影行当。
在外八庙采风(上);在避暑山庄采风(下)。

争奇斗艳,他选择好拍摄角度,用1000毫米长焦镜头去触摸几十米之外的荷花,但见花蕊纤细柔软,灵动含羞。长焦镜头中的花蕊俨然是荷花之魂,有了魂魄便有了灵秀,花朵娇艳而非妖娆,华贵而非雍容。

试想,如果不用长焦,很难拍摄到几十米外活灵活现的花蕊,也因此,这只特殊的具有伸缩性的眼睛,具有强大的穿透力、凝聚力。

文字的细节决定作品的成败,镜头抓拍的细节与文字的细节有着异曲同工之妙。为了拍好荷花细微之处,势必要近距离用微距去表现荷花瞬间的风姿绰约,因此,王舜选择了如意洲上的观莲所。"观莲所"是乾隆三十六景之一。但康熙帝曾为之写下"能解三庚暑,还生六月秋"的楹联。诗句浅显易懂,此处是祛暑纳凉的地方,到了乾隆执政江山的时候,他笔下此处已然是"叶是仙盘花是杯","秋风过处香盈袖"的一片景象了。

微风掠过,荷香淡淡,绿柳拂波。

"可远观,不可亵玩焉。"赏荷的同时,要怀揣敬畏。为了抓拍荷花的细节,王舜赤足下水,屏住呼吸,小心谨慎,用微距镜头,从不同角度去捕捉荷蕊、花瓣、颜色,甚至一颦一笑的瞬间。

这第三只眼,既能仰望星空,观大千世界,又能俯视大地,见微知著。

人的肉眼有局限性,视角仅有50度,而相机的广角具有超强的功能,去捕捉大千世界。普宁寺大乘之阁内的千手千眼木制大佛,威严高大,端庄肃穆,那千只眼睛目光慈悲,穿越时空。诚然,人的肉眼与佛眼无法比拟,更遑论一双肉眼如何能与千只佛眼相对照呢?人的肉眼是无法完全目视高大的佛像。为了拍好千手千眼大佛,王舜采用鱼眼镜头,进行180度扫描,让静观宇宙的大佛立体呈现出来。

他手中的相机,随着时间推移,换了一台又一台,从胶片到数码,从数码到无人机,这只眼睛俯仰之间,把世界看个明明白白,清清楚楚。

不能说王舜是第一个购买无人机的人,但他手中无人机翱翔在空中那

2003.9.18 摄

2015.11.29 摄

2020.9.30 摄

从黑白胶片到彩色胶片、彩色反转胶片,又到数
码时代,全过程体验。从方匣子、单反胶片机,到
单反数码相机,又到大疆无人机,一路40年。
在黄河壶口瀑布(上);在木兰围场(下)。

一刻,吸引了无数双眼睛。曾经,他拥有第一台照相机,首先把镜头对准的是避暑山庄,除了拍摄山庄内景物,更多的是带着深沉思考,用镜头去触摸大清王朝的历史烟云。有了无人机,他力争把避暑山庄经典园林的艺术之美拍摄出来。从美学角度看避暑山庄,物与景浑然一体,自然天成,美轮美奂。设如,《御制避暑山庄记》这样记载康熙三十六景之一的芝径云堤:"夹水为堤,逶迤曲折,径分三枝,列大小洲三,形若芝英,若云朵。"很难想象,雄才大略、文武双全的康熙大帝是如何用一双眼睛把月色江声、如意洲、环碧岛,惟妙惟肖地衔接在一起,赋予"芝径云堤"以诗意。

王舜追寻"芝径云堤"的那份诗意,他曾煞费苦心,无论是晨曦微露,抑或夕阳西下,曾多次站在山庄周围的山峦之巅,从不同角度把镜头对准如意洲、月色江声、环碧岛,渴望灵芝图案呼之欲出,但都无功而返。最终,是无人机实现了他追逐"芝径云堤"的真意。那个清早,露珠打湿了鞋面,他置身芝径云堤,手中的无人机带着他的意愿,徐徐腾空而起鸟瞰山庄,但见云气氤氲,水雾朦胧,芝径云堤伸出温婉之手,牵着如意洲、月色江声、环碧岛,宛若一棵灵芝。

至此,王舜多年的夙愿得以实现,他享受自然之美的同时,第三只眼也给他带来了快乐和享受。

大自然造就了许多鬼斧神工的奇观,遗憾的是,纳米比亚的上帝的手指毁于一旦,但磬锤峰历经沧桑,仍巍然耸立,不愧为承德地标性自然奇观。面对磬锤峰,不知有多少摄影家趋之若鹜,无不想用手中的镜头领略其风采,追寻它的神韵。自然,王舜也位列其中,原来无数次拍摄都难以拍出磬锤峰之神韵。

摄影自有技巧,若能把磬锤峰拍出理想效果,往往需要缥缈的云雾相伴。

一场阴雨过后,雾锁山城。时不我待,王舜即刻动身来到安远庙,云雾缠绕山峦,磬锤峰若隐若现。机不可失,无人机垂直起飞,穿过厚厚的雾霭,飞临磬锤峰上空,360°俯瞰。磬锤峰巍峨挺拔,傲视苍穹的神态淋漓尽致地彰显出来。

位于滦河西岸程家沟内的三指山,隐藏在大山深处,人迹罕至。曾经,王舜不顾艰辛,孤身挺进深山。荒草茂密没膝,蚊虫嗡嗡,他不顾一切,把镜头近距离对准挺立在空中的三指山,竭力拍摄出三指山的精气神,但总是不尽如人意。有了无人机,他可以随心所欲,滦河岸,河水泱泱,无人机扶摇直上1000米。蓝天白云下的三指山比肩而立,直插云霄。

无人机穿云破雾,自由翱翔蓝天白云之间,一幅幅承德壮观的山水杰作应运而生。会飞的第三只眼,宛如飞翔的音符,演奏出欢快的乐章,令王舜陶醉在承德的山水之间,穿梭于历史的烟云中。

癫狂之间

王舜坦言,当摄影达到一定境界,每一幅作品都是用灵魂去拍摄。

大凡有成果的摄影人都具备魔性,正所谓"不成魔,不成佛"。

大自然充满了神奇。往往,在极端天气下拍摄出来的作品有出奇制胜的效果,而极端天气拍摄,摄影者需要勇敢与毅力,需要奋不顾身。

王舜为摄影艺术献身,变得如痴如狂,他的足迹几乎遍布承德的山山水水。文明福地被莽莽的燕山拥抱,千峰竞秀,万壑峥嵘。沧海横流中,雾灵山、都山、云雾山脱颖而出,独具魅力。

为了拍摄三座山峰的神韵,就要有献身精神。王安石在《游褒禅山记》里精辟阐释:"夫夷以近,则游者众;险以远,则至者少。而世之奇伟、瑰怪,非常之观,常在于险远,而人之所罕至焉。"

燕山第一高峰——雾灵山,壮观日出,星汉灿烂,茫茫雾海,电闪雷鸣,风云怒吼,层林尽染,皑皑白雪,组成了一幅气象万千的壮丽画卷。

雾灵山钟灵毓秀,王舜无限向往。

2007年7月18日,雾灵山顶峰西边天空一抹燃烧的晚霞刹那间被头顶的乌云覆盖。接着,一道之字形闪电击中了铁塔,迅雷不及掩耳。狂风骤起,瓢泼大雨倾盆而下,天地一片混沌。

雾灵山的天气千变万化,山上的雨很少缠绵,暴雨过后,便是云蒸霞蔚。

暮色中,王舜在绝顶踱步,唯恐天边燃烧的晚霞不炽烈。他纵目远眺,群峰脚下的村庄朦朦胧胧,云雾笼罩,天地茫茫,他有种"不敢高声语,恐惊天上人"的感觉,只觉得人如此渺小与卑微。天边的云很淡,太阳像是在一条线上缓慢移动,那条线又由暗红变得微蓝,渐渐地,太阳沉下去。颜色无穷变幻,王舜不停按动快门,记录雾灵山绝顶日落一个个精彩瞬间。

戏称王舜为"师傅"的吴岳过来了。王舜与吴岳携手拍摄雾灵山,与其说是"师傅"带"徒弟",不如说是下属陪领导,吴岳是市人大常委会常务副主任,王舜是选任委主任。此刻,太阳隐没处有一弯月,弯月下有玫瑰色,令弯月娇羞欲滴。

"抓拍玫瑰色吧!"王舜激动不已,"多好看,这么瑰丽。"

吴岳立刻支起三脚架,凝神静气,用镜头记录大自然的神奇,更为神奇的是,西方的天边魔幻般出现了一道彩霞,彩霞沿着山势绵延不断。颜色千变万化,淡黄、深黄、鲜红色、紫色、红色、栗红色、苍冷色,深蓝,最终是浅蓝。

七彩斑斓的颜色变幻,蔚为壮观,他们陶醉其中,屏住呼吸,不停按动快门,记录雾灵山绝顶的落日奇观!

那么,日出时又会有怎样的奇观呢?

19日晚,他们住在莲花池。夜空如洗,星光闪烁,缠绕的雾仿佛安然入眠,风也安息了,天地间万籁俱静。一觉醒来,东方黛色,驱车至顶峰,但见云海如棉絮,静静铺在山峦之间,似乎还未从梦中醒来。虽是盛夏,可绝顶的风像温柔的刀,一会儿,手被冻麻,他们裹紧棉大衣,不敢高声语,唯恐打破天地间那份安宁。凌晨四时,像是有一支巨笔把东方天空涂抹成鱼肚白,渐渐地,鱼肚白演化为浅浅微红,微红伸展开来成为一条天际线。

王舜,不时按动快门。

空旷,浩渺,清新,鸟儿开始一展清脆的歌喉,唱起云雾中的山歌,像是呼唤着太阳升起。东方微红的天际线渐渐燃烧起来,火焰越发炽烈,眨眼间,霞光万丈,一轮金色太阳喷薄而出,发出万道金光,彩霞满天。

面对日出奇观,有人惊叫,有人跳跃,有人手舞足蹈。欣赏日出的人,最忙碌的莫过于王舜,他不停地拍啊、拍啊,唯恐落下每一个日出瞬间,恨不得镜头中的金色太阳挂在扶桑树上。

其实,雾灵山还有另一面:飞沙走石、电闪雷鸣、狂风暴雨、满天飞雪、周天寒彻,这样的恶劣环境让人毛骨悚然。

7月30日一场大雨,汹涌的山水訇然作响,沿着陡峭的山崖倾泻,如万马奔腾。8月1日,他和吴岳决定拍摄"十八潭"。他们从仙人塔开始徒步丈量"十八潭"。"十八潭"顺山而下,竖一字排列,几百米的落差形成的大小瀑布是十八的几倍。他贪恋每一处景色,不拍摄下来心有不甘,用数码相机拍,再用用胶片拍。拍着、拍着,二人分道扬镳。谷底景色迷人,他深陷其中,难以移动脚步,忘情地拍着。却不料,身后有一只狼虎视眈眈,露出凶恶的目光,即将发起进攻。身后一切,他浑然不知,待回头寻找景物时,猛然发现十余米远处的一只狼正虎视眈眈,令他毛骨悚然,不寒而栗。情急之下,他把三脚架紧紧握在手中,以备不测。双方对峙,狼十分镇定,没有撤退迹象。于是,他高举三脚架,大吼一声,向狼奔去,狼却显得悠然自得,不慌不忙撤向林中,又驻足回望,目光狰狞,心有不甘,誓将争个高低。他不得不大声高喊,喊声在山谷之中回荡,狼不慌不忙,迈着舒缓的步伐消失在蒿草中。其实,狡猾的狼没有真正离去,只是暗中洞察,伺机而动。

　　王舜不敢贪恋景色,举着三脚架快步追上吴岳,一场虚惊,化险为夷。

　　设若,他正聚精会神拍摄,那只狼从背后闪电般袭来,他很难逃脱,也或许为摄影献身了。

　　雾灵山,山高林密,沟壑纵横,曾几何时,野兽栖息于此,优哉游哉!

　　雾灵山令人魂牵梦绕。2008 年 10 月 18 日,凌晨四点,王舜从承德市乘车出发,来到雾灵山北坡山脚下的村庄——涝洼村。甫一下车,浑身虚汗,脸色蜡黄,四肢无力,好在身上带有救心丸,立刻吞服几粒,一会儿症状解除。吴岳担心他心脏有问题,想就此止步打道回府,可他执意上山去观赏深秋的雾灵山景色。深秋的雾灵山,一山不同季,山脚下还苍翠一片,半山腰红叶尽染,山顶寒风摇曳着枯草,雪花飞舞。不虚此行,他在记事本上这样记载:"每一种植物都听天由命。老天,让你变色,你就得变色,让你落叶,你就得乖乖落叶。上次来,还满山生机盎然,此刻已然是老气横秋了,满眼灰蒙蒙一片。"

　　王舜四季轮回地拍摄,他手中的镜头不仅记录自然,更重要的是认知鬼斧神工的雾灵山,天造地设,沟壑纵横,奇峰竞秀,直插云霄。

　　都山,燕山第二主峰,海拔 1800 余米,群山连绵,却不陡峭,但主峰上常年皑皑白雪,令人遐想不已。明代,张时曾留下《都山积雪》诗句:"山势如龙耸绝巅,山头积雪自多年。四时凛若隆冬后,一气凝来太素前。鸟道日临琼散彩,鹤巢云起玉生烟。酒酣柱笏江楼望,疑是瑶池拥白莲。"都山积雪奇景由来已久,康熙大帝塞外八景也写到都山积雪,由此可见,此景名不虚传,且颇具浪漫诗意传说。

　　南朝文学家刘勰说:"登山则情满于山,观海则意溢于海。"而王舜用镜头观山水,可谓如痴如癫,设若不如此,就难以释放他对山水的那份情感。

凭他行事风格,如若不登临主峰,对都山那份痴情难以释怀,也难以揭开都山积雪的神秘所在。那天,他登临主峰,终于明白了其常年"积雪"的原因,原来白色碎石遍布主峰,因光线反射,远远眺望,此峰俨然如雪。他用镜头记录下来,用以揭晓其谜底。也充分诠释了一句话,一张图胜过千言万语,只因图有形,而语言是无形的。

都山积雪在人们的意念里充满了诗意,充满了浪漫色彩。既然其主峰积雪介于有形与无形之间,那么都山的漫天飞雪,更令王舜心驰神往。

2008 年 10 月底,都山万木萧条野花凋零,山风有几分凛冽,雾气凝结,挂在树上的冰花千姿百态。

22 日,王舜、吴岳、张景发,司机郝利奎、徐志贤,一行人在守山人李和的引导下,暮色中来到海拔 1600 米的都山一处房子。

房舍,空间逼仄,阴冷潮湿,不插电褥子,床冰冷似铁。王舜裹着羽绒服,坐在火炕上,守着火盆,火盆里的木炭火红炽烈,他冻僵的身子才渐渐暖和起来。搓搓手,翻开随身携带的小本,记录着来都山的过往:上次来都山,也是李和接待,李和说,靠山吃山靠水吃水,山里人的生活依赖都山,山上有娘娘庙,山里人敬畏庙里神像,李和也一样。他领人拜谒娘娘庙,一行人驻足,一片肃穆中,他在神像前点燃几支香,双膝跪地,叩头,双手合十,显得无比虔诚。

此次来都山,刚上山,天色已暝,一片漆黑中,李和突发奇想,他燃放三个二踢脚。二踢脚腾空而起,在夜空中划出道道火光,数声炸响,震耳欲聋,回声在空旷的山谷中久久地飘荡。

"为啥放二踢脚?"不明就里的王舜拧紧眉头。

李和神秘兮兮地说,二踢脚一响,威力无比,山上的孤魂野鬼,凶禽猛兽,无不恐慌,逃之夭夭。夜色中,王舜看不清李和憨憨的神态,只是他煞有介事的言语令人顿生狐疑。

屋里,灶膛里火光熊熊,王舜走到屋外取木柴。夜空如洗,繁星闪烁,黑魆魆的山峰若隐若现,山风呼啸,冷气袭人,顿感孤魂野鬼游走,令他毛骨悚然,他抱紧木柴飞身进屋,把门紧闭。

一会儿,下起了雨,雨滴落在屋顶发出滴滴答答的清脆声音,像是在弹奏着一首优美的乐曲。王舜期待着,但愿明早雨过天晴,去顶峰拍日出。

凌晨四点,王舜从土炕上一跃而起,推开门,黎明黛色中雪花飞舞,白色笼罩黑魆魆山峰,去主峰拍日出已成枉然。他返身上炕,重入梦乡:都山独有的天女木兰盛开在皑皑白雪之中,煞是惊艳,刚举起相机,未等按快门,梦竟然碎了。醒来,依旧怅然。他再次推开门,但见树木枝头冰花绽放,山峰银装素裹,且云雾飞渡,远山天际线一丝绯红,不由得心情激荡。他喊醒大家:好雪好雪!拍雪景呀!然后拿起拍摄器材,夺门而出。积雪淹没脚面,脚底下发出咯吱咯吱响声,不顾一切爬到一座山峰。眼前壮观景象如幻如梦,彩霞与白雪齐飞,薄雾共长天一色。王舜像是忘却了自己,他早已融入这壮观景色里,用广角,用长焦,镜头换来换去,120反转、胶片与数码交替使用,穷尽一切拍摄手段,唯恐失去每一个精彩瞬间。

待他返回住地,饭桌上已杯盘狼藉,饥肠辘辘的他一看手机,已经是上午十点。

下山时,经历一场生与死较量。

山上不能停留,越野车一旦不能下山,只能人车分离,车在山上过冬。狭窄的路陡峭不说,关键是冰雪相融,洁白的雪覆盖着冰,车轮轧在上面打滑,路两侧是沟壑,如果发生意外,后果不堪设想。司机拧紧眉头,聚精会神,小心翼翼,离合切到一档,一米、两米、十米、二十米,行驶的越野车像一只虫子在缓慢移动。吴岳主任和王舜高度紧张,心都提到嗓子眼,大气不敢喘,目视前方,即使外面景色如何壮观,目光也不敢挪移。越野车缓缓行过三道急弯,终于驶离陡峭的路段,一颗颗绷紧的心才稍稍放松。王舜,终于把目光落在车外瑰丽的景色上,他试探着问司机能否停车,拧着眉头的司机没有回答。副驾驶座上,吴岳也被车外的景色吸引,但他也不敢武断地喊停车,只是小心翼翼问司机,能停车吗? 司机小郝把目光盯在冰雪相融的路面上,待越野车爬行至一处略显宽阔的地方,缓慢停下。吴岳、王舜迫不及待拿起相机拍摄外面的森林奇观,但觉得不过瘾,冒险打开车门,站在白雪覆盖的岩石上,尽情拍摄大自然赐予的银色世界。

越野车下行,行至海拔1000米,雪,踪迹皆无,司机小郝才露出笑容,他握着方向盘的那双手才变得轻松自如。

越野车虎口余生,脱离险境,一行人欢天喜地,收获最大的当属王舜,他不虚此行,拍摄的照片完全可以办一个"都山秋雪"影展。庆幸的同时,也有几分后怕,回想越野车下山的情景,依旧心有余悸。

拍都山的雪,分明是摄影人的一种魔性,没有这种魔性又如何有杰作呢?

都山积雪,天女木兰,让都山既充满神秘,又绽放出美丽。设若,不拍摄天女木兰就缺失了都山一份神韵。

2009年6月1日,他再次来到都山,不仅用镜头记录了天女木兰,还写下一段有关天女木兰的精美散文:

都山天女木兰,圣洁的天仙。洁白的花瓣,一尘不染。每层四瓣,共两层,组成八片(洁白)的花朵。花蕾状时,像尖尖的桃,又像一支饱蘸清水后的白色毛笔。花初开时,花形类似玫瑰,待盛开,露出花蕊,妩媚惊艳。天女木兰的花蕊完全可以称作花中之花——一朵秋菊。或许,它就是花,不是蕊,它与菊花真无二异。细长浅粉色的花瓣,一律向着中心拥抱,分明是绽放的菊花。外面大花瓣,洁白圣洁,里面的"菊花"则色彩夺目,娇艳诱人,可谓金屋藏娇。

2016.4.9 摄

观察细致入微，笔下的文字优美，若没有文学功底，难以写出活灵活现的天女木兰。

王舜摄影作品之所以与众不同，关键在于他是一位作家，恰是有了文学素养，所拍摄出来的作品才不同凡响，光影与思想性，融于一体。

由吴岳牵头打造的《丰芜康宁》是奉献给丰宁满族蒙古族自治县的一部具有史料价值的著作。无疑，这部书是王舜用脚步和镜头丈量出来的，为了编写好这部书，他在丰宁山水之间不停穿梭，寻历史古迹，探访风土人情，纵览山川风物。

云雾山是承德三大名山之一，坐落在丰宁满族蒙古族自治县境内，置身云雾山峰巅，丰宁的山川河流会尽收眼底。

云雾山，山高林密，溪水潺潺，人迹罕至。

山脚下，仅有林场人在把守，北坡山脚下有一座院——云雾山庄，四合院显得凋敝，已见不到人影。北坡树木茂密，遮天蔽日，山核桃树上缀满果实。

2006 年 9 月 5 日下午，看守林场的人把一扇大门打开，一辆越野车驶入。王舜从车上下来，详细了解山上情况，把守大门的师傅说，从北坡山上需要三四个小时，山上几乎无路，南坡距离峰顶近。

"没有路？"王舜不免心里一颤，"南坡车能上山吗？"

摄影是人生第三只眼，故而令王舜乐此不疲。
（298 页图）

2016.4.8 摄

守星星,伴月亮,跋山涉水追太阳,这是摄影家的
家常便饭。

把守大门的师傅摇摇头，一脸苦笑地说，南坡所谓的路，其实就是碎石铺就，根本没有人修的路。

越野车立刻掉头下山，穿过一段树木茂密的路段，驶向南坡。山路崎岖，有地方被洪水冲刷得坑坑洼洼，越野车像一只青蛙不停跳跃，一条逼仄陡峭的碎石路向山上延伸。

所谓的"路"很险，两侧是悬崖峭壁，看一眼都心惊肉跳。

为安全起见，越野车停在一处略显宽敞的地方，距离顶峰还有一段距离。只好徒步攀登，他深知荀子"登高而招，臂非加长也，而见者远"和"顺风而呼，声非加疾也，而闻者彰"之道，不置身峰巅之上，怎么能眺望丰宁的山川河流容貌呢？

王舜登顶，额头挂满汗珠，气喘吁吁站在海拔2047米云雾山顶峰，俯视山川，一览众山小。他架起相机，按动快门，云雾缭绕中记录下自然景物。因时间向晚，不敢久留，匆匆返回。越野车返回途中，暮色降临，沿途有小松鸡、羽毛艳丽的山鸡，他们或翩翩起舞，或婉转鸣唱，驱赶暮色中的寂寞。

越野车颠簸着驶出云雾沟，暮色合围，空旷的山野之间，两束车光闪闪烁烁。越野车从云雾山驶离，安全下山，王舜悬着的一颗心总算落地，若真有意外发生，他无法承担责任。匆匆登顶，匆匆返回，他留下诸多遗憾。

如果说，王舜是用镜头记录燕山的三座主峰，倒不如说是在用生命去记录，每一座主峰拍摄都上演惊险瞬间。然而，不涉险，又如何产生摄影杰作呢？

大自然鬼斧神工，造就了承德丹霞地貌，十大名山千姿百态，各有千秋，摄影爱好者无不一往情深。然而，要拍出它们的气质，需要在四季轮回中，凝心聚力，不舍不弃，奋不顾身，与一座座山沟通交流，直至相濡以沫。

元宝山，因其形状像元宝，故此得名。元宝山处在热闹的街巷烟火中，山势挺拔伟岸，王舜的第三只眼多次与之暗送秋波，彼此间已然是心有灵犀一点通。难以忘却的是，2018 年 9 月 15 日，彼此再一次进行交流时，令王舜叫苦不迭。

下午 5:30，他把车停在大元宝山村，打探上山路径。以前他亲近元宝山都是从北面上山，如今北面已经封闭为康熙大典实景演出地。有位热心村民抬起胳膊，手指山梁上两根高压线杆说，沿着山路走，直奔山顶那两根电线杆子，再顺着梁脊走，就能抵达。他来到元宝山脚下，此时秋风瑟瑟，天正向晚，环顾四周，不停思索，如何趁日落前的低色温，拍摄出元宝山金红色？

其实，他与元宝山早已相看两不厌，早在 1996 年出版的《承德旅游景点大全》一书中就有了详细论述。若从西北方向看，元宝山纯然是两头上翘的大元宝；从东北方向看，则是猿人的头，下唇长，仿佛欲接天上之水。此时此刻，置身山脊，从南向北定睛凝视，它仿佛一头雄狮卧在山巅；而视线稍向东偏移，元宝山两侧呈现的是一位憨厚老人面孔，正面向西方，仰望天空，陷入沉思之中。

王舜眼里的元宝山，真可谓"横看成岭侧成峰，远近高低各不同"。

夕阳西下，晚霞烧出金色，金色洒在元宝山上，元宝山熠熠生辉，绚丽壮观。他立刻用无人机航拍，遗憾的是，搜遍全身也没找到手机，手机丢在车里。幸亏，肩上还挎着一台索尼便携机，把镜头对准颜色变幻的元宝山，浅红、大红、金色、深红，直至西方天边的一抹暗红。不同颜色，元宝山呈现不同神采。金色的元宝山超凡脱俗，看似瑰丽却蕴含着禅意。

终于把元宝山拍出金色，他心花怒放！

天边一抹晚霞退去，天顺势黑下来，秋风吹拂荒草，四野茫茫。归途中，天暗下来，下山的标志物——电线杆子，无论如何也寻找不到。左冲右突，天渐渐黑得伸手不见五指，手机不在身边，相机里的电已用光，只能摸黑前行。荒草没膝，深一脚、浅一脚，像是下到一条沟，又折返，感觉向北走。齐腰深的艾草，撩拨着面孔，没等折返多远，看到荒草丛里竟然有座坟。仔细看，坟前有纸花，被夜风吹得簌簌地响。他毛骨悚然，头皮发麻，慌不择路，没走几步，又见一座坟，且有二三尺高的残垣断壁，像有魔影乱舞。后背一阵阵发冷。他脚步踉跄迅疾逃离。漆黑中感觉像是站到了山头上，神情也从慌乱中渐渐镇定下来，极力搜索那两根电线杆子，一切枉然。只能前行，眼前恍恍惚惚，影影绰绰，蒿草、葛针、树木，已然阻挡不住慌乱的脚步。最终，他气喘吁吁又爬上一个山头，发现远处黑魆魆两道黑影。那正是两根电线杆子！心中一块石头落了地。

历经坎坷走进了村里，遇见路灯下坐着闲聊的村民，其中一位是上山时热心指路的村民，他好奇地问，都啥时了，你怎么才下山？

"找不到下山路了。"王舜无可奈何地回答。

"怎么就你一个人？"

"可不，只我一人。"

打开车门，拿到手机他发现有几个未接来电，仔细看都是妻子打来的，摇头苦笑。

40 年摄影之路，王舜是独行侠，他穿行在塞外的山川之间，披星戴月，栉风沐雨。

王舜的第三只眼，不仅纵览山川秀丽风光，而且还要仰望浩瀚的星空。

没有丰富的想象力就无法进行文学创作，摄影艺术也需要想象，但摄影艺术想象并非天马行空。首先，镜头里要有"物"，但把"物"艺术化，需要有思想，有技巧。拍摄了千万张摄影作品，他才能实现由量变到质变。

一天，王舜站在避暑山庄的四面云山，向东眺望，蓝天白云，峰峦之间有一座石桥。这座石桥，便是承德十大名山之一的天桥山，天桥山不仅有美丽动听的传说，更为神奇的是桥拱下有一酷似牛的石头，悬卧着，若众人爬上，在外力作用下，它竟然发出"哞哞"的声音。

天桥山，横空出世，是又一处大自然的杰作。它是王舜心中的又一座圣山，他要近距离朝拜。

国庆节假日，他和爱人乘出租车前往朝阳洞观赏。之后他手指远处说，天桥山就在那里，需要下山、穿谷、再上山才能到达，要靠双腿。经历三个多小时的艰难跋涉，最后又攀上十几米高的悬崖，天桥山迎面而来。

习习秋风，吹落了额头汗珠。

为了验证"石牛"，爱人爬上石头，石头真的动起来，只是耳畔没有听到哞哞的牛叫声。她纵目眺望，峰峦叠嶂，红叶如霞，心旷神怡。此时，她或多或少懂得眼前这个文质彬彬略显书生气的爱人，为何那么钟情承德丹霞地貌的奇观了。

观赏、拍照，不知不觉西边的太阳走到了天边。要尽快离开天桥山，王舜提出大胆想法，沿着连绵的山峰走回市里。

"徒步回去，你行吗？"王舜征询的目光落在爱人脸上。

"我可不是千金小姐。"

于是，他们沿着连绵起伏的山脊迂回前进，一路向西。走了一段，他们回头，并肩深情眺望着落日余晖中的天桥山，天高云淡，天桥山仿佛架设在空中，"一桥飞架南北，天堑变通途"。

王舜抱定信念，一路向西行，向磬锤峰走去，就能顺利抵达。往往目之所及，看似很近，可步行起来却很遥远。太阳渐渐落山，暮色初上，他俩在山峦间一会向东，一会儿又折向西，寻寻觅觅，可就是见不到磬锤峰。王舜心生疑窦，不免有些慌乱，天即将黑下来，在荒山野岭间，漫无目的地行走下去，是否发生意外？

尘世间的事情就是这么奇怪，当山穷水尽时，突然会峰回路转，柳暗花明。暮色笼罩中，磬锤峰隐隐约约出现了，看到了矗立暮色中的磬锤峰，就像看到了海上航标灯。王舜心中豁然开朗。

漆黑中,山岗上的他们隐约看到了山脚下村庄如豆的灯光。下山后,脚步再难以迈动,路遇一辆拖拉机,真是"幸福来敲门",拖拉机捎上二人,蹦蹦跳跳向红石砬沟口驶去。

至此,他们又走了四个多小时山路。

冬去春来,王舜又一次置身天桥山下,与天桥山默默相视,痴痴遐想,脑海里幻化出不同的星光灿烂景象。有一天,他突发奇想,能否把天桥山放在灿烂星空中拍摄?

秋高气爽,是拍摄星云的好时节。国家级探索星空的专家陈颖为来承德,准备选择外八庙某处,拍摄秋夜的银河。那天,承德晚报副总编辑李筱玉、主任寇亚男宴请陈颖为,她们要找一位摄影家作陪,二人不谋而合想到王舜老师。席间,一番寒暄,两双按动快门的手紧紧握在一起。相叙的内容无疑是承德奇山秀水,王舜谈起家乡的山水,滔滔不绝,如数家珍。他说,拍摄星云,天桥山最理想。陈颖为听后,为之一振,恨不得立刻前往。

第二天,陈颖为在王舜陪同下,历经一个小时登临天桥山。天桥山静卧在深秋里,陈颖为一番精心推算,断定腊月是拍摄天桥山星云的最佳时机。

2019年元月,时值腊月,隆冬时节,滴水成冰。王舜和陈有为如约而至,轿车停在天桥山脚下一个村庄,雇一位村民,手提肩扛把拍摄物资运往山顶,村民身后,一只肥硕的金毛狗形影不离。

陈颖为环顾四周,选择一块拍摄场地,大家清理现场时,但见金毛狗俯身,两条前腿立起,高昂头颅,若有所思,深情向东南方眺望,难道说它也等待夜幕降临,银河从山峦之间冉冉升起?

陈颖为手抡气锤,把钉子钉进坚硬的岩石里,用绳子把场地围起来,以免夜晚拍摄时发生意外,只因两侧皆是悬崖绝壁。随后,又在山岩一背风处支起一顶红色帐篷,安营扎寨,只等天桥山与银河交汇之时。

天黑下来,绝壁上的冷风如刀,即使紧裹的厚厚棉大衣也难以抵挡严寒袭击。来之前,王舜从超市买到方便食物,将它用水冲泡,只需几分钟,大米饭就能食用。他们坐在天桥崖下,一餐饭吃得津津有味,风为菜肴,水为酒,举杯邀繁星,别有一番情。

天桥山静卧,天空如洗,银河从东南方款款而生,无数颗星星散落在河里,或明、或暗、或密、或疏,由窄变宽,缓缓流动。

王舜站在天桥山西侧,裹紧棉大衣,脚蹬大头鞋,手上捂着厚厚棉手套,但依然阻挡不住寒风的袭击,身体冻得瑟瑟发抖。

天桥山四周悬崖峭壁,午夜的寒风越过悬崖,像一把刀割在仰望星空的面孔。按动快门的手冻麻了,眉毛下挂上冰霜,但这一切都无法阻挡两颗仰望星空的心。银河款款向天桥山走来,明亮的星越发靠近,微暗的星密密麻麻,令他们遐想联翩。

拍着、拍着,不知不觉,已是午夜。帐篷空间逼仄,只能一人休息。没有准备帐篷的王舜无法在山上过夜,他让相机自动工作,只身下山。为了以防意外,他手里握一根木棍,沿着崎岖山路小心夜行,山下村庄早已安然入睡,只有寒风呼哨不止。或许,是他的脚步惊动了屋檐下的狗,瞬间,狗吠声此起彼伏,这个大合唱里,一定会有那只登高凝思的金毛狗的声音。

他回到家,朦朦胧胧睡去,凌晨三时闹铃响起,他从床上一跃而起。夜色深沉,轿车在山路间穿行,脚踩油门,归山似箭,恨不得即刻飞至天桥山,唯恐错过凌晨四时最佳拍摄时间。凌晨四点抵达天桥山顶,与孤身守山的陈颖为相会,此时,银河空阔辽远,贯穿天际,浩瀚无比。渐渐地,银河与天桥山相会,彼此间,恰如世尊灵山会上,拈花微笑,涅槃妙心,充满了禅意。

苦苦相守,终得业果,二人兴奋不已,镜头记录着浩瀚苍穹的曼妙奇观!

拍摄星空有三种。1.传统:浩瀚的天宇,深邃的银河,晶莹的星光;2.星轨:苍穹繁星如万箭齐发,沿着同一方向的轨迹旋转;3.延时:从银河升起一直拍,然后,把几个小时拍摄的照片压缩成十多秒的短视频,可见银河徐徐升空。

王舜已然忘记了刺骨寒风,他一边拍摄,一边畅想,银河浩渺无边,只有庄子笔下的鲲鹏能扶摇直上九万里,飞越银河,而日思夜想的牛郎与织女能否借助天桥来一场旷日持久的鹊桥相会?他手中的镜头彻底让天桥与银河浑然天成,形成天地同框的画卷,有种明心见性的彻悟。

他多年的久久构思,匠心独创,一朝实现。

任何一门艺术,无不需要大胆地想象,没有丰富想象,就没有艺术。

天寒地冻,北风呼啸,忍饥挨饿,天桥山上两夜坚守,陈颖为为艺术而奋不顾身的精神令王舜钦佩。

夕阳落下,银河升起,苍穹在变,银河簇拥着群星,群星编织出银河,自然奇观,美轮美奂。天地之间,一切都在变,无时无刻在变,变是永恒,是大道;不变是腐朽,是消沉。

用镜头去追逐宇宙的千变万化,没有一种痴狂精神,是难以把幻想化为现实的。

2019 年 4 月 4 日凌晨 4 点,他们再次面对天桥山,用镜头记录银河与天桥山结伴而行、相融与共、亦真亦幻的景象。

40 年摄影之路,一路走来究竟有多少次遇到险境,遭遇艰难险阻,难以计数。冥冥中,似乎上苍在护佑他,每一次都化险为夷。

求真务实,是王舜的行事风格。20 世纪 90 年代末的一个秋天,为了探寻隐藏于避暑山庄沟壑内的"食蔗居",一不留神,左眼险些被荆条扎瞎。回望历史,朝政上日理万机的皇帝需要静心养身的地方,于是,便有了松林峪尽头的食蔗居。食蔗居建于乾隆二十六年,掩映于苍松翠柏中,清风徐徐,溪水潺潺,鸟语花香,远离尘世喧嚣。

　　落叶纷纷,秋草枯黄,走过远近泉声,步入梨花伴月沟,折行,西南拐,是松林峪。所谓峪,是山谷,常常人们把人迹罕至的地方称作老山老峪。越往深处走,越发艰难,松树蔽日,没膝深的杂草,高过头的荆棘,王舜不得不左突右冲。他肩上挎着相机,额头布满汗珠,目光四处寻找。突然,细细的荆条扎向左眼,双眼紧闭,瞬时疼痛难忍,泪如泉涌。坐在杂草间,钻心的痛令他万念俱灰,本以为左眼就此失明。半小时后,疼痛有所缓解,他用手轻轻抚摸一下,手指没有血,睁开左眼,眼前一切依然如故,心中豁然开朗,自言自语,谢天谢地、谢天谢地! 他起身前行,不得不小心翼翼,用手拨开灌木丛,从缝隙间弯腰低头钻过。一番寻寻觅觅,沉睡着的食蔗居遗址呈现眼前。

　　遗憾的是,乾隆皇帝曾修身养性的院落,无情地被雨打风吹而去,只有几棵茂盛的古松屹立挺拔,诉说着历史烟云。

　　夕阳的余晖,穿过茂密的松林,落在残垣断壁上,树影斑驳凸显沧桑与荒凉。岁月是无情的,即使英雄豪杰也无法抵挡历史车轮的碾压。王舜手举相机,从不同角度用镜头记录着,去追寻离自己最近的一个时代。

　　随着时间的推移,北方冬天的雪越发稀少,曾经的漫天飞扬、飘飘洒洒的瑞雪愈来愈金贵。四十年摄影生涯,他用镜头拍出了避暑山庄冬雪的精灵。

　　2022 年一场雪,年近七旬的王舜兴奋不已。早晨,推开窗,眼前一片银白,他毫不犹豫拿起相机直奔山庄。这是他遇雪的常规行为。古松、亭台、楼阁、湖池、远山,一切银装素裹。白雪掩映的烟雨楼,已不见烟雨蒙蒙的神韵,少了几分禅意,增添几分端庄肃穆。上水石垒砌的假山前,红衣女人们叽叽喳喳,像几只欢唱的喜鹊,她们在镜头前变换姿势,几袭红衣,搭配一片洁白,尽展芳姿,妩媚婀娜。

　　他脚踩假山制高点上,望烟雨楼银装素裹,古色端庄,少许雪花被寒风吹起。他收起相机，沿石阶小心翼翼而下，突然，脚底一滑，身体重重地砸向石砌的磴道，那咚的一声不亚于雷响。他双目紧闭，一动不动，或伤或残，听天由命吧。听到惊天的摔跤声，几位红衣女子停止摆拍，欢笑声戛然而止，立刻围拢过来，但不敢搀扶躺在雪地上的陌生人，只好关切地问，能动吗？用不用拨打 120 救护车？他躺在雪地上，手举相机，稍微活动一下筋骨，感觉能动，有了几分放心。此刻，两双温暖的手伸过来，搀扶他从雪地上站起，又帮他掸掉身上的雪，扶下磴道。

刹那间，一种人间温暖油然而生。

王舜看看跟随了自己多年的一双皮鞋，不免苦笑。虽说皮子早已磨白，底子磨透，但他没舍得扔。尽管入冬前鞋底又粘了一层，遗憾的是，粘的鞋底没有防滑功能，加之石阶上结了一层冰，直接导致摔倒。

庆幸的是，他逃过一劫。也许，是上天护佑他，继续让他用手中的镜头记录人间烟火。

情系塞罕坝

塞罕坝称得上是摄影的天堂。蓝天白云，碧绿的草原，万亩林海，鸟儿婉转，鲜花竞放，蜿蜒的河流，鹅毛飞雪，不屈不挠的白桦树，所有的一切呼唤着摄影人的脚步。

四季轮转中，王舜记不得多少次以一颗敬畏之心，在内蒙古高原末端倾听生命的律动，倾听大自然的天籁之音。

2006 年 12 月初，黎明黛色，寒气逼人，塞罕坝还在梦中，枯草摇曳，残雪夹杂着砂砾，弥漫在空中。天阴沉，多少能观测天气变化的他，有些遗憾，严寒中草原的日出，恐怕拍摄不到了。或许是老天在戏弄他，走着、走着，一丝彩云挂在草原尽头，眨眼之间，早霞染红草原。他立刻支起三脚架，镜头

2014.2.23 摄

对准落在草原的金色早霞,倏忽间,天又黯淡了,草原深处白毛风卷着的冰晶和砂砾疯狂袭来。紧要处,景象幻化,恰似一幅水墨画,岂能错过,但未等拍几张,双手冻僵,零下 20 度,相机都叫苦不迭。

坝上的天,变幻高深莫测,有时内蒙古高原的风一路浩荡倾泻而下,瞬间天昏地暗;待晴朗时,云卷云舒,溪流淙淙,草原娴静端庄,温柔妩媚。

万亩林海,是镜头中的主角,但王舜独辟蹊径,他用镜头去触摸白杨树不屈不挠的精神。这年,秋天似乎转瞬即逝,白桦树未等落叶,大雪迫不及待飘飘洒洒。断崖式的气温,令每一片叶子缀满了冰雪精灵。然而,叶子不向冰雪屈服,用卑微的身躯抵挡着严寒。而白桦树的躯干,遭受砂砾与飞雪的啃噬,加上白毛风横冲直撞,以致伤痕累累,但始终傲然挺立。

白桦树不屈不挠的精神,令王舜赞叹不已。

王舜在恶劣天气中奔波,晚餐后,连用金莲花制作的茶都未喝一口,因为怕失眠。一觉醒来,已是凌晨四点,寂静杳然,他不由得想起了镜头中的白桦树,它们不随波逐流,不苟且偷生,不奴颜婢膝,誓死与严寒抗争。

他多年往返于塞罕坝,熟悉了坝上的蒙古马。坝上的马有其秉性,尤其是严寒的冬天,气温至零下三四十度,马儿毫不畏惧,毫不退缩,用生命与严寒、与恶劣气候抗争。天还没亮,身披一层白霜的马儿寻找埋藏于雪中的草,马儿结伴而行,在路边、在山坡,低头寻草。厚厚的积雪,冰冻似铁,它们只能用前蹄子刨,枯草一旦从积雪中露出,它们的目光瞬间犀利起来。

他几次细心观察,目睹了坝上马的顽强精神,用镜头仔细记录下来。

塞罕坝的冬天零下 40℃,但摄影人的心里总是春天。(310 页图)

王舜入住塞罕坝林场宾馆。静悄悄的黎明时分,他从梦中醒来,披衣而坐, 在随身携带的小记事本上写下掷地有声的一句:要开创一种新文体——摄影文学,我要做中国第一名摄影作家。故此,先准备三部,摄影散文《坝上白桦》,摄影小说《大姐》,摄影故事《承德景点故事》。不难看出,这是一幅凝聚着理性的蓝图,《坝上白桦》《大姐》都体现出一种异曲同工的精神——坚强不屈,而《承德景点故事》分明是用镜头去触摸历史烟云。

王舜从不打诳语,他骨子里有着诗人的浪漫,也有哲人的深邃。

固然,他钟情于塞罕坝上的风物,通过它去追寻这道美丽坝上的人文精神。他喜欢剑走偏锋,往往躲避人们趋之若鹜的场景,哪怕是独自一个人走向落日中的草原深处。他对摄影艺术苦苦追寻的结果是,摄影绝不仅仅是追求艺术,重要的是返璞归真,用镜头去记录社会,记录时代,让作品充盈着思想性。

生活是创作的源泉,镜头离开活色生香的市井,一味去专注风光秀色,无疑会缺失艺术的生命力。

老骥伏枥志在千里。原承德市文联主席衣志坚和王舜志同道合,退而不休,他们每年总要结伴而行,筚路蓝缕,风餐露宿,用镜头去触摸乡村的灵魂。

2018 年 9 月底,他们从承德市出发,先后停留滦平县周台子、丰宁满族自治县凤山镇、大滩、鱼儿山、内蒙古多伦、塞罕坝、隆化县张三营,一路奔波下来行程 1000 公里。

他们驻足丰宁大滩,一望无际的土地上,机器轰鸣,欢唱着,一个个马铃薯从土地里跳跃出来。捡拾马铃薯的妇女成为主力军,她们身上五颜六色,头戴帽子,再裹一层纱巾,帽檐下仅露出一双眼睛。

劳作的女子,或弯腰、或蹲、或肩扛马铃薯,有时女子擦肩而过会留下一串银铃般笑声。两位摄影家循声追去,举起相机不停拍摄,记录下她们劳作的每一个瞬间。

王舜拍了一组照片。其中一张,若不仔细看,难以分辨是一叠白色袋子,还是一个弯腰捡马铃薯的人。这个人把十几个袋子扎在腰间,一个袋子装满后,顺手从腰间拽下另一个袋子,从而节约了时间。恰在女子弯腰捡马铃薯的瞬间,他从身后跟拍。画面中间俨然是一叠白色袋子,仅有一条腿若隐若现。另一幅照片,画面里有三个女人,一蹲、一立,手拿手机,脚下放着筐,围着坐在马扎上的女人。坐着的女人膝盖上放一个本,低头记录着,三个人头上都包裹得严密,根本看不出容貌。还有一张照片,一位穿花格子上衣的女人,一手握着洋葱,一手提着篮子,头戴粉纱巾,纱巾与口罩间露出一双水汪汪的眼睛。

如此摄影作品,是写实,也蕴含意向,每一幅作品都堪称佳作。

为了俯瞰沃野上的丰收景象,他把无人机徐徐升空。但见夕阳下装满袋子的马铃薯宛如一字排开的列队士兵,蔚为壮观。忙碌一天的人们乘坐拖拉机,欢声笑语,满载而归。

暮色降临,大滩镇上的旅馆内,两个人翻看拍摄的一张又一张充满浓厚的乡土气息的影像,喜不自禁。彼此谈论着各自的收获,进而深入探讨乡村脱贫致富的路径。后来不顾腰酸背痛,王舜在随身携带的小本子上记录了行程中的所见所闻,而衣志坚有感而发,写下《收获的季节》一首诗:"金秋时节　走进　丰宁大滩那片令人魂牵梦绕的大草原　竟有一种超乎寻常的安静　饱满　不见了　天高云淡秋风寒　也未闻到　大雁南飞路过这里的歌唱……"

秋夜的风从平展展的土地上吹来,把两个不喝酒的老男孩吹进梦中……

两位摄影家手中的镜头有了社会责任感,用镜头记录乡村,记录人们劳动中的精神风貌,记录乡村振兴之路。

他们又驱车来到塞罕坝,登临望海楼,纵目眺望,那一眼看不到尽头的万亩林海,碧波荡漾。他们举起镜头,对准默默守望万亩林海的普通卫士,竭力拍出他们无私的守望精神。

望海楼,毗邻点将台,是万亩林海一处制高点,登临望海楼,此处便一览无余。曾几何时,一代大有作为的帝王康熙跃马扬鞭,挥斥方道。点将台处,康熙凝视东方,指挥若定,草原深处,号角声声,战马嘶鸣,杀声震天,最终平定准噶尔叛军。如今,康熙雕像屹立于此,他威风凛凛,目视东方,只不过曾经的金戈铁马,狼烟四起,已然变成了滔滔林海。点将台上刻着的一首诗写出了历史变迁,其中一句:点将声声随云去,滔滔林海百万兵。

塞罕坝的万亩林海,是人工林,堪称人间奇迹。据说,若在高空俯视,万亩林海宛如一抹绿色浅湾。

冰天雪地,寒风凛冽,飞沙走石,一代又一代造林人,用生命和汗水铸就了万亩林海,抒写出绿色华章。为了守护好它,望海楼上的一对夫妇与冰雪为伍,以林海为家,默默奉献,付出了常人难以想象的艰辛。

当初,望海楼只有二层,从林场通向这里,林荫蔽日,荒草遍野,无路可走。冬日来临,必须备好一冬的生活物资,不然,一旦冰雪封山,很难走出这银白的世界。

望海楼,海拔 1940 米。王舜站在顶层,环顾四周,有一览众山小的感觉。向东眺望,红松洼、功勋树尽收眼底;向西看,内蒙古高原一路走来,戛然而止,坝头、御道口、月亮湖、太阳湖、桃山湖、七星湖,交相辉映,相得益彰;东面,绵延不断的燕山走到这里似乎累了,也停止了脚步,山岭与高原手牵着手,握手言欢;北面,则是背靠的内蒙古高原。环顾四周,不论是高原,抑或丘陵,林海茫茫,绿色接天连地,一望无际。

自然,这浩瀚的林海早已成为王舜摄影打卡之地,遗憾的是,还未曾让镜头去触摸数十年如一日,坚守在望海楼的一对守望夫妻。

望海楼的守望人——刘军，身材魁梧，面色黝黑，身着护林服，他俨然成为万亩林海中一棵挺拔的松树。面对刘军，两位摄影家心生崇敬，按动快门，留下最好的光影。

望海楼，当初称为望火楼。五行中，金木水火土，相生相克，而望海楼与望火楼却风马牛不相及。海，是百万亩森林汇集成绿色的海洋，而火，是森林的祸患。不同的人置身望海楼，有着不同的意境，正所谓相由心生。

刘军和妻子齐淑艳早已和森林融为一体，无论多么艰难困苦，他们都不离不弃。他们像塞罕坝上一棵耸入云霄的苍松，坚守在望海楼，像看护自己的孩子那样，精心看护140万亩人工林。

一年，又一年，17个春夏秋冬，树苗长高了，儿子也长高了，可松树苗比儿子生长的速度快，夫妇能亲眼目视松树苗茁壮成长，然而，儿子却不在父母身边。

刘军，身体壮硕，国字脸，卧蚕眉，皮肤粗糙，头发夹杂着些许白发，分明浸染了塞罕坝的风霜雨雪。守望者最难熬的日子当属冬天，鹅毛大雪，纷纷扬扬，一夜后，塞罕坝银装素裹，周天寒彻。食物即将断顿，紧要关头，齐淑艳独自守望海楼，刘军奋不顾身，蹚着齐腰深的雪下山。稍不留神就陷入了雪坑，只能拼命爬出，继续前行，渴了，抓一把雪塞进嘴里，手冻僵了，用雪搓，白毛风袭来，松涛怒号，天地迷蒙，他蜷曲成一个小雪球。

刘军在林海中，在冰天雪地中，爬啊、走啊，他身后留下了望海楼，留下饥肠辘辘的妻子。齐淑艳的脸颊上浸染高原红，因常年瞭望林海，炼成火眼金睛。丈夫冒着风雪下山后，她独自透过玻璃窗眺望，不能有丝毫懈怠。夜色中，风雪狂暴地拍打着窗户，周遭有时不知是森林怒吼，还是鬼哭狼嚎，令人感到阴森恐怖。

门窗紧闭，烛光摇曳，火炉里的火点亮了齐淑艳的希望，但愿明天太阳悬在头顶时，丈夫归来，带来粮食，更带来儿子成长的音信。

栽下的树苗在成长,守护森林的房子由望火楼变成了望海楼,这一守,守得冰雪消退,守得春花烂漫,守得云开日出,守出塞罕坝的精神。

望海楼里充满着艺术氛围,刘军用丹青妙手,绘制了一幅幅充满塞罕坝气息的画作。

……

刘军喜出望外,心情激动,从衣志坚主席手中接过了承德市书法协会"会员证"。来之前,衣志坚自掏腰包为刘军交了会员费,憨憨的刘军笑容里藏着些许胆怯,为了消除他内心纠结,衣志坚"索取"他一张画,作为交换。衣志坚十分欣赏刘军的一幅画作,一只小长毛狗蹲在草地上,正昂着头,目光炯炯地眺望远方,天空云卷云舒。

刘军作画,是寂寞逼出来的。

守着望海楼,除了妻子,与之相伴的便是林海、风霜雪雨、金莲花、胭脂梅、潺潺溪水,以及清脆的鸟鸣。偶尔,夫妻吵架,几天冷战,他登上望海楼顶凝望绿色林海,一切释然。

寂寞无助时,刘军在废旧报纸上胡乱涂鸦,渐渐地,笔下的线条变得清晰起来,于是,从草叶、树叶画起,继而是花朵、溪水、松树,直至陪伴自己的猫与狗。望海楼里悬挂着一幅画——双猫图。两只猫并肩而立,亲密无间,尤其是澄澈的两双眼睛目光深邃,传递出一种精神。一位画家欣赏这幅画后深情地说,画中的两只猫分明是他们夫妻,携手相牵,守望着万亩林海。

刘军和衣志坚交流时,齐淑艳带着王舜登上了望海楼顶,一阵阵秋风吹乱了齐淑艳的头发。她感觉眼前手握相机的人温文尔雅,和蔼可亲,顿时戒心全无,开始讲述内心的苦楚。她说,自己和丈夫常年守在这里,没白天没黑夜,孩子只能交给爷爷奶奶,上小学时儿子经常带着伤回家,奶奶问孙子身上为何有伤,孙子委屈地说,有同学冷言冷语,讥笑他没有爸妈,他怒火中烧,抡拳而去,但往往寡不敌众。齐淑艳谈到儿子,不停哽咽。她觉得难堪，用手把眼泪擦掉，即刻转为嫣然一笑。

　　王舜静静听着，他的眼泪悄悄淌了下来，瞬间被秋风吹落了。站在望海楼顶，风强劲猛烈，冬天人断然不能停留，风大时能把上面接收信号的铁塔吹掉，更遑论人呢？

　　齐淑艳长叹一声，又继续讲，既然选择守在这里就不怕苦，白毛风啊、狼啊、无水喝啊，这些都不怕，怕的是孤独寂寞，茫茫林海，天地间就我们俩，他总算有个爱好，没事坐在屋里画画，可我只能去林子里转转，实在忍不住了就大喊几声，喊声能惊飞林间的鸟。一次，我俩拌嘴，一连三个月冷战，一句话都嫌多，风听够了，云看够了，花朵也看够了，有时去溪水边胡乱想，有时站在楼顶痴痴地眺望，那种日子太难熬了，苦水简直无法说出来，只能装在心里。

　　讲到这里，她倏然一笑，都熬过去了，现在好了，烟消云散，谁也不生气了，我视他为哥哥。

　　女人的话句句扎心，王舜听得心潮起伏。望海楼上的他再也无心欣赏秋日的林海风景，脑海里想，两个人十几年如一日苦苦守着，守着孤独与寂寞，伴随他们的只有茫茫林海，漫长的黑夜，冬天漫无天际的白毛风，当然也有夏季的鸟语花香。试想，他们需要怎样的毅力来坚守呢？他们这种默默坚守，不就是平凡中的伟大吗？

　　从楼顶下来，来到夫妻坚守的值班室，齐淑艳翻着"阴河分场望火楼15分钟瞭望报告登记表"，每一页上都有时时的记载：天气情况、风力、空气能见度。齐淑艳低头翻着，王舜抓拍下来。齐淑艳抬起头，身子靠着窗台，窗台外是秋风中摇曳的黄草。

　　两位摄影家的望海楼一行，是用心灵的镜头来记录守护森林人的心灵，分明是记录一种坚守的精神。蒙古语中的"塞罕坝"，意思是一道"美丽的高岭"，这对夫妻的内心世界难道不是一道美丽的高岭？

领头羊

2011 年 9 月，王舜从承德市人大选任委主任的岗位上退居二线，虽然没有正式退休，但也不用去单位坐班，这样的生活，对很多人而言，已然进入赋闲的状态。

然而，王舜如天边一抹晚霞，燃烧出炽烈的火焰。凭借摄影所获得的成绩，他被推举为热河摄影协会主席，开启了摄影公益服务的历程。

天有不测风云，时任承德市摄影家协会主席的李耀楠因一场车祸导致瘫痪，一时之间，协会工作也处于瘫痪状态。在群龙无首之际，衣志坚高瞻远瞩，"热河影协"应运而生。王舜不负众望，担任第三任"热河影协"主席，挑起了一副沉甸甸的担子。

尘世上，有的人夸夸其谈，言过其实；有的人寡言少语，却身体力行。

热河影协有了新的"领头羊"，承德市摄影爱好者趋之若鹜，感觉有了奔头。

王舜顺势而为，乘势而上，紧紧依托热河影协这个平台开展活动，先后组织多次摄影大赛。

王舜一手操办的"热河民俗文化摄影大赛"如期开展。大赛为中共双桥区委、双桥区政府、市文联主办，双桥区文旅局和热河影协为具体承办单位，面向全国征稿。

承德以热河著称，是清朝的夏都。一个夏都，半部清史。大赛之所以把热河民俗文化定为主题，其目的就是从影像角度挖掘和弘扬承德历史文化，引领广大摄影人不要一味拍摄山水风光，要用镜头去触摸活色生香的市井百姓生活，触摸历史。

大赛设一、二、三等奖和优秀奖。一等奖奖金 5000 元。被评为了一等奖

2019.6.26 摄

2021.12.25 摄

摄影是文化事业,摄影比赛是推动摄影事业发展的最好形式。
衣志坚主席拍下的第三届避暑山庄摄影大赛王舜组织评委评奖
(上);2021 年承德市国资系统"承德好礼杯"首届书画摄影展王
舜组织评委评奖(下)。

的摄影作品既有浓厚的生活感,又充满了时代感:一双手工布鞋,千针万线,纳出了一位满头银发老奶奶的慈爱与牵挂,让"慈母手中线,游子身上衣"的诗句表达得恰如其分。也因此,这幅作品从许多参赛作品脱颖而出。获奖者,薄岚。

2012 年 9 月 7 日,热河民俗文化大赛获奖作品在承德大剧院展出,参观人员络绎不绝。赛后,将热河民俗文化影像结成一册,出版了《热河民俗文化》。

为了配合双桥区农村农业工作,"承德皇家山水摄影大赛"又于 2013年成功举办。

热河影协工作应接不暇,承德市文物局把"避暑山庄及周围寺庙全国摄影大赛"的任务交给了热河影协,王舜欣然领命。既然是"避暑山庄及周围寺庙全国摄影大赛"就要突出避暑山庄的文化特色,用镜头对焦承德山水之间埋藏的历史,让它从镜头中走来。"避暑山庄及周围寺庙全国摄影大赛"先后举办二届,声势浩大,参赛者踊跃,无不期待自己的摄影作品摘得桂冠。

从组织发动、收集整理参赛作品、聘请专家评审到作品扩印制作、展览布置等等,每个环节王舜都精心筹划,唯恐有一点儿漏洞,影响大赛效果。

在第二届"避暑山庄及周围寺庙全国摄影大赛"上,柴宝忠凭借"烟雨楼彩虹"作品《瞩目》摘得桂冠:雨后,一道彩虹从烟雨楼腾空而起,一改雨中烟雨朦胧的景象,天上与水中的彩虹合围成天眼,壮观至极,震撼人心。本次参赛者、唐山遵化影协主席,他用无人机拍摄的雪中环碧岛,栩栩如生,美轮美奂。这幅作品获二等奖。颁奖会上,他真诚地说,我这个外地人能获奖,体现了大赛公平与公正。第三届荣获第一名的是孙树峰的作品《避暑山庄》,他用无人机航拍山庄的湖区,画面呈现出氤氲润泽、悠然雅静、灵秀曼妙的景象。

第三届"避暑山庄及周围寺庙全国摄影大赛"获奖作品展览的地址设在避暑山庄德汇门前广场,中外游客、本市市民无不停下脚步,一边观赏,一边用手机拍录。第二届和第三届获奖作品合集出版了精美画册《第三届避暑山庄及周围寺庙全国摄影大赛获奖作品集》,并广泛用于各种宣传媒体。

除了大赛外,小规模的影赛也接二连三地举办,这次诸如山庄景观四季赛、山庄荷花摄影赛、山庄牡丹摄影赛、山庄鸟摄影赛、山庄鱼吃蜻蜓摄影赛等等,光围绕避暑山庄的赛事就常年不停。此外还有承德古建摄影赛、人像影赛、静物影赛等多种赛事。

活动是影协的命脉。一次次摄影活动不亚于一次次惊雷,使承德摄影界红红火火。

如果说,热河影协是广大摄影爱好者的娘家,那么"承德摄影家网"则是一座争奇斗艳的百花园,是广大影友的俱乐部、练兵场。

"承德摄影家网"是王舜紧跟时代步伐的贡献。如果把该网比作百花园,那么,他则是这座花园的建设者,同时又是一位辛勤园丁。他用心血和汗水去浇灌,使之百花盛开,争奇斗艳。

事实上,"热河影协"与"承德摄影家网"像一对孪生兄弟,相辅相成,风雨同行,为广大摄影爱好者提供了一个大的舞台,让自己钟爱的作品展现在这个舞台上,不仅切磋技艺,交流学习,而且共同进步,共同提升。

进入数码相机时代后,摄影人辛辛苦苦拍摄的作品,经一番自我欣赏后便被束之高阁,进入冬眠。当社会的脚步悄然迈入网络时代,传统被彻底颠覆后,不紧跟时代发展,就要被社会淘汰。王舜深感自己有一份责任,让承德摄影跟上时代,走进网络。

恰在此时,"热河泉边"知青网版主杨帆找到王舜,请求接手挂在"热河泉边"网上的"热河摄影"。

那天,几个老知青还为此事组织了一次小聚,小佟沟口"阿拉酒店"里,王舜答应接管。

应该说,此时的王舜对网络处于懵懂状态,或多或少懂点网络知识,也属于一知半解。他之所以受人所托,勇敢接收了"热河泉边"知青网的"热河摄影",自有其深深考量,广大摄影爱好者随着时代发展,急需拥有一个网站,用以交流、探讨,展示作品。

根据实际需要,对网络一知半解的他,大胆对"热河摄影"网实施改造,重新设计板块,为摄影爱好者铺路。然而,理想很丰满,现实很骨感,维护好一个网站谈何容易?域名属于他人,租赁空间没有所属权,缺技术人员,缺资金,网站继续运营面临严峻考验。

接管的网站无法运营,而影友需要网站,时代需要网站,怎么办?倔强的王舜岂肯善罢甘休,他决定重新建网。他买来书籍,深入学习网络知识,让虚拟网络还原现实生活。有一次,百度网的人来承德召开推广会,他贸然前往,双方进行接洽,他谈得头头是道,令百度网的专业人刮目相看,断定他是专业人士。然而,当他得知建个网站需要 10 万元,一盆凉水兜头而来,心头之火瞬间被浇灭。

"网站戛然而止?"他躺在床上,思绪纷繁杂乱。

一天,心有不甘的他得知一个公司仅用几万元就建个网站,急冲冲登门拜访,双方谈得很融洽。对方相告,费用两三万就能解决问题,令他欣喜若狂,以为万事大吉。然而,事实并非如此,这个公司实力不足,几个月后,他们只好退还了押金。王舜空欢喜一场,在败兴而归的路上,他不停思忖,是否还有其他出路?

王舜小心翼翼,又找到一家公司。公司经理王璐辉,高中毕业,曾蹲在家里整天抱着手机打游戏,有一天,他如梦方醒,凭借自学的网络知识,决定成立个公司,自谋出路。没想到,年轻的王璐辉还真指出了可行的办法。他说,如果资金不足,可以不自己搭建,也不购买"语言",而用陈旧免费的

"语言"撑起一个网站。

双方一拍即合,王舜提供网站建设方案,具体搭建任务交给王璐辉。双方签订了协议,明确了所需费用及责任。王舜一年前就在阿里云注册了账号,申请了两个域名,一个是 99sy.co(承德摄影家网),另一个是 zuojia.co(承德作家网)。现在将域名解析,又在阿里云购买了空间。2013 年 11 月,"承德摄影家网"正式上线! 这是一个既有论坛功能,又有门户展示功能的全新网站,同国内几个大型摄影网相比毫不逊色,并具有自己的鲜明个性。

云开雾散,柳暗花明。摄影家网闪亮登场,内容丰富,精彩纷呈,广大摄影爱好者终于盼到这一天。摄影爱好者宛如流浪在外的孩儿找到了家,大家欢天喜地,奔走相告,纷纷把自己的照片上传到承德摄影家网。一时之间,专属网站红红火火,热闹非凡,同时在线人竟然多达上千人。广大摄影爱好者,以网为家,广泛交流,对网上作品进行评比,有褒奖,有真诚指出作品短板所在。可以说,摄影家网称得上是"百花齐放百家争鸣"的园地,也是摄影爱好者精神寄托的园地。毫不夸张地说,很多摄影爱好者的摄影技术,是跟着这个网站逐渐成长起来的。

可问题来了,因上传照片占用大量空间,一年不包括管理费用的直接费用就需要上万元。再者,后台维护困难,经常遇到黑客攻击,一旦管理不善就会瘫痪或被关停。有时,一夜之间网页充斥不堪入目的色情广告。故此,技术管理人员必须兢兢业业,技术人员大量劳动付出,自然增加了管理费用。

有人贸然问,你的网站一年赚多少钱? 王舜一脸苦笑,风趣地说,赚钱? 如果赚钱就轮不到我建了! 所问之人,又一脸狐疑地质问道,费九牛二虎之力建网站图啥? 王舜毫不犹豫地说,为摄影爱好者搭建展示作品的平台而已,别无他图。

一个好汉三个帮。网站搭建时,吴岳、胡春芳伸出援手,筹集资金,纾困解难。

2015.6.26 摄

2017.2.12 摄

2018.2.27 摄

王舜创建的"承德摄影家网",推动承德摄影事业走向一个高峰。
承德摄影家网管委会成立大会(上);庆祝承德摄影家网上线 3
周年座谈会(中);承德摄影家网发展建设座谈会(下)。

一天,苏垦银河总经理范世义获悉"承德摄影家网"是个人承办的公益网站,为摄影爱好者义务服务,一路艰辛前行,他深受感动。于是,热心肠的范世义通过关系找到王舜,慷慨解囊,并联系了几家企业给予 3 年资金支持,让承德摄影事业发展壮大。

众人拾柴火焰高,承德摄影家网,功能全,设置好,办得红红火火,令外地摄影爱好者艳羡不已。因上网人多,每个县设立俱乐部,版主多达几十人。承德摄影家网 2016 年度工作会议在承德盛华大酒店召开,6 月 26 日,大家齐集一堂,作为站长的王舜做工作报告,大会表彰了年度"优秀版主"和"优秀会员";聘任新一年度版主、特评及工作人员;为"2016 年春花烂漫摄影比赛""2016 人文、人像、纪实摄影比赛""2016 城市风光摄影比赛"获奖者颁奖。

此次大会,盛况空前,承前启后,对承德摄影事业产生了深远影响。

承德摄影网与其说是时代的产物,不如说是王舜推陈出新的产物,他与时代同行,不因循守旧,克服种种困难,为承德摄影史抒写了浓墨重彩一笔。

时至今日,"手机"似乎替代了"网站",但是,王舜仍自费维护着这个网站。他像对自己的孩子一样珍爱着,无法舍弃。

讲台

三尺讲台,王舜一往情深,初心不改,只要站在讲台上他便精神焕发,神采奕奕,竭尽全力做到传道、授业、解惑。

时代在发展,社会在进步,退休老人不再一味守在家里。人生暮年,尽管满头银发,额头布满皱纹,无不渴望让天边的一抹晚霞色彩缤纷。

位于避暑山庄德汇门外的承德市老年大学,让老人们找到了精神家园,尤其是那些退休老人,他们刚刚离开自己奋斗了几十年的工作岗位,短时间内心里深感空虚与失落。为了精神上有所寄托,老年人纷纷走进老年大学的校园,或选择绘画专业,或选择音乐专业,或选择摄影专业,一位位老人坐在教室内,经受艺术熏陶,让晚年生活充满生机和活力。

退休时的王舜已名满承德,他头上光环诸多,作家、诗人、摄影家,作品与人品等量齐身。从人大机关的"主任"岗位退下来了,但承德市写作协会主席、热河摄影家协会主席两副重担仍然一肩挑着。

2014年,刚刚退休的他即刻受聘于承德市老年大学,执起教鞭,成为一名摄影教师。

王舜行事的特点是,做每一件事都尽心竭力,追求完美,不能说最好,力求更好。他思忖,这些学生大多和自己一样,已步入老年,他们之所以来老年大学学习,主要是寻找精神层面的寄托。对于摄影而言,这些人摄影水平参差不齐,有的手中相机拿了几年,有的刚刚进入摄影艺术门槛。

故此,绝不能应付,不能随心所欲,必须量体裁衣,进行系统授课。先从摄影理论讲起,若没有理论作为支撑,无论拍了多少片子,其作品没有思想内容,缺乏艺术性,难以进入摄影艺术的殿堂。

为了讲好摄影课,王舜精心准备,原有的一些摄影理论书籍大多是胶卷时代的产物,数码时代到来后摄影理论随之更新。于是,他到新华书店购买数码摄影理论书籍,乃至于美国摄影教材、电子书,花三四个月时间备课,孜孜苦读,边读边做笔记。

一番精心充电,《王舜谈摄影——简明数码摄影教程》一书诞生了,其内容图文并茂,简洁明快。学员们手捧《王舜谈摄影》,爱不释手。

王舜担任摄影教师的消息不胫而走,吸引了社会上很多摄影爱好者,一时间,他们踊跃报名,报名时老年大学院里出现少见一幕,许多人排着队伍,甚至有人因未能报上名而唉声叹气。

2015.6.5 摄

2017.5.28 摄

听说王舜受聘为承德市老年大学老师,登台讲摄影,报名那天,清晨老年大学院内就排起了长队。虽然招收 2 个班,但还是"供不应求",很多人没报上名悻悻而归。

老年大学讲摄影、讲解按动快门的要领(上);给北京摄影函授学校承德站学员讲摄影(下)。

讲课需要艺术性，三尺讲台上的每一位老师都有不同的授课方式，但获得的效果有所不同。王舜有三尺讲台的丰富经验，有文学素养，他娓娓道来，言简意赅，生动凝练，从摄影入门讲起，循序渐进，由浅入深，直至上升到摄影的艺术性，以及摄影的本质。

王舜顺势而为，独辟蹊径，精心做课件，让学员耳目一新，真正体现动态的教学方式，从而揭开摄影艺术的神秘面纱。

教室座无虚席，学生凝神静听，鸦雀无声。有人站在窗外，渴望拥有一席之位，能亲耳聆听。好不容易等到下课的王老师，大家带着渴望的目光问，能否进入教室听课？他面对求学者的祈盼，难以回答。

龙彩云曾经未能进入教室听课而怅然若失，纠结不已！然而，龙彩云"失之东隅收之桑榆"，经营摄影器材的胡春芳联手北京摄影函授学院，在承德建立了函授站。函授学员从函授学院一经毕业，即可领取毕业证，凭此证可以申请加入河北省影协。为了把好教学质量关，胡春芳毫不犹豫地聘请王舜为函授站老师，共同撑起了一片摄影天地。

因此，龙彩云得以参加函授学习，于是和王舜老师结下了深厚情谊。

如果说，当年龙彩云与老年大学失之交臂，可胡济修却把根深深扎在老年大学这片土地上。

长江后浪推前浪。王舜为学生胡济修感到自豪，只因这位弟子不仅仅在摄影事业上有所成就，而且胡济修接过了接力棒，由学员华丽转身为老年大学摄影教师。

不甘寂寞、快言快语的胡济修也曾有过失落、孤独、彷徨与寂寞。

他55岁时，突然接到通知：内退。此时，胡济修正工作在嘈杂的车间里组织班组长实施考核。突来的通知令他"丈二和尚——摸不着头脑"。送行的晚宴上，他举着酒杯，心情复杂，酒倒进嘴里不知啥滋味。

"人生告一段落了，"胡济修心中翻江倒海，脚底如踩棉花，他感慨无限，"谢幕了、谢幕了！"

按说，55 岁恰是工作的大好年华，人生有了阅历，工作上积累了经验，但现实就是这么残酷。

办完内退手续的第二天，胡济修按时早起，快速洗漱，下意识穿上工装，一只脚在门外，一只脚在门里，要去上班。然而，身后传来老伴斥责声，你魔怔了？退休了知道不，难道装糊涂？胡济修立刻钉在门口，痴痴愣在那里，不停问自己，真的退休了？他转身回屋，躺在床上，内心五味杂陈，耳畔传来机器轰鸣声，身旁工友们前呼后拥……

一两个月内，他吃不香，睡不好，看啥都烦躁，时不时和老伴时常"发生战争"。窝在家里的他，没有了指挥若定的场面，没有了一张张恭维的面孔，没有了酒桌上的酣畅淋漓，失落感无法用言语表述，整个人宛如一只泄气的皮球。

见到焦躁不安的老爸，女儿劝他去避暑山庄打太极拳。他听从了女儿的劝告，走进离宫，置身太极拳队伍中，一招一式，刚柔并济，动中取静，忘记了许多烦恼。2011 年，一起打太极拳的朋友建议他去老年大学学唱歌，从周一唱到周六，渐渐地，陶醉在歌声里，心里又敞开一扇门。一天早晨打太极拳时，一位朋友又建议去老年大学学摄影，他一脸茫然，瞥一眼湖边，一些人手中拿着长枪短炮，对着树上的一只鸟儿，一站就是半天时间，感觉这些人简直疯了，浪费时间。然而，他还是硬着头皮走进老年大学的摄影基础班。可是，他手中的卡片相机显得落伍，老师直言，再不更换就要被"扫地出门"。无奈，他被迫买了一台单反相机。当镜头对准景物，他突然感觉大千世界精彩无限！

王舜站在讲台时，胡济修已经学了两年摄影，他肩上已挑着班长职务。王老师讲课别具一格，令他耳目一新，他渐渐懂得了摄影的真谛，无论是从构图、理念，还是光影结合。

　　胡济修被《王舜谈摄影》深深吸引,他翻开书,一幅幅精湛的图片美轮美奂,风光、历史古迹、民俗、人物,皆是王老师的杰作,令他艳羡不已。当合上书,他陶醉于封面照片:这是一幅山庄东路的夜景,薄雾似纱,清代宫灯悬在空中,灯光冷艳,落在若隐若现的树上,幽暗的地面飞舞着一道彩虹,彩虹是由流动的车尾灯汇集而成的, 煞是壮观。午夜的画面流光溢彩,深邃、辽远、浩渺、空灵,充满浓浓禅意。

　　胡济修陶醉其中,心灵为之震撼!他迫不及待请教王老师,王老师耐心讲解,拍摄每一幅作品不仅有技巧,还需创意,最终是艺术性、思想性,一幅好的作品都是千锤百炼的结果。

　　"听君一席话胜读十年书",胡济修茅塞顿开,悟到了摄影艺术的千变万化,魅力无穷。

　　从此,胡济修迷恋上了夜景拍摄,他深深体会到夜色之美,光影变幻无穷,为大千世界增添了无比的魅力,这种魅力是白昼拍摄无法企及的。也因此,夜色中的他像一只灵动的猫,辗转于自然景观和古迹之间,留下光与影的一幅幅令人叫绝的作品。

　　一路走来的胡济修有了感悟,好作品,背后一定有好故事。摄影也要讲德,讲艺术品德。他坦言,王舜老师身上有艺德,从他身上学到了宝贵的东西,执着、勤奋、低调、谦逊,他不愧是我摄影路上的领路人。

　　三尺讲坛上的王舜,培养了一批又一批学员,把许多摄影爱好者引领进摄影艺术王国里。

走出国门

　　艺术无国界。艺术交流是不同种族、不同文明相互交流,进行沟通,增进友情的纽带。有时,人们尽管语言不通,但一幅杰出的摄影作品却能产生思想共鸣。

2002 年 5 月 10 日，承德热河摄影家协会与韩国写真作家协会堤川支部建立了友好关系，友好章程在承德签订。从此，开启了两个友好城市摄影艺术交流的活动。

2005 年 10 月 5 日下午 4 点 30 分，一架飞往韩国釜山的飞机从首都机场起飞，穿云破雾。王舜目光透过飞机舷窗凝视着机翼下静静的絮状云海，心中不免几分激动，只因他第一次跨出国门，用自己的摄影作品与一衣带水的韩国同行进行艺术交流。

途中，王舜心中有几分担心，走出国门，人生地不熟，尤其语言不通，会不会遭冷遇？

飞机飞行一个半小时后，徐徐落在釜山机场，一番周折后走出安检口，焦急等待中的韩国同行敞开怀抱，热情相拥。

"支部长已经等着急了，"一脸儒雅的翻译曲善德微笑着，讲一口纯正地道的汉语，"还以为有什么差错了。"

相同的皮肤，黑色的头发，尤其翻译的一口流畅的汉语，几张微笑的面孔，令王舜曾产生的紧张情绪荡然无存。刹那间，情意浓浓，恰似老友重逢。

晚餐时，韩国同行尽地主之谊，支部长朴喜勇简短致辞，大家盘腿而坐，相敬如宾。酒文化源远流长，无酒不成席，翻译曲善德讲述的韩国相互敬酒的礼节，与国内酒场"先干为敬"有异曲同工之处。觥筹交错，欢声笑语，大家不再有交流的障碍。

对酒场礼节，王舜一点不陌生，像是和本民族的文化息息相关。之后几天的行程是釜山、庆州、堤川、汉城，他徜徉在城市的大街小巷、历史古迹、古刹庙宇、阳光海滩，用镜头逐一记录。他感受最深的是，汉字处处可见，无论是建筑风格，还是文化内涵，与中华文化无不相融，可见中华文化源远流长。

10 月 7 日,参观堤川市"倡议 110 周年堤川义兵祭义兵事迹书艺展",令他惊奇的是,展出的 65 件作品,除一幅是写意花草绘画外,其余全部是书法,而且 64 件中有 58 件是用汉字书写的。

"究天人之际,察古今之变"的司马迁《史记》里,有关于燕国的记载,从中可以找到中华文化在半岛上的根脉。

10 日,交流团一行人即将启程回国,机场分别的感人一幕令王舜刻骨铭心,永生难忘。

在机场大厅,彼此合影、握手、拥抱、话别,依依不舍。王舜走向安检厅,回眸一望,韩国同行还在目送着。当走入安检厅,王舜本以为 5 位韩国朋友离开了,可透过一块磨砂玻璃发现,玻璃下 1 米透明的地方他们都趴在地上,向里面挥手致意,还喊着"再见"。王舜深切感到,短短 4 天的朝夕相处,不仅仅是摄影艺术的交流,而且是心灵之间的相融。

自从承德市与堤川市缔结为摄影交流友好城市,每隔一段时间就举办一次活动。

2013 年 10 月 15 日, 作为承德市热河摄影家协会主席的王舜担任团长,率团前往韩国堤川进行交流学习。王舜可谓故地重游,走出机场安检口,翻译曲善德紧走几步,张开双臂紧紧拥抱老友。

曲善德三个字,从字面上看有中国文化符号,"善"与"德"涵盖了中华文化的精髓。诚然,曲善德是韩籍华人,祖籍山东,父亲那代人从山东落户韩国,随后定居,曲善德生在韩国。人,无论你走多远,都舍不掉母语,母语是根,曲善德的父亲要求他一定学好。因此,曲善德言谈举止,充分体现出中国传统文化在他身上的根深蒂固。

每次交流活动,曲善德都担任翻译,见到祖国来的同胞,就像见到家乡的亲人,热情有加。

16 日,王舜在摄影作品展开幕式上发表讲话:

　　女士们，先生们，大家上午好！中国承德与韩国堤川第12次摄影作品展在堤川开幕了，中国承德热河摄影交流活动一行11人能够参加开幕仪式，我们感到非常荣幸。此次摄影作品展，既是两国摄影艺术的展示与交流，又是两国影友友好感情的交流，更是中韩两国人民友谊的见证……弹指一挥间，交流活动已经走过12个光辉历程，12年来，两国先后有89人次互访。12年中，我们共同培育出一棵常青树。常青树枝头挂满了果实，那是摄影艺术之果。中韩两国影友们，让我们一如既往地爱护这棵常青树，让它常青常绿常新，永不凋谢！

　　曲善德翻译结束，掌声如潮。

　　王舜率团先后走访仁川、堤川、首尔。眼前的变化，让他颇感意外，仅仅只隔几年，原来大街小巷处处可见的汉字少了很多，当时的"汉城"已变为"首尔"。

　　纵使国际风云瞬息万变，但曲善德体内炎黄子孙的血脉，不会变。

　　王舜抵达的第二天晚上，曲善德来到他住地，顿时，两位年龄相近的老友谈得津津乐道。谈话间隙，王舜从包里掏出从国内带的礼物送给曲善德，曲善德毫无推辞，真诚接纳。

　　"不叫王主席了，"曲善德凝视着王舜，笑声朗朗，"你长我几岁，尊称大哥吧。"

　　王舜拍手称快，随后两双手紧紧握在一起。曲善德进一步解释"大哥"的含义，韩国人眼中的大哥与中国人有所不同，韩国人一旦视对方为大哥，彼此之间就有了没有血缘关系，却胜似血缘关系的亲情。

　　"王大哥！"曲善德喊一声，声音很干脆。

　　"唉！"王舜应声回答，心里温暖如春。

2013.10.15 摄

2013.10.16 摄

王舜带队赴韩国，与堤川支部进行摄影交流。
活动开幕时作为团长致辞（上）；向韩国影友赠送书法作品
（下）。

又一个晚上，曲善德敲开王舜房间的门，他敞开心扉，从韩国的文化谈起，谈到韩国社会，最后谈到双方交流协调过程中遇到了许多困难，遭受很多委屈，不禁长吁短叹，潸然泪下。

交流中，翻译曲善德全程陪同，第五天早晨，中巴车从首尔启程，沿途风光无暇顾盼，交谈中，曲善德感慨道，时间真快啊，你们没来时，天天盼啊盼，终于把你们盼来，没高兴了几天，可你们又要走了，唉！

王舜回国途中接到曲善德打来的电话，他声音略显激动："大哥，你们在路上吗？从东海晚餐后，真的叫大哥了。支部长、大胡子、参谋长、老支部长，都纷纷问候！"

回国后的一天，曲善德姐姐的电话让王舜惊讶不已，泪水夺眶而出。他心如刀绞，寻找曲善德来承德交流时的一幅幅照片，不停追问，老弟啊，纵然千难万险，也不该走上不归路啊？你的热情，你的坦荡，你的忍辱负重，都去哪里了？

王舜泪眼婆娑，端详着曲善德留在承德的美好时光！

曲善德因家庭矛盾走上了不归路，如晴天霹雳，家人难以接受。姐姐为了制造弟弟还活着的假象，拜托王舜主席把弟弟在承德交流活动时的照片寄给她，用以安慰浑然不知死讯的老父亲。

悲痛中的王舜满怀深情，为异国他乡的"弟弟"写了一篇悼词：

曲善德先生，大概生于 1956 年，属猴，韩国写真作家协会堤川支部交流干事，于 2013 年 12 月 11 日不幸辞世。曲先生是承德人的朋友。承德热河摄影家协会与韩国写真作家协会堤川支部于 2002 年签订友好交流协议，至今已 13 年。13 年的友好交流之所以能够顺畅地进行下去，只因为有曲先生充当桥梁。曲先生祖籍是中国山东，父亲要求他在家必须说汉语，所以他熟练掌握中韩两国语言。13 年交流，如果没有他这座语言的桥梁，就没有我们中韩两家协会的长久友谊。13年，韩国6次来访，承德5次赴韩，只有第一次不是他穿针引线。13年，中韩有99人互访，只有第一次5人不是他全程陪同。13年，他都是义务当翻译，他不为利益，只为友谊！朋友如今走了，永远离开了我们。让我们缅怀他遗志，让中韩两家友好交流继续下去，让我们永远记住这位为中韩交流做出突出贡献的韩国朋友。曲善德先生，一路走好！

这是一篇无法发出的悼词，王舜是写给走向天国的弟弟——曲善德。

走出国门，视野拓宽，王舜感知艺术的真谛，民族的就是世界的。

土耳其，是欧亚大陆的纽带。布尔萨是土耳其第二大城市，历史悠久，是古代丝绸之路的西端，素有"丝绸之城"美誉。

2017年9月，原承德市文联主席衣志坚受中国摄影家协会国际部主任孙燕聪女士之托，组队参加土耳其布尔萨国际摄影艺术节。衣志坚非常高兴，欣然领命，为了不辱使命，他思前想后，认为这是国际摄影节，非同寻常，最好由河北省摄影家协会牵头，进行组稿、组团。

为此，河北摄影家协会发布征稿信息，阐明布尔萨国际摄影节的摄影作品要充分反映作品当地的风土人情。消息一经发布，稿件像雪片般从全国四面八方飞来。经相关人员一番精心挑选，协会把参展稿件发给土方。土方又从中选出参加布尔萨国际摄影节的作品。很快，土方传来消息，祝天华（成都）、王舜（承德）、冀晓莉（北京）、陆建成（北京）、贾克（石家庄）、程云（北京）、于磊（承德）、衣志坚（承德）、王海琦（承德）等9人作品被选中。

随后，布尔萨国际摄影节组委会邀请河北省影协代表团10人前往。

作家、摄影家头衔的王舜被委任为副团长，更出乎意料的是，布尔萨国际摄影从5个不同国家遴选出9位摄影家作为评审员，王舜便是其中之一。这虽是件荣幸的事,但他心中顾虑重重,如何评,评判作品的标准是什么? 飞机上的他不停思考……

飞机降落在伊斯坦布尔,他迎着朝霞走下舷梯,博斯普鲁斯海峡的海风扑面而来,恬淡而温馨,似乎把心中的顾虑一扫而光。博斯普鲁斯海峡被称为咽喉要道,一座大桥把两种不同文明连在了一起。中巴车迎着朝阳行驶在路上,城市独特的建筑风格,浓厚的宗教氛围,深深吸引了他,异域风情的另一个世界迎面而来。中巴车穿过海底隧道,又换乘轮渡,海风习习,浪花飞溅,曾经是丝绸之路重要节点的布尔萨呼之欲出。

行走在路上,人们招手致意,相视而笑,彼此间充满了友好,王舜有种宾至如归的感觉。

布尔萨国际摄影节,组委会把中国视为贵宾国,因此摄影家的作品展,单独设在一个大的展厅。里面展出了王舜的几幅摄影作品,他的作品之所以被选中,缘于他的摄影理念:用镜头真实地记录时代。这个理念与布尔萨国际摄影节的主题不谋而合。他入围作品是《社戏》,拍于承德县头沟镇兴隆山三月三庙会,画面呈现的是中国传统的戏曲,戏台上演员面孔五颜六色,而演员的一招一式,无不凸显中国戏曲的魅力;台下是朴实无华的农民,一张张面孔写满了土地的故事,他们身上的服装早已今非昔比,不再是乌压压的黑灰色。另一作品是《集市》,拍摄于隆化县的龙凤山口集市,十分真切地再现正月里闹花会的一幕;一台拖拉机载着演员们在转场,拖拉机被缤纷的色彩簇拥着。还有一幅作品,也是反映集市的热闹场景,商贩们争先恐后兜售自己的物品,叫卖声中充满了对生活的希望,同时,画面也呈现路边休息的农民闲散的神态。而王海琦的作品,是她游览新疆时拍摄的维吾尔族人的生活场景。

一位老者风尘仆仆走来,拖着一个箱子走进中国展厅,环顾一周,驻足在王舜几幅摄影作品前,仔细观赏,主动和王舜进行热情交流,可惜语言不通,王舜不知老者所云,只能给予微笑,双方握手而别。

开幕式别有一番情趣,没有隆重的仪式,没有领导站台,没有主席台,就在王舜疑惑之间,展厅突然响起音乐,音乐由舒缓走向激扬,演奏者边演奏边向现场聚集。一位怀抱男孩的男士从幕后走出来,宣布布尔萨国际摄影节开幕。开幕式的前一天,喜笑颜开的人们曾走上街头,队伍前面的人拉起了横幅,用轻松愉快的方式祝贺国际摄影节隆重召开。

轻松、洒脱、自由、奔放的开幕式,犹如一缕清风轻轻触摸着王舜。

在评片环节,王舜首先审评一位保加利亚摄影家的作品,他拍摄的是一位困苦生活中的老太太形象。王舜肩负责任,认真对作品给予点评,女摄影家听后脸上绽放了笑容。评审的第三幅作品,拍的是雨,作者竟然是在中国馆不期而遇的那位 70 岁老者。老者已经有 5 年摄影路程,对摄影艺术抱有痴心,一大早怀揣希望从很远的家乡奔来。

王舜对他的作品诚恳地提出了建议,他直言不讳地说,作品的缺点是没有体现出水的内在本质,中国文化揭示出了水的艺术人生——上善若水,水具有至柔、至刚、至净、能容、能大的胸襟和气度;水,具有滋养万物的美德。作品应该把水与人的生活、生命紧密地联系起来,进行周密思考。王舜的汉语需经过两次翻译,先由汉语翻译成英语,再由英语翻译成土耳其语,也许是两名翻译的语言转换过后改变了些许原意。但见老者面部表情渐渐发生变化,眉头皱起来,面部肌肉僵硬。可王舜没有注意到老者的表情变化,他把注意力全部放在片子上,对作品进行中肯评论,目的是摄影者以后提高拍摄水平。他直言相告,应该如何改进构图,如何运用不同拍摄技巧,让作品展现出水的无穷魅力。

但见老者紧皱眉头,面孔阴沉似水,冷若冰霜,英语翻译见状,悄悄对王舜说,老者产生厌烦情绪了,说些褒扬的话吧。

老者郁郁寡欢离去,王舜内心有些纠结,既然是评委就要肩负职责,不

2017.10.14 摄

2017.10.15 摄

赴土耳其参加第七届布尔萨国际摄影节,被土方指定为评片师,为 6 位国际摄影家评片。
在入展的 7 幅摄影作品前(上);在评片现场(下)。

能一概褒扬,说尽拜年话,这是不负责任的行为,无疑会失去国际摄影展的初衷。

按说,70岁的老者经历了人生沉淀,看淡了荣辱,更何况评论者的初衷是本着善意,以期提高摄影作品质量,使摄影艺术得以提升。或许,是语言障碍导致了老人情绪低落。

接下来,王舜评论另一位摄影家的几幅作品。这位身高马大的摄影家开幕式时负责剪彩,仅凭他剪彩的身份,说明他绝不是普通的人物。他的几幅作品拍摄于越南,作品的内容几乎雷同,画面呈现三个人水上活动的瞬间,但画面太满,视觉冲击力不强。因有前车之鉴,王舜倍加小心地问,为何要这么拍摄?他回答得很有个性,我就喜欢这么拍。王舜觉得来者不善,一定要巧妙应对,既要对作品进行褒扬,又要提出不足之处。他很自信地阐释观点,一是构图撑得太满,二是表现手法单一。

王舜的真知灼见,他欣然接受,愉快而去。

在异域风情的国度里,不同文化,尤其是浓厚的宗教氛围,深深吸引着王舜。摄影节期间,中国代表团成员走进没有森严壁垒的布尔萨市长办公室,轻松愉快地和市长进行交流,平易近人的市长热情介绍布尔萨的前世今生,讲述"丝绸之路"是两国人民源远流长的友好见证。

最后,王舜把他的《避暑山庄精华》、避暑山庄折扇,以及周万萍的作品《可爱的家乡》作为中国团的礼品,赠送给市长,市长面带微笑,愉快收下!

认知一座城市,不仅仅是浏览那些高楼大厦,重要的是要品味拥有深厚的城市文化底蕴的街巷。故此,他和胡春芳、王海琦钻入小巷内,在一个门前,看到几位老者沿街而坐,正在品茶。茶是红茶,或许是中国红茶。曾几何时,茶是丝绸之路上的主要运输品。品茶的老人热情好客,示意他们坐下同饮,他们愉快落座。茶端上来,王舜要付费,送茶的人摇摇手,坐着的一位老人阻挡他递钱的胳膊。老人目光温馨,一脸笑容,嘴里不停地说,虽然王舜一句听不懂,但能感受到那份浓浓的热情。边喝茶,边聊天,老人们也许只能听懂一个词——China,立刻明白客人来自古丝绸之路的起点,对丝绸、瓷器、茶叶,老人们竖起了拇指。

此时,语言不是阻断友谊的沟壑,只要拥有人性的善与爱,人们就会友好相融。

王海琦立刻用手机记录下这美好瞬间。在同一地球之村,不同的文明,不同的语言,不是天堑,只要友好相融、交流,就能架起一座友好的桥梁,世界就会充满温暖和欢乐!

三人走进一小巷,空间不大的裁缝铺内,有一位满头银发的老者鼻梁上戴着一副眼镜,看到三人路过,便笑着挥手致意,并热情地把三人请进屋。大家被墙上几幅照片吸引。恰在此时,老人的儿子走来,用英语讲述了父亲的经历:老人从部队退伍后,几十年如一日经营裁缝铺子,父亲手艺好,讲诚信,顾客络绎不绝。

裁缝铺门口,桌子上摆放着茶、咖啡,老人热情邀请他们坐下来,共同品茶,几个人端起茶杯细细品味。临行前王舜付费,老人用手推了推鼻梁上的眼镜,执意不收。

古老的丝绸之路虽然成为历史,但其结出的友谊却万古长青,今天中国一带一路建设横跨亚欧,是古老丝绸之路的延续,也必将结出累累硕果。

为了一览城市全貌,王舜一行人驱车盘山而上,语言不通,只能用手语和出租车司机交流。热情的司机心领神会,几次把车停下来,让他们尽情拍照。为了留下纪念,司机站在黄色的出租车旁,王舜按动了快门。

临别,按计价器标价付费,相互告别,遗憾的是那张照片无法寄达。

教堂外,王舜偶遇5位身披黑袍的女子。她们被裹得密不透风,仅有鼻子和眼睛露在外面,触摸着这个世界,她们脚步悠然,款款而行。王舜把镜头对准她们,画面充满了神秘和庄重,黑色和落在教堂柱子上的斑驳阳光,勾画出绚丽的色彩,那一双双深邃的目光诉说着一个民族的心灵。

无疑,王舜一定要拍摄横跨博斯布鲁斯海上的一座大桥,这座大桥是地标性建筑物,桥的正中有一道鲜明的白线,白线以东是亚洲,以西是欧洲。海峡两岸,人们游览观赏,蔚蓝色的海水波光潋滟。只见有一位老人用一根绳子拴几个鱼钩,把它扔进海里。一会儿,他拉拽绳子,几条活蹦乱跳的鱼被收入囊中。

见到这一幕,王舜不由自主地想起了童年滦河岸边捉鱼的许多往事。

走进一处博物馆,看到里面摆放着产自中国的瓷器。而在另一处农贸市场小商店里,又看到了产自本地的小巧玲珑的瓷器。

茶叶、瓷器,是丝绸之路的见证,是中华文化的符号。蔚蓝色海面上的大桥能否把不同文明的社会扭在一起?

带着"走万里路"的收获,带着中西文化碰撞的思考,结束了土耳其行程。

飞机迎着海风徐徐起飞,王舜不停思考,走出滦河家门看到的是全中国,走出国门看到的是全世界。世界那么大,不同肤色、不同语言、不同风俗的人们,一旦抛弃观念、政治、地域上的篱笆,人们的心灵是彼此相通的,应该用镜头记录这缤纷的世界……

再见了布尔萨,再见了农贸市场、清真寺,再见了博斯布鲁斯海峡,再见了善良友好的人们!

第十二章
触摸历史

执着

　　承德地理位置独特,是农耕文明和游牧文明交汇的地方,历史上硝烟弥漫,金戈铁马,两种文明在这里进行激烈碰撞与厮杀,尤其是凶悍的马背民族从白山黑水间,跃马扬鞭,旌旗猎猎,一路浩荡,踏过长城,以摧枯拉朽之势推翻了一个苟延残喘的王朝。继而,历史上有了康乾盛世的华章,塞外这片热土上回荡着大清王朝盛衰的足音。

　　在滚滚的历史长河中,承德这方水土,浪花四溅,波涛翻滚。

　　然而,一时之间,这片土地上的历史,或在皇家的宫殿内被束之高阁,或以口口相传的方式流传于茶余饭后的街巷中,如若把这段历史摆在一个普通人家的桌案上,无论如何是一件望尘莫及的事。

　　时间的脚步即便走到 20 世纪八九十年代,游人如织的避暑山庄丽正门前,一本权威的有关避暑山庄及外八庙的书,尚难以寻到,游客离开这座历史厚重的城市,带走的往往是满眼的亭台楼阁、湖光山色的记忆。

平泉师范毕业的王舜被承德财经学校选中,这位从滦河岸边走来的赤子,渐渐地把自己融入这座城市,融入山水之间。他在走街串巷中,在避暑山庄的日出日落间,在普宁寺的木鱼声声中,在普陀宗乘之庙"万法归一"的金顶映射下,他不断思考,如何去触摸这文明福地的历史烟云?

于是,王舜有心栽柳,历经数十年的勤奋,这棵柳树终于茁壮成长,枝繁叶茂。

1986 年一个休息日,他独自坐在山庄湖边,见落叶纷纷,湖水波光潋滟,他陷入沉思,改革开放了,社会一切在变,可谓日新月异。历史也从沉睡中渐渐醒来,避暑山庄的"丽正门"不仅仅是普通意义上的山庄之门,关闭与开启之间,承载了一个王朝的兴衰,也承载着一座城市的内涵。一阵秋风吹来,弄乱了他的头发,他把目光投向水心榭,见游客如织。

"何不编著一本有关避暑山庄和外八庙的书?"一个月朗星稀之夜,躺在床上的王舜浮想联翩。

行事严谨的王舜从来不给自己画饼,一旦决定的事,即便再难也要孤注一掷,不达目的绝不收兵。

对于王舜而言,编著一本有关避暑山庄和外八庙图文并茂的书谈何容易?其一,他不是专业人士,《热河志》原版像深藏在宫中的皇帝女儿,难以谋面,第一手文字资料难得一见;其二,无法获取避暑山庄内七十二景图片、外八庙图片。世上无难事,只怕有心人,他没有知难而退,而是处处留心,只要发现蛛丝马迹,便穷追不舍,潜心挖掘。积跬步至千里,文字资料只好一点点积累,一旦获取资料里有生僻字,便翻开汉语字典,啃噬那些生僻字,有时字典里也查不到,即便穷尽一切手段,也要把生僻字弄明白。同时,把获取的资料,由繁至简,力争文字言简意赅。

一个重要问题摆在面前,没有山庄景观及外八庙的图片。他献上一张笑脸,请求博物馆一位专业人士帮助,但被婉拒。临渊羡鱼,不如退而结网,他扎紧裤腰带,节衣缩食,买了一台凤凰牌相机,风里来雨里去,一次,又一次,反反复复,寻寻觅觅,用镜头把一处处古迹精髓淋漓尽致记录下来。

涓涓滴水,汇成江河。历经十年坎坷路,文字和图片资料全部备齐,可谓万事俱备只欠东风。王舜仔细斟酌,因书的内容涉及宗教问题,慎重起见,只身前往北京,直奔民族出版社,轻轻叩开出版社副社长朴文喆办公室的门,一番探讨后,书号定为八千元。八千元啊!他不由得倒吸一口凉气,每月工资 500 元,一年下来不吃不喝出一部书,有点匪夷所思。然而,箭在弦上,不得不发,决不能行百里半九十。

1997 年 3 月,王舜历经十年呕心沥血编著的《承德旅游景点大全》正式出版。

正如王舜预判,《承德旅游景点大全》一经面世,瞬间得到了人们青睐,成为避暑山庄门前一道靓丽风景!

来自天南海北的游客,一旦翻开《承德旅游景点大全》,短时间内就能了解避暑山庄和外八庙。一时之间,《承德旅游景点大全》抢占了山庄内外的售书摊点,购书的游客驻足翻看,络绎不绝。

那天,丽正门前走来一对母子,突然,一位少年停下脚步,手指一处摊位,惊奇地喊,妈妈,景点大全,景点大全。母亲回眸一笑说,儿子,这本书和咱家那本《承德旅游景点大全》是一本书。母亲话音未落,便拉起儿子的手向丽正门走去。这一幕,刚好被王舜看到,看得他心潮起伏,凝视远去的那对母子背影,快乐油然而生。

避暑山庄内的文津阁是皇家园林的文化符号,曾几何时,散发着历史馨香的《四库全书》宛如璀璨的珍珠镶嵌其中。

杨晓东,在文津阁一个角落摆摊售书,亲身经历了《承德旅游景点大全》火爆销售的过程,见证了纷至沓来的国内外游客站在书摊前,购买《承德旅游景点大全》的热闹场景，一本本《承德旅游景点大全》被国内外游客带向四面八方。

可喜的是，《承德旅游景点大全》再版三次，令王舜匪夷所思。即使多年后，杨晓东对《承德旅游景点大全》情有独钟，找王舜索取。

十年磨一剑的《承德旅游景点大全》结出了丰硕成果，他没有沾沾自喜，反而更加坚定信念，用锲而不舍的精神，潜心研究承德的历史文化。

天道酬勤，2009 年远方出版社推出了《承德名胜大观》，此书是对《承德旅游景点大全》的完善与提高，史料更加翔实，内容更加丰富，图片更加齐全，真正成为一部图文并茂，介绍承德文物古迹和丹霞地貌的书。

一书在手，游览承德。国内外游客乘兴而来，满意而归，游客们带走的不仅仅是一本书，带走的是承德厚重的历史文化以及山川风貌。

无疑，《承德旅游景点大全》和《承德名胜大观》对宣传承德做出了不可磨灭的贡献。

知识，改变命运。而一部好书也能改变一个人的生活。王舜欣慰的是，《承德名胜大观》不仅让一位退休老人的生活丰富多彩，而且延续了这位老人的生命。

网名"龙的传人"真实身份叫龙彩云，姓龙，属龙，网名由此而来。一天，未退休的龙彩云走进南营子大街新华书店，栏柜里的图书琳琅满目，她偶然看到一本《承德名胜大观》的书。售货员递给她，她翻开书，信马由缰浏览，立刻产生了浓厚兴趣。于是，购买一本带回家，从此爱不释手。退休后，龙彩云闲暇在家，人变得慵懒，从早到晚无所事事，心里空荡荡，生活无滋无味。《大观》所展现的避暑山庄与外八庙以及承德周边的美景，令她心血来潮，于是走进老年大学，开始学摄影。没想到，一朝拿起相机，便再也放不下，老伴看她那样痴情，一顶"精神病"的帽子高高戴在她头上。

　　71 岁的龙彩云老人坦言，自己把《承德名胜大观》这本书简直翻烂了，而自己摄影或多或少取得点成绩，这本书功不可没。书内一些生僻字不认识，比如"云牖松飞"的"牖"不认识，只好查字典，而有的字连字典也查不到，令她叫干着急。没办法，只好带上书冒昧请教山庄或外八庙的相关人士。

　　受到书里照片启发，龙彩云下决心拍摄康乾七十二景。殊不知，有的景仅存遗址，有的景建在沟壑中，为了寻找埋在历史烟云里的景观，她只好随身携带《承德名胜大观》，以便按图索骥，一一对照。为此，她风雨无阻，晓行夜宿，痴情一片。

　　那年中秋节，午饭后，收拾完毕，她如厕，未等小解便突然晕倒，清醒后她站不起来，只能爬到老伴卧室，老伴惊恐万状扶起她，让她卧床休息。天已向晚，她伸伸胳膊腿，感觉无大碍，偷偷溜出门，一头扎向山庄，驻足水心榭，痴痴等待一轮圆月倒映湖中的一刻。

　　为了提高摄影技术，龙彩云想再入老年大学继续深造，当她得知授课老师就是编著《承德名胜大观》的王舜老师，敬仰之情油然而生，本想一睹庐山真面目，令她遗憾的是，前去老年大学报名，早已没有名额，但见教室座无虚席，她怅然而归。欣慰的是，她终于在一个函授班聆听了王舜老师授课。课堂上，王舜老师面孔挂着淡淡微笑，语音舒缓得像涓涓流水。他用自己编写的《王舜谈摄影》作为教材，深入浅出授课。龙彩云听得津津有味，受益匪浅，也因此，她更加执着摄影艺术。一年 365 天，她很少蜗居在家，山庄门一打开，她保证是第一拨进山庄的人。有时，冬天天还未亮，朦朦胧胧的，她就进去了。

　　要是赶上下雨、下雪，山庄更是充满诗意，正是摄影爱好者的美好时光。2018 年 6 月 29 日，下午四时，雨滴打在荷叶上，发出清脆悦耳的声音，湖面水雾弥漫，山庄沉浸在朦胧之中。龙彩云守在清晖亭，隔湖相望金山亭,湖面氤氲,她用镜头时刻记录着。渐渐地,雨稀稀拉拉了,进而云开雾散,一时间,金山亭上空竟然出现双彩虹,她立刻用广角镜头拍摄。

龙彩云意外收获了一幅佳作,她激动不已,甚至连续四天,竟然没有吃好睡好。金山亭彩虹这幅作品名为《彩桥横空》,荣获由王舜主持的"第三届避暑山庄及周围寺庙全国摄影大赛"二等奖。

龙彩云身体不是很健康,入冬后便穿棉衣入睡,时常失眠、出虚汗,十分痛苦。屋漏偏遭连阴雨,2012年因甲状腺做了手术,需要静养,她像鸟儿入笼,在家只能不停翻阅《承德名胜大观》,书里的一景一物陪着她度过难熬的时光。病情刚刚好转,她便迫不及待奔向山庄和外八庙,用手中的镜头抒发情感。有时为拍片常与荒草、坟茔做伴。落日黄昏,她独身一人,略显惊恐,但她仍然执着举起相机,寻找最佳拍摄角度,直至拍出满意的片子。

对此,她无限痴情,老伴称她为疯子。恰恰是她凭借这种执着精神,每天寻找快乐,陶冶情操,她才从病痛中脱离了出来。

或许是年迈,险情时有发生。2020年秋,独身前往梨花伴月遗址拍摄,完成后乘兴而归,来到乾隆三十六景中的"知鱼矶"小憩,稍不留神脚下一绊,只听咕咚一声,她重重摔在地上,长时间起不来,最后被人扶起。她稍作休息依旧把镜头对准夕阳下的荷花。夜晚,胸部疼痛实在难忍,呼吸困难,第二天不得不前往医院,检查诊断为肋骨骨折。

然而,摄影已成为精神支柱的龙彩云没有停下拍片的脚步。2022年元月,夕阳西下,寒风凛冽,她置身普陀宗乘之庙外的山坡制高点,把镜头对准万法归一的金顶,晚霞映衬,金光与晚霞交相辉映,相得益彰,璀璨夺目,她按下快门。功夫不负苦心人,龙彩云拍摄的这幅作品再次获奖。

龙彩云不无欣慰地说,是摄影改变了退休生活,摄影之路之所以走得长远,与《承德名胜大观》这本书不无关系,这本书早已烂熟于心。摄影已然成为精神支柱,没有它,虚弱的体质早就垮掉了,说不定已经和这个世界告别了。

《承德名胜大观》不仅影响了龙彩云,更为重要的是对宣传承德起到了重要作用,时至今日,再版的《承德名胜大观》摆在山庄内的几处地方,以便让游客快速了解承德的历史文化。

无数个夜晚王舜在灯光下一点点啃着《热河志》。此书是记录承德清代历史的一部宝典,众多相关的疑难问题都可迎刃而解。漫长的研读中,他像是走进了那段不同寻常的历史河流之中,他看到了一个朝代的兴与衰,荣与辱。也因此,他编纂的有关承德历史文化书籍有依有据,详略得当,少有瑕疵。

久久为功,王舜孜孜不倦研究承德历史文化得到了社会认可,承德市文物局聘请 10 人为避暑山庄研究员,他是其中之一。

《避暑山庄康乾七十二景》是一本精致的书,文字内容不仅具有较高的学术价值(首次提出康熙后三十六景、乾隆后三十六景、康乾后七十二景的科学命题),还蕴含着文学性,而美轮美奂的一幅幅精美图片是王舜历经风霜雨雪,对古迹无数次拍摄后精挑细选出来的,每一幅图无不给读者视觉上的艺术享受。

中央美院毕业的董智,在外漂泊多年后回到了故土,回到母亲身边。

2020 年初夏,董智走进承德市文物局局长办公室,时任局长的高永海热情接待。她直抒胸臆,要用自己的丹青妙笔,采用油画方式画避暑山庄内的七十二景。高局长给予鼓励的同时,从书柜里拿出一本书——《避暑山庄康乾七十二景》,高局长说,你不妨参考这本书,这本书是经过文物专家论证过的。

董智手捧该书认真读起来,读得些许感动,直至爱不释手。看到著者是王舜,自然想起家里有几本他编著的有关承德历史文化的书,但从未细心阅读过。因母亲安莉丽曾是博物馆副馆长，是研究清史专家，也曾带队在山庄各个景点进行过详细考察，亲手编纂了十余部有关承德历史的书籍。居于专业性和严谨性，安莉丽对市面上的一些有关承德历史书内容不敢苟同，认为有些是胡编乱造，歪曲事实。然而，古稀之年的安莉丽对女儿手中的《避暑山庄康乾七十二景》给予了充分肯定，认为是一部经得起推敲和检验的书。

董智熟读该书后认为，这本书比母亲那代人编的历史文化书籍更加精致，更加细致。母亲是站在文物和历史角度来审视，而王舜老师则是把历史文化和摄影艺术有机融合在一起，既有思想性，又有视觉上的艺术享受，她为之震撼，敬佩王舜老师潜心研究承德历史文化。

董智作画，大胆用色，使用不少抽象艺术手法。一旁的母亲看后说，画山庄内的景观首先要写实，要尊重史实，不能过于抽象，少用印象派的笔法画山庄七十二景，过多的抽象就缺失了历史感。其他的画，笔下可以恣意狂想，天马行空，画山庄景观绝不行。母亲虽不是从事绘画的，但她的观点很正确，毕竟她一双眼睛有历史观。

母亲一席话，如醍醐灌顶。董智没有盲目去画，她决定先了解那段历史，了解山庄七十二景的出处。既然避暑山庄是世界文化遗产，势必放眼世界，要画作突破地域局限性，与世界水平比肩。这并非董智狂想，只因艺术是相通的，民族的就是世界的。

故此，董智走向了文物局，获取了《避暑山庄康乾七十二景》一书，进而拜访王舜老师。双方相见甚欢，谈绘画艺术，谈避暑山庄的精髓，谈承德厚重的历史文化。在董智眼里，王舜老师和蔼谦逊，对艺术有自己的独到认知，而且做学问一丝不苟，缜密、严谨。

鉴于董智谦虚、诚恳，王舜敞开心扉，给予董智创作山庄七十二景建议和意见，令她感激不尽，一一采纳。

由此观之，无论是《承德旅游景点大全》《承德名胜大观》姊妹篇，抑或《避暑山庄康乾七十二景》都对宣传承德做出了不可磨灭的贡献。

常言道，行百里者半九十，王舜研究承德历史文化的脚步从未停留，行稳致远。

可以说，《避暑山庄大辞典》是一部巨著，其内容涉及历史、地理、建筑、园林、文物、艺术等方面，是一部兼顾通俗与学术的工具书，是第一部反映避暑山庄历史地理的专业性学术工具书。不难想象，这样一部皇皇巨著，作者若没有恒心与定力，是难以完成的。书的作者有两位，王舜与安忠和，前者策划、摄影、提供自有的素材，后者执笔。他俩是多年交心的文友，情投意合，相濡以沫，一部巨著整整花了五年时间，厚厚的手稿堆在桌案上，高达二尺余。

夜以继日，呕心沥血，奋战多年。悄然间，他们头上的黑发夹杂了些许白发。

试想，这样一部巨著个人若要出版是一件勉为其难的事。那天，王舜推开时任文物局局长郎俊山办公室的门，他简要介绍了书稿的内容，郎俊山凝神静听，暗自赞叹。谈及出版事宜，商讨的结果是，双方采取合作的方式出版，出版社一定是对口出版社。因文物局没有人懂得出版事宜，全权交给王舜负责，文物局出人协助。

2011年初冬，王舜和文物局副局长向阳一同前往北京，叩开故宫出版社的门，文史编辑部主任和一位编辑出面接待。王舜介绍了已经排好版的书稿内容、字数，以及装帧设计等情况。编辑室主任说，我们故宫内部的书出版数量很大，很少接外部的书，但你们一心奔我们社来了，不能让二位白跑，给予特殊照顾。

女编辑室主任一席话，如春天溪水，滋润了王舜一刻悬着的心。

2006.9.6 摄

2010.4.10 摄

2012.7.22 摄

王舜寻访的脚步遍布承德的山山水水。
登上丰宁云雾山顶峰(左);考察承德丹霞地貌蛋
糕山(右上);考察承德丹霞地貌夹墙山(右下)。

谈到具体出版事宜,因属于地方书,发行面很小,只能自己发行,出版社收取出版管理和审稿费 5 万元。向阳一听,皱起眉头,试探着问,还能便宜点吗? 主任没有直接回答,把手上的记录本随手合上说,你们可以找找别的出版社。

熟知出版行情的王舜连忙打圆场,替文物局应承下来。书稿留给了那位编辑。

王舜归来,静候佳音。

出版社年轻编辑王志伟,当他目睹了这部书作者有王舜的名字,眼前一亮,便主动请缨,接过《避暑山庄大辞典》责任编辑之职,他决心尽心竭力来编辑这部不同凡响、内容浩繁的书。王志伟来过承德,当他徜徉在避暑山庄的湖光山色中,以职业的敏锐力,发现了《承德名胜大观》一书,购买一本带回京城仔细阅读,直至爱不释手。第二次来承德,他又买了一本,因第一本书翻得遍体鳞伤。也因此,王舜的名字刻在他心底。

王志伟为这部书花费了整整一年的心血。2012 年 12 月,《避暑山庄大辞典》正式出版。

承德市文物局专家们看到这本书,竖起大拇指,赞叹有加。研究清史的钱树信用手抚摸着《避暑山庄大辞典》,不无感慨地说,书的作者对承德做出了很大贡献,了不起。这件事,我历经长久思考,但精力有限,终生遗憾。如今,有了《避暑山庄大辞典》这部巨著,已经没有遗憾了。

人生积淀后的王舜,早已深谙"得与失"的内在本质,即便付出的与获得的不成比例,但也值得欣慰,毕竟为承德历史文化留下了浓墨重彩的一笔。

文章桂华天,人品清如水。王舜把研究承德历史,作为一种信仰。他步履匆匆,废寝忘食,风餐露宿,先后独立或与他人合著了《世界文化遗产·避暑山庄》《世界文化遗产·大佛寺》《新编避暑山庄之谜》《木兰围场大寻踪》《承德名胜大观》《避暑山庄 108 景》《知我兴隆》《丰芜康宁》《山庄亭榭》《鸡

冠山考古》《避暑山庄精华》《钦定热河志·避暑山庄》《避暑山庄大辞典》《承
德历史文献集成》《避暑山庄康乾七十二景》等历史书籍。

姑且不论图书获奖情况,仅就宣传承德而言,这些书所起的作用是巨
大的,不可估量。同时,为后代人探寻承德历史留下一笔宝贵的财富。

丛书

2010 年初,时任承德市市长张古江在市政府工作报告中提出:"要加快
发展文化产业,实施编纂《承德历史文献集成》《承德文化丛书》等重点文化
工程。"无疑,这是承德文化事业的一件幸事。

承德历史悠久,内容浩繁,完成两部丛书编写不是一件简单的事,任务
重,几个人难以完成。

谁来肩负重任呢?承德市委宣传部领导反复思考,仔细斟酌,领导们一
致认为,王舜担当此任最合适。于是,宣传部常务副部长王强找到王舜说,
王主任,有件事烦请您。古江市长在政府工作报告中提出编纂的两套丛书,
《承德历史文献集成》交给了文联,想请您负责编辑另一套《承德文化丛
书》,这是市政府文化工程,责任重,您来负责最合适。

王舜把承德历史文化视为自己孜孜以求的事业,他没有提出任何条
件,欣然领命。

过了几天,市文联主席衣志坚也找到王舜,开诚布公地说,市委宣传部
交给了一个重要任务,要编辑一套《承德历史文献集成》,苦于没有合适人
选,思来想去,只有你合适。

王舜微微一笑说,这硕大的两项文化工程,转来转去,转到我一个人身
上了。恭敬不如从命,这两套丛书意义重大,我没有推辞的理由。

王舜作为两套丛书的执行主编,市委宣传部下发红头文件。

王舜此时还在市人大选任委主任的岗位上,他开始两边忙碌。

两套丛书如何进行编纂,王舜心中有底。

先做两件事:起草编纂方案、"建庙请神"。

方案很快拟定。《承德文化丛书》共分 10 册,每册一个主题,分别从历史、自然、人物、民俗等方面综合性介绍全市文化概况。用大散文语言书写。每册 35 万字左右,百余张图片,全彩印制。10 册书名分别是《承德文脉》《承德山水》《承德古建》《承德民族》《承德人物》《承德诗文》《承德非遗》《承德民俗》《承德物产》《承德春秋》。

《承德历史文献集成》计划连续编辑出版 50 卷,9000 余万字。书名格式为:丛书名+序号+分卷名,例:《承德历史文献集成 1:钦定热河志》。所集内容有四大部分:(一)承德志书。如《钦定热河志》《承德府志》《雍正八沟厅志》《围场厅志》、民国期间的《承德县志》《丰宁县志》《隆化县志》等。(二)历代本国学者关于承德的著述。(三)历史上外国人关于承德的著述。(四)清史文献中有关热河(承德)的内容。可入集的书目列出 50 多部。此文化工程可称得上"承德四库全书"。

方案以市委宣传部红头文件形式呈报市政府,经层层签批后,张古江市长作出批示:"很好。……请市财政支持启动资金。"

在答应衣志坚主席接手《承德历史文献集成》编纂任务的时候,王舜就明确提出了具体工作方案:文联是市委的工作部门,是一个组织,我是个人,既然两套丛书都由我负责,那么就把我融入组织,由组织名义承担任务,我具体干活。我只管业务,不管钱财。涉及钱财之事,由市文联按财务制度办理。而且,我个人完全尽义务,不领取任何报酬。

如此的"王舜工作方案",市文联、市委宣传部举双手赞成。

市文联腾出一间办公室,置办了办公设备,"承德市两套丛书编辑部"挂牌成立。王舜任编辑部主任,聘请任率英为副主任,招聘赵旭为工作人员。任率英、赵旭全日制工作。

建了"庙",然后请"神"。

《承德文化丛书》10 册书,分别聘请 10 名各有专长的行家,《承德历史文献集成》暂时聘请 5 位专家。

承德市两套丛书编纂工作会议在市文联机关会议室举行,所有参编人员参加。市文联主席衣志坚主持会议,市委宣传部常务副部长王强传达市长批示、市委宣传部关于编写两套丛书的通知,王舜具体布置编纂工作。两套丛书的整体编纂方案、每一分册的具体编写要求,王舜都做了详细解说。会上,向各位受聘人员颁发了聘书。

编纂工作有条不紊进行。

10 个分册,不断与 10 位作者电话沟通,答疑解难。需要细研究的问题,就约作者来编辑部面聊。

关于《文献集成》,按已经掌握的书目搜集整理,录入电脑,编辑、注解。

时间过半,任务完成过半。《承德文化丛书》的 10 册中有 6 册完成初稿,另 4 册也完成大半文字。《集成》,原计划 2010 年完成 3 卷,2011 年完成 10 卷,2012 年全套出齐。本年度 3 卷任务基本完成。2011 年 1 月,市政府主要领导升迁,两大文化工程资金没有再续,市委宣传部研究决定,暂停编纂工作,利用现有资金做好善后。对承诺给编写人员的稿酬,按实际完成情况兑现;对于完成的分册,允许作者用原有书名以个人名义出版。剩余的一点儿资金,出版了《承德历史文献集成 1》,重新筹划编纂出版了《中国承德》。后来,《承德民俗》《承德山水》《承德物产》也公开出版发行。

硕大的文化工程,虽然没有善终,但在承德历史文化研究领域留下厚重的一笔,王舜功不可没。

两套丛书落下帷幕,但王舜研究承德历史文化的脚步没有停止。两套丛书给他提了醒,以后研究的路不能一人独行,要带领一些人同行。

2011年,他开始策划一套《承德文化丛书》,共10本:《尹忠热河记忆》《避暑山庄记忆》《承德方言》《避暑山庄研究》《清代承德御制碑》《避暑山庄后七十二景》《承德丹霞奇观》《承德老照片》《承德民间故事全书》,以及钱树信的《中外文人笔下的热河风情》。姑且不论内容,仅凭这几册书的名字就可断定,他的策划不可不谓独具匠心。

在承德,尹忠老人被人们称为"承德的活地图",因其记忆惊人,民国时期的承德街景牢牢焊在他脑海中,从而描绘出承德民国时期一幅"清明上河图"鲜活画卷。

那天,尹忠老人犹如他手中的那根细长拐杖瘦骨嶙峋,迈着踉跄的步伐,穿过东大街,缓慢走向王舜创建的40平方米的"编辑部"。他气喘吁吁爬上楼,用颤抖的手敲门。门打开,一位面带微笑的姑娘卜小平很热情把他迎进屋。王舜立刻从椅子上站起来说,想不到尹老大驾光临,请坐。老人把装着几万字稿件的兜子放在办公桌上,尹老刚一坐下,编辑部工作人员卜小平便送上一杯清茶。

一番寒暄,老人说明来意,想把一些人写他的文章编辑在一起,出一本书,留作纪念。王舜早有整理尹忠老人脑海中的记忆的想法,只是苦于没有"入口"。今天,听到尹老想出书,王舜想,这倒是好机会。他建议:"不如出一本更有价值的书。应把您脑子里储藏的珍贵东西保存下来,如若不然,当百年后只能白白带走,对承德历史文化是不可弥补的损失。"王舜一席话像春天的溪水,滋润着老人心田。尹老立刻笑容满面,直言,自己早有这个想法,但无能为力。

王舜进一步说,别人写的文章,与您带来的这些稿件和您脑子里装的东西无法相比,不如这样,由我来策划出书,不用您出资,费用我负责,您只需把脑子里装着的民国时期承德老街,比如,街巷、牌楼、照相馆、商铺,哪怕是一个铁匠炉,逐一原汁原味记录下来,您就大功告成。

老人耳聪目明,听得心花怒放,浓眉下的一双眼睛闪着亮光。

王舜又叮嘱道,尹老,这件事不急,慢慢来,您想到哪就写到哪,随心所欲地写,需要口语化,切忌字斟句酌。您腿脚不好,不用来回跑,您写完一些稿件,我派人上门去取,再把您的稿件录入电脑里。

老人张开皱巴巴的嘴,露出几颗稀疏牙齿,斩钉截铁地说,咱俩来个君子协定,一言既出,驷马难追。老人拄着拐杖迈下几级楼梯,回头,对站在门口的王舜说,放心,等我好消息吧。

尹忠老人晚年很不幸,老伴已先去世。儿子也因病亡故。

因拆迁,老人独自住在东大街租屋里,茶余饭后,便回忆、思考,穿越时空,打捞曾经的一幕幕景致,眼前曾经的街景不时浮现在眼前,老人伏案,用文字记录着。

殊不知,老人又沉浸在书的结构、篇章里,把王舜的初衷抛掷九霄云外。老人坐在简陋的书桌前,聚精会神,字斟句酌,精雕细琢,又把一些史料添加进去。

卜小平取回稿件,王舜只看几页,一脸苦笑,他给老人打去电话说,您这样写,其结果弄巧成拙,章节内容凸显史料的元素,失去了您记忆中的原汁原味,我不要资料性的文字,我要的是您脑子里那些珍贵的东西。

老人沉默一会说,我彻底明白了,看来,走了弯路。

于是,老人删繁就简,思绪穿越时空,民国时期的承德街景如一幅画徐徐展开。寂静中,他伏案而写,边写边绘图,从早到晚,孜孜不倦,宛如夕阳下的一头牛,一头勤奋的牛。

雪落了,花开了,一年又一年,老人默默写了四五年,终于把脑子里储存的东西用文字牢牢记录下来。

几年中,老人不停写,卜小平登门取稿,感觉老人很辛苦,有时会给老人带上礼物。稿子取回来，打印时令卜小平纠结，只因有些字，比如"国"，只写了"口"，又因手抖，字迹潦草，一时难以辨认。她只好打印出来，再登门让老人修改，再交给王老师润色，修订。同时，她还把老人画的每一张图都进行扫描，存入电脑。

老人马拉松式的回忆终于结束，王舜仔细斟酌，把老人所有打印好的稿子铺满整张床，再合并同类项，最终甄选成四部分。

一切就绪，王舜四处奔走，寻求出版费用，但都无果，他怅然不已！

时间悄然行走，仿佛不等老人。老人临终前，腊月里的一天，王舜、卜小平来到老人居住的大石庙，带上礼物，登门看望。但见躺在床上的老人骨瘦如柴，长长的白眉毛覆盖一双有神的眼睛，思路清晰，话语流畅，不像即将远行的人。

王舜躬身紧紧握住老人犹如枯木的手，亲切问候，又汇报出书事宜，老人笑得很惬意。卜小平把厚厚的书稿翻开，有几处让老人进一步确认。临别时，王舜双手合十为老人祝福。老人躺在床上，只能用目光送行，那里面分明饱含无限期望，也有未了的心愿。

一天，王舜接到尹老最后一次打来的电话。老人的声音显得有气无力，他只问询出书是否有眉目了？王舜一时难以给予确切回答，显得很尴尬。

时间不久，被称为"活地图"的尹忠老人告别了这个世界。

获悉老人离世，王舜站在编辑部窗前，心如刀绞，泪水淌在脸颊上。他深深自责，未能让老人亲眼看到这本对承德历史颇具价值的书，有愧于老人！

其实，王舜何尝不想早日完成老人的心愿？10年里，他不停奔走呼号，只因这一部内容浩繁大部头出版，需要十余万元费用，巧妇难为无米之炊啊！关于《承德文化丛书》出版经费的申请报告起草了很多份，呈报好几个部门，都像泥牛入海。当初，他的美好愿望无不化为泡影，仅有钱树信自费出版了《中外文人笔下的热河风情》一部书。

或许,王舜的奔走感动了上苍,曙光出现了。

那天,承德市档案局周书星副局长前来编辑部,洽谈出一部有关档案方面的书。交谈中,谈到他们正在进行口述史录制,其中有尹忠老人。刹那间,王舜拨云见日,峰回路转,柳暗花明,道出了自己的想法:口述录音,如果再配上纸质书一同存入档案,岂不使档案更上一层楼?周书星说,你花费了那么多心血,这样做我们有点不仁义,等于你栽了树,我们来摘果子。王舜真情道白,我编这本书,既不图名,又不图利,一心想为承德历史文化做点实事,把尹忠老爷子脑子里珍贵的东西留下来。

最后,双方一拍即合。如此结局,对王舜而言真可谓踏破铁鞋无觅处,终于可以告慰尹老在天之灵了。

恰在此时,尹忠老人的家属一个电话把王舜逼到了悬崖。家属电话里一番话火药味十足,什么要用老爷子的东西赚钱,什么要靠老爷子的东西获得荣誉……

王舜静听,如万箭穿心,但没反驳一句。卜小平愤愤不平,十余年来我们付出了那么多,光费用就花了上万元,最后我们落个如此下场,手稿分明交给老爷子了,竟然颠倒黑白,如果不留证据,跳入黄河也难以洗清,凭什么啊?说着,眼泪扑簌簌淌下来。王舜劝道,小卜,我们没花尹老一分钱,问心无愧,不用争辩,生活中的事千奇百怪,重要的是坦然面对,最好心如止水,达到这个境界,总能化解心中许多不平之事。

既然家属如此这般,王舜感到疲惫,心凉了,只好被迫放弃为尹忠老人出书事宜,尽管辜负了老人,但无能为力。

世间的事,总是千转百回。一段时间后,尹忠老人那位家属竟然带上礼物来到编辑部,她有点负荆请罪的味道,恳请王舜老师实现父亲的遗愿。也许,她四处探访,感觉实现老人的遗愿如攀登蜀道。面对尹老家属的恳请,王舜抛弃前嫌,郑重承诺,一定完成尹老的遗愿。

王舜斟酌再三,重新启动出书事宜,但又疑虑重重,有了前车之鉴,不得不小心谨慎,很多事项不得不考虑周全,尹老去世了,出书涉及稿费、版权、署名等。为了万无一失,他找来尹老那位家属,讲清相关事项,家属一一同意,并签下承诺书。

2020 年元月,300 万字,内容浩繁的《尹忠热河记忆》历经十余年的风雨,由团结出版社出版。

王舜手捧《尹忠热河记忆》的一刻,心情跌宕起伏,眼眶湿润了,心中不停诉说,尹老,您的遗愿完成了,没有辜负您,彻底安息吧……

出版《尹忠热河记忆》一波三折。此书,给承德历史文化留下了宝贵财富。然而,王舜苦心策划的《避暑山庄记忆》却胎死腹中,《避暑山庄记忆》稿件和《尹忠热河记忆》稿件,如出一辙,王舜免费为作者策划指导,编辑部免费为作者一遍一遍打印修改稿件,十年的心血毁于一旦,令人叫苦不迭,心生胆寒。但王舜心静如水,不后悔,他认为不是为某个人服务,是为了传承承德历史文化。

王舜精心策划的《承德文化丛书》一套 10 本,《尹忠热河记忆》艰难出版了,《避暑山庄记忆》夭折,《承德方言》王舜与戎志军合作自费出版了,《中外文人笔下的热河风情》作者自费出版了,《避暑山庄康乾七十二景》王舜自费出版了,《清代承德御制碑》可望年底问世,其余 4 本,王舜仍不甘心只留存稿件,一直在寻求机会公开出版。他要践行他的诺言:承德是一座历史文化名城,它的文化在哪儿？我要让人们看得到。

寻觅

事实上,承德没有人用文字加镜头研究承德历史文化,除了王舜,找不出第二人。无疑,出书最多的,也找不出第二人。

避暑山庄内的古迹、外八庙,王舜究竟拍摄了多少次,也许他自己也说不清。除了离宫、外八庙,承德周边的古迹他几乎拍遍了。日出日落之间,他行走在寻古路上,用镜头穿越时空,叙说历史,以古鉴今。

摄影人常说的一句话,一幅好图胜过千言。

长城,不仅仅是象征,长城俨然是中华民族的特定文化。绵延不绝的长城讲述着朝代的兴衰,讲述着不同文明的激烈碰撞,以及碰撞后的融合。其实,融合意味着一个朝代没落了,一个朝代诞生了。有一天,蓦然回首的康熙大帝面对燕秦长城、汉长城,以及他的祖先从白山黑水之间跃马扬鞭跨越的明长城,产生了真知灼见,把真正的长城修筑在人的心上。

长久以来,穿梭于崇山峻岭间的明长城,是摄影家们的打卡地。

大凡摄影爱好者,无不一往情深地把镜头对准穿越在崇山峻岭的明代长城。然而,王舜却把镜头向历史纵深处延伸,去追寻燕秦长城、汉长城、金长城、明长城的足迹。

2004 年 3 月初,春寒料峭,王舜的足迹落在兴隆县境内的长城垛口。兴隆县与北京相毗邻,崇山峻岭间,长城蜿蜒穿梭。时至今日,上了年纪的人依旧称呼长城内为"口里",长城外为"口外",或许,这便是垛口的意义所在吧。

王舜说,长城是一部他一生也读不完的书。
（363 页图）

1992.8.16 摄

1988.5.9 摄

2008.1 摄

2007.10.14 摄

2019.4.26 摄

30 多年里,王舜无数次用脚步丈量长城。
考察长城(左上、左下);考察雾灵山半腰的五虎
水门(右上);65 岁的王舜,凌晨 3 点独自驾车,
登上长城最险处——望京楼,自拍存念(右下)。

3月4日,王舜站在兴隆县六道河的一处山岭上,那儿残墙仍存,不免令人想象它曾经的雄姿。城关拱门,清晰可见,一块石匾上刻着赫然醒目大字:"墙子岭雄关"。"墙"字左边有竖排小字,万历四十年×××。雄关两侧,荒草萋萋,王舜镜头对准残存的雄关按下了快门。

3月5日,他登上兴隆与遵化交界的八卦岭,这里有长城重要关口——上关。他环视四周,水库尽收眼底,山势连绵起伏,曾几何时上关,定是一夫当关万夫没开之地。同日,他来到"马兰关","马兰关"像是在岁月里哭泣,支撑筋骨的砖砖,几乎荡然无存,只剩下抱在一起的一块块石头,守着岁月沧桑。放眼望去,山梁上残存的城墙在摇曳的荒草中露出焦愁的面孔。

王舜一番感慨后,用镜头一一记录下来。

走下山,行至一农家,一位上了年纪的村妇自豪地说,我们都是官家后代,祖上是吃过皇粮的,城北都是逃荒落脚的人。她的简短话语,让一墙分割出贵贱高低,也或多或少见证了马兰峪的前世今生。其实,清朝时期的马兰峪是个重镇,人口密集,百姓生活相对殷实。

走出村,王舜回眸一望,疑窦丛生,山岭上隐约的马兰关,究竟建于明代,还是清代? 又起着怎样的作用? 他带着深深的疑问,离开了。历史,不能假设与臆想,唯一的途径便是追根溯源。

雾灵山的日出、晚霞、冰雪、雾海、雷电,都称得上奇观,让摄影爱好者如痴如醉。然而,雾灵山北坡下的长城鲜有人踏足。那天,王舜为长城而来,确切地说,是为长城上五只虎的雕像而来。此雕像被称为"五虎水门"。他不停想,既然长城修筑于崇山峻岭之间,岂能有水,那么,"水门"由何而来?

雾灵山脚下的明长城,走到雾灵山脚下便戛然而止。曾几何时,明代开国元勋刘伯温披挂上阵,指挥士兵修筑长城,留下一段段鲜活的故事。一天,酷暑难耐,他走向雾灵山,在一处山坡休憩,凉风徐徐,驱走酷暑,他提笔写下"清凉届"几个字,雾灵山脚下便诞生了故事。

至于"五虎水门"是否和刘伯温有关联,不得而知,也难以考证。

其实,"五虎水门"并非修建在长城上。为了揭开"五虎水门"的神秘面纱,3月7日,王舜与安忠和一同前往,察看实情。两座用石砌筑的拱门,相连横跨在一道沟上,拱门正中刻有虎头的拱形石方,两个门内外共刻四只虎头,地下一块卧着的巨石形状如虎,经过雕刻形成一只卧虎,"五虎水门"因此而得。遗憾的是,拱门西侧南面门上的"虎头"被人盗走,破坏了"五虎水门"整体形象。"五虎水门"东西两侧,石头垒砌的长城逶迤而去,山头上,敌楼清晰可见,基座为石条,上部为青砖垒砌。

"五虎水门"实属长城上特有的景观吧,至于当年为何如此修建,只有山梁上残垣断壁的长城知晓。如若靠道听途说,不身临其境,凭臆想,断然会使长城和水连在一起,也就失去了历史真相。

因此,王舜研究承德历史文化是严密而谨慎的,与其说他用文字和镜头触摸历史、记录历史,倒不如说是用脚步,用心灵去丈量历史。《知我兴隆》《丰芜康宁》两本书,让王舜的足迹踏遍了两个县的所有古迹,以及无数山川。设若,没有这种精神,或似是而非,或不求甚解,又如何去记述历史呢?一旦历史被戏说,必将贻害无穷。

拍摄丰宁满族蒙古族自治县燕山大峡谷似是而非的"长城",让他吃了苦头。

王舜、安忠和兴趣相投,对承德历史文化的研究一往情深,他俩可谓天作之合,彼此形影不离,一个负责文字,一个负责摄影,缺一不可。

2006年秋,王舜、安忠和一同前往燕山大峡谷进行实地考察。他们蹚过齐腰深的荒草,蚊虫落在胳膊上叮咬,蝈蝈叫声略显凄凉,一阵秋风过后,泛黄的树叶纷纷飘落。当他站在一处制高点举起相机时,镜头中出现了类似长城的景观。这一现象,立刻引起王舜警觉,为了弄清真相,他又来到一处制高点从不同角度拍摄,镜头中的景象依然如故。

历史上,丰宁境内确有墩台式的齐长城,一旦有战事,士兵便在墩台上燃放狼烟,狼烟四起,士兵便严阵以待。可是,此处没有长城遗迹呀,怎么突然冒出一段长城呢?

秋风萧瑟,王舜带着疑问离开了燕山大峡谷,回到家的他久久不能释怀。

王舜心有不甘,一定要破解谜团。2007 年 4 月底,本该是草长莺飞时节,可燕山大峡谷四周依然保持着秋末后原有的本色,但凡有一丛绿,都显得格格不入。王舜只身来到大峡谷,他左冲右突,从茂密的柴林中向上攀登,费了九牛二虎之力,终于来到"城墙"根,看清了"长城"的真面貌。原来,"长城"上一块块长条巨石陈列着,像是一队排列整齐的士兵,造成了"长城"假象。大自然真的是鬼斧神工啊!从远观,一块块排列整齐的石头的确像人工修筑的长城。

兴奋中的王舜,举起相机仔细拍摄"长城"的天然奇观。

在北纬四十度、四十一度之间,各个朝代的长城充分明证了游牧民族与农耕民族的复杂关系,也让承德的一方水土拥有了丰厚的历史。岁月沧桑,风云变化,冰雪摧残,荒漠啃噬,长城变得伤痕累累,更难想象的是,淹没水下的一段长城经历了怎样的痛苦呻吟呢?自然,王舜的镜头进行了一番无声的讲述,正所谓"大音希声","一图胜千言"。

长久以来,人们赋予长城太多的承载,其实,曾经的人们渴望长城御敌于千里之外,短时间内,长城起着一种文明拒绝另一种文明的侵蚀,但岁月无情,人们心中固若金汤的长城,却难以抵挡一种文明的衰落,另一种文明的诞生。这便是王舜手中的镜头漫过历史烟云,追寻长城的结果吧。

王舜考察长城壮心不已。

或从金山岭长城东望,或从司马台长城的望京楼西望,置身于巍峨嶙峋的山峰上,令攀登长城爱好者望而却步。望京楼,奇峰险峻,从北坡攀登具有一定风险,稍有不慎,便会从陡峭的山岩上摔落。长久以来,攀登司马台长城的望京楼是王舜的愿望,直至 65 岁,他还是不死心。他思忖,若再不攀登,以后随着年龄增大,恐怕没机会了。

春雨贵如油,2019 年 4 月 27 日晚,夜空的雨淅淅沥沥,山城的夜顿感清新。窗外淅淅沥沥的雨,令王舜一颗平静的心变得不安分,28 日凌晨四点,天未亮,马路空旷,灯光有些疲倦了,城市还沉睡着。王舜独自驾车,行驶近百公里,来到司马台长城脚下的一个只有几户的小村子。此时,天亮,村庄无人走动,一片安静,抬头仰望,望京楼坐落的山峰直插云霄,天空云雾缭绕。他把相机背好,重新系好鞋带,小心翼翼从北坡攀援,因昨晚一场雨,土路变得泥泞。望京楼,矗立在险峻山峰上,王舜要登,却无路可走,只能在茂密的树林中穿行。林深不知处,唯有向上爬,醒来的鸟儿清脆地鸣啭,树林中似乎有野猪的足迹。越往上,越陡峭,足有 70°,稍有疏忽,后果不堪设想。攀登陡峭的山岩,踏过没膝的荒草,历经一番艰辛,他终于登上了渴望的望京楼。他纵目眺望,晨曦微露,薄雾氤氲,西面的金山岭长城蜿蜒于崇山峻岭之间,恰似一条巨龙在雾中游动。龙,是中华民族的图腾,长城是中华民族的象征,他浮想联翩,欣然举起相机,拍摄出长城无比坚强、傲然挺立的神韵。

不到长城非好汉,屈指一数已是暮年,王舜终于夙愿得偿!

执念

御碑伫立在承德的山水间,数量最多,在全国没有一个地方可与其匹敌。从避暑山庄、外八庙,直至木兰围场,一块块御碑讲述着一个王朝的历史。

避暑山庄、外八庙所矗立的御碑,王舜都已用镜头完整记录下来,他心心念念的是木兰围场范围内的七座御碑,为了把它们用镜头记录下来,他断断续续花费了 20 年时间。

试想,人生有几个 20 年呢?一念之间,人们意念会有许多妄想,更遑论 20 年,但王舜研究承德历史文化的执念从未改变,他之所以获取了丰硕成果,便是一心"守望"的业果。

为了《清代承德御制碑》这本书,他踏着清朝皇帝木兰秋狝的足迹所付出的辛苦,常人难以想象。

从某种角度而言,避暑山庄是帝王权力的象征,而木兰秋狝是权力的延续,是为了社稷的千秋万代。大清皇帝为了保有马背民族的血性,曾经,旌旗猎猎,战马嘶鸣,八旗官兵扬鞭跃马,弯弓搭箭,围猎场面声势浩大,鼓声咚咚响彻云天。昔日烟云早已散尽,木兰秋狝仅留在文字里,碧绿的草原上难以寻觅昔日踪影,只有七座御碑尚在风霜雨雪中傲然挺立,讲述着那段历史风云。

御碑,是皇帝的足迹,更是历史的见证。

2002 年国庆节,七天假日,王舜迫不及待直奔木兰围场,在县旅游局郝光明副局长陪同下,集中拍摄木兰围场境内的历史古迹 108 处景观。自然,首当其冲的是七座御碑,其中仅有《木兰记》碑是嘉庆所属,其余的皆为乾隆所属。七座御碑,分别竖立在七十二围的七个围中,纵贯南北东西。

围场区域面积大,一辆越野车飞奔于坝上、坝下,一路颠簸,每天行程 300 余公里。

《入崖口有座》碑,位于东庙宫前面伊逊河南岸的小山顶上,御碑上乾隆皇帝的诗句用汉、满、蒙、藏四种文字雕刻,此碑是木兰秋狝的见证。

王舜站在碑前,端详着乾隆御笔:"朝家重习武,灵囿成自天。匪今而斯今,祖制垂奕年。巉岩围叠嶂,崖口为之关。壁立众山断,伊逊奔赴川……"当年乾隆皇帝驻足于伊逊河岸,河水泱泱,山峦叠翠,秋风飒飒,思绪万千,雄心勃勃,一统江山。祖训、习武,皆是为了永保江山社稷。

他举起相机,从不同角度进行拍摄,直至心满意足。

伊逊河对岸,《木兰记》御碑伫立在山脚下,遗憾的是,时已向晚,越野车不能过河,他只好隔河用 1000 毫米长焦镜头拍摄,因光线暗淡,御碑朦朦胧胧,拍摄效果不佳,只能抱憾离开。

10 月 3 日下午,从蓝旗卡伦返回县城已是 16 时,连续颠簸了三天,一路行程 900 多公里,人困马乏。然而,王舜十分渴望去半截塔拍摄《永安湃围场殪虎》碑,此碑位于要路沟村西北后洞沟的土山顶上。越野车一路疾行,离开柏油路,驶入山村土路,最后土路不见,车喘着粗气,在河滩上却慢行,最终停在山脚下。此时,太阳西移,他快步穿越小巷,爬上山梁,却不见御碑,只好折返。随行的郝光明、白云飞叫苦不迭。走着、走着,突然郝光明一只脚被埋伏在沙棘里的夹子夹住了,痛得郝光明龇牙咧嘴。

气喘吁吁的王舜在想,当年御碑是如何运抵山梁的?

跨过一道沟,翻上一座山梁,终于在一处沙岗上发现了御碑。王舜兴奋不已,尽管暮色降临,却充满了胜利的喜悦,他一口气拍了 11 张胶片,直至天黑下来才作罢。

矗立在沙岗上的御碑,文革中曾遭受严重破坏,字迹模糊,面目全非,碑的正面文字仅剩不足一半,整座碑看上去是拼凑而成,令人惋惜。让人为之动情的是,一棵古松参天蔽日,枝干遒劲,粗壮的树根扭曲着,裸露在沙地上,恰似龙爪抓紧沙地。

王舜饶有兴趣,上前搂抱粗壮的松树干,他展开双臂,不及树干周长的一半。暮色中,他既兴奋又不免带着一阵惆怅离开了。

4 日早饭后,三菱越野车沿棋盘山公路向东折,行驶几十分钟后到了岱尹梁,下山,进入岱尹上村,停在村西的一条沟。王舜徒步上坡,发现古老的燕秦长城遗存淹没于没膝深的荒草中,《古长城说》碑立在长城西侧。想当年,乾隆皇帝站在燕秦长城脚下,触摸历史长河,生发了许多感慨,他也遵从爷爷的观点——不修葺长城,从碑文中可见端倪:"木兰自东至西,延袤数百里中,横亘若城堑之状,依山连谷,每四五十里辄有斥堠屯戍旧迹。问之蒙古及索伦,皆云:'此古长城也。'……夫天地既生以此限南北,则秦之为长城益可笑矣!"乾隆面对古老的燕秦长城,态度鲜明,不屑一顾,哑然讥笑。

《古长城说》碑,文革未能幸免于难,有村民运回家成为喂牛的器具——牛槽。值得庆幸的是,满、汉、蒙、藏四种文字组成的碑文,尚能清晰可见。

王舜视线从古老的长城转移至御碑上,用第三只眼仔细记录下来。岁月显得如此无情,荒草中的燕秦长城沉睡着,它很难听到乾隆的一番感慨。走下坡的王舜,回眸一望,陡然生发许多感慨!感慨之余,环顾四周,山岭巍峨,遥想老虎信步山岭,悠然自得……

很早,王舜获悉康熙、乾隆祖孙二人在木兰秋狝时弯弓搭箭,射死山中之王达 53 只。姑且不论毙命老虎数量多与寡,老虎选择的栖息之地,必然是森林蔽日,水草丰茂,生态优良。

内蒙古高原的南端,地势缓冲,沙草相连,开阔无垠,从《古长城说》碑,至《虎神枪记》碑,二者所处的位置,地势迥异,山脉连绵,巍峨壮观,草木茂盛,难怪当年老虎落户于此,过着怡然自得的日子。

然而,或许是老虎一时疏忽大意,被远处的乾隆皇帝用火枪瞄准,一枪毙命。为此,乾隆欣然命笔,为后人留下瞬间壮举。

《虎神枪记》碑,矗立在新拨乡骆驼头村的月亮湾西山坡上。

山岩雄伟,怪石嶙峋,碑对面东山坡上一石洞与之遥遥相望,天然石洞外石壁陡峭,试想,老虎蹲在此处放眼望去,四周景色一目了然。

王舜爬至天然石洞口,洞不深,是老虎休憩的地方,他用镜头记录下来。抬头仰望,洞一侧光滑石壁上有摩崖石刻,满汉蒙藏四种文字,字迹清晰可见,御笔书于乾隆十七年岁在壬申秋九月。

荒山野岭,人迹罕至,突兀的石壁上雕刻满汉蒙藏四种文字:"乾隆十七年秋狝,上用虎神枪殪伏虎于此洞。"在石壁上雕刻极为鲜见,摩崖石刻很有历史价值,它是民族融合、民族团结的象征。

　　三菱越野车奔驰在坝上与坝下,三天行驶了 1000 余公里,一路下来,颠簸得骨软筋麻,但王舜不虚此行,木兰围场七座御碑,他探访并用镜头详细记录了五座,剩下《永安莽喀》碑和《于木兰作》碑,若不花费一番苦工难以抵达现场。为此,他多年牵挂,挥之不去,始终萦绕心头。

　　2002 年 10 月 1 日,因天色向晚,黛色笼罩,《木兰记》碑拍摄没有取得理想效果,他岂能心甘。2017 年 5 月 23 日,围场满族蒙古族自治县人大聘请他给全县人大代表授课,课余时间,县人大韩国忠主任关切地问,你想干点啥?他微微一笑说,能否给我找辆车,想去拍摄《木兰记》碑,或去腰站,拍《永安莽喀》碑。韩主任闻听《永安莽喀》碑,连连摇头,一脸苦笑说,去拍《木兰记》碑吧。他知晓位于腰站的《永安莽喀》碑立在高山上,路难走,极少有人前往。于是,在有关人员陪同下,他来到围场四道沟乡庙宫村伊逊河西岸,走进山脚下的《木兰记》御碑。此碑依山面水,与《入崖口有作》碑遥遥相对,碑文用满、汉两种文字雕刻,为嘉庆御笔,碑文依稀可见:"木兰者,我朝习猎地也。旧为蒙古喀喇沁、翁牛特部落游牧之处。周环千余里,北崎兴安大岭。万灵萃集,高接上穹,群山分干,众壑朝宗,物产富饶,牲兽蕃育,诚诘戎讲武之奥区也……盖人之身,舍劳就逸易,戒逸习劳难;承平日久,渐恐陵替。守成之主,不可忘开创之艰;承家之子,岂可失祖考之志?木兰秋狝,为億万斯年世世子孙所当遵守,毋忽之常经。敬阐我考《避暑山庄序》之深意,述予承先启后之诚衷云尔,是为记。"嘉庆御笔彰显了木兰秋狝的意义,守住江山比开创江山更艰辛!

　　三百年前木兰秋狝战马嘶鸣的壮观场面早已淹没在历史河流中,只有眼前背山面水的御碑述说着一个朝代的兴与衰。

　　王舜手中的镜头记录着御碑全貌,记录着石碑上一统江山的文字,记录着这里的山川河流。

研究避暑山庄离不开木兰围场，避暑山庄是因木兰秋狝而建的行宫。而研究木兰围场又必须身临其境，方可复原当年秋狝大典的盛况，这七座御制碑是木兰围场的珍贵标识。

时光荏苒，时序更替，王舜对还没有探访的《永安莽喀》《于木兰作》两座御碑的思念愈来愈迫切。

2019 年国庆节来临，他问爱人休假有何打算，爱人说没有出行计划，他顺水推舟说，不妨驾车在周边走走，自己有个心愿，要出一本图文并茂的《承德丹霞奇观》一书，沿途拍一些片子，爱人欣然同意。第一天，车轮在兴隆县境内飞奔，兴隆的奇山秀水逐一记录在镜头里，第二天来到隆化县白虎沟，寻找《于木兰作》御碑，完成他多年以来牵挂之事。

《于木兰作》御碑，位于围场和隆化两县交界的山梁上。此处，是木兰秋狝中经由西庙宫进入围场的一处制高点，此处山势挺拔，树木茂盛。

一路导航，车向山梁行驶。先到达西庙宫，遗憾的是，西庙宫面目全非，仅剩山门。一会儿，空中乌云翻滚，雷声大作，倏忽之间，狂风裹挟着暴雨从天而降。暴雨过后，山沟里的洪水奔腾咆哮，浊浪排空，势不可挡。GPS 导航，继续寻找《于木兰作》碑。轿车听从指挥，爬上一道山梁，导航语音提示："走错方向，请掉头。"调转车头，语音又郑重提示："走错方向。"王舜索性把车停下，下车实地查找，周围树木环抱，犹豫徘徊之际，他无意钻入树林，偶然发现有石阶，沿石阶而上，行至山梁，但见几棵落叶松之下，《于木兰作》御碑昂首挺立。

雨过天晴，夕阳西下，晚霞染红了天边，阵阵秋风吹来，雨滴在草叶间滚动。此情此景，王舜心旷神怡，只是光线太暗了，只能明早拍摄。原路返回，夜宿步古沟镇。镇上的旅店自然比不得城市宾馆，不能求全责备，只要整洁即可。一天行程，人困马乏，经历了一场暴雨的乡下秋夜，空气清新，心

2006.6.20 摄

2001.8.14 摄

2017.5.23 摄

承德深厚的历史文化令王舜"执迷不悟"。
辽代石羊、石虎(上左),红山文化命名地(上右),
清代御碑(下)等等,凡是有"历史"的地方,几乎
都留下了王舜的足迹。

情舒畅,困意很快袭来。

一觉醒来,晨曦微露,他立刻驾车向山梁奔去,爬到梁顶,但见草叶上浅浅泛着一层白霜,树梢上洁白如玉,早霞映衬,晶莹剔透,远山雾气迷蒙,好一幅深秋盛景。机不可失,王舜忙不迭让无人机腾空而起。小助手翱翔盘旋,直至用完三块电池,每块电池飞行二十余分钟,总计飞行一个多小时,进行全方位拍摄。他又用手中镜头对准御碑,仔仔细细拍摄。环顾左右,只见云蒸霞蔚,霜叶艳冶,鸟儿鸣啭,空气清新。

他伫立碑前,辨识碑上的诗句:"单于让牧场,朝家置灵囿。深戒武备弛,于焉习狝狩。崇冈既坛曼,丛樾亦美茂。以故百物滋,取丰留尚富。""霜华霏漠宇,洼棱绀绛斑。蒙茸紫獭裳,八月披晓寒。呦鹿随哨至,乐此诚忘餐。乐亦不可极,于古戒游盘。"呦呦鹿鸣,乾隆皇帝回望历史,匈奴单于跃马扬鞭的草场,如今已然是大清王朝习武备战的御用猎场。这片水草丰美的一方土地,游牧与农耕不知发生过多少次征战,直至大清一统天下,并吞八荒,曾经的征战才灰飞烟灭。

至此,七座御碑只差《永安莽喀》没有拍摄。王舜心心念念,几次欲前往腰站,皆因御碑在偏远的山上,不能轻而易举抵达,只好作罢。

岁月不饶人,须臾之间到了老年,若再不拍摄《永安莽喀》碑,唯恐成为终生憾事。2021年秋,王舜、衣志坚一行,先后走了滦平周台子,丰宁大滩、鱼儿山、内蒙多伦,直至围场坝上、坝下,一路走,一路拍摄,最后一站抵达围场腰站镇。此时,太阳偏西,一路颠簸,深感疲劳,二人决定住下。第二天吃过早饭,王舜要实现多年未完成的愿望,但《永安莽喀》碑究竟在哪儿却不知晓,只好问村里人。走在路上,看到村中二层小楼下一对忙碌中的老夫妻,上前打探《永安莽喀》碑的具体位置。71岁的李士春老人热情有加,他放下手中的活计,直起身,手指远处错落有致的山峰说,《永安莽喀》碑在最后那个山梁上,那里很远,如果你们想去,我可以给你们带路。

一时间,李士春老人的热情感动了王舜。

王舜恨不得插翅欲飞。可连日来马不停蹄地奔波,衣志坚远眺一座座山梁,望而生畏。最后只好作罢。为下次再来,王舜刻意留下了李士春的手机号。

时隔一个月,王舜、衣志坚再次来到腰站镇碑亭子村,细心的王舜带来一箱啤酒、一箱八宝粥,令憨厚的一对老夫妇有些不自在,李士春老人连连说,太客气了、太客气了。

作为向导的李士春老人走在前面,他痛惜地说,山上的石碑早就遭受破坏了。那该是 1967 年,当时的村贫协主席赵金堂组织人上山,把石碑放倒,费尽九牛二虎之力又把碑身运到村里,凿成牛槽。村贫协主席不干好事,没少折腾人,才活到六十多岁就死了,老天报应。

李士春老人用朴素的生死观,把贫协主席的死归于上苍,其实贫协主席也很悲惨,他当时的所作所为不是个人所能左右的。老人边走边说,与石碑相对的南面山上原来有一座亭子,四根圆木柱子,四角翘起,灰瓦,煞是好看,自己少年时近前观赏过,大概在 1966 年亭子塌了。曾经,站在碑亭子村,向北眺望,一眼就能看见山梁上的石碑,向南望,碑亭就在眼前。可惜啊,碑亭成为我们老人心中念想了,石碑也不是当年的石碑了。

在老人引领下,翻过两座山梁,徒步两个多小时后,山梁上的《永安莽喀》碑呈现在眼前。这一刻,王舜有些激动,多年的愿望化为现实。

荒山野岭中的《永安莽喀》碑仿佛在呻吟,七块御碑之中,《永安莽喀》碑遭受的创伤最严重,经人工重新组合在一起的御碑遍体鳞伤,面目全非,碑上仅见几个汉字和蒙文,且已模糊不清。如此惨烈,令王舜痛心不已,他举着相机,手不停颤抖,不愿让镜头对准哭泣的御碑。最后,无人机缓缓升起,对御碑进行立体拍摄,进而记录腰站的山川风貌。

王舜对御碑内容早有研究。此时,面对乾隆 63 岁留下的诗碑,浮想联翩,当年乾隆皇帝弯弓射鹿的场景似乎就在眼前。

　　1774年仲秋,秋风飒飒,草木繁茂,野兽出没,跃马扬鞭的乾隆驻足静听,虫鸣欢唱,其中别具一格的呦呦鹿鸣,令其心潮澎湃。他伸开魁梧有力的臂膀,弯弓搭箭,一支支箭嗖嗖地飞向目标,一只只飞奔的鹿惊慌失措,先后有四只鹿不幸中箭,毙命于茂密的草木中。乾隆兴之所至,欣然命笔:"第一围场犹近边,麌麌苹兽已樊然。诸藩扈是儿孙辈,列爵称非左右贤。驰爱平岗策紫骏,中联四鹿控朱弦。部旗常例笑何谓,六十方过曰老年?"山岗上的乾隆皇帝,雄心不已,老当益壮,不坠青云之志。

　　王舜凝视残垣断壁的御碑,痛苦至极,遐思不已,七座御碑无一例外遭受破坏,破坏者并非风霜雪雨,电闪雷鸣,皆是人之所为,破坏时间全部在文革期间。若乾隆老爷子上天有知,他会是怎样的一种心境呢?

　　一座座御碑是历史见证,历史一旦断了,人们如何能找到来路?

　　也因此,王舜不顾艰辛,经年累月,皓首穷经,用镜头捕捉历史瞬间,继而绘制成书,以防有一天御碑被无情的岁月摧毁。

　　杜牧在《阿房宫赋》中写下千古名句:"秦人不暇自哀,而后人哀之;后人哀之而不鉴之,亦使后人而复哀后人也。"

　　或许,从杜牧笔下的千古名句中能找到王舜经年累月,潜心研究承德历史文化的初衷吧。他没有像念经文那样,整天把丰厚的历史挂在嘴边,而是身体力行,终得业果。七座沉睡着的御碑,他寻寻觅觅20年,抛开功名利禄,舍弃私心杂念,能有几人做得到?

　　王舜,痴心不改,羽化成蝶,他对研究承德历史文化做出了突出贡献,其功劳,不可磨灭。

第十三章

编辑部故事

甘为人做嫁衣

　　王舜的故乡在滦河岸边。在承德市人大工作期间,一天,他接到太平庄乡党委书记尤军电话,邀请他回乡,为一座新建的桥竣工剪彩。

　　若是别的邀请可以拒绝,这个剪彩仪式一定要参加,王舜欣然允诺。

　　秋日的滦河水晶莹流淌,两岸稻花飘香,王舜如约而至。王舜下车,眼前一座崭新的水泥桥横跨在滦河上,河两岸的房屋、庄稼、稻田,是那么地熟悉,又显得那么亲切。

　　新建的水泥桥周围,簇拥着许多村民,个个面孔上洋溢着喜庆之色,几面鲜艳的红旗在秋风中飞舞。王舜置身桥上,环顾四周,向乡亲们挥手致意,招牌式的微笑镶嵌在脸上。他深情地凝视着一座新桥,脑海中一幕幕往事纷至沓来。童年时,河面上所谓的桥是用松树枝搭建的,成为村民走向外面的必经之路,再后来,河面上架起吊桥,木桩砸入河床,用钢丝编织成网,上面铺上木板，人走在桥上，晃晃悠悠，夏季洪水泛滥，曾有几个村民殒命于河水。

一座座桥，诉说着滦河岸边一个村庄的历史。

王舜的讲话，没有稿子，没有高谈阔论，他娓娓道来，鲜活生动，通俗易懂，听得村民感同身受。最后，他说，乡亲们，时代变了，党和政府为我们修建了一座坚固的新桥，我们走在上面不会再心惊胆战，可以推着玉米，推着稻子，随时随地回家，车也可以开到家门口，这就是咱们村民的幸福啊！

王舜讲话时，有人私下窃窃私语，他的官有多大啊，说话一点官腔没有，讲的是咱们老百姓的话。一位拄着拐杖，嘴里仅剩几颗牙齿的老人颤抖着嘴唇说，他啊，不就是那个小时候的"狗剩"吗？小时候太苦了，没爹没妈，长大有出息了，看来没忘本，不和家里人打官腔。

或许，王舜受到家乡滦河上桥的启迪，他写了一首诗，《我是一座桥》：

　　　　我是一座桥

　　　　我

　　　　让河两岸的人　握手

　　　　两座山上的人　见面

　　　　不认识的人　相识

　　　　我

　　　　架在心与心上

　　　　沟通的是灵魂　是精神

　　　　我

　　　　让你梦想成真

　　　　我

　　　　不图荣耀　不图光环

只图梦里人那成功的笑脸

我

每天系着　24 小时寂寞

每年耐着　365 天孤独

只为那快乐的脚步

只为那幸福的车轮

从这首诗里不难看出,他架桥的初心,默默无闻,助人为乐!

不积跬步无以至千里。王舜,由著书立说到从事图书出版,经历了一个艰辛漫长的过程。

王舜早期的《承德故事新编》《承德旅游景点大全》《一个男孩梦》等著作,为自己的文学梦插上了翅膀。三部作品问世,他与几个出版社建立了联系,自然对出版图书或多或少有了认知。也许,王舜对图书编辑出版是无心栽柳,是助人为乐,但最后是柳成荫。

王舜最早"助"的人中有郭玉普。

郭玉普言之凿凿,如果没有好友王舜就不会有自己"西藏的三部曲"。

当初,王舜和郭玉普结缘起决定作用的还是文学,而非上下级工作关系。曾经,作为承德地委组织部组织科科长的王舜到围场考察,业余时间到郭玉普简陋的家里做客。王舜,滴酒不沾,两个人只好端着一碗热乎乎的手擀面条,嘴里发出吸吸溜溜之声,双方互诉衷肠,谈论共同的梦想——文学。

1998 年 5 月,郭玉普肩负使命去西藏。临行,郭玉普从围场来到承德市,接受领导接见,尔后去省里统一报到。临行前那个晚上,一场饯行宴会上齐聚了王舜、周舟、安忠和,觥筹交错之间,王舜满含深情地说,玉普老

2014.10.4 摄

2014 年，是王舜人生之路的分水岭，政治舞台落下帷幕，文学艺术之路阔步前行。

弟,虽说你前往的西藏阿里地区环境恶劣,生活条件十分艰苦,但却是千载难逢的机会,要充分发挥你的特长,用手中的笔和镜头真实记录阿里的人文社会。

王舜的真知灼见,得到了周舟、安忠和的一致赞许,他俩当场对郭玉普表态,《承德日报》《承德晚报》将对你的作品连载。性格豪爽、声音洪亮的郭玉普举起酒杯说,绝不辜负三位老师的厚望,我会竭尽全力。

西藏,是离天最近的地方,充满了神秘色彩。而阿里地区高海拔,气候环境恶劣,被视为生命禁区。

郭玉普肩负重任而来,援藏时间长达三年。无疑,他不是匆匆过客,要脚踏实地深入藏民居住的村落,去帮助藏民解决生活中的困苦。语言不通不重要,生活条件差不重要,最最重要的是稀薄的氧气。缺氧,郭玉普呼吸困难,头痛欲裂,恨不得把肺从胸腔掏出来灌满氧气,再装入胸腔,让半瘫痪的肺充满活力。

一间简陋的房子,一张床,一张木桌,烛光软弱无力地跳跃,郭玉普呼吸迟缓,眼前金花飞舞,手中的笔显得软绵绵,纸上的字迹歪歪扭扭,宛如游动的蝌蚪。然而,他凭借顽强的毅力,艰难地记载着所见所闻。

烛光熄灭,笔一扔,郭玉普一头扎到床上。睡梦中,万里之遥的父母、妻女,向自己微笑着,频频招手。一觉醒来,梦中的泪水打湿了枕巾。转瞬,脸上轻蔑一笑,七尺男儿怎么变得婆婆妈妈了?

西藏最神秘的不是浓厚的宗教意识,不是神山,也不是那些风餐露宿、经年累月匍匐在路上的朝圣者,而是忽然而至、忽然而逝的"古格王朝"。一群人,竟然一夜之间从人间蒸发,踪迹皆无,书写了世界之谜,纵然穷尽考古者的智慧,也无法揭开消失的谜底。

那天, 郭玉普怀揣对古格王朝崇敬之情走向埋藏着古格人足迹的遗址,思绪穿越时空,追问充满魔幻色彩的神奇土地,曾经生活在这片土地上的生灵，你们去了何方？

随后，他笔下诞生的一篇篇文字像南归的鸿雁先后飞至家乡，王舜收到稿件后，分别转给安忠和、戴天孚。于是，郭玉普笔下有关西藏的篇章，陆续刊发在家乡的报纸上，尤其是戴天孚主任担任编辑的《承德晚报》颇具特色的社会周刊，他的雪域高原的美文，一时间，引起读者极大关注。

也因此，郭玉普援藏所在的阿里地区扎达县，为他颁发了奖状。

一朝归来，历经雪域高原锤炼，魁梧的郭玉普变得更加硬朗，故友重逢，甫一见面，王舜微笑着说，通过你笔下撰写的文字，让很多承德人了解了西藏阿里，了解了神山秀水，了解了阿里的蓝天白云。之后，王舜献计献策，何不把在阿里撰写的文章编辑成书，留作永久的纪念，为人生增光添色。郭玉普闻听，如醍醐灌顶，但他对出书一窍不通，只好全权委托文学路上的"引路人"。因为，无论是安忠和，还是戴天孚，都是经王舜引荐下相识的，从而为郭玉普搭建了一个舞台。

人生就是这样，近朱者赤近墨者黑。

王舜一番紧锣密鼓，郭玉普的西藏三部曲——《西藏有约》《相遇古格》《阿里的蓝天下》先后由民族出版社、内蒙古人民出版社出版。

王舜一向行事谨慎，他考虑郭玉普笔下的记录是西藏的风土人情，若出书，民族出版社更适合。再者，王舜的《承德旅游景点大全》是在民族出版社出版，与出版社有过交往，也算是轻车熟路。一天，王舜带着郭玉普来到民族出版社，找到朴文喆副社长。一回生两回熟，王舜与朴社长也算熟人了，他向朴社长介绍了郭玉普，请他为这位援藏干部给予出版上的照顾。朴社长爽快答应：一定一定！然后拨通藏文编辑室主任达尔吉电话，让他具体办理。

2001年，《相遇古格》顺利出版。郭玉普手捧着书感慨万千，想起了在阿里的日日夜夜，更为感激的是王舜老兄为之义务付出的心血。

遗憾的是,郭玉普手里一本书都没存留,忙前忙后的王舜手里仅有的一本,还是在新华书店自掏腰包购买的。在有些人的眼里,王舜是个"书商",赚了很多钱,若是知晓这样的现实,情何以堪?

如若这仅是一例,还未能体现王舜为他人做嫁衣裳的事实,不妨从当初 40 平米的小屋追寻众多故事。

刘禹锡的《陋室铭》留下了千古名言:"山不在高,有仙则名。水不在深,有龙则灵。斯是陋室,惟吾德馨。苔痕上阶绿,草色入帘青。谈笑有鸿儒,往来无白丁……"刘禹锡的千古绝唱,用在王舜简陋的编辑图书小屋十分贴切。

为了编织一个梦想,1999 年,王舜在都统府大街的老市政府一侧,租赁了一间 40 平米的二楼楼房,这是王舜早期的"编辑部"。

屋里,一台电脑,两把椅子,一个小玻璃桌,便开启了一个新的征程。

屋小,办公设备简陋,但承德文联主席郭秋良、著名作家何申、著名画家萧玉田、词作家刘俭等人常聚于此,令逼仄的空间蓬荜生辉。陋室不陋,茶香四溢,他们敞开心扉,谈文学,谈艺术,谈各自的创作,谈吃喝拉撒睡,既有高谈阔论,又有家长里短。他们各抒己见,交流、切磋、探讨,让逼仄的空间充满了浓厚的艺术氛围。

一天,郭秋良独自前来。来之前,他打电话让王舜找些自己拍摄的避暑山庄照片。他看完照片说:很好! 很好! 王舜不知道他葫芦里卖的什么药。郭秋良点燃一支烟,思忖片刻,说:你的这些照片配上我写避暑山庄的散文,咱们合作出版一本图文并茂的彩色书,怎么样? 王舜欣然应允。

电脑前,王舜在键盘上敲打郭秋良主席的 9 篇散文,这些文字是为避暑山庄而写的。王舜仔细读每一篇散文,配上自己拍摄的图片,让文与图紧密融合,相得益彰。比如,《热河冷艳》有这样的文字:"萧瑟的秋风给避暑山庄送来了嫩寒,塞湖岸上,垂杨的黄叶在阵风中萧萧飘落。落叶铺满了湖畔的小路,遮盖了无垠的衰草。然而,秋风却把一湖碧水染得更浓、更富于诗情了。冷风过处,涟漪泛起,像是有谁在抖动一疋绿锦。绿锦上,迎风摇曳的是翠盖托出的满湖红荷。盛开的荷花,一株株都是那样红丹丹、鲜凌凌的,似乎把处子双颊上的红润都采集来了,溶进了自己的秀颜,而这一群美丽的少女正踏着无边的绿波在婆娑起舞。也许,你会以为这是哪位丹青妙手笔下的一幅山水?不,这里描绘的是大自然的奇观——热河冷艳。"文字优美如画,山庄秋色渐浓,湖中的荷花更加艳丽。

王舜谙熟全文,心领神会,把自己拍摄的烟雨楼、荷花、芝径云堤、青雀舫、沧浪屿、西湖一隅等 7 幅图片融入文字中。郭秋良的 9 篇写山庄的散文,配了王舜 50 余幅精美图片,全书充满了诗情画意。

王舜在电脑上编辑好图文,郭秋良坐在电脑前审阅,一会儿摘掉眼镜,一会儿又把眼镜戴上,仔仔细细,反反复复,直至笑容满面,心满意足。

为此,王舜几次往返北京,2004 年 4 月,《山庄湖色》一书由中国戏剧出版社出版。书虽薄,但却精美、精致,读者爱不释手。

郭秋良主席 70 岁华诞,为了纪念老人大半生行踪,隆重推出《高山景行播春风》一书。主编何申,副主编刘俭,而书的设计,出版,都是王舜一手操刀。设计、排版阶段,郭秋良、何申、萧玉田、刘俭四巨头齐聚陋室,"编辑部"仙龙聚首,蓬荜生辉。郭秋良主席手捧《高山景行播春风》,心情舒畅,喜不自禁,他索性把《郭秋良自选集》也交由王舜全权办理。

眼观六路耳听八方的郭秋良主席,对书的要求十分挑剔,能得到他的认可和赞许,实属不易。

策划、设计、出书,王舜一气呵成,操作起来如鱼得水。

《我爱承德我爱家》一首歌,简洁明快,朗朗上口,短时间内红遍承德市大街小巷。词作者是时任广播电视局局长的刘俭。

那天，郭秋良主席给王舜打电话，要他到刘俭局长办公室来。路上，他不停揣测，有什么事呢？

落座，郭秋良主席单刀直入，刘局长要出一本歌曲集，你是否能协助出版？王舜看看刘俭，刘俭微笑着问，需要多少钱？他用手机大概算算，报出价格。他报出的价格，刘俭不敢相信，因为刘俭联系过北京某出版社，其价格和王舜报的价格很悬殊，不只翻一倍。

瞬间，刘俭又心生疑窦，这样便宜的价格，不会是假书号吧？王舜识破了刘俭面部表情的阴晴圆缺，他当即打开刘俭办公桌上的电脑，在网页上输入给郭主席出书的CIP，网页上立刻弹出该书的出版信息。

刘俭看后，一颗悬着的心落地，手拍桌子，当场决定把出歌曲集的事全权委托给王舜。尔后，刘俭又出版第二本、第三本书，都委托王舜给办理。

人在尘世间，无信不立。信任，是建立在相知基础上。

诗人李海健，读大学时就拿起笔写诗，走上工作岗位也依然如故。诗歌，是李海健的精神寄托，他执着地写，几乎写了一辈子，用诗歌抒写自己的人生。

李海健，勤奋耕耘，笔耕不辍，写了数十部作品，每一部作品出版都交给王舜。李海健和王舜曾在一起并肩作战，他视王舜为兄长，感觉这位仁兄乐于助人，光明磊落。因此，李海健出书，从不考虑其他出版社都把自己的作品交给王舜，放心。

王舜20多年里，不知为多少人做了多少件嫁衣。

2017.6.22 摄

2016.2.27 摄

编辑部不仅是图书编辑、出版,向上延伸到图书策划、指导写作
(上),向下延续到图书研讨、宣传推介(下)。

2016.6.2 摄

2023.7.26 摄

签名赠书是王舜的常事(上);编辑部是承德电视台"一本书 一
座城"节目获取图书信息的主要阵地(下)。

圆梦草根

在村民眼里,1936 年出生的侯永树颇显另类,一度被家人、亲人、村民称为"魔怔"与"疯子"。

村里的一处宽敞院落,既不是学校,也不是村部,可院门两侧有两面红旗高高飘扬。

87 岁的侯永树一旦不外出,往往独自守在院里,居住的房间笼罩在浓浓红色里,墙的四周贴满了奖状,还有他经年累月手打竹板游走四方、宣传红色故事的一幅幅照片。炕上,铺的是红色图案的布单,红柜子上摆着一个小鼓,一对镲,一对磨出光亮的竹板。无疑,这几样东西是耄耋老人用来红色宣传的"武器",尤其是形影不离的一对竹板,埋藏着许许多多故事。老人自编自演,快板书合辙押韵,朗朗上口。只要竹板打起,老人精神矍铄,吐字清晰,竹板上下翻飞,一个个红色故事如滔滔江水,奔流不息。

侯永树老人之所以几十年如一日用快板书的方式讲述红色故事,缘于他童年经历了不堪回首的往事。母亲被日本侵略者逼死,6 岁的侯永树站在母亲坟前,哭得撕心裂肺。从那时起,惨痛的民族仇恨牢牢扎根在心底。有一天,侯永树从懵懂中走出来,他坚定了一个信念——永远跟共产党走。

小学,班主任教他打竹板,为抗美援朝取得胜利而鼓劲,从此,他与快板书有了不解之缘。

1989 年 12 月 31 日,劳模身份的侯永树从峪耳崖金矿退休。一天,他写下《凌云志》一首诗:"人退休心不休,振兴中华志未酬。立下愚公移山志,再创辉煌写春秋。活到老来学到老,化成骨灰才罢休。"

从此,壮志未酬的侯永树走上了宣传红色故事的漫长旅途,手执竹板,勇走天涯:海南岛、安徽、西柏坡、大庆、福建等地。

为了祖国早日统一,为了宣传九二共识,80岁的侯永树站在海岸边,用一双昏花的眼睛眺望一水之隔的宝岛台湾。老人渴望跨越一湾窄窄的海峡,相拥骨肉同胞,但事与愿违。从海岸归来,选择一处宽阔的广场,老人手中竹板清脆响起,口中语句合辙押韵,声音响亮,宣传九二共识,引来很多人围观。

夜晚,发生了惊险一幕,有人追杀侯永树,情急下他用手机拨打了110。两位警察赶到,了解情况后告诉他,你的行为可能被盯上了,不能前往台湾了,过去可能有危险。细心的警察看到老人包里有一本书,书是团结出版社出版,书名为《侯永树文集》,封面上设计着一串竹板,封面底端写有"传奇老人,快板人生"的一行字。

警察立刻喊来旅店负责人,叮嘱道,这是一位作家,立刻转移老人,为保证安全,明早7:30分有一趟开往北京的列车,必须负责送上车。

曾经有过因一本书陷入囹圄,现在因一本书化险为夷,而这本由团结出版社2013年出版的《侯永树文集》背后,深深埋藏着一个故事。

那天,侯永树起得很早,把自己几十年写的快板书稿子装在一个包里,急匆匆坐车赶往承德市。车上,他紧紧抱着包,就像抱着自己的孩子,唯恐有闪失。

侯永树惴惴不安地推开王舜办公室的门,王舜微笑着从椅子上站起来,让眼前的老人坐下,又给倒一杯热水。和蔼可亲的王舜令侯永树略显紧张的心放松了,自我介绍说,来自宽城乡下,是寇占文老师介绍来的,便把包里厚厚的稿子掏出来,有的稿纸边角已经卷起,有的稿纸已然泛黄,还有一张《承德日报》。

经短暂的交流,王舜感知眼前的老人耳背,没法深入交流,只好选择静听。侯永树叙述起自己童年遭受的苦难,是共产党把他从苦海中救出来,一心只相信共产党。退休后,一边搞创作,一边用快板书进行宣传,可很多人认为自己是"魔怔",为了给自己正名才想出书。

王舜静静听着老人的讲述,为老人身上的故事所感动。对这样的人应该帮助。

侯永树以为找到王舜主任,书就能出,就能实现自己的愿望,但出书需要费用却毫不知情。

"您把稿子放下吧,"王舜微笑看着老人,不想提及费用,"我会尽量完成你的心愿。"

王舜话音未落,侯永树快乐得像个孩子,临出门时双手合十,鞠躬致意! 回到家已然夕阳西下,他站在院子里打起了竹板,抒发自己快乐的心情。屋里灶台边的老伴,摇摇头,自言自语,咋好啊,整天不着家,东一头,西一头,疯疯癫癫,这日子没法过,混吧!

为了圆侯永树的梦,王舜思考再三,他找到市民间文艺家协会主席朱彦华,讲述了侯永树的故事后说,快板属于民间艺术,协会能否资助老人出书? 朱彦华憾然一笑,协会也没钱,需要多少钱? 王舜说,正规出版很难,可老人那么执着,我们给他出个小册子,费用只需几百元,你是民间文艺家协会主席,辛苦你为老人作序,提高知名度。

热心肠的朱彦华深知基层作者的艰辛,她说,我们携起手来帮助他吧,我写序,协会出资。

《侯永树快板集》编印成册,封面是一张农家雪景,标明由承德市民间艺术家协会编印。朱彦华老师序言中写道:"我不认识侯永树,也没见过侯永树这个人。但当我看过那沓由侯永树创作的'快板'作品打印稿后,作为市民间协会主席,我立刻同意了王舜副主席的建议:由我们协会出资,编辑并内部出版这本《侯永树快板集》。之所以这样做,原因之一,我以为该作品集应归于民间说唱艺术类;原因之二,我被侯永树的精神所感动……"

2004 年仲春时节,侯永树带着《侯永树快板集》,身轻如燕飞回家乡,在绿柳发芽的村头,他把自己辛辛苦苦写的作品展示给村民,以示自己并非疯子。

有了作品集,便名正言顺,更何况序言是由承德市民间艺术家协会主席撰写的。因此,侯永树走在大街小巷打竹板宣传红色故事,心里有了底气,他精神矍铄,眉飞色舞,手中竹板上下翻飞,清脆的声音随着春风飘扬。

一天,北京农业展览馆一位人看到这本小册子后很感兴趣,便向侯永树索书,可他手里仅剩一本,舍不得给。犹豫之际,他把电话打给王舜主任,王舜说可以给客人,我这里还存留几本。

侯永树心有不甘,渴望拥有一本出版社出版的书,几经思索又找到王舜,讲出自己的心愿。王舜凝视老人那种渴望的眼神,大声说,虽然困难不少,我一定努力,想方设法圆你的梦。

侯永树找到自己亲外甥帮忙帮忙,开矿的外甥理解舅舅那份急切心情,给予了支持。

王舜全力以赴,免费编辑、审稿,免费排版、设计,让印刷厂最大限度优惠。经王舜一通操作,《侯永树文集》由团结出版社正式出版了,王舜在序言中饱含深情写下:

> 事迹介绍、书稿、他的一席话,让我对眼前这位已古稀之年的老人有了一个定义:侯永树是百分之百的布尔什维克,是从里到外"红透了"的共产党员!这人应该得到社会的承认,应该得到社会的帮助……说句心里话,我是从心底敬佩这位老人,能够这样对共产党忠贞不贰的,除了侯永树还能再找得到吗?

2013年仲夏,侯永树终于见到了崭新的图书。

侯永树用手轻轻抚摸自己的文集,双手发颤,老泪纵横,晚饭仅喝了一碗稀粥,躺在炕上难以入眠,一幕幕往事浮现在脑海里。风雨兼程中,那些冷言冷语,遭白眼,讥笑,亲人不理解,所有这一切都会随着《侯永树文集》正式出版,戛然而止。

早起,东方天空染红朝霞,院中嫩绿的菜叶上挂着晶莹的露珠,侯永树身着白衬衣,扎着一条红色领带,站在街头,手中竹板飞舞,声音洪亮,面带微笑说一段快板书:"日本侵华受欺压,杀了亲妈来后妈。三年小学当作家,头发花白走天涯。"

在老人心里,王舜是恩人,每逢年节他都给恩师打电话问候:"王主任,节日快乐!谢谢你,你是我的大恩人,我一辈子也忘不了你。"

若在平日,王舜想联系他如大海捞针,老人似乎从人间蒸发了,打了几个电话号都找不到老人。

有一天,耄耋之年的侯永树把自己的三本书摆在院中,他西装革履,精神抖擞,手打快板,嘴里唱念:"独门独院真叫好,搞创作没干扰。王主任真伟大,栽下桃李满天下。"

侯永树已年近 90 岁,可他有个清醒的认识,不能再当亡国奴,不能再住人圈,不能让下辈人受苦。老人的话语看似朴素,却如警钟长鸣。

王舜忙碌着,向他走来的往往是最底层的人,有的生活拮据,有的贫困交加,有的鳏寡孤独。即便如此,这些草根族对文学矢志不渝,终生相伴。

2008 年 1 月 23 日,农历腊月十六,年味渐渐浓了,街巷中摆放着年画、春联、窗花。承德市竹林寺,街虽不宽敞,却很热闹,商铺、酒馆比肩而立。中午,王舜特意邀请周保中、傅桂香、杨文龙等三人在竹林寺金运饭店聚餐。"编辑部"赵志敏用王舜的相机,为他留下了珍贵影像。席间,王舜以水为酒,举起酒杯分别敬酒。他平易近人,和蔼可亲,一时间,三位来自底层,热衷于诗词歌赋的作者,打消了重重顾虑,开怀畅饮,举杯相庆,把酒话辞赋。

彼此相谈甚欢,一时兴起,借着酒兴,抒发情怀,纷纷写下诗句。

周保中写下:"金运品茶遇知音,高歌主任义中人。相识诗句无限好,年老夕阳显青春。"

傅桂香虽是一普通村妇,擅长辞赋的她不甘落后,略作思考:"莫悲白发唱阳春,酒美茶香奉上宾。信道夕阳无限好,高山流水友谊深。"

身世坎坷的杨文龙来自围场,几杯酒下肚,他把一生孤独抛向了九霄云外,知音相会,相见恨晚,他举笔诗落:"严寒冬日里,有幸会诗朋。才能真有限,辜负故人情。"

或许,傅桂香诗意未尽,她又写道:"会友樽前醉,衰颜酒后新。春风吹雨徐阳春,莫教黄金岁月付浊尘。"

傅桂香未等搁笔,掌声响起,热闹了的饭局,引来一双双目光。

三个人分别抒发情怀,要求王舜主任乘兴提笔。他略加思索,微微一笑,提笔写道:"竹林小馆话诗文,山庄老酒醉诗人。三杯两盏诗一首,诗出寒门义更深。"

"诗出寒门义更深"写出了王舜心中的那份真情,他请的三个人都可谓寒门之人,每个人有每个人曲折的故事,但他们却有一个相同的爱好,恰是这相同的追求使大家相聚在一起,把酒话诗,不被物欲所累,忘却了贫寒,忘却了烦恼。

三位白发染鬓之人,凝视王舜主任一首诗,鼓掌之余,眼角挂上了泪水。一滴滴浑浊的泪水里有感激、有幸福,也有"为伊憔悴"难以名状的酸楚。他们心怀感激并感到幸福的是,作为一名正处级领导干部如此平易近人,请他们一起共餐,像是一场梦,更为重要的是,这位领导干部为他们搭桥铺路,圆了他们的梦。

一餐饭,并不重要,关键在于三位痴痴与诗歌相守终生的贫寒之人,内心感到温暖,精神得到了抚慰。

　　夜晚,杨文龙躺在床上,久久难以入睡,一生独守,茕茕孑立,当过教师,干过村医,最后与土地相守,不可不谓命运多舛。他披衣起床,一吐为快:"王老师,您好!工作顺利,万事如意!此来承德赢得您热情接见,又赠珍品,出书鼎力相助,我感到万分高兴和幸运!您的大恩大德不知何时回报?后天,我就回围场了,望您去围场,光临寒舍!留下不才小句两首,留作纪念,望您指正!拜见承德市人大王主任老师:'叩门楼上笑迎宾,意暖花繁满室春。出书鼎助珍品赠,不知何年报君恩。''灯耀冬宵月不明,马龙车水街纵横。无声树木凄寒度,待到春来花满城'祝安好!"

　　王舜收到一封情真意切的信,信封地址:围场县牌楼乡六十棵村。读后,王舜心中五味杂陈。

　　纵观杨文龙一生,他活在诗意中,有傲骨,也有风情,但生活绝非诗情画意,有时太理想化,往往会遭受生活的锤击。他嗜酒,酒后狂傲不羁,藐视一切,一旦酒醒栏杆,留给他的是凄风苦雨,是生活的拮据,是屋檐下独自叹息,剩下的仅有脑海中酝酿的诗句。

　　其实,竹林寺聚餐,更主要的是为杨文龙设宴,三个人都是草根诗人,且都为诗词折磨,生活陷于窘境。

　　杨文龙的诗句中所谓的"珍品"与酒有关,只因他好酒,方把王舜主任给的两瓶桂花酒视为珍品。一次,王舜前往广西出差,他闲来逛商场,看到桂花酒包装很精美,有如茅台酒的外包装,不喝酒的他买了两瓶。那天,衣着褴褛,蓬头垢面,略有驼背的杨文龙来找王舜,临走,王舜把两瓶包装精美的桂花酒递给他,他不知所措,接过"珍品"瞬间,双手颤抖,连连道谢!

　　杨文龙无论如何也不会想到,眼前这位领导干部居然赠送这么珍贵的酒。

　　走出人大楼,一路上,杨文龙小心翼翼抱着两瓶酒,他瞬间变得高大起来,往日遭人讥笑、嘲讽,以及投来的乜斜目光,统统化作一缕青烟,随风而逝。

　　杨文龙，一生孤身，身后仅留下一本《耕耘集》。《耕耘集》由著名诗人刘章作序，郭秋良、何申为其题词。2004 年，《耕耘集》由中国戏剧出版社出版，是王舜奉献的结果。如若不然，仅凭杨文龙凛然傲骨，是断然写不出"不知何年报君恩"的诗句的。

　　一天，衣衫褴褛的杨文龙风尘仆仆从围场来到承德市行政中心门口被拦，他胆怯地说，找王舜主任，门卫上下一番打量后，怀疑此人是个精神病患者，或许是上访者，拒绝他入内。

　　一生写下 1300 多首诗的杨文龙，视王舜为知己，大凡来市里总要相见。一次，他见了王舜，说到被门卫阻拦的一幕，连连摇头。王舜叮嘱道，以后再来找我，直接给我打电话，我到大门去接你。

　　王舜深深理解杨文龙孤独的内心世界，他从偏远的乡下来，带着许多苦楚想倾诉，我决不能拒之于千里之外。他想，当年如果自己走不出滦河边那片土地，即便怀揣文学梦又会如何呢？

　　因此，王舜与草根族之间的那份情怀，并非无缘无故。

　　在竹林寺金运餐馆酒桌上，傅桂香则与杨文龙豪饮有别，皱纹间夹杂了生活艰辛的她把嘴唇贴在酒杯上，宛如品茶。傅桂香是承德市大石庙镇袁家庄人，诗词信手拈来，写出了一定水平。丈夫早逝，只有诗词陪伴着她，或许，诗词是她活下去的精神支柱。

　　"芳草斜阳，冰魂彩练，牵绕细草幽花。缱绻柔情，随意点缀苍崖，乌啼深山幽谷，燕飞春柳人家，海棠正泄露，涧水鸣琴，零落寒沙。每念亲情无价，叹离多会少，月满京华。不管暮云合璧，散绮烟霞。疏影横枝何处，算几度魂梦天涯。暗想春风夜宴，歌笑承欢，煮酒烹茶。"很难想象这首《锦堂春曼》出自一位普通的农家老妇之手，辞赋的表面没有写对亲人的思念，可字面背后却写出了茕茕孑立，渴望与女儿团聚的迫切心情。

可以说，傅桂香的诗词写得缠绵悱恻，但并非凄凄惨惨戚戚，写出了意境，写出了真情。

傅桂香为了把自己辛辛苦苦写的作品结集成书，她不顾文人清高的颜面，在村庄大街小巷捡拾垃圾，一分一分钱积攒下来，竟然积攒了1000元。她拿着这1000元去一个打字部，要求把自己的诗词装订成册。却不料，老板只顾赚钱，每一首诗词一行行打下去，打成厚厚的一本。打印费，几乎用去了傅桂香用血汗换来的1000元。

为此，傅桂香纠结了很久。

一天，傅桂香一位文友告诉她，王舜老师是个心地善良的人，你想出书不妨去找找他。傅桂香迫不及待，她拿着一本厚厚的打印稿贸然来找王舜。王舜翻看打印稿的内容，被傅桂香笔下的诗词深深吸引着……

傅桂香渴望的目光落在王舜微笑的脸上，王舜耐心给她解释出书所需的流程，以及排版费、印刷费等等，听得她皱紧了眉头。沉默一会，她抬起头坚定地说，书肯定出，不出，这辈子白活了。

过一段时间，傅桂香满脸笑容找到王舜，把第二任丈夫鼎力支持的5000元从一个小包里掏出来，她以为这些钱出1000本书绰绰有余。王舜没有过多解释，他明白这5000元钱背后的故事，再婚丈夫出资这笔钱，不知她都经历了啥？

面对傅桂香心中一团火，王舜委实不忍心用一盆冷水去浇灭，只是安慰道，放心吧，我会尽力。

为了省钱，从排版上王舜下了一番功夫，500多首诗词仅排128页，让书成为一本"浓缩的精华"。

事实上，即便是丛书，出版成本也不低，2000元连印刷费都不够，排版费更不用提了。一诺千金的王舜，给内蒙古赤峰地质宏达印刷有限责任公司的赵总打电话说，总给你找麻烦，又是一个草根，她的这点钱，兴许连纸钱都不够,书不出版,老人一辈子遗憾,做好人做到底吧。赵总苦笑着说,你啊,我算看透了,菩萨心肠,有啥办法啊,印吧!

2007 年,傅桂香多年笔耕终于成集——《桂香诗词续集》,由中国戏剧出版社出版。她取回 1000 本书的那个夜晚,难以入眠,思绪万千。

"落叶惊风雨,冰心为自知,抱儿山头立,学做望夫石。"建国初期就对诗词产生浓厚兴趣的傅桂香,由一首小诗想起逝去的丈夫,也想起自己第一集诗词是在众亲友的扶持下内部印刷的。但却欠了外债,是丈夫流血流汗帮助还清的。不料,因一次意外交通事故,丈夫突然撒手人寰。

2001 年中秋,她痴痴凝望空中玉盘,月光冷峻,眼中的冰轮引发她无限感慨,煎熬痛苦中的她写下杜鹃啼血般的思念:"今天是中秋节、国庆节,在这欢庆双节的晚上,你可知道,月亮是多么地圆,多么地亮,可是,你却匆匆地走了,永远地走了。那又圆又亮的月亮照着我孤寂的身影。这身影,在独自徘徊、流泪,你知道吗……尽管我无穷地思念,尽管我千呼万唤,你却头也不回地、永远地走了,抛下你白发苍苍的风烛残年的老母亲,没出闺阁的小女儿,和你相濡以沫的妻子,你不觉得心痛吗? 今天,在这花好月圆的晚上,我和往常一样,拼命地追寻和搜索你旧日的音容笑貌,追寻那一件件往事,然而它却如烟,如雾,如云,是那样地迷茫缥缈和闪烁不定……"

诗词集出版,傅桂香辗转反侧,她情不自禁对天国里的丈夫倾诉,我又出诗词集了,你一定在为我祝福,告诉你,是一位"赠人玫瑰手留余香"的兄弟鼎力相助,实现了我又一个梦想。

傅桂香生活坎坷,但她对诗词情有独钟,不离不弃。

"心窗敲韵响琮琤,千里送春风。夜凉如水水冷冷,月儿分外明。衰草叶,任飘零,身如飞絮轻,夕阳西下有余情,天涯春草生。"傅桂香这首《醉桃源》,写出了她一番坎坷后沐浴春风,身轻如燕的心态。

王舜为她圆梦,她视为千里送春风,在春风吹拂下,一颗孤寂的心,枯草吐绿。久而久之,傅桂香视王舜为能说知心话的弟弟。

《桂香诗词续集》出版6年后的2013年10月3日,万般无奈下的傅桂香拨通了"弟弟"手机,可她又难以启齿,手机里没有声音。王舜喊,傅大姐、傅大姐,说话啊。一会儿,傅桂香吞吞吐吐说,王主任,我有点事想求你,可我……

"大姐,有事吧?"王舜和声细语,他断定傅桂香遇到了难处,"有事尽管说。"

虽然不是面对面,可傅桂香感觉所求之事,难以出口。于是,她把声音压低说,我娘家侄儿结婚,请喝喜酒,总我不能空手去,可我兜里比脸还干净,你能帮我卖十本八本书吗?她终于吐露心声,可脸上犹如火烧。

"行,没问题。"王舜回答很干脆。

王舜放下手机,自言自语道,我自己的书都送人了,从来不求人买书。既然允诺了,权做我替你随礼了,人都有难处,不到万不得已,不会开口。这样的人理应帮助,古语云,帮穷不帮富。

试想,一个人在最困难之际,向你求助,说明你是一个值得信赖的人。

三天后,王舜拨通傅桂香手机,问,大姐,200元够吗?傅桂香连连说,足够了、足够了,不知怎么感谢你!

一天,傅桂香带着10本书来到办公室,王舜递给她200元,并让她把书带走,她面露窘境,显得很尴尬。王舜安慰道,你出书已经几年了,手里肯定没有多少书了,自己保留吧。傅桂香还是纠结,王舜只好留下5本书,免得大姐难为情。

傅桂香虽已暮年,但她笔耕不辍,诗词成为她的精神支柱,经年累月,她又写了很多首诗词,直至她握笔的手不停颤抖,写出的字歪歪扭扭。她心心念念,想把自己写出的诗词集成书,分给诗友。可此时的她,已身在北京密云女儿家,体弱多病,行动不便,思乡心切。

"淡烟含雨,叹故园心眼,幽梦难寻。欲借重楼舒望眼,哪堪鸠雨纷纷。点点滴滴,欲归还住,无语对黄昏。酒余人散,等闲辜负芳春。回首难忘家山,春苗应半尺,牵系离魂。古涧深深藏瑞草,好凭诗酒登临,鸟语花香,碧波映日,竹影自流云,飘飘爽气,醉人胜酒十分。"耄耋之年的傅桂香笔下《念奴娇·京华远眺》一首词,写出了她对故乡的悠悠眷恋,故乡的春天只能留在记忆里。

2021 年,已是夕阳西下的傅桂香还有一个念想——出书。一天,她把这种执念倾诉给深得信赖的"弟弟",因耳聋,电话里彼此间不知所云,只好用女儿手机发送短信,7 月 12 日早, 她颤抖着麻木的手指缓慢打字:"王舜主任,您好,详细地址收到了,谢谢你的细心,因为今天下雨,挺大的,发个短信给您,苍崖断谷涵秋雨,野风弹彻山溪水。曲曲动人情,有谁驻马听。夜深情更切,揉碎山头月,何以诉衷肠,今宵夜更凉。祝愿您健康快乐,万事如意! 再问您样书得用多少钱,我好准备一下,再次祝您好运。"

时隔几个小时,11 点,傅桂香又发来短信:"这两天都在下雨,等不几天了,整理好就发给您。拜托您了,很想再见一面,不能够啊!"

是啊,一位行将告别世界的老人,又非名人,其心声谁会静心倾听呢? 体弱多病的傅桂香只能把在世上仅有的念想,托付给王舜。

王舜看了短信,心中五味杂陈,他回复道:"鉴于您目前的身体健康情况,我非常理解你的心情。我尽力帮助你。"

14 时 20 分, 傅桂香再次发来短信:"谢谢王主任,拜托您了, 一丛花……读青春诗笺……读君诗罢夜难眠,无语对佳篇。人生有限情无限,更期盼,春满燕山。欲恨莫提,千重往事,过眼是云烟。青春无价几人怜,问月几重天。春寒料峭梨花夜,这深情,今在何边。因恨成痴,凝思作想,醉倚栏杆。"

王舜收到傅桂香女儿寄来的手稿:厚厚的一叠纸和两个小本。把它们一页页打开,不免眉头紧皱,只因有些字难以辨认,仅凭现有的设备对其扫描,效果极差。然而,如果不完成老人最后的愿望,无疑辜负了老人的期待。老人曾在电话里说一句锥心的话,"书不出,死不瞑目"。

为了实现傅桂香的愿望,不得不新购扫描设备。对最终手稿进行扫描,设计封面,装订成册。成书后的封面为淡灰色,有花纹,朦胧隐约,"桂香诗词第三集"几个字赫然醒目。

为了让她能实现"送文友"的愿望,又给她制作了电子书,并拷贝了10个U盘。

这一切,都是为了实现傅桂香的愿望,王舜分文未取。

2021年9月13日,王舜通过手机给傅桂香发短信:"桂香诗姐:喜闻身体渐渐好起来,一颗悬着的心终于落地。给我一个准确的邮寄地址和联系人电话,我把样书和你的原始手稿,还有电子稿盘,一并寄给你。"

傅桂香收到短信,心情激动,立刻给了邮寄地址。16日,傅桂香在日夜等待中收到邮件,她满怀感激之情发来短信:"王舜诗弟:您好,让您费心了,真的很后悔,忘了让您给我写一篇序言了,因为有您的文章最重要,我真是老糊涂了,真的很后悔,怎么没想到呢,一切都晚了,还希望您在开会时替我向诗友问好,就说非常想念。"一个小时后,她又发短信:"样书今天收到,也看到了你给我写的信。谢谢你考虑得这么周全,更谢谢你的帮助,千言万语也表达不了我的感激之情! 提前祝你及家人中秋快乐! "

无疑,王舜为傅桂香圆了临终之梦,虽然不是出版社出版,但毕竟装订成册,未让她的心血付之东流,也为承德留下难得的一册诗词。不可否认,傅桂香笔下的诗词,细心咀嚼,有些诗词写得意蕴悠长,有意境,有诗意。

王舜牵挂着,他很久没有收到傅桂香老人的短信,2022年12月19日,他给老人发短信:"桂香诗姐好! 一年多没听到你的消息,很是挂念。目前北京疫情扑面而来,异常严峻,你一定保护好自己。珍重。"

短信发出后,王舜迟迟未收到老人的音信。

原来,傅桂香在 2022 年年初,由北京密云女儿家返回老家袁家庄,不幸于 10 月离世。

从傅桂香所居住的袁家庄再往沟里走,便是双庙村,她的同学周保中就住在这个村里。周家坐落在一条空间狭窄的沟里,被山紧紧包裹着,显得十分幽静。

曾几何时,周保中走出家门口爬上山坡,沿着连绵起伏的山脉,徒步走向承德的名山。用他的话说,只有用双腿走才能细细品味承德的奇山秀水,也才能写出丹霞地貌的神韵。

若从行走观点看,王舜和周保中有着异曲同工之妙。

周保中中学就读于狮子沟的承德六中。或许,是近水楼台先得月的缘由,周保中把周边的几座庙宇转了个遍,无论是普宁寺的木鱼声声,抑或普陀宗乘之庙的金顶,都令他肃然起敬。然而,青涩的中学生,争抢游玩的心态,未对古迹有多少感想。毕业后,历经上山下乡、返城、安置工作、工厂下岗、打工,直至退休拿到微薄的 700 元退休金。可以说,从周保中身上看到社会变化的鲜明痕迹,可无论社会如何变,他喜欢诗词的一颗心没有变。

在电机厂工作的闲暇,他感觉心底埋藏的东西要往外喷发。私下里,他偷偷和工友吐露心声,写诗词,不料人家把头摇得像个拨浪鼓,说他痴人说梦,异想天开。甚至有的工友当面讥笑,不屑一顾。面对冷嘲热讽,他没有沉沦,执意非要闹出点动静不可,让那些非议的工友刮目相看。于是,利用休息时间畅游名山,仔细观察,细细品味。虽然写不出李白狂想下的"飞流直下三千尺,疑是银河落九天"的豪迈气势,也写不出杜甫"安得广厦千万间,大庇天下寒士俱欢颜"的家国情怀,但也要抒发对家乡山水的情怀!

磬锤峰,突兀挺拔,无与伦比。那天,当他气喘吁吁爬到峰下时,正赶上狂风大作，电闪雷鸣，转眼间大雨如注，被浇成了落汤鸡。四周雨雾迷蒙，磬锤峰独揽苍穹。他站在磬锤峰平台处，放眼望去，外八庙、避暑山庄、河流、城市，勾勒出雨中一幅诗意画面。

夜晚，周保中脑海中的一幕挥之不去，便拿起枕边的笔和纸写了一首《沁园春·颂锤峰》，词中写道："天相奇峰，峙矗崔嵬，屹立挺然。震惊世界，群峰竞秀，青松碧水，拔地擎天。悬崖峭壁，崎岖雄壮，天下第一无二言。凭栏望、看临崖危峻，霞日升天。江南塞北名传。最美景、峥嵘岭嶂连。看巉岩险势，人间罕见。凌空索道，座椅升攀。大物云举，石坚永固，酷爱名城帝景园。登到顶、望群山波浪，天上人间。"写完，胸中万顷波涛渐渐退去，气定神闲，安然入睡。

房前屋后，草木发芽，他放下锄头，爬上门外的山坡，一路翻山越岭，徒步近两个小时来到朝阳洞，洞内凉气袭人，幽暗迷离，布满神奇传说。身临其境，有感而发："古洞朝阳天下闻，悬崖美景更传神。如今仙女归何处，晓日隔山最引人。"

庄周有蝴蝶梦，周保中有诗词梦。他枕边就放着纸和笔，有时从梦中醒来，立刻把梦中所得诗句记录下来。山上割柴时，偶发灵感，便用纤细的草茎蘸着磨破手指上的血，写在树叶上，青红之间，诗句诞生。

草青草黄，花开花谢，无论是山庄古迹、湖泊，还是周边一座座庙宇，奇山秀水，无不成为周保中创作的素材。日积月累，不知不觉写了1300余首诗词。

周保中请教承德知名媒体人寇占文，寇占文当场给予褒扬，并建议找王舜结集成册。寇占文提到了王舜，令周保中头脑一闪，问道：你说的王舜和《承德旅游景点大全》的作者王舜是同一人吗？寇占文点头。他记得很多年前，来到南营子大街的新华书店，书架上的书目不暇接，本想买几本，可囊中羞涩，只能过过眼瘾。突然，一本《承德旅游景点大全》映入眼帘,翻开书,他被里面加内容深深吸引,深受启发,何不用诗词的形式写写这些景点?

周保中走出新华书店,反复想,王舜究竟是个啥样的人呢?想去结识。

当他得知王舜是一位处级领导干部,且身居市委大院时,周保中有些犹豫,他思忖,我一个山野村夫,这位处级领导干部能见我?

那天,周保中忐忑不安地走向市委大门口,想一探庐山真面目。他进了院,打听好,进了大楼走廊里,周保中双脚高抬轻落,心在打鼓,轻轻叩开办公室门。没想到,王舜是个平易近人的领导干部,他一脸微笑,一杯热茶,令周保中一颗悬着的心落地了。他不再紧张,敞开心扉,讲述自己的经历,叙述对诗词的那份情怀。王舜细心倾听,感同身受,尤其是对古迹、山水的热恋,彼此产生了共鸣。

因此,王舜当场承诺,一定倾尽全力帮助出书。

周保中走出市委大院,跨上一辆二八式自行车,用力蹬车,车轮飞转,真可谓"春风得意马蹄疾"。飞速的自行车从大石庙驶离公路,在河滩卵石上蹦蹦跳跳,那声响宛如欢快的音符。来往这条河滩,周保中竟然骑坏了八辆!一旦夏季发洪水,只能肩扛自行车,小心翼翼走向山里的家。

这天回到家,他把自行车立在庭院中,像是个快乐的孩子,大声喊,能出书啦!能出书啦!老伴从山坡上听到了喊声,看到他手舞足蹈,简直像《儒林外史》中的范进中举。

为了给周保中节约费用,王舜每一个环节都精打细算,尽量压缩页码,他深知周保中下岗打工每天只挣 10 元钱,如多花一分钱都是对周保中的伤害。

封做面设计时,王舜使用自己拍摄的磬锤峰图片,为这部诗词集增添了色彩。

2002 年 10 月,周保中第一本诗集《承德全景诗词集》由远方出版社出版;2008 年 7 月,王舜精心挑细选的 618 首《承德全景诗词续集》由内蒙古人民出版社出版。

两本书的先后出版,圆了周保中一个长久之梦。

周保中没有停下脚步,依然在写,稿件积累到一定程度,还想出书,却遭到老伴鲜明反对。无奈,他让老伴去贱卖书,老伴阴沉着面孔质问,你的书又不是大白菜!

书不出,周保中吃不香,睡不好,受尽折磨。老伴看在眼里不免几分心疼,毕竟夫妻二人风风雨雨度过几十年了,尽管她不同意出书,可还是谋划向女儿张口要钱。

2019 年 8 月,一天,周保中和老伴来编辑部找王舜,周保中一番陈述,老伴拧紧眉头,她所担心的是出书的费用,心不停打鼓。

王舜力劝道,周老师,我理解你的心情,但我建议你别再出书了,得不偿失啊! 如果想把自己的作品流传下来,我可以给你设计,打印装订成册,不让你花钱。

王舜一席话,搬掉了周保中老伴心头压着的石头,她终于松一口气,目不转睛地看着白发苍苍的老伴,急切地等待老伴回心转意。周保中思考再三,深知王主任是为自己好,两次出书没有卖出去,几乎都送人了,家里的日子不富裕,再勉强出书,只能给孩子增添麻烦。

"王主任一片苦心,非常感谢。"恍然大悟的周保中做了决定,"这个办法可谓两全其美。"

王舜精心策划,精心编辑,周保中的《承德全景诗词第三集》装订成册,王舜为一本不出版的书作序,全程分文没取,完成了周保中的心愿。

2022 年 8 月,由承德市写作协会负责,友情编印周保中的《承德全景诗百花集》,为他画上完美句号。

若从纯经营角度审视,王舜阻止周保中出书显得另类,难道他不知道金钱的意义吗?编辑部的房租费、人工费、水电费,都需要钱啊!在有些人眼里,王舜是"书商",如果他纯然是"书商"势必重利,可他为那些草根族带去的一缕缕温情,他究竟图啥呢?

只为花香

王舜的编辑部,应文友的需要而生,因一腔"桥梁"之情而长,到了2017年迎来华丽转身。

这年11月29日,"团结出版社京北图书策划编辑部"揭牌仪式在承德盛华大酒店举行。团结出版社社长兼总编辑梁光玉带队,班子主要成员及重要部室负责人参加。市政协、市委宣传部、市政法委、市文联主要领导出席,承德文化名家30多人齐聚一堂。仪式由时任市文联副主席何英华主持。参加仪式的文化名家中有何英华的父亲、著名作家何申。何申的发言既幽默又风趣,他说,放眼全国,会写作的人比比皆是,但同时还会编辑、策划、设计,又会摄影的人鲜见,你们出版社算找对人了。王舜是个全才,承德五百年才出这么个人才。心底坦荡的何申发言,引来会场上的掌声和欢笑声。

5年前的2012年,王舜与团结出版社结缘。之前,王舜有很多出版界的朋友,民族出版社的朴文喆、达尔吉,中国戏剧出版社的艾东、金荣,远方出版社的胡丽娟,内蒙古文化出版社的扎木苏,内蒙古人民出版社的那顺……他们都对王舜的"出版事业"给予很大的帮助。2012年6月11日,王舜慕名迈进团结出版社的大门,与社长兼总编辑梁光玉一见倾心。社长干练、果断的工作作风,为基层作者着想的热情深深感动着王舜。当即,王舜以承德市写作协会法人、主席的身份与团结出版社签订了"战略合作协议"。自

2017.11.29 摄

2017 年 11 月 29 日，京北图书策划编辑部成立，
编辑部正式入编团结出版社。

此，王舜的出版社合作单位，只此团结出版社一家。

5 年不长，在不知不觉中度过；5 年很长，1800 个日子搭起互信的桥梁。

梁光玉社长在揭牌仪式上说：在社外挂牌成立编辑部，创全国首例。之所以敢创，既看中承德是一块儿文化高地，也是相信王舜的德和才，看重他认真负责、把出版当作文化事业来做的精神。

王舜的编辑部成为"正规军"，有了正规"番号"。次年初，王舜参加团结出版社 2018 年岗位聘任大会，当宣布"王舜任京北图书策划编辑部主任"时，一股暖流涌遍全身。在他心中，人生最大的幸福事莫过于被人信任。

不辜负团结出版社各位领导的期望，这一点成为王舜的工作动力和目标。京北编辑部稳步前行，三年策划、编辑、出版图书 97 种。

2020 年 12 月 11 日，"团结出版社京北图书策划编辑部成立三周年座谈会"在承德云山饭店召开。梁光玉社长又一次带领班子主要成员，参加座谈会。梁社长在讲话中对编辑部三年来的工作予以充分肯定。"首先，他们在策划编辑工作中表现了高度的政治责任感，体现了较高的思想导向把关意识……有效地防止和避免出版物中存在的各种导向和政治问题。第二，编辑部团队具有认真扎实的工作精神。……从选题策划、编校，到装帧设计、印刷，每个环节都精益求精，保证了每一本图书都符合国家出版标准。第三，有很强的服务意识。编辑部坐落于河北承德，根植于当地，是当地人'身边的出版社'，直接为当地政府、各个组织及图书作者服务，赢得了信任。"

王舜在会上进一步明确了编辑部的三个定位：大目标理念——为祖国的图书大厦增砖添瓦；非营利性宗旨——把图书策划、编辑、出版完完全全当成文化事业来做，不为五斗米而折腰；甘当桥梁——立足于服务，高标准服务，双向延伸服务。

京北编辑部，扎根于北京，开花于燕塞大地，不仅塞北承德受益，周边赤峰、唐山、保定、邯郸等地都受益。

三周年座谈会上,有一位特殊贵宾,他是邯郸军分区原政委、邯郸市老区建设发展促进会会长刘兴顺。

编辑部与邯郸老促会因《全国革命老区发展史·邯郸卷》丛书而结缘。那天,刘兴顺会长在秘书长李俊洲的陪同下来到京北编辑部,带着他的墨宝《滚滚长江东逝水》,与王舜一见如故,相见恨晚,二人相谈甚欢。王舜被会长的人格魅力和他那博大的气场所征服,刘兴顺被王舜的热情、才华、奉献精神所吸引,二人结下不解之缘。这次座谈会,刘兴顺会长专程从 800 公里外的邯郸赶来。他在座谈会上说:从王舜身上,我看到了什么是政治,什么是担当,什么是初心的传承。王舜绝对是一位想干事、能干事、会干事,并且干成事的人。

由承德市写作协会主席卜小平编辑的《只为花香——多栖作家王舜》出版,王舜没有忘记给政委大哥寄上一本。

那天,刘兴顺手捧《只为花香——多栖作家王舜》,一篇篇文章读下去,感慨良多,兴之所至,挥笔写下四首诗词:

其一

凤愿平生事,情漫诗文间。

磊落一身静,执着著美篇。

跬步年来阔,勤奋的高产。

胸中家国在,满目是桃园。

其二

燕赵山翠鸟长歌,诗和远方君着魔。

人生苦短需追逐,一片冰心在热河。

2019.10.17 摄

2024.4.29 摄

编辑部办公在承德，根扎在北京。

全国革命老区发展史丛书（河北卷）出版策划会在承德召开
（上）；王舜牵线的"团结出版社乌拉沟书屋"揭牌(下)。

其三 鹧鸪·护花

风风雨雨多少春,岁岁年年静无尘。

书生光照九州月,心血泼洒逐梦人。

身作桥,汗作魂,只为花香满园新。

甲子不惧夕阳短,甘作文坛护花神。

其四 长相思·摄影

山里人,农家人,多彩自然最绕魂。帧帧寄情深。

光为笔,影为文,幅幅生命岁月存。留下千载春。

四首诗词写完,老人心绪难平,意犹未尽,又提笔写下苏轼的词句:"竹杖芒鞋轻胜马,谁怕! 一蓑烟雨任平生。"

相识虽短,但心有灵犀。刘兴顺读懂了王舜,才有笔下精彩的"身作桥,汗作魂,只为花香满园新"的凝练词句,短短十三个字浓缩了王舜的烟雨平生。

京北编辑部的顶梁柱——卜小平,见证了编辑部的前世今生。

2009年2月,大学本科毕业的卜小平为了母亲,为了爱情,辞去一个杂志社的编辑工作,义无反顾回到承德。

当然,卜小平是有备而回,从省会石家庄回来之前,已经通过应聘。

春寒料峭,乍暖还寒,火神庙车水马龙,人声鼎沸,文雅的卜小平穿过马路,沿东大街行走,又拐入一条胡同,爬上二楼,敲开门,40平方米逼仄的空间,两张桌子,两台电脑,一台打印机,眼前一幕与她心中的"编辑部"大相径庭,相去甚远。那时,所谓的"编辑部"只是赤峰一个印刷厂设在承德的办事处,主要业务无非是排版。

迟疑中，卜小平转念一想，好在与自己大学广告学专业有密不可分的联系，能充分发挥专业特长，毕竟，承德不是省会，找到适合自己的工作不容易。于是，卜小平一颗漂浮的心落在小小的斗室。

为了对卜小平进行业务能力考验，王舜特意拿来《爱情魔方》一书的电子文稿让她排版，看看她的真实水平究竟如何。卜小平看看这本书，心里不免几分紧张。王舜微微一笑鼓励说，别紧张，慢慢干，没有多难。

虽说化工刊物排版和书排版有些许差别，但毕竟异曲同工，卜小平没费吹灰之力完成了《爱情魔方》一书的排版。王舜仔细一看，暗暗夸赞，不愧是广告学专业本科毕业，又经过实战锻炼，完全胜任，可以独当一面。

卜小平踏实肯干，王舜老师手把手教，卜小平很快熟练了业务，她一心扑在工作上，虽说办公条件简陋，可她工作兢兢业业。

或许是几次搬家，卜小平逐渐品尝到了王老师的艰辛与苦楚。一次搬家，竟然把一张黄色的木桌搬得支离破碎，她面对散了架的木桌哭笑不得，心中几分酸涩油然而生。搬来搬去，一连搬了几次办公地点，卜小平由 28 岁搬到了 35 岁，最后落脚顺诚大厦，总算是安家落户了。

东搬西挪，风雨兼程，卜小平也由最初的排版员，华丽转身为团结出版社京北图书策划编辑部的编辑，其间，她经历了一个成长过程。

2010 年 5 月，承德市实验小学为了让小学生拓宽视野，了解家乡，热爱家乡，决定编辑一套校本教材。于是，实验小学领导找到王舜，阐释初衷，但拿来的教材内容很笼统，内容简单，思路不清晰，也没有一个完整的策划方案，而且校方要求这套教材要图文并茂，暑假后开学，发到学生手里。

时间紧，任务重，卜小平翻阅资料后，拧紧了眉头，一脸茫然，不知从何下手，感到巧妇难为无米之炊。然而，王舜胸有成竹，捋清思路，既然是让小学生了解家乡，热爱家乡，无疑要从承德的历史文化入手，包括历史古迹、故事、山川风貌、文化名流、励志人物等。

王舜鼓励卜小平,充满信心,你只管排版,其他的事由我来负责。话虽如此,可卜小平排版感觉非常棘手,她边干,边整理内容,边等待王老师的摄影图片。书中插图是彩色,她从未触碰过。在挑战面前,她苦苦思索,文图既要融合,又要浅显易懂,这套书面对的是小学生,一定删繁就简。

时值盛夏,都统府大街居民楼二层,西厢房,空间逼仄,闷热难耐,电脑前的卜小平挥汗如雨,圆乎乎的面孔,鼻梁架一副眼镜,镜片上蒙上一层雾。既没有空调,也没有电扇,她不停摇动手中权做风扇的一块纸壳。

见状,一位机灵的南方女孩力劝,卜姐,别干了,这么热不说,工作已经超过了 8 小时,不能再干了。电脑前的卜小平不为所动,她宛如一座雕像,聚精会神把一幅幅王老师找来的图片插入相应的文字中。那女孩看到卜小平虔诚的样子,认为她有点傻,傻得有点不可理喻,不足以共事。因此,一段时间后,她挥手而去,留下了卜小平孤身奋战。或许是卜小平出身农村,也或许是传承着父母吃苦耐劳的精神,她从未喊出一个苦字。有时感到困惑,她便打电话给王老师,王老师只能早晚来,或中午匆匆从单位赶来,帮她解惑答疑。

"小卜,别干了,我请你去吃饭。"王舜觉得愧疚,工作条件差,孩子太辛苦。

时间很紧,她摇头不语,像钉子般坐在电脑前,一页页排版,校对,直至满意为止。功夫不负有心人,暑假开学,由中国戏剧出版社出版的六册书捧在小学生手里,寒假前,又有六册书送至学生手中。

此刻,卜小平像是出色完成一次大考,圆乎乎的脸上绽放了笑容。

《承德传统文化》一套 12 册书装在一个精美的盒子里,成为实验小学热爱家乡、热爱祖国的教材。有时,市领导来学校进行视察,12 册图文并茂的书成为赠品。

这套丛书,产生了良好的社会效果,也让卜小平经历了考验。

如若说，卜小平废寝忘食酣战几个月，是她分内的工作，而王舜无偿策划又奉献了上百幅精美的摄影图片，又说明了什么呢？只能说："只为花香！"

一天晚上，天真的女儿完成了作业，一头扎进母亲怀里，悄悄地问，妈妈，同学问你是干啥的，我该怎么回答？卜小平莞尔一笑，捧着女儿稚嫩的面孔，不假思索地说，你告诉小朋友，妈妈是出版社图书编辑。随后，她放开捧着女儿脸的手，自己咯咯笑出了声，面孔上有些许羞赧，但转念一想，理应自信与自豪。

那个难忘的日子，卜小平觉得不亚于接到大学本科录取通知书的那天。

2017 年 11 月 29 日，团结出版社京北图书策划编辑部举行揭牌仪式，意味着卜小平的华丽转身。她心潮澎湃，回望十几年和王老师同舟共济走过的路，从最初的印刷厂办事处，到文化公司，直至成为京北图书编辑部骨干，这一结果，经历团结出版社五年的考验。之所以水到渠成，完全是靠王舜老师的人格魅力，他不仅业务精湛，而且政治上过硬，有担当，讲诚信。

那天，卜小平起草一份王舜老师交办的合作意向书。她边写，边疑窦丛生，加入团结出版社队伍，不啻痴人说梦。看着自己写的合作意向书，又否定自己，心想，王老师行事一向稳重，从没有豪言壮语，从来不打诳语，难道有一线希望？一段时间后，王舜欣然接到团结出版社梁社长打来的电话，正在审稿的她"身在曹营心在汉"，在外屋侧耳倾听，隐约听到"通过"二字。只听得王老师大声说，小卜，社长说，通过啦！通过啦！刹那间，卜小平激动得流下了热泪，控制不住自己，从椅子一跃而起起，原地跳起来，她心中呼喊，我们成功了，我们不再是别人眼里的"草台班子"，不再是一个赚点钱的小公司，不再是游兵散将，我们是"正规军"了。

当然，卜小平肩上也扛起一份责任，是团结出版社图书编辑的那份责任。审稿精益求精，不仅把关文字，而且要牢牢把住政治关。几年审阅的书稿,质量参差不齐,有的稿子难以达到出版要求,但她深知基层写作者那份艰辛,尽量和作者商讨,修改。重要的是,她学会了王老师工作方式,无论稿件质量如何,必须要尊重作者,站在编辑角度去呵护他们,让他们感知图书事业是文化事业,是传播知识的重要途径。

一路行走,卜小平谦逊、好学、热心,兢兢业业,已然成为一名合格的图书编辑,成为这个编辑部团队的台柱子。

有人议论,王舜是"书商",很有钱。

王舜听后,微微一笑,他不想做任何解释。明白人、知情人异口同声称赞王舜为承德文化事业做出了突出贡献,都知道他没有图报,更何况什么"商"呢?商者,贸易也,以盈利为目的。王舜自掏腰包注册成立承德市写作协会,义务主编市政府文化工程——两套丛书,为那么多作者义务策划、指导写作,为承德市实验小学等单位及个人免费提供那么多摄影作品,为那么多基层作者圆梦……"商"从何来?

为了让作者花最少的钱,出版高品质的图书,王舜可谓煞费苦心。卜小平是见证者。王舜和卜小平来团结出版社参加会议。闲暇时,她随王舜老师到社长办公室做客,和社长一番相叙,王舜让她先行离开。她走出办公室,在楼道逡巡,社长办公室的门虚掩着,透过门缝发现坐在沙发上的王老师双手抱拳,向社长道谢。她心里明白,王舜肯定又向社长求情:承德的基层作者很不容易,出一本书或许是他们一辈子的梦想。社长肯定又同情承德作者,同情王舜,给予了特殊的关照。

偷看到这一幕,卜小平泪水夺眶而出。

王舜一直靠公务员工资和退休金生活,生活极为节俭,卜小平又是见证者。当今年月,一双皮鞋穿十几年,鲜有人相信。那年回老家为姑姑送葬,王舜站在墓地,感觉脚底下发凉,有东西硌脚。抬脚一看,鞋底已经磨出个洞。按说，皮鞋本该一扔了之，可他没舍得，找到补鞋师傅把一双鞋重新粘一层胶皮底，至今依然穿在脚上。为了办公找房子，他穿一条白色旧裤子在市区奔波一天，回到办公室，小卜捂嘴笑着说，王老师你裤子臀部上有个洞，他却茫然不知。一次，在市区新华路火狐狸商场买一件几十元的外套，兴致勃勃回到办公室，让小卜猜这件衣服价值多少？小卜说，还用猜，超不过百元，贵了您也舍不得啊。最让小卜哭笑不得的是，去土耳其参加国际摄影节，他到温州城买了一块金灿灿的手表回到办公室。工作人员看到王老师手腕竟然戴上价值不菲的手表，都感觉很意外，问，王老师您的手表是名表吧？他故弄玄虚，让工作人员猜，一位工作人员说，价值万元。他摇摇头，脸上有些尴尬，当他说出手表才 20 元钱后，工作人员啼笑皆非，有人笑得趴在桌子上。更搞笑的是，他从土耳其归来，手腕上金灿灿的手表已变得乌黑，指针不走了。他办公室坐的靠背椅，陪伴他很多年，上面的皮子早已花花点点，斑斑驳驳。

难道，王舜对自己吝啬？其实不然，每个人有每个人的生活观念，他既不喝酒，又不吸烟，也不品茗，他一生崇尚节俭，崇尚自然生活状态。他把节约下来的钱，用于该用的地方，比如，帮助弱者。

有时，编辑部招聘人，王舜对应聘者直言，若想挣大钱就不要来这，若想学知识，求个人发展，可以考虑留下。张琪从英国留学归来，前来应聘，一番谈话，王舜颇感女孩聪明伶俐。工作一段时间后，他觉得张琪是个聪明的孩子，是个管理型的人才，应该从长远为她前程着想，便耐心劝道，小张，在这里工作你屈才了，怕耽误你的前程，去考公务员吧，听我的，回家备考。如果你在公司工作一两年，磨掉了初出茅庐的锐气，那你就没有勇气考公务员了，只能做一辈子公司职员。

张琪恋恋不舍地离开编辑部，她感知了王老师的善心。

最终，张琪考取了公务员。那天，王舜在大街上偶遇张琪母亲，这位母亲对王老师感激不尽,女儿能有如此结果,王老师功不可没。

京北图书策划编辑部是温馨的港湾,是那些基层作者漂泊后实现梦想的家园。

卜小平在这个编辑部工作十几年了,她把"无业不成家,艺多不压身"座右铭贴在床头上,用以勉励和鞭策自己。这出自王老师的忠告,王老师还叮嘱,不能做工匠,要做大师。如今已到了不惑之年。孔圣人所谓的不惑,是人已经定型了,而她的不惑是在王舜老师的熏陶下的不惑。她深深感悟到,王舜老师对事业精益求精,对承德历史文化不懈追求,对草根族有情怀,更重要的是,王老师是一位有良知的人。

编辑部的故事还在继续,有多少基层作者走向这里,再从这里出发,去实现他们的梦想。

纵然已到暮年,王舜仍未停留脚步,他像家乡的滦河水,昼夜流淌,向大海奔去。

2022.1.26 摄

古稀之年的王舜，仍然续写着编辑部的故事。

尾　声

　　王舜育有两儿一女，儿女眼中的父亲温情、慈祥，没有凶巴巴的眼神。父亲有着一双铁肩，给予他们的教育是启发和鼓励，是循序渐进，是殷殷嘱托。

　　兄妹长大，成为英才，读懂了父亲慈爱、宽容、尊重个人的教育理念，读懂了父亲一颗炽热的心。这炽热的慈爱之心，缘于父亲苦涩童年。他们深深懂得，父亲把未得到的父母的爱，加倍给予他们。父母的爱，是尘世最纯真的，只有付出，不求回报。

　　无疑，王舜有过生活的困惑，但无论再苦再难，他都把孩子的教育放在首位，把父亲肩上的责任和心中深深的爱给予儿女，不留遗憾。

　　王舜教育儿女，总是启发式的，他身体力行，让儿女们在活动中感知怎样成为有良知的人，成为勇敢的人，成为栋梁之材。

　　他引导孩子们，要志存高远，遇到困难不要畏首畏尾，要勇敢去挑战。

　　1991年五一国际劳动节，他骑上一辆二八型自行车，自行车横梁上坐着二新，后座上坐着大新，自行车穿行在春风里，半小时后来到僧冠峰东坡山下。

　　攀登僧冠山是王舜"蓄谋已久"的事。

　　僧冠山是承德市区南面最高的山，名字是康熙皇帝所赐。如果不攀上所住地的制高点极目远望，就谈不上"志存高远"。

　　这是未经旅游开发的"处女地"，山上无路，只好钻树林、绕山脊往上爬。大新对大自然有着天生的感悟，即便爬陡峭的山坡也不忘寻找"化石"，二新跟在哥哥屁股后面，山坡上破土而出的"羊妈妈"（一种甜菜）、长虫苗（苍术的嫩苗）吸引二新的目光。父子爬上一处陡峭的山坡，气喘吁吁，满头是汗，驻足脚步，不能前行，仰望斧凿刀劈般僧冠峰，但见半山腰盘旋着几只黑鸟，大新高声喊，那里一定有鸟窝，怎么上去掏鸟窝呢？一会儿，又有几只燕子飞来，叽叽喳喳，很是热闹。二新喊，燕子，你过来，你过来。

　　大新一心要爬上岩石掏鸟窝，二新渴望捉住燕子，父亲告诉他们，鸟儿和我们是朋友，即便能捉到它们，不能去伤害。

　　为了登上僧冠峰，绝壁上不去，只好绕路而行，一会儿左，一会儿右，来到一处七八十度的山岩。王舜鼓励儿子，不登僧冠非好汉，不走艰险非英雄。听到父亲的话，二新一马当先，双脚用力，双手手指扣住岩石，小脸憋得紫红，父亲捏一把汗，唯恐儿子滚落，大声叮嘱儿子，手一定扣紧，脚要踏稳，心别慌，不要回头。兄弟俩一番拼搏，先后登上山岩。

　　父子三人稍加休息，又转到西侧山梁，沿崎岖的山路抵达僧冠峰。站在峰巅，向北俯瞰，楼房、铁塔、山庄、河流，尽收眼底，好不壮观。

　　"来，我们一起背诵唐诗《登鹳雀楼》。"王舜起头，父子三人，声震长空："《登鹳雀楼》，王之涣。白日依山尽，黄河入海流。欲穷千里目，更上一层楼。"王舜左手扶着二新，右手扶着大新，"现在我们向北极目远望，体会一下'欲穷千里目'。平时我们看到的都是眼前的景物，现在，我们的眼睛还是这双眼睛，可是，已经变成'千里眼'了。"王舜又让他俩转过身来向南望去。"山下这条武烈河，南下流到大石庙那里，汇入滦河。滦河如带，向东南大海方向流去。现在你们体会一下'白日依山尽,滦河入海流'。"王舜故意把"黄河"读作"滦河"。

春风荡漾,绿意若隐若现,一座城市徜徉在春天里。王舜坐在僧冠峰上,把父子三人登顶的过程记录下来。他循循善诱,你们以后遇到困难一定要像今天这样,只有迎难而上才能获得成功。多年后,大新已然成为研究环境科学的年轻科学家,他站在国际科研第一线,二新跟随了父亲脚步,在文学天地里奔走。

如若说,登临僧冠峰给哥哥们以人生启迪,而妹妹高考前一天徒步攀登磬锤峰又何尝不是。

王舜对女儿疼爱有加,女儿从生下来没动手打过一次,即使女儿把装在箱子里的一个个荣誉证书掏出来,用嫩嫩的手指扣掉证书上烫金的字,父亲也不上火,不阻止,一直疼爱地欣赏着。女儿学习一向优秀,读初三时竟然偷偷在卧室里用手机写网络小说,得到很高点击量,平台免费给她出版一本书。

高考前一天,为了给女儿释放压力,父女俩徒步登磬锤峰。攀登过程中,女儿像一只蝴蝶,飞舞着,汗水湿透了衣襟。父亲劝她坐下休息一会儿,可女儿执意一口气登攀。当父女俩置身磬锤峰的平台上时,父亲告诉女儿往远看,远看才能欣赏大自然,心胸变得开阔。一阵风吹来,吹乱女儿头发,她把额上的一绺头发梳理好,放眼看去,避暑山庄、外八庙、弯弯曲曲的河流、鳞次栉比的楼房、遥遥相对的僧冠峰,一一尽收眼底,令她心旷神怡。

承德周边的双塔山、元宝山、鸡冠子山、鸡爪子梁、夹墙山、蛋糕山、天桥山、僧冠山、雾灵山,他都带女儿登过了。棒槌山不止一次登了,但这次高考前一天攀登,意义非凡。

王舜帮女儿拍摄了以磬锤峰为背景的照片。"闺女,发个朋友圈吧!"女儿当场发朋友圈道:"我登上了棒槌山!"

　　王舜手指磬锤峰告诉女儿,耸立在空中的磬锤峰历经沧桑,屹立不倒,彰显承德人坚忍不拔的一种精神与品格。女儿知道,父亲呕心沥血研究承德历史文化,父亲的这番话在课本里读不到。当然,女儿也没有辜负父母、哥哥的殷切期望,以优异的成绩考上一所985重点大学,又像大哥那样,从从容容把脚步迈出国门,继续深造。

　　王舜对孩子的教育理念,是让孩子充分发挥自己的才智,培养独立思考能力,使之闯荡世界。然而,有时孩子离开的瞬间,那种无尽的牵挂油然而生。一次,他送回国的大新去首都机场登机前往大洋彼岸,当大新走入安检口瞬间,他用目光穷追儿子的身影,心纠结不已,眼眶潮湿了,因不知大新何时再次回到自己身边。

　　从某个角度说,二新继承了他的衣钵,对文学情有独钟,大学毕业,凭自己的实力通过公考来到河北省作协。他从事《长城》编辑多年,可从事写作的父亲从未在《长城》发一篇作品;后来又挑起省作协一个部门的重担,同时主编《河北作家》,父亲还是没有一篇作品刊登。难道说,王舜不想发表作品吗?非也,父亲绝不干扰儿子的正常工作。

　　女儿王童心,聪明伶俐,是父母的掌上明珠。父母渴望把女儿留在身边,她凭借自己真才实学,本可以在母亲工作的一所院校谋一份职业,但她执意要振翅远飞。

　　对女儿的所思所愿,母亲顾虑重重,可父亲没有干预。父亲认为,孩子能走多远就走多远,"海阔凭鱼跃,天高任鸟飞",任凭女儿自由飞翔。

　　人,总是有根的,无论走向何方,也无论走多远,心中总装满那份乡愁,故乡永远在心灵深处。

　　王舜的儿女纵然走得那么远,但未曾忘却父亲的殷殷叮嘱,只因他们根系滦河。

那年,置身国际科研前线的大儿子王立新从国外归来,随父亲回到滦河岸的两间房村,站在西梁山眺望缓缓流淌的滦河,儿时一幕幕情景浮现在眼前:春天河岸的绿柳,秋天的稻浪,夜晚的蛙声,河里自由穿梭的鱼儿,乃至冬日的漫天飞雪。立刻收回遐想,环顾崇山峻岭,目光里的黄土地已然超越了父亲对土地的认知。他对父亲说,黄土,是地球上稀缺资源,一定要珍惜和保护好。儿子一席话,让父亲对脚下的在这片黄土有了更深层次的认知,黄土地不仅仅是"民以食为天"之本,它是"金木水火土"中的"土",五行中,土为中心,能载能育,滋润万物,农夫面朝的黄土原本是地球上稀缺资源啊!

西梁上的父子俩,凝视散发烟尘的老屋,凝视寂静的村庄,凝视流向远方的母亲河,故乡的眷恋,正应了陶渊明句:"此中有真意,欲辨已忘言。"

二儿子王志新,又何尝不眷恋故乡呢!在热闹的都市,在文学天地里,他时常想起曾给予自己儿时快乐的那条河流。有一天,他在异乡读懂了故乡的河流,他拿起笔抒发对故乡河流的真情告白:《滦河水,流经此生的河》。

　　　　有一种水声时常伴我入眠
　　　　童年、青年,又到了中年

　　　　炕头上童年的我
　　　　蜷起身来就像河岸边一颗滑润的石头
　　　　被水流不停地抚摸
　　　　心里盛满了柳荫或月影

城市是一座茧房

生命的痛觉吐出一根根茧丝

缠绕青春的筋骨，开始新的塑形

霓虹的灯伴着长夜里成熟的痛

未眠的人枕着故乡汹涌的河

半睡半醒间，时光荏苒

世俗的烟火每日照常升起

热爱或叹息，雀跃或不甘

更多的还是波澜不惊的似水流年

有一种水声时常伴我入眠

滦河水，流经此生的河

　　有着鸿鹄之志的女儿王童心，少年的她便和父亲攀登滦河岸的几座高山，父亲告诉女儿，登高望远，不是纵情山水，你出生在城市，要知晓家乡，更主要的是要像大山一样，昂扬、挺拔、坚强。

　　故乡的风，故乡的云，故乡的河水，时时在召唤王舜。为了记住乡愁，2023 年，他刻意安排两件事，以了却心中的夙愿。

　　六月，滦河两岸郁郁葱葱，王舜祖孙三代人归来，看望涓涓流淌的河水，看望宁静的村庄，祭奠长眠于此的先人。

　　老屋，淹没在岁月烟尘里，昼夜间，只能听着远去的河水声。王舜打开门，沉默的老屋迎来了主人，也许，无语的老屋从沉睡中惊醒，凝视着主人，触摸到曾经的亲情。尘世间，一草一木皆有灵性，更遑论主人曾洒下一腔心血呢?!

屋瓦尘前，一家人合影留念。归来的一家人，在和老屋叙说，也在和不远处的滦河诉说。

十月一日，滦河两岸，金风送爽，稻浪飘香。滦河岸，曾经历磨难的一家五兄妹团聚在一起。兄弟姐妹团聚，是王舜的刻意安排，其目的是为含辛茹苦的大姐过八十大寿。

其实，大姐王荣芝生日尚需一段时日，王舜之所以把大姐的生日安排在祖国母亲生日这天，缘于他们兄弟姐妹心存对祖国母亲的一份感激之情。回想当年，父母早亡，若不是众乡亲伸出援手，若不依靠国家，难以想象他们生存的结局。眼下，八十岁的大姐享受国家低保，生活无忧。为此，这位历经磨难的老人内心对党和政府，心存无限感激！

曾戍守边塞的王义，退休后，一直守在滦河岸，陪着河流，陪着村庄，曾经的磨难，令他对母亲河不离不弃。

王荣霞，随同儿子从河北涿州回来，她有几年未听到滦河涓涓流淌的声音了。当她看到熟悉的母亲河时，心底有几分激动。

王荣芝，守着土地，守着河流，守着山中的日月，安享晚年。

艳阳洒在滦河，兄弟姐妹五人来到父母长眠之地，一字排开，双膝跪地，白发苍苍的大姐居中。昔日，兄弟姐妹五人无助时，大姐带着弟妹来到父母坟旁，撕心裂肺地哭喊，风无声，山无语，风裹挟着哭声飘向滦河。

此刻，王舜眼含泪水，与父母相叙，爸、妈，当年你们扔下的孤苦伶仃的孩子，都坚强地活了下来，如今小妹都 68 岁了。我们虽然经历了那么多苦难，但我们没有给你们丢脸，都堂堂正正活着，儿孙满堂，你们安息吧！

都已七老八十的兄弟五人，眼含酸涩的泪水，默默祈祷，叩拜父母。

山坡上，刮起晚秋的风，依然泛绿的玉米叶子发出刷拉拉响声，宛如天国里父母的回音……

光阴如梭，几十年仿佛瞬间，曾经的磨难化成满堂笑语。

寿宴开始,大姐身着王舜买的红花图案棉袄,头戴生日特制的"帽子",安然端坐,笑容可掬。

面对身心健康的大姐,王舜真情道白,我们历尽磨难,大姐没有屈服,一手把我们弟妹带大,劳苦功高,语言无法表达。今天,我们难得团聚在一起,为大姐过八十大寿,感恩大姐,感恩社会,感恩时代。

大姐面前,餐桌上寿桃周围烛光摇动,十分惬意!两个弟弟,两个妹妹,围绕大姐,喜笑颜开,拍手相庆,为大姐送上衷心祝福!

流淌了千万年的滦河,守望着这片土地,守望着两岸的生命,它用磅礴之力,孕育着一个个鲜活的生命。

滦河岸的一个普通人家,留下了足迹,爷爷王俊(1879~1964),父亲王永安(1912~1956)、母亲李桂芳(1914~1958),大姐王荣珍(1944 年~)、大哥王义(1949 年~)、二姐王荣霞(1951 年~)、王舜(1954 年~)、妹妹王荣芝(1956 年~)。

无疑,王舜是滦河的孩子,在母亲河孕育下,他沿着河岸一路向前,走向远方,走出了水的性格——有容、坚强、上善。

初稿,2023 年 8 月 8 日·时序立秋·承德

再稿,2023 年 9 月 20 日

终稿,2023 年 10 月 21 日

2023.10.1 摄

从小失去父母的姐弟 5 人，2023 年 10 月 1 日团
聚于大姐家中，庆祝祖国 74 岁生日。

后　记

人类的生存足迹诞生于河流流经的地方。

王舜老师出生于滦河畔,成长于此,工作于此,是滦河养育了他。也因此,我的笔墨尽力书写人与河的关系。

2022 年盛夏,我来到王舜老师滦河畔的故乡。盛夏的村庄依偎在滦河岸边,恬淡宁静,河两岸郁郁葱葱,清澈的河水静静流淌。

走进一座整洁院落,坐在炕沿上,80 岁的王舜老师的大姐剥离岁月尘埃,追述尘封在心底一幕幕痛苦往事,时而哽咽,时而失声痛哭。此刻,我无法控制情感,泪水潸然而下,王老师默默流泪。一时间,屋子里的空气显得艰涩而凝重。

随后,见到王老师哥哥,七十余岁的老人追忆往事,老泪纵横……

大姐曾经居住的小南沟,人迹皆无,只有风声和鸟鸣,房子遗址尚在,碾盘静静安卧,显示岁月的烟尘。土坎上一棵枝叶繁茂的杏树,是几十年前王舜老师亲手嫁接的,彼此相视,如老友重逢。

2023 年初春,再次来到王舜老师故乡,继续寻找滦河岸王老师的足迹。

凝视，老屋尘瓦的故居，触摸业已逝去的岁月。站在村的西山上，纵目望去，视野寥廓，村庄寂静，滦河如一条白色哈达。东面的光顶子山巍峨挺拔，西面的山坡上王老师故去的亲人长眠于此。一条高速公路在山峦之间蜿蜒，只见车辆穿行不止。

走下西山，驱车南行，来到山的尽头，再徒步走向大山深处。羊肠小路被皑皑白雪覆盖，脚下厚厚的积雪咯吱作响。雪面下的羊肠小路，不知留下一少年多少采药、砍柴的艰辛足迹？

太阳西斜，车穿行在群山之间，沿滦河而行。越走，大山包裹得越紧。纵然高山险阻，也难以抵挡滦河的脚步。车上，我在静静地思考，王舜老师一路行走，难道不像这条川流不息的河流吗？

暮色降临，驶离了黑魆魆高耸的大山。车停在了路边一个小酒馆，落座后，点了菜，什锦锅冒出的蒸汽仿佛驱走了些许疲劳。席间，我和王老师谈论着滦河，一位尚显年轻的老板走过来，滔滔不绝地讲述滦河岸的前世今生，令我暗暗赞叹！

故此，我决定围绕着滦河写王老师的平凡却不平常的人生。

曾经的苦难，让王老师有一颗慈悲之心，曾帮助过需要帮助的人。

打快板的侯永树老人的故事令我心动，但老人像一朵云飘来飘去，王老师拨打几个手机号码都已关机，找到他很难。我通过关系找到老人乡下住处，春寒料峭，我们贸然前往，冥冥中，也许是上苍护佑，当我们把轿车停在村庄一处角落，一经打探，恰好是老人家住处。不料，大门紧闭，无论如何敲击，院里不见人影。一位热心肠的邻居说，他经常不在家，到处走。情急下，我只好从邻居家借来梯子，爬上高墙，跪在墙头上，抓紧墙头的旗杆，本想把梯子放到墙根，殊不知梯子顺势倒下，一切努力化为泡影。正在我怅然若失之际，突然发现院墙中间插有 U 型钢筋，我一只手紧紧攥住旗杆，一只手抓紧墙头，把一只脚伸向钢筋，踩实，纵身跳下，双脚落在高墙根的残雪上。事后，不免有些害怕，毕竟已过知天命之年，从那么高的院墙跳下，稍有不慎势必会摔骨折。

透过玻璃窗，看到老人独自坐在炕沿，正聚精会神看电视，一颗悬着的心才变得安然。我用力拍打窗户，可老人静坐不动，只好用拳头砸，五分钟后，老人终于回眸，西装革履，头戴礼帽的老人打开门，惊奇地看到王舜老师，兴冲冲走向前，张开双臂，紧紧相拥。

告别时，年近九旬的侯永树老人手拿竹板，站在雪地上为我们送行。

纪实文学创作，切忌坐在书房看材料，更不能天马行空，要用脚步去丈量文字。有时，有人对纪实文学不屑一顾，简单地它视作新闻通讯，我只能报以凄然一笑。试想，从古至今，恰恰是纪实文学把历史一串串音符串联在一起，形成一条历史河流，给予后人明鉴。

一阵紧锣密鼓，沿着日日走过的武烈河行走，边行走，边思考，如何抓住人物的性格。最终，我搜肠刮肚找到有些许禅意的词语——静水流深，这个成语恰如其分诠释了王舜老师的内心世界。

书房里，王舜老师自己整理的档案摆放了半个屋地，我打开一册册档案盒，在泛黄的纸页里打捞王老师旧日时光，寻找他一行行坚实的足迹。王舜老师是个事无巨细之人，他一生养成记日记习惯，具体事物，人物，时间，都逐一记载下来。故此，我花费大量时间从泛黄的纸页中海选，去粗取精，让这部作品最具真实性。

我习惯于清晨早起写作。开始写作前半个月，每每写到动情处，泪水情不自禁地淌满脸颊，甚至有时发出哽咽声。唯恐妻子发现，关紧书房门，泪眼婆娑，索性把一包面巾纸放在电脑旁。只因感性大于理性的我，像是在写自己苦涩童年，母亲故去，姐姐也仅有 14 岁，姐姐陪着我们弟兄三人生活。

写作中，为了准确掌握一些细节，我多次给王老师大姐打电话，以至于大姐接到电话，随口道一声"弟弟"，令我心里陡增亲切感！

一叠叠泛黄的纸页,一篇篇湖畔人语,一首首诗,一幅幅精湛的摄影作品,一部部研究承德历史文化的书籍,徜徉其中,轻敲键盘。

花开花落,春去秋来,历经大半年时间,我完成了这部传记。一颗心,从最初的诚惶诚恐,变得释然。当初,王老师和我谈及此事,我时时想,王老师是作家,是诗人,是摄影家,是研究承德历史的文化学者,是图书出版行业的佼佼者,我有能力为其写传吗?能写好吗?

当然,"工欲善其事必先利其器"。

实事求是讲,写作过程也是学习过程,我从中品味到王舜老师做人的慈悲、良知、谦逊、严谨、低调、坚毅、守信。同时,也学到王舜老师那种"竹杖芒鞋轻胜马,一蓑烟雨任平生"的人生态度。

纵观王舜老师走过的路径,可以得出结论,一个人若想成就一番事业,需要一次次远行,需要磨砺,需要精进,需要内观,方能由此岸抵达彼岸。

我想,以上这些感悟便是这部作品的意义所在吧。可以说,这部传记分明是一部励志传记。

写于承德·时序小雪